国家社科基金重大项目“‘四个全面’战略布局研究”（15AZD006）中期成果

国家社科基金重点项目“中国道路研究”（14AZD004）最终成果

苏州大学人文社科优秀学术专著出版资助计划资助项目

“中国道路研究”课题组主要成员

朱炳元　姜建成　席富群

陆树程　张建英　朱蓉蓉

中国道路研究

朱炳元　等◎著

中国社会科学出版社

图书在版编目（CIP）数据

中国道路研究/朱炳元等著.—北京：中国社会科学出版社，2019.10

ISBN 978-7-5203-4816-4

Ⅰ.①中… Ⅱ.①朱… Ⅲ.①中国特色社会主义—社会主义建设模式—研究 Ⅳ.①D616

中国版本图书馆 CIP 数据核字(2019)第 156976 号

出 版 人　赵剑英
责任编辑　杨晓芳
特约编辑　孙　靓
责任校对　刘　芳
责任印制　王　超

出　　版　中国社会科学出版社
社　　址　北京鼓楼西大街甲 158 号
邮　　编　100720
网　　址　http://www.csspw.cn
发 行 部　010-84083685
门 市 部　010-84029450
经　　销　新华书店及其他书店

印　　刷　北京明恒达印务有限公司
装　　订　廊坊市广阳区广增装订厂
版　　次　2019 年 10 月第 1 版
印　　次　2019 年 10 月第 1 次印刷

开　　本　710×1000　1/16
印　　张　30.5
插　　页　2
字　　数　488 千字
定　　价　139.00 元

凡购买中国社会科学出版社图书，如有质量问题请与本社营销中心联系调换
电话：010-84083683

目　录

第四篇 中国道路的拓展与布局

第五篇 中国道路的个性与特色

第六篇 中国道路的经验与价值

导　论

习近平总书记指出："近年来，随着我国综合国力和国际地位上升，国际上关于'北京共识''中国模式''中国道路'等议论和研究也多了起来，其中不乏赞扬者。一些外国学者认为，中国的快速发展，导致一些西方理论正在被质疑，一种新版的马克思主义理论正在颠覆西方的传统理论。……我们始终认为，各国的发展道路应由各国人民选择。所谓的'中国模式'是中国人民在自己的奋斗实践中创造的中国特色社会主义道路。"[①] 中国道路是中国特色社会主义道路的简称，它有两层最基本的含义：一是社会主义的，它体现了马克思主义的基本原理，体现了科学社会主义的理论逻辑；二是中国特色的，它是科学社会主义基本原理和中国实际相结合并且在中国的运用和发展，体现了中华民族的历史文化传统和现实国情特点，体现了中国社会发展的历史逻辑。"中国道路"一词陈述着中国人民和中华民族对探索人类发展之路的智慧贡献，也是民族自豪感和自信心的体现。本书以中国道路为研究对象，阐述了中国道路产生的历史前提、中国道路的历史进程和理论形态、中国道路的拓展和布局，以及中国道路的特色、经验和价值。从历史和现实、理论和实践、国内和国外、抽象和具体等各个方面归纳了中国道路的基本内涵和发展规律，是一本系统和全面介绍中国道路的学术性著作。

---

① 中共文献研究室：《十八大以来重要文献选编》（上），中央文献出版社 2014 年版，第 111 页。

一 中国道路的概念界定

习近平总书记在党的十九大报告中指出："我们党团结带领人民进行改革开放新的伟大革命，破除阻碍国家和民族发展的一切思想和体制障碍，开辟了中国特色社会主义道路，使中国大踏步赶上时代。"① 方向决定道路，道路决定命运。道路问题是关于党和国家事业兴衰成败的首要问题，道路是党的灵魂，道路是国家的命脉。坚持和发展中国特色社会主义，是改革开放以来我们党全部理论和全部实践的鲜明主题，也是习近平新时代中国特色社会主义思想的核心和灵魂。改革开放以来我们取得一切成就和进步的根本原因，就是开辟了中国特色社会主义道路，形成了中国特色社会主义理论体系，确立了中国特色社会主义制度，发展了中国特色社会主义文化。中国特色社会主义道路、中国特色社会主义理论、中国特色社会主义制度、中国特色社会主义文化，构成了中国特色社会主义的基本内涵。中国特色社会主义道路是实现途径，中国特色社会主义理论是行动指南，中国特色社会主义制度是根本保障，中国特色社会主义文化是精神力量，四者统一于中国特色社会主义的伟大实践。这是中国特色社会主义的根本标志，是我们克服一个又一个困难、取得一个又一个胜利的根本保证。必须坚持道路自信、理论自信、制度自信、文化自信。这四个自信来源于实践，来源于人民，来源于真理。习近平指出："当今世界，要说哪个政党、哪个国家、哪个民族能够自信的话，那中国共产党、中华人民共和国、中华民族是最有理由自信的。有了'自信人生二百年，会当水击三千里'的勇气，我们就能毫无畏惧面对一切困难和挑战，就能坚定不移开辟新天地、创造新奇迹。"② 中国特色社会主义道路坚持以经济建设为中心，坚持四项基本原则，坚持改革开放；统筹推进经济、政治、文化、社会、生态文明"五位一体"总体布局，协调推进全面建成小康社会、全面深化改革、全面依法治国、全面从严治党"四个全面"战略布局；不断解放和发展生产力，逐步实现全体人民共同富裕、促进人的全面发展。

---

① 习近平：《决胜全面建成小康社会 夺取新时代中国特色社会主义伟大胜利——中国共产党第十九次全国代表大会上的报告》，《人民日报》2017年10月28日。

② 习近平：《在庆祝中国共产党成立九十五周年大会上的讲话》，中央文献研究室：《十八大以来重要文献选编》（下），中央文献出版社2018年版，第348页。

中国共产党领导全国各族人民坚定走中国特色社会主义道路，沉着应对国际国内不断出现的新情况新问题，抓住机遇、加快发展，有效化解各种风险挑战，特别是党的十八大以来，在进行具有许多新的历史特点的伟大斗争中取得了一个又一个的胜利。当代中国的历史性变革和历史性成就，都无可争辩地证明，中国特色社会主义道路走得通、走得对、走得好。我们走自己的路，具有无比广阔的舞台，具有无比深厚的历史底蕴，具有无比强大的前进定力。我们要始终保持清醒的头脑，坚持战略定力，不为任何风险所吓倒，不为任何干扰所迷惑，坚定不移地沿着中国特色社会主义道路奋勇前进。

中国特色社会主义道路既不是从天上掉下来的，也不是从地下冒出来的，而是在中国共产党带领全国各族人民进行社会革命和自我革命的伟大历程中一步一步走出来的。以毛泽东为代表的中国共产党人，通过农村包围城市、武装夺取政权的中国革命道路，推翻了“三座大山”，建立了中华人民共和国；通过社会主义革命和建设道路，确立了社会主义基本制度，为中国道路的产生和发展奠定了根本的政治前提和制度基础。改革开放之初，邓小平提出了走自己的路，建设中国特色社会主义的伟大号召。40 年来，党领导和带领全国各族人民承前启后、继往开来，接力推进改革开放的伟大事业，谱写了中华民族自强不息、顽强奋进的壮丽史诗。从农村到城市、从经济领域到其他各个领域，成功地实现了从高度集中的计划经济体制到充满活力的社会主义市场经济体制的伟大历史性转变；从建立经济特区到开放沿海、沿边、沿江、内陆地区，再到加入世界贸易组织，从大规模“引进来”到大踏步“走出去”，成功地实现了从封闭、半封闭到全方位对外开放的伟大历史性转变；从深化经济体制改革，到全面推进政治体制、文化体制、社会体制、生态文明体制改革和加强党的建设，在国家治理体系和治理能力现代化方面迈出了新的步伐；从锻造革命化、现代化、正规化的人民军队，到确立新时代的强军目标，国防和军队现代化发生革命性重塑；从坚持走和平发展道路，到推动构建人类命运共同体，中国特色大国外交搞得风生水起。在改革开放的历史进程中，我们党先后召开了 8 次全国代表大会，50 多次中央全会，及时研究新情况、解决新问题、制订新政策，形成了一套完整的党的基本理论、基本路线、基本纲领、基本经验、基本要求、基本方略，成功地开辟了中国特色社会主义道路。中国特色社会主义道路来之不易，必须倍加珍惜，精心呵护！

中国道路就是中国特色社会主义道路，它以社会主义初级阶段的基本国情为依据，以中国化马克思主义理论为指导，以中国共产党的领导为根本保证和本质特征，以代表和实现最广大人民群众的根本利益为宗旨，以改革开放和科学发展为动力，以社会主义核心价值观为精神支柱，以全面推进经济、政治、文化、社会和生态文明建设为总体布局，以全面建成小康社会、全面深化改革、全面依法治国、全面从严治党为战略布局，以坚持走和平发展道路和构建人类社会命运共同体为国际战略，以建设富强民主文明和谐美丽的社会主义现代化强国和实现民族复兴的中国梦为奋斗目标。中国道路是实现现代化、创造人民美好生活的必由之路；是实现中华民族伟大复兴、最终实现共产主义的必由之路。以上诸要素之间的内在联系及其发展进程是本书的研究对象；从历史、理论和现实的结合上提炼中国道路的内涵、挖掘中国道路各个要素之间的内在联系和本质、揭示中国道路的发展规律，是本书的研究目的。

二 本书的基本特点

1. 用近代以来中国社会发展状况的历史逻辑揭示中国道路产生的必然性

中国道路不是凭空产生的，它有深厚的历史渊源。中国道路作为中国共产党带领人民进行的伟大创造，其科学形态是在改革开放的新时期形成的，但是中国道路产生和发展的脉络，是科学社会主义的理论逻辑与中国社会发展的历史逻辑演进规律的结晶。社会主义代替资本主义是人类历史发展的总趋势，这是一个漫长和曲折的历史过程，但是前途是光明的。要取得社会主义的成功，就必须在实践中找到符合客观规律的实现方式。近一百年来，中国共产党带领全国人民，把马克思主义的普遍真理与中国革命的具体实际结合起来，终于找到了一条实现国家独立、人民幸福、民族复兴的康庄大道。这条道路就是中国特色社会主义道路。中国特色社会主义道路根植于中国大地、反映人民意愿、适应中国和时代发展进步的要求，凝聚着实现中华民族伟大复兴这个近代以来中华民族最伟大的梦想，体现了近代以来中国人民对社会主义的美好憧憬和不懈探索。本书通过对中国近代和现代社会历史的仔细分析和深入研究，以阐明中国道路形成的合理性和必然性。中国道路是在改革开放的新的历史时期开创的，但也是在中华人民共和国成立70年的持续探索中开创的，是在中国共产党近百年艰苦奋斗的基础上开创的，是在对中国近代以来170多年中华民族发展过程的深刻总结中开创的，是在对中华民族五千多年悠久文明的历史传承中开创的，具有深厚的历史渊源和广泛的现实基础。马克思说过："人们自己创造自己的历史，但是他们并不是随心所欲地创造，并不是在他们选定的条件下创造，而是在直接碰到的、既定的、从过去承继下来的条件下创造。"① 中国特色社会主义道路也是这样，它承继着中华民族传统文化的思想原料，承继着中国共产党领导中国人民实践探索所创造的精神、物质、制度条件和正反两方面的经验，承载着近代以来中国人民奋斗探索的光荣与梦想，有着深厚的思想基础、物质基础、制度基础和广泛的群众基础。中国道路在当代中国的形成是必然的、合理的。

2. 用社会主义的理论逻辑揭示中国道路的科学性和人民性

中国道路不是"任人打扮的小姑娘"，可以让人任意阐述，为我所用，而是有确定性的内容、性质与品格。纵观中国道路的发展史，无论历史环境和理论研究的语境怎样变化，社会主义作为一种社会发展的理念，始终贯穿在中国道路的发展进程之中。习近平说："一个国家实行什么样的主义，关键要看这个主义能否解决这个国家面临的历史性课题。"② 中国人民选择社会主义、坚持社会主义，不是因为社会主义好听、好看和时髦，也不是因为对社会主义有什么偏好，而是因为经过长期的探索和实践，深深体会到只有社会主义才能解决中国的问题，才能让中国的老百姓过上好日子。社会主义已经和中国人民的命运、和中华民族的命运血肉相连、息息相关。社会主义市场经济、社会主义民主政治、社会主义核心价值观、社会主义和谐社会、社会主义生态文明的"五位一体"，构成了中国道路的核心内容。"'北京共识'的提出者雷默指出，'北京共识'的目标是帮助普通人民，而'华盛顿共识"的目标

---

① 《马克思恩格斯选集》第1卷，人民出版社1995年版，第585页。

② 习近平：《关于坚持和发展中国特色社会主义的几个问题》，载中央文献研究室《十八大以来重要文献选编》（上），中央文献出版社2014年版，第109页。

是帮助银行家。”① 这从另外一个视角体现了中国道路的社会主义性质。

中国道路具有社会主义的确定性内涵，但是它不是封闭的和僵化的，而是开放的和发展的。中国道路是在世界格局发生重大变化、和平与发展成为时代主题的背景下逐步开辟的；是在立足中国国情的基础上，博采众长，学习其他国家现代化成功经验的基础上形成的。从历史上看，中华民族就具有“取经”的传统，而没有“传教”的习惯。善于学习是中华民族的优良传统。邓小平说过：“要实现四个现代化，就要善于学习。”② 在改革开放之初，我们就向南斯拉夫、匈牙利等社会主义国家学习；后来又向亚洲“四小龙”学习；向欧、美等发达资本主义国家学习；并且还向第三世界发展中国家学习。世界上哪里有如此虚心学习的民族？在新世纪、新阶段，党中央提出了建设学习型政党、学习型社会的要求。以习近平总书记为核心的党中央，带头进行政治局集体学习。各地各级党组织和领导机构，都相继建立了党委中心组学习制度。中国道路的开放性和包容性功能日益彰显出它的文明特征：对外，虚心地学习其他文明的优点和长处，以适应不断变化的新情况和新问题，紧紧跟上时代的潮流和步伐，弥补自身的不足；对内，则在不断学习和总结的基础上进行理论上的创新，与时俱进地推进党和国家治理体系和治理能力的现代化。

3. 用马克思主义科学的方法论揭示中国道路的规律性

马克思主义深刻地揭示了客观世界特别是人类社会发展的一般规律，在当今时代依然有着强大的生命力，依然是指导我们共产党人前进的强大思想武器。在辩证唯物主义和历史唯物主义这个总的方法和总的原则下，马克思主义的社会科学研究还有其特有的具体的方法论。马克思在《资本论》第2版跋中，对政治经济学的研究方法和叙述方法进行了具体和详细的阐述。马克思认为，研究方法是从具体的现象出发去探求现象背后的本质关系：“研究必须充分地占有材料，分析它的各种发展形式，探寻这些形式的内在联系。只有这项工作完成以后，现实的运动才能适当地叙述出来。”③ 在研究阶段中，

① 陈曙光：《中国模式确定性与开放性的辩证统一》，《人民日报》2014年11月24日。

② 《邓小平文选》第2卷，人民出版社1994年版，第133页。

③ 《资本论》第1卷，人民出版社2004年版，第21—22页。

由于运用了分析、抽象的方法，结果就得到了抽象的规定，实现了对事物本质的认识和把握。叙述方法是从通过研究方法得出的本质的抽象的规定出发，借助于必要的中介，不断地从抽象上升到具体、从本质上升到现象、从一般上升到特殊，一步一步地使思维的逻辑进程与客观的历史进程同步，使“抽象的规定在思维进程中导致具体的再现”。[①] 尽管马克思在这里阐述的是政治经济学的研究方法和叙述方法，但是却具有普遍的意义。这样的方法是社会科学的望远镜和显微镜，是社会科学研究的基本方法，它可以使人们在对事物的本质和现象的深刻的理解中把握事物的发展趋势和规律。研究中国道路，同样必须遵循马克思的这一方法：在对中国道路的具体历史进程和中国道路的内涵阐述中揭示中国道路的本质；再通过这个本质的规定，沿着从抽象上升到具体的方法，分析中国道路在各个时期和各个方面的具体体现；然后再用抽象的方法归纳和概括中国道路的鲜明特色、基本经验和深远意义，找出中国道路的规律性的东西。这样的方法，可以使对中国道路的研究达到较高的学术水准。

4. 用高度的“理论自觉”精神努力构建中国道路的学术话语体系

中国道路产生的时间还不长，有些事情还有待实践的检验，但是毕竟中国道路已经走过了几十年，现在可以对这条道路进行一些带有规律性的总结和提炼。所谓提炼，就是正确处理好理论和实践的关系，把实践中普遍性和经常性的东西上升到理论的高度加以规定下来。中国道路的伟大实践发生在一个具有五千年文明史、13 亿多人口、960 多万平方公里的社会主义国家，我们这一代理论工作者能够亲眼见证、亲身体验这样的伟大实践，应该感到非常荣幸。伟大的时代和伟大的实践提供了前所未有的历史性巨大舞台和现实性宝贵资源，为理论工作者创造自己的理论、自己的学术话语提供了宝贵的条件。但是，这一历史性的巨大舞台和现实性的宝贵资源，只属于具有理论自觉的学者，而不属于那些对西方理论亦步亦趋、照搬照抄的学者。要从实践中正确提炼理论，必须具有两方面的基本要素：一方面要具有学科的前沿意识，掌握本学科的基本理论和方法；另一方面

① 《马克思恩格斯选集》第 2 卷，人民出版社 1995 年版，第 18 页。

要深入基层，对中国道路的实际运行状况有真实的了解，也就是要“接地气”，把这两者结合起来，就是一种“顶天立地”的精神。有了这样的一种精神，就能够从实践中提炼出科学的理论，然后再回到现实中去接受实践的检验。我们要通过理论假定、研究方法、资料分析和过程重构等多个层次进行有深度的理论探索，建立起中国道路研究的学术话语体系，并结合中国社会历史发展的特点，有利于从学理上探讨建立适合中国历史发展和现实情况新的解释框架，并由此回应国际上对中国道路或者中国模式研究的世界潮流和动向，促进马克思主义的中国化，进一步推进中国特色社会主义理论体系的发展和创新。

三 本书的学术价值

1. 为深化中国特色社会主义理论研究提供新的视角

当前，深化中国特色社会主义理论研究面临的最大任务，就是要把习近平总书记提出的实现民族复兴的中国梦等系列讲话精神的研究引向深入。习近平新时代中国特色社会主义思想和实现中华民族伟大复兴的中国梦的号召，反映了近代以来历代仁人志士的美好夙愿，揭示了中华民族的历史命运和当代中国的发展走向，指明了全党全国各族人民共同的奋斗目标。实现中国梦必须走中国道路。道路关乎党的命脉、关乎国家前途、民族命运、人民幸福。对中国的发展道路进行全面和深入的研究，提炼成功的经验，找到存在的问题，明确前进的方向，从而加深对人类社会发展规律、社会主义建设规律和共产党的执政规律的认识和理解。本书从中国近代和现代历史发展的视角，研究中国现代化道路的历程，总结中国社会主义现代化建设的经验，并且通过与其他国家现代化道路的比较和分析，深刻地认识中国实行社会主义的必然性、中国特色社会主义道路的正确性和合理性、中国特色社会主义理论体系的科学性、时代性和深刻性，从而在实现中国梦的过程中弘扬中国精神、凝聚中国力量，奋力开启中国道路的新征程。通过这样的研究，把中国特色社会主义理论研究推向一个新的高度。

2. 为推进马克思主义的中国化、时代化和大众化提供新的素材

中国共产党成立近 100 年了，中国共产党领导人民干革命、搞建设和抓

改革，说到底是一个马克思主义中国化的问题。当然，随着历史进程的推进，中国化的内涵会不断深化，外延会不断拓展。但是只要共产党还存在，不变质且还是执政党，马克思主义中国化的进程就不会改变。在改革开放的时代背景下，马克思主义中国化就是马克思主义和中国现代化建设的实际相结合，就是和中华民族伟大复兴的历史任务相结合。这一结合的过程实际上就是中国道路产生和发展的历史进程。因此，研究中国道路的产生和发展过程，就是研究和推进马克思主义中国化的过程。我们在全球化的时代背景下研究中国道路，要求把握时代主题、符合时代特征、顺应时代潮流、应对时代挑战，吸收世界各国的先进文明成果，始终赶上时代的步伐，这就是马克思主义的时代化。中国人民是中国道路的创造者和实践者，研究中国道路，就是要研究中国人民在马克思主义指导下的伟大实践。通过对中国道路和模式的理论总结，撰写出具有中国特色、中国气派和中国风格的理论著作，使广大人民群众看到活生生的马克思主义，读到马克思主义中国化的生动教材，这就推进了马克思主义的大众化。

3. 为提升中国的大国影响力、增强中国的软实力提供新的平台

新中国70年的历史，从纵向看是一个从站起来、富起来到走向强起来的历程。贯彻这一历程的主题和主线就是实现民族独立、人民解放和实现国家富强、人民幸福。中华人民共和国的成立，中国人民从此站起来了，解决了中国近代以来落后挨打的问题；改革开放使中国人民富起来，解决了吃不饱的问题；中国是一个大国，但还不是一个现代化的强国，西方敌对势力不愿意看到中国通过社会主义走向现代化，因此，在现阶段挨骂也是不可避免的。走向强起来从某种意义上可以说是解决挨骂问题。在我国实现民族复兴和现代化的过程中，由于我们对中国道路和中国模式研究和宣传不够，对国际上歪曲甚至诽谤中国道路和中国模式的现象缺乏有效的应对措施，这在一定程度上影响了中国的国家形象。现在国际上“中国独秀论”“中国机遇论”“中国威胁论”“中国崩溃论”“中国责任论”此起彼伏。对于友好人士对我们的赞誉，我们当然表示感谢；对于善意的批评，我们应该虚心接受；对于恶意的攻击，我们应该保持高度的警惕。研究中国道路的理论高地，我们不去占领，别人就会去占领。中国道路的阐释权不能掌握在外国人手里。“鞋子合不

合脚，自己穿了才知道。”① 一个国家的发展道路合适不合适，只有这个国家的人民才最有发言权。中国人民是中国道路的实践者和创造者，中国人最清楚中国道路的精髓和真谛，最有资格对中国道路进行理论概括和理论总结。我们不能仅仅满足于向别人推介几千年前的孔子思想，应该推陈出新、与时俱进，把一个正在实现民族复兴、并且已经取得巨大成就的繁荣昌盛的中国介绍给全世界。我们要积极主动地把握中国道路的阐述权和话语权，把中国取得成功的主要经验和做法清楚而真实地介绍给全世界。让世界人民了解中国人民取得的伟大成就，了解中国道路的基本内涵和基本特点，本身就是中国对世界做出的贡献，是中国软实力的具体体现。

4. 为巩固马克思主义在意识形态领域的指导地位，批判各种形形色色的错误思潮提供新的武器

关于从什么出发来提出和探讨以后的道路问题，客观上存在着两种对立的观点：一种是从我国目前存在的各种各样的矛盾和问题出发，在不断解决这些矛盾和问题的过程中走出一条符合自己国情、具有鲜明特色的社会主义道路；一种是从某种抽象的概念出发，如“普世价值”、抽象的自由、民主、人权等出发。马克思主义认为，一切社会变迁和政治变革的终极动因，不应当从人们的头脑中去寻找，而应当从生产方式和交换方式的变革中去寻找；不应当到有关时代的哲学中去寻找，而应当到有关时代的经济中去寻找。中国道路的一系列做法之所以能够取得成功，就是因为它是以我国现时代的社会存在为前提的，是以我国的国情和发展条件为依据的。“普世价值”到底有没有？人类社会是不是存在着共同的价值观？作为一个学术问题当然是可以进行讨论的。但是如果把西方制度模式说成是普世价值，鼓吹中国只有接受“普世价值”才有前途，这就有问题了。至于西方某些人宣扬“普世价值”，目的就是要让其他国家的人民认同西方的价值观和发展道路，把世界纳入有利于西方的发展道路和发展轨道，使西方的优势和既得利益能够得到长期保持。另一方面，在防止和反对右的倾向干扰的情况下，又要警惕“左”的倾向的干扰。有的人对今天的改革开放和实行社会主义市场经济这也看不惯、

① 《习近平谈治国理论》，外文出版社2014年版，第273页。

那也看不惯，他们搬出马克思主义经典作家根据当时的历史条件做出的某些个别结论，主张回到计划经济和封闭僵化的老路。这种思潮又从“左”的方面干扰改革开放的历史进程，同样会带来很大的危害。既不走封闭僵化的老路，又不走改旗易帜的邪路，而是坚定不移地走中国道路，这是中国共产党和中国人民不可动摇的坚定选择。我们研究中国道路，总结历史经验，看到存在的问题，就是坚持了社会存在决定社会意识的原理，一切从实际出发，保证我们的发展沿着正确的方向前进。这就为批判形形色色的错误思潮提供了新的思想武器。

当前，中国人民正在中国道路上实现中华民族的伟大复兴，学术界对中国道路的研究方兴未艾，并且存在着各种各样的看法。希望本书的出版对深化中国道路的理论研究有所裨益。

第一篇　中国道路的内涵与要素

方向决定道路，道路决定命运。道路问题是关于党和国家事业兴衰成败的首要问题，道路是党的灵魂，道路是国家的命脉。毛泽东说："革命党是群众的向导，在革命中未有革命党领错了路而革命不失败的。"[①] 中国共产党在革命、建设和改革的各个历史时期，坚持从中国的国情出发，探索并且形成了符合中国实际情况的新民主主义革命道路、社会主义改造和社会主义建设道路、中国特色社会主义道路，这充分展示了中国共产党的独立自主的探索精神，充分体现了中国共产党坚持走自己的路、从挫折中吸取教训、不断从胜利走向胜利的真谛。鲁迅先生说，"其实地上本没有路，走的人多了，也便成了路"。[②] 中国特色社会主义道路（以下简称中国道路），是科学社会主义的理论逻辑和中国社会发展的历史逻辑的辩证统一，是根植于中国大地、反映中国人民意愿、适应当代中国和时代发展变化的科学社会主义道路，是建设伟大的社会主义现代化强国、实现中华民族伟大复兴中国梦的必由之路。

① 《毛泽东选集》第1卷，人民出版社1991年版，第3页。

② 《鲁迅小说集》，人民文学出版社1990年版，第68页。

第一章　中国道路的研究对象

一　本书回答的基本问题

从字面上看，中国道路应该包括中国革命道路、中国建设道路和中国改革开放道路。这三个时期走过的道路，既有联系，又有区别。中国革命道路和中国建设道路是改革开放道路的前提和基础，没有中国革命的彻底胜利和中华人民共和国成立后三十年的社会主义革命、社会主义建设和对新中国建设道路的艰苦探索，也就没有后来改革开放的伟大实践。所以，从广义上说，中国道路应该包括中国新民主主义革命的道路、中国社会主义革命和社会主义建设的道路、改革开放和进行现代化建设的道路，即我们今天说的中国特色社会主义道路。但是，在国内外学术界和党的正式文件中形成共识的中国道路，一般是指改革开放以后形成的中国特色社会主义道路，简称中国道路。因此，本书所指的中国道路，就是指中国特色社会主义道路。

把中国改革开放和现代化建设的历史进程称为中国道路，是非常通俗和形象的比喻。用道路来比喻中国特色社会主义的历史进程和丰富内涵，我们就可以进行这样的设问：这条道路是从哪里来的？这条道路要走到哪里去？这条道路是光明大道、还是羊肠小道、或者是死胡同？这条道路是平坦的道路、还是崎岖的山路？我们依据“道路”这一原生态的意义，提出以下问题进行研究和思考：

1. 这条道路是从哪里来的？

本书试图说明，中国道路不是从天上掉下来的，也不是从地下冒出来的，而是在改革开放近40年来的伟大实践中走出来的，是在中华人民共和国成立70年的持续探索中走出来的，是在对近代以来170多年中华民族发展历程的深刻总结中走出来的，是在对中华民族五千多年悠久文明的传承中走出来的，具有深厚的历史渊源和广泛的现实基础。这条道路承载着几代中国共产党人的理想和探索，寄托着无数仁人志士的夙愿和期盼，凝聚着亿万人民的奋斗和牺牲，是来之不易的，必须倍加珍惜，精心呵护！

2. 这是一条什么样的道路？

根据党的十八大对中国特色社会主义道路内涵的精辟概括，我们可以对中国道路内涵以如下关键词表述：总依据，就是社会主义初级阶段的基本国情；总布局，就是五位一体；总任务，就是实现社会主义现代化和中华民族的伟大复兴；总要求，就是十八大提出的八个“坚持”：坚持人民主体地位、坚持解放和发展生产力、坚持改革开放、坚持维护社会公平正义、坚持走共同富裕道路、坚持促进社会和谐、坚持和平发展、坚持和改善党的领导。党的十九大在理论层面用八个“明确”精辟地概括了习近平新时代中国特色社会主义思想，并且在实践层面概括了14条中国特色社会主义的基本方略。[①]党的十九大提出的新时代中国特色社会主义的基本方略，涵盖了党的十八大提出的中国特色社会主义的八项基本要求，但是又根据新的实践和新的情况提出了新的要求，是继承和发展的有机统一，是承前启后和继往开来的有机统一。这些基本理论、基本路线、基本纲领、基本要求和基本方略，构成了中国道路的丰富内涵，是中国道路的核心要义。

3. 这条道路要走向哪里？

党的十八大闭幕不久，习近平总书记率中央政治局常委和中央书记处领导参观国家博物馆《复兴之路》展览，提出了中华民族伟大复兴中国梦的重

---

① 党的十九大提出的新时代坚持和发展中国特色社会主义的14条基本方略：1. 坚持党对一切工作的领导；2. 坚持以人民为中心；3. 坚持全面深化改革；4. 坚持新发展理念；5. 坚持人民当家作主；6. 坚持全面依法治国；7. 坚持社会主义核心价值体系；8. 坚持在发展中保障和改善民生；9. 坚持人与自然和谐共生；10. 坚持总体国家安全观；11. 坚持党对人民军队的绝对领导；12. 坚持“一国两制”和推进祖国统一；13. 坚持推动构建人类命运共同体；14. 坚持全面从严治党（参见习近平《决胜全面建成小康社会 夺取新时代中国特色社会主义伟大胜利——中国共产党第十九次全国代表大会上的报告》，《人民日报》2017年10月28日）。

大战略思想。习近平总书记通过回顾中华民族的昨天，展示中华民族的今天，宣示中华民族的明天，生动诠释了近代一百多年来中国人民寻梦、追梦、圆梦的历史进程，也明确指出了中国道路的目标方向。近代以来，中华民族遭受的苦难之重、付出的牺牲之大，在世界历史上都是罕见的。为了中华民族的伟大复兴，几代人魂牵梦萦，亿万人心结难解，历经上下求索、千辛万苦，终于找到了一条实现民族复兴的必由之路。中国道路的指向，就是为了实现中华民族的伟大复兴。历史和现实充分证明，无论是封闭僵化的老路，还是改旗易帜的邪路，都是绝路和死路，只有中国特色社会主义道路才能发展中国、富强中国。中国道路是一条通往民族复兴的康庄大道、人间正道。在中国道路上，中华民族伟大复兴的梦想，犹如一轮在地平线上喷薄而出的朝阳。毛泽东在《星星之火、可以燎原》中用诗歌一样的语言歌颂了即将到来的中国革命高潮："它是站在海岸遥望海中已经看得见桅杆尖了子的一只航船，它是立于高山之巅远看东方已见光芒四射喷薄欲出的一轮朝日，它是躁动于母腹中的快要成熟了的一个婴儿。"① 今天，我们用这样的语言来形容一个伟大的社会主义现代化强国即将在我们这个星球上横空出世，是再贴切不过的了。经过几代人的努力，我们终于迎来了中华民族伟大复兴的光辉前景。现在，我们比历史上任何时期都更接近中华民族伟大复兴的目标，比历史上任何时期都更有信心、有能力实现这个目标。

4. 这条道路取得成功的"法宝"是什么？

在新民主主义革命时期，毛泽东把党的领导、武装斗争和统一战线称为中国革命道路取得成功的"三大法宝"。中国道路之所以能够给国家的前途、民族的命运、人民的生活带来翻天覆地的变化，肯定也有它的"奥秘"和"法宝"，即取得成功的基本经验。由于中国道路还在发展中和前进中，前面的道路还很长、很复杂和艰巨。因此，要对中国道路的基本经验进行系统和科学的总结，从中揭示出中国道路的发展规律，还存在许多困难，还需要不断地进行实践和探索。但是，毕竟中国道路已经走过40年了，我们现在可以对这条道路的基本经验进行初步的和大体上的归纳和总结。我们认为，就主

---

① 《毛泽东选集》第1卷，人民出版社1991年版，第106页。

要方面来说：坚持解放思想、实事求是、与时俱进、求真务实，坚持一切从实际出发、理论联系实际的思想路线，在坚持马克思主义基本原理的前提下不断推进马克思主义的发展与创新，推进马克思主义的中国化、时代化、大众化，是中国道路取得成功的思想基础；坚持党对一切工作的领导、全党自觉在思想上、政治上、行动上同党中央保持高度一致，坚持从严治党，勇于自我革命，处理好党的领导、人民当家作主和依法治国之间的关系，在党的领导下深化改革、扩大开放、保持稳定，是中国道路取得成功的政治保证；坚持全心全意为人民服务的宗旨、坚持人民主体地位、坚持以人民为中心的发展理念、坚持从群众中来、到群众中去、一切为了群众、一切依靠群众的群众路线，始终把人民的利益放在第一位，始终保持同人民群众的血肉联系，把人民对美好生活的向往作为执政党奋斗的目标，依靠人民创造历史伟业，是中国道路取得成功的力量源泉。

5. 这条道路面临哪些挑战？如何应对？

在中国道路上，我们已经取得了巨大的成功，积累了宝贵的经验，但是中国道路不是平坦的道路，而是充满了艰难险阻。邓小平晚年说过："过去我们讲先发展起来。现在看，发展起来以后的问题不比不发展时少。"① 在中国道路上，我们面临的机遇前所未有，面临的困难和挑战也前所未有。在经济领域，是发展不平衡、不协调问题；在政治领域，是权力腐败问题；在社会领域，是贫富差距问题；在意识形态领域，是"左"右思潮的干扰问题；在生态领域，是环境恶化问题；在国际上，则是西方大国的遏制问题；等等。就国内来说，党的十九大报告正确地指出了当前我们面临的各种困难和挑战："发展不平衡、不充分的一些突出问题尚未解决，发展质量和效益还不高，创新能力不够强，实体经济水平有待提高，生态环境保护任重道远；民生领域还有不少短板，脱贫攻坚任务艰巨，城乡区域发展和收入分配差距依然较大，群众在就业、教育、医疗、居住、养老等方面面临不少难题；社会文明水平尚需提高；社会矛盾和问题交织叠加，全面依法治国任务依然繁重，国家治理体系和治理能力有待加强；意识形态领域斗争依然复杂，国家安全面临新

---

① 《邓小平年谱（1975—1997）》（下），中央文献出版社 2004 年版，第 1364 页。

情况；一些改革部署和重大政策措施需要进一步落实；党的建设方面还存在不少薄弱环节。”① 中国道路是在不断解决问题和克服困难中走出来的，“沧海横流，方显英雄本色”。实现民族复兴的伟大梦想，就必须进行具有许多新的历史特点的伟大斗争，推进党的建设的伟大工程，推进中国特色社会主义的伟大事业。“四个伟大”紧密联系、相互贯通、相互作用，凝聚起实现民族复兴的磅礴力量。中国道路要求我们知难而进，在实践中不断地发现问题和解决问题，发扬逢山开路、遇水搭桥的精神，积极进取，大胆探索，一步一步地推进中国社会的发展和进步、发展人民的福祉，最终实现中华民族的伟大复兴。中国道路“前途是光明的，道路是曲折的”。

二 本书研究的主要内容

1. 中国道路产生的历史前提

近代以来，中国人民争取民族独立、人民解放和实现国家富强、人民富裕这两大历史任务，归根到底是为了实现中华民族的伟大复兴，这是中国近代历史发展的主题和主线，牢牢把握这一主题和主线，就能深刻揭示中国近代以来历史发展的主流和本质。中国独特的文化传统、独特的历史命运、独特的基本国情，决定了中国必然要走适合自己特点的发展道路。中国的革命是这样，中国的建设道路是这样，中国的改革开放道路也是这样。中国道路不是从天上掉下来的，也不是从地下冒出来的，而是中国人民在一百多年的艰辛探索和不断奋斗中一步一个脚印走出来的。鸦片战争以后，中国逐步沦为半殖民地半封建社会，祖国山河破碎、人民饥寒交迫。为了救亡图存，无数志士仁人进行了艰苦的探索和不屈不挠的斗争。封建统治阶级内部的爱国人士领导的反侵略斗争失败了，旧式的农民起义失败了，资产阶级的改良运动失败了，资产阶级领导的民主革命最终也失败了。事实证明，不触动封建根基的自强运动和改良主义，旧式的农民战争，照搬西方资本主义的种种方案，都不能完成中国反帝反封建的历史任务。十月革命的道路，给中华民族和中国人民提供了一个崭新的方向。走社会主义道路，成了历史的必然和人

---

① 习近平：《决胜全面建成小康社会 夺取新时代中国特色社会主义伟大胜利——中国共产党第十九次全国代表大会上的报告》，《人民日报》2017 年 10 月 28 日。

民的选择。中国共产党领导中国人民，把马克思列宁主义的普遍真理与中国的实际相结合，完成了新民主主义革命，确立了社会主义制度，实现了中国历史上最广泛、最深刻的社会变革。中华人民共和国成立以后，我们党在艰难坎坷的探索中，取得了独创性的理论成果和巨大成就，为中国道路的开辟提供了宝贵经验、理论准备、物质基础。但是也犯下了这样那样的严重错误，社会主义道路遇到了严重的困难。党的十一届三中全会以后，通过思想理论上的拨乱反正，我党吸取社会主义建设正反两方面的经验和教训，不断弄清楚什么是社会主义、怎样建设社会主义这一命题，明确提出了建设中国特色社会主义的科学论断，成功地开创了中国特色社会主义道路。

2. 中国道路的历史进程和理论形态

以毛泽东为核心的党的第一代领导集体，在完成新民主主义革命的基础上，团结带领全国各族人民完成了社会主义革命，确立了社会主义基本制度，为当代中国一切发展和进步奠定了根本的政治前提和制度基础。

党的十一届三中全会以后，以邓小平同志为核心的党的第二代领导集体，重新确立解放思想、实事求是的思想路线，第一次比较系统地初步回答了在中国这样经济文化比较落后的国家如何建设社会主义、如何巩固和发展社会主义的一系列基本问题，开启了改革开放的新的伟大革命，开创了中国特色社会主义道路。以江泽民同志为核心的党的第三代领导集体，继续推进中国特色社会主义的伟大事业，创立了“三个代表”重要思想，在进一步回答什么是社会主义、怎样建设社会主义这一问题的过程中，创造性地回答了建设什么样的党、怎样建设党的问题，成功地把中国特色社会主义事业推向21世纪。进入新世纪、新阶段，以胡锦涛同志为总书记的党中央领导中国人民继续推进经济建设、政治建设、文化建设、社会建设和生态文明建设，提出了科学发展观的重大战略思想，继续回答了什么是社会主义、怎样建设社会主义和建设什么样的党、怎样建设党的问题，创造性地回答了实现什么样的发展、怎样发展的问题，在新的历史起点上坚持和发展了中国道路。党的十八大以来，以习近平同志为核心的党中央不忘初心、砥砺奋进，围绕什么是中国特色社会主义、怎样建设中国特色社会主义的时代课题，以“四个全面”战略布局作为切入点，统筹推进五位一体的总体布局，使党和国家的面貌发生了前所未有的深刻变化，使中国特色社会主义进入了新时代。

理论是道路之魂。一个国家在走上现代化道路的过程中，一定会形成相应的理论成就，如果缺乏这样的理论成就，即使已经实现了经济和制度层面的现代化，也很难说是具有典范意义的现代化模式。纵观世界现代化进程，西方诸大国在取得经济与政治成就的同时，也形成了相应的理论成就。如意大利的人文主义、英国的经验主义、法国的启蒙思想、德国的古典哲学、美国的实用主义。这些理论成就，承接并表达了相应的文化传统，是所在民族与国家现代化基本经验的总结，并且在不同程度上引领着世界潮流。中国特色社会主义理论体系是中国道路发展规律的理论反映。党的十八大对中国特色社会主义理论体系进行了精辟的概括："中国特色社会主义理论体系，就是包括邓小平理论、'三个代表'重要思想、科学发展观在内的科学理论体系，是对马克思主义列宁主义、毛泽东思想的坚持和发展。"① 这一理论体系，系统回答了在中国这样一个十几亿人口的发展中国家如何加快实现现代化、巩固和发展社会主义的一系列重大问题，开辟了马克思主义的新境界，是我们党最宝贵的精神财富。这个理论体系不是封闭的和僵化的理论体系，而是开放的和发展的理论体系。习近平新时代中国特色社会主义思想，深刻阐述了党和国家发展的一系列重大现实问题，提出了一系列富有创造精神的新思想和新观点，进一步深化了我党对人类社会发展规律、社会主义建设规律、共产党的执政规律的认识，是对马克思列宁主义、毛泽东思想、邓小平理论、"三个代表"重要思想、科学发展观的继承和发展，是马克思主义中国化的最新成果，是党和人民实践经验和集体智慧的结晶，是中国特色社会主义理论体系的重要组成部分，为中国道路的胜利前进提供了行动指南。

3. 中国道路的历史使命及其深化和拓展

中国道路是在不断地解决问题的过程中逐步深化和发展的。问题是时代的声音，理论创新的源泉。不断地发现问题和解决问题，是中国道路与生俱来的历史使命。习近平总书记说："我们中国共产党人干革命、搞建设、抓改革，从来都是为了解决中国的现实问题。可以说，改革是由问题倒逼而产生，

---

① 胡锦涛：《坚定不移沿着中国特色社会主义道路前进，为全面建成小康社会而奋斗》，《十八大以来重要文献选编》（上），中央文献出版社2014年版，第10页。

又在不断解决问题中得以深化。"① 当前中国遇到的问题，不仅包括国家富强、民族振兴和人民幸福这样的"宏观"问题；也包括全面建成小康社会、加快推进社会主义现代化建设的阶段性的"中观"问题；还应该解决当前人民群众最关心、最直接、最现实的眼前利益的"微观"问题。习近平总书记说："人民对美好生活的向往，就是我们的奋斗目标。"② 党在不断解决问题的实践过程中，先后形成了党的基本理论、基本路线、基本纲领、基本经验。党的十八大又提出夺取中国特色社会主义新胜利的八项基本要求，这是对中国特色社会主义新鲜经验的科学总结，是中国道路走向深入的标志和体现。

随着中国道路内涵的不断深化，我党对中国道路的外延也在不断拓展，不断丰富和完善对中国特色社会主义事业总体布局的理论思考和战略部署。党的十二大确立了物质文明和精神文明"两个文明"一起抓的战略方针。十五大、十六大明确了我国经济建设、政治建设、文化建设"三位一体"的总体布局。进入新世纪、新阶段，我党提出了科学发展观和构建社会主义和谐社会等重大战略思想，对中国特色社会主义事业的总体布局的认识又有了新的拓展，十七大报告全面论述了经济建设、政治建设、文化建设、社会建设"四位一体"的总体布局。十八大把生态文明建设纳入中国特色社会主义事业总体布局，确立了建设中国特色社会主义事业"五位一体"的总体布局。从"两个文明"到"三位一体"，再到"四位一体""五位一体"，展现了中国特色社会主义事业的发展方略更加成熟、发展目的更加明确、发展内涵更加丰富，展现了中国道路的外延不断拓展的生动历程。

4. 中国道路的历史经验和历史意义

这部分内容通过对我们党 90 多年历史特别是改革开放 40 年历史的深刻总结，揭示中国道路发展过程中由一系列环节所构成的普遍趋势，指出中国道路发展过程中各种现象之间的必然的、普遍的和本质的联系，进一步回答了什么是社会主义、怎样建设社会主义，什么是中国特色社会主义、怎样建设中国特色社会主义的基本问题，丰富和深化了对中国道路发展规律的认识。中国道路，既坚持以经济建设为中心，又坚持社会全面进步；既坚持四项基

① 《习近平谈治国理政》，外文出版社 2014 年版，第 74 页。

② 同上书，第 4 页。

本原则，又坚持改革开放；既坚持不断解放和发展生产力，又坚持实现全体人民共同富裕、促进人的全面发展；既坚持立足中国，又坚持面向世界；既不是对马克思主义经典作家论述的机械运用，也不是对别国发展道路和发展模式的模仿照搬。

党的十八大提出了夺取中国特色社会主义事业新胜利的八项基本要求，是对中国道路基本经验的科学总结。这八项基本要求，从主体地位、根本任务、必由之路、内在要求、根本原则、本质属性、必然选择、领导核心等八个方面，回应了当前党内外、国内外广泛关注的突出问题。党的十九大提出了坚持和发展中国特色社会主义的14条基本方略，既涵盖了以前提出的基本纲领、基本经验和基本要求，又有新的发展和创造；既是对历史的深刻总结，又是对未来的科学把握；既有强烈的现实针对性，又有长远的指导性，标志着我党对中国道路规律的认识达到了一个新的水平。

中国道路丰富了马克思主义关于人类历史发展道路普遍性和多样性的理论，引导中国走上了民族复兴的康庄大道，并且为落后国家的现代化道路提供了有益的启示，具有深远的理论意义、现实意义和世界意义。在中国道路上，我们取得了一系列历史性成就。我国的经济总量上升到世界第二位，社会生产力大幅提高，人民生活水平大幅提升，综合国力大幅增强。[①] 中华民族伟大复兴的光辉前景更加清晰地展现在我们面前。现在，我们比历史上任何时候都更加接近中华民族伟大复兴的目标，比历史上任何时候都更有信心、有能力实现这个民族的百年梦想。习近平《在纪念毛泽东同志诞辰120周年座谈会上的讲话》中指出："站在960万平方公里的广袤土地上，吸吮着中华民族漫长奋斗积累的文化养分，拥有13亿中国人民聚合的磅礴之力，我们走自己的路，具有无比广阔的舞台，具有无比深厚的历史底蕴，具有无比强大

① 根据外媒报道，中国有35个城市的GDP分别相当于35个国家的水平。它们是：上海—菲律宾、北京—阿联酋、广州—瑞士、深圳—瑞典、天津—罗马尼亚、苏州—奥地利、重庆—智利、中国香港—秘鲁、武汉—以色列、成都—挪威、杭州—希腊、南京—丹麦、无锡—摩洛哥、青岛—匈牙利、长沙—斯里兰卡、大连—芬兰、佛山—乌兹别克斯坦、宁波—安哥拉、沈阳—苏丹、郑州—厄瓜多尔、唐山—新西兰、东莞—埃塞俄比亚、烟台—白俄罗斯、济南—阿塞拜疆、南通—斯洛伐克、长春—多米尼加、西安—肯尼亚、福州—坦桑尼亚、哈尔滨—保加利亚、合肥—突尼斯、石家庄—危地马拉、徐州—加纳、常州—塞尔维亚、温州—克罗地亚、淄博—巴拿马《俄媒：35个中国城市富可敌国》，《环球时报》，2017年11月13日。

的前进定力。中国人民应该有这个信心，每一个中国人都应该有这个信心。”①这是何等豪迈的誓言，也是何等伟大和壮丽的事业！何谓道路自信、理论自信、制度自信和文化自信？这就是道路自信的具体和生动的体现。

通过以上分析，我们现在可以对中国道路的基本内涵和本书的研究对象、研究目的做出如下概括：中国道路就是中国特色社会主义道路，它以社会主义初级阶段的基本国情为依据，以中国化马克思主义理论为指导，以中国共产党的领导为保证，以代表和实现最广大人民群众的根本利益为宗旨，以改革开放和科学发展为动力，以社会主义核心价值观为精神支柱，以全面推进经济、政治、文化、社会和生态文明建设为总体布局，以全面建成小康社会、全面深化改革、全面依法治国、全面从严治党为战略布局，以坚持走和平发展道路和构建人类社会命运共同体为国际战略，以建设富强民主文明和谐美丽的社会主义现代化强国和实现民族复兴的中国梦为奋斗目标。中国道路是中华民族的复兴之路，也是实现共产主义远大理想的必由之路。以上诸要素之间的内在联系及其发展进程是本书的研究对象；从历史、理论和现实的结合上挖掘中国道路的内涵、中国道路各个要素之间的内在联系和本质、揭示中国道路的发展规律，是本书的研究目的。

三　本书的研究视角

1. 在叙述中国民主革命道路的历史进程时，突出“选择”的理论视点，回答中国道路产生的必然性问题

1840年鸦片战争以后，中国日益沦为一个半殖民地半封建国家。国家危亡、民不聊生。救国寻路，民族复兴，成为中国近代的基本政治主题。但是，无论是旧式的农民起义还是封建地主阶级中开明派的自救、自强运动；无论是资产阶级的改良还是革命，都不能担负起实现民族独立、人民解放和国家富强、人民富裕的历史使命。俄国十月革命的胜利，给处在苦闷和彷徨中的中国人民指明了全新的方向。向社会主义方向前进，成为近代中国社会演变的必然结论和中国人民的郑重选择。中国人民选择新民主义和社会主义革命

---

① 《习近平谈治国理政》，外文出版社2014年版，第29页。

道路，因为走资本主义道路的各种方案的尝试全部失败了，中国人民才选择了经过新民主主义革命走向社会主义的道路；中国人民选择马克思主义，因为各种主义和思潮都试过了，并且都失败了。资产阶级改良主义、自由主义、社会达尔文主义、无政府主义、实用主义、民粹主义、工团主义等都尝试过，并且都破产了。在这样的情况下，中国人民最后才选择了马克思主义。选择马克思主义，是因为只有马克思主义才能解决中国的问题。中国人民选择共产党的领导，是因为中国其他各种政治力量都无力领导中国人民实现救亡图存和民族独立解放和复兴的历史任务，只有共产党才使受尽屈辱、处于危亡边缘的中国进入了历史的新纪元。“没有共产党就没有新中国”，这不是一句空洞和抽象的口号，而是在历尽千辛万苦、付出巨大牺牲以后中国历史发展的必然和中国人民的选择。

2. 在研究中华人民共和国成立以后到改革开放开始40年的历史进程时，突出“探索”的理论视点，回答改革开放前后两个历史时期的关系问题

中国特色社会主义道路的开辟，总的来说是一个不断探索和反复探索的过程，即从不成熟到比较成熟、成熟了又不成熟、还要再探索的过程。当中国共产党人拿着马克思主义列宁主义的武器进行社会主义革命和社会主义建设时，却发现如何运用这个武器和以前选择这条道路同样艰难。中国的条件与马克思、恩格斯、列宁所分析的西方资本主义国家存在着巨大的差别。为了找到一条适合中国情况的现代化建设道路，以毛泽东为核心的中共第一代领导集体做了大量的艰苦探索，这一探索取得了许多重要的理论成果，积累了宝贵的经验。《论十大关系》《关于正确处理人民内部矛盾的问题》等著作的问世，至今仍然让人感受到那一代中国共产党人独立自主的创造性才华。然而，后来的探索却出现了严重的错误。特别是在“以阶级斗争为纲”和“无产阶级专政下继续革命”这样的错误理论指导下发生的“文化大革命”，更使中国社会陷入了严重的内乱，经济社会发展遭到重大挫折。在研究这一段历史时，我们想强调和说明的是：中国共产党的成功是在探索中取得的；同样，挫折和失败也是在探索的过程中产生的。无论是成功的经验、还是失败的教训，都是我们向新的目标迈进的宝贵财富。

3. 在梳理改革开放40年的历史进程时，突出“实践”的理论视点，全方位展示中国道路的内涵和本质

实践是中国道路的鲜明特色。中国道路这个概念本来就不是从书本的研究中延伸出来的，而是从中国改革开放40年的实践中提炼出来的，是中国实践、中国经验和中国特色的理论概括和总结。中国道路是否存在，并不是根据某一文本、理论或者某一学者的学说做出判断，而是根据中华人民共和国成立70年的建设实践过程、改革开放40年的发展过程做出判断。有人指责改革开放的方针政策和具体措施违背了马克思主义经典作家的这一说法和那一说法；有人又鼓吹中国应该放弃马克思主义而照搬西方资本主义理论。这些都不是从客观的现实出发、而是从某一文本出发的主观判断。中国道路实践特征的通俗和形象的说法，就是“摸着石头过河”。“石头”就是指中国的实际情况，“摸”就是在实践中去探索研究，“过河”就是实现社会主义现代化建设的目标。这与民主革命时期毛泽东坚持的实事求是是一个意思。就是要以唯物史观为指导弄清中国的实际情况、弄清中国社会主义现代化建设的规律、开辟中国特色社会主义现代化建设的道路。在反复的实践和探索中，我党先后形成了建设中国特色社会主义的基本理论、基本路线、基本纲领、基本经验、基本要求和基本方略，这是对中国道路内涵和本质的科学概括。

4. 在提炼和归纳中国道路的特色和经验时，突出“创新”的理论视点，努力挖掘中国道路的特色和规律

提炼中国道路的特色，总结中国道路的经验，归纳中国道路的意义，就是一个理论创新的过程。既要把老祖宗的话说对，又要把新话说好，是一个艰苦的理论研究过程。我们要通过归纳、总结和提炼，找到中国道路走出了什么？中国特色社会主义“特”在哪里？中国道路成功的经验和“法宝”是什么？马克思主义中国化“化”出了什么“新东西”？深刻挖掘中国道路的深远意义。马克思主义不仅是科学的理论，而且是开放的和发展的理论，它会随着时代的发展而不断地与时俱进。眼前的矛盾和问题解决了，新的时期和新的发展又会产生新的矛盾和新的问题，必须以发展的观点对待马克思主义、对待社会主义，这样才可以不断地推进马克思主义的发展和创新。我们一定要以我国改革开放和现代化建设的实际问题、以我们正在做的事情为中

心，着眼于马克思主义理论的运用，着眼于对实际问题的理论思考，着眼于新的实践和新的发展。要有所发现、有所创造、有所前进，不断丰富中国道路的实践特色、理论特色、民族特色、时代特色，坚定不移地沿着中国特色社会主义道路前进。

四　本书的总体框架

中国道路是独立于人的主观意志的实践的和外在的客观存在，但是对中国道路的研究、理解和叙述却是理论的和思维的。因此，研究中国道路的路径，必须符合理论的逻辑和思维的规律。要深刻揭示中国道路的本质、发展的脉络和演进的规律，必须具有科学的方法和科学的思路。本书的研究路径大体上可以用“三个过程”来概括：从具体到抽象、从抽象到具体、再从具体到抽象。

——从具体上升到抽象。本书第一篇具有总论性质，第二篇是按照从具体到抽象的思路进行研究的。所谓从具体到抽象，就是“从实在和具体开始、从现实的前提开始”。[①] 在第二篇中，首先分析中国的具体国情、中国革命和建设的具体历史进程，得出中国必须走社会主义道路、必须走中国特色社会主义道路这样比较抽象和稀薄的概念。这一个过程从思维的规律来讲，是使“完整的表象蒸发为抽象的规定”。[②] 是以后的从抽象上升到具体的思维进程的前提和条件。

——从抽象上升到具体。本书的第三、四两篇深入阐述了从抽象到具体的内容。开始人们对社会主义和中国特色社会主义的理解非常抽象、简单和没有丰富的内涵，用马克思的话来说是一个非常“稀薄的抽象”概念和非常“简单”的规定。1980 年 4 月 12 日，邓小平说：“不解放思想不行，甚至于包括什么叫社会主义这个问题也要解放思想。经济长期处于停滞状态总不能叫社会主义，人民生活长期停止在很低的水平总不能叫社会主义。”[③] 这就提出了需要根据新的实践在理论上进一步搞清楚什么是社会主义的问题。也就

---

① 《马克思恩格斯选集》第 2 卷，人民出版社 1995 年版，第 17 页。

② 同上书，第 18 页。

③ 《邓小平文选》第 2 卷，人民出版社 1983 年版，第 312 页。

是说，在改革开放初期，人们对社会主义这个概念的理解还是非常“抽象”的和“简单”的。随着中国道路历史进程的推进，在不断探索什么是社会主义、怎样建设社会主义的历史进程中，人们对社会主义和中国道路的理解越来越丰满和越来越具体化。这样就使“抽象的规定在思维行程中导致具体的再现”。[①] 就是说中国道路只有具体化为经济、政治、文化、社会、生态、国际战略道路和党的建设等各个方面的理论，才能真正实现从理论到实践的飞跃。随着五位一体总体布局的提出，社会主义和中国道路这些概念，与我国国人的全面发展和人的现代化紧密结合在一起，是一个非常具体和非常人性化的概念，是看得见摸得着、和每一个人梦想和追求融为一体的概念。概念发展到这个时候，“已不是关于整体的一个混沌的表象，而是一个具有许多规定和关系的丰富的总体了”[②]。

——再回到从具体上升到抽象。本书第五、六两篇研究这个问题。人们对中国道路的理解已经从抽象上升到具体，但是这个“具体”和前面一个从具体上升到抽象的“具体”是不一样的。前一个“具体”是客观具体，无论人们是否认识到，它都是客观存在的。而后一个“具体”是思维“具体”，是客观事物在人们头脑中的反映，当然这个反映通过从抽象上升到具体这个逻辑进程，是比较符合客观现实的。但是绝不可以用来代替客观的“具体”。马克思说：“从抽象上升到具体的方法，只是思维用来掌握具体、把它当作一个精神上的具体再现出来的方式。但绝不是具体本身的产生过程。……作为思想具体，事实上是思维的、理解的产物；但是，绝不是处于直观和表象之外或驾于其上而思维着的、自我产生着的概念的产物，而是把直观和表象加工成概念这一过程的产物。”[③] 既然思想具体是思维、理解的产物，那这个思维具体是否具有长远和普遍的意义，还要对它进行抽象、概括和提炼。本书的第五、第六两篇要归纳中国道路的特色、总结中国道路的经验、概括中国道路的发展规律，在这一基础上阐释中国道路的价值和意义，提炼中国道路对人类文明事业做出的贡献这些普遍性和共同性的东西。这个过程又是一个

---

① 《马克思恩格斯选集》第2卷，人民出版社1995年版，第18页。

② 同上。

③ 同上书，第19页。

从具体到抽象的过程。

本书由六篇四个板块组成。第一板块由第一篇构成，介绍中国道路的研究对象、研究目的、基本内涵、基本特点，以及本书的研究意义和价值。

第二板块为基础板块，由第二篇构成。这个板块主要是说明和交代中国道路的来源、前提和基础。鸦片战争以来的中国近代历史，是中国人民为实现中华民族的独立、解放和复兴而不懈奋斗的历史。这一段历史经历了民主革命的准备阶段（主要指封建地主阶级的开明派的反侵略斗争和农民起义）；资产阶级领导的旧民主主义革命阶段；无产阶级领导的新民主主义革命阶段；直到中华人民共和国成立以后的社会主义革命和建设阶段。这个历史的发展过程，是不以人们的意志为转移的客观过程。中国人民争取民族独立、人民解放和民族复兴的历史内容不断变化和发展，最后终于和马克思主义、社会主义相联系，中国人民不仅走上了社会主义道路，而且走上了中国特色社会主义道路。这一部分带有中国近现代历史的性质，但是又不是简单的历史叙述，而是通过对这段历史进程的回顾，阐述只有社会主义才能救中国和发展中国的历史真理，从而进一步说明历史和人民选择中国共产党、选择马克思主义、选择社会主义道路、选择改革开放的历史必然性，增强走中国道路的自觉性。这一板块从思维的逻辑来说，是从具体到抽象。

第三板块为主体板块，由第三、第四两篇构成。这个板块主要通过回顾十一届三中全会以来改革开放的历史进程，阐述中国共产党和中国人民对中国特色社会主义道路内涵的认识理解过程是怎么一步一步深化的，阐述中国共产党和中国人民在实践中是如何将中国道路不断地拓展和推向前进的，阐述中国特色社会主义理论体系的理论成果，以及十八大以来习近平对中国特色社会主义和中国道路的一系列论述。通过这样的阐述，主要从中国道路内涵的深化、外延的拓展、理论体系的创新和发展三个维度揭示中国道路的全部内容，理解中国道路的真谛要义。同时，也清醒地看到中国发展道路上存在的困难和问题，在不断解决问题和克服困难的过程中增强道路自信、理论自信、制度自信和文化自信，努力开创中国道路更加广阔的前景。这一板块从思维的逻辑来说，是从抽象到具体。

第四板块为主轴板块，由第五、第六两篇构成。之所以称为“主轴”板块，是因为这一板块是整个书稿的“主心骨”，也是“压轴戏”，所以称为“主轴”。如果说第二板块是“形”，那么这个板块就是“魂”，是本书的灵魂。这个板块主要通过前面对中国道路历史进程的回顾，提炼中国道路的特色，总结中国道路的基本经验和基本规律，找出中国道路面临的挑战，揭示中国道路的深远意义。这就必须进行深层次的理论分析和经验总结，并且进行一些具有一定规律性的概括，还要指出中国道路对世界文明事业的贡献。现在中国道路的研究成果很多，如果是一般性的对中国道路的叙述和阐述，没有什么新意，那么这样的研究意义不大。我们将从不同的学科和不同的视角对中国道路进行研究。我们将运用唯物史观这一科学的理论武器，通过对中国道路历史进程的阐述，尽可能地把这一研究向前推进，尽量讲得丰富一点和深入一点，并且能够讲一些新话，这就需要对中国道路的历史进程进行概括和提炼。如果说第二板块是“画龙”的话，那么这一板块就是“点睛”。这一板块从思维的逻辑来说，是从具体到抽象。

六个篇目之间的分工是这样的：

第一篇介绍中国道路的研究对象、研究日的、基本内涵、基本要素。

第二篇研究这条道路是从哪里来的和如何开辟的，阐述中国道路的前提和背景。

第三篇研究这条道路是如何一步一步走向深入的，阐述中国道路的历程和理论。

第四篇研究这条道路如何不断地从经济向政治、文化、社会、生态、党建、国际战略等领域拓展的，讲中国道路的拓展和布局。

第五篇研究这条道路和其他道路有什么不同，既然讲中国道路，不是美国道路、欧洲道路和苏联道路，肯定具有中国的历史元素和中国的民族特点。通过研究努力找出这条道路的特色。

第六篇分两个方面对这条道路进行总结和归纳：一是研究这条道路之所以能够取得成功的基本经验，从中找到一些普遍性的东西；二是研究这条道路的意义和价值，中国道路对丰富马克思主义理论宝库有什么价值，对中华民族走向伟大复兴和共产主义事业有什么价值，对世界上不发达国家实现现代化有什么价值，通过这样的分析，努力提炼和挖掘中国道路的基本经验和发展规律。

第二章　中国道路的基本内涵

党的十八大精辟地概括了中国特色社会主义道路的科学内涵：“中国特色社会主义道路，就是在中国共产党领导下，立足基本国情，以经济建设为中心，坚持四项基本原则，坚持改革开放，解放和发展社会生产力，建设社会主义市场经济、社会主义民主政治、社会主义先进文化、社会主义和谐社会、社会主义生态文明，促进人的全面发展，逐步实现全体人民共同富裕，建设富强民主文明和谐的社会主义现代化国家。”① 党的十九大又进一步提出：“坚持和发展中国特色社会主义，总任务是实现社会主义现代化和中华民族伟大复兴，在全面建成小康社会的基础上，分两步走在本世纪中叶建成富强民主文明和谐美丽的社会主义现代化强国”②，把自然环境的“美丽”作为生态文明的建设目标，进一步丰富了社会主义现代化强国的内涵。这一科学概括，包含了“一个中心、两个基本点”的基本路线，包含了解放和发展生产力的根本任务，包含了“五位一体”的总体布局，包含了促进人的全面发展、实现全体人民的共同富裕、实现现代化和民族复兴的总目标。这一科学概括，深刻揭示了中国道路的丰富内涵和关键要素，集中体现了中国道路的本质特征和客观规律。党的十八大还把建设中国特色社会主义具体化为“三个总”，即总依据是社会主义初级阶段，总布局是“五位一体”，总任务是实现社会主义现代化和中华民族伟大复兴。习近平说：“这‘三个总’的概括，高屋建

---

① 胡锦涛：《坚定不移沿着中国特色社会主义道路前进，为全面建成小康社会而奋斗》，载《十八大以来重要文献选编》（上），中央文献出版社 2014 年版，第 9—10 页。

② 习近平：《决胜全面建成小康社会 夺取新时代中国特色社会主义伟大胜利——中国共产党第十九次全国代表大会上的报告》，《人民日报》2017 年 10 月 28 日。

瓴，提纲挈领，言简意赅。深刻领会和把握这个新概括，有助于我们深刻领会和把握中国特色社会主义的真谛和要义。”① 这“三个总”同样也构成了中国道路的核心内涵。

一 中国道路总依据

1. 我国仍然处于社会主义初级阶段

在历史唯物主义看来，人类社会是一个从低级向高级的发展过程，这个过程是由无数不同的发展阶段组成的。以往的一切社会历史研究，由于没有划分社会发展的不同阶段，总是难以分清重要现象和次要现象，难以找到社会历史现象深层次变化的社会历史原因，因此人们不能发现人类社会现象中的规律性。唯物史观产生以前，人们对自身的认识只是记载一些社会历史现象，只是去收集反映这些现象的素材，而不是去提炼这些现象后面隐藏的社会历史原因，所以找不到人类社会历史发展的本质，当然也就不能去科学地划分人类社会发展经历的不同的社会形态和各个社会形态经历的不同发展阶段。唯物史观强调以严格的科学态度去分析和整理这些社会现象，并且通过科学的抽象方法，透过现象看本质，揭示这些现象产生的客观经济条件和社会历史原因。恩格斯认为，通过这样的方法，人类社会就不再是“乱七八糟的各种偶然现象的堆积”，而“是一幅由种种联系和相互作用无穷无尽地交织起来的画面”②，科学的任务，就是找出各种各样社会现象之间的内在联系，揭示在社会现象后面隐藏的客观规律。列宁对唯物史观有高度的评价：唯物史观把纷繁复杂的社会现象“整理得井然有序”，使丰富多彩的社会形态得到了“生动描绘”，因此，唯物史观“是唯一科学的历史观”。③

改革开放以来，我们党正确分析中国国情，做出了我国正处于并将长期处于社会主义初级阶段的论断。并且强调，我国社会主义脱胎于半殖民地半封建社会，要改变生产力发展水平落后的状况，完善社会主义生产关系和上层建筑，实现现代化，是一个长期的历史过程。从我国五十年代中期对生产

---

① 《习近平谈治国理政》，外文出版社2014年版，第10页。

② 《马克思恩格斯文集》第9卷，人民出版社2009年版，第23页。

③ 《列宁选集》第1卷，人民出版社1995年版，第10页。

资料私有制的社会主义改造基本完成，到社会主义现代化的实现，都属于社会主义初级阶段，这个阶段至少需要一百年时间。正是以社会主义初级阶段为总依据，我们党开创了中国道路。

社会主义初级阶段的命题包括两层含义：第一，我国已经进入社会主义社会，这明确界定了我国社会的根本性质，我们必须理直气壮和毫不动摇地坚持社会主义的根本制度。否定和抛弃我国的社会主义制度和社会主义道路，鼓吹“补课论”、或者走资本主义道路和新民主主义道路的观点和主张，都是历史的倒退。第二，我国的社会主义处于初级阶段，即不发达阶段。这是由我国人口多、底子薄、发展不平衡的历史条件和社会状况决定的。我们要把社会主义和初级阶段八个字统一起来去理解和把握这个长期的历史阶段，这个阶段既不同于社会主义经济基础尚未建立的过渡时期，也不同于已经实现社会主义现代化的阶段，而是我国社会主义发展中的一个不可逾越的历史阶段。它不是泛指任何国家进入社会主义都会经历的起始阶段，而是特指我国生产力落后、商品经济不发达必然要经历的特定阶段。

社会主义初级阶段的最大国情是中国道路的总依据。我们强调一切从实际出发，实事求是，社会主义初级阶段是我们当前最大的实际，制定政策时，立足于社会主义初级阶段的最大实际就是实事求是。把握这一最大国情，就是要在推行任何方面的改革时牢牢立足这个最大实际。不仅在经济建设中始终立足初级阶段的实际，在政治建设、文化建设、社会建设、生态文明建设中，也要始终牢记初级阶段。不仅在经济社会发展水平比较低时要立足于初级阶段，就是在经济社会发展起来以后也仍然要牢记初级阶段。不仅在谋划长远发展时要立足初级阶段，在日常工作中也要牢记初级阶段。只有牢牢把握了社会主义初级阶段这个最大的实际，我们才能够深入和自觉地理解和执行党中央的一系列方针政策。例如：现阶段为什么要让市场在资源配置中起决定性作用、同时又必须更好地发挥政府的作用？为什么说必须毫不动摇地坚持以公有制为主体、多种经济成分并存的社会主义初级阶段的基本经济制度？为什么必须毫不动摇地坚持以按劳分配为主体、多种分配方式并存的社会主义初级阶段的基本分配制度？等等。总之，只有从社会主义初级阶段的最大实际出发，才能理解中国道路产生的必然性，才能提高执行党的基本路线的自觉性。

我们说要搞清楚"什么是社会主义、怎样建设社会主义"，具体说来，实际上就是搞清楚什么是初级阶段的社会主义、在初级阶段怎样建设社会主义。在当代中国，如果真要建设和发展社会主义，而不是假要建设和发展社会主义，那就只能一切从我国的实际出发，从我国处于并且长期处于社会主义初级阶段这一最大国情出发，而不能从主观愿望出发，从书本上的论述出发，从这个和那个外国模式出发。改革开放前我们在社会主义建设中出现的种种失误，一个非常重要的原因，就是我们提出的一些任务和制定的政策脱离了社会主义初级阶段的最大国情，超越了社会主义初级阶段的最大实际。改革开放40年来取得举世瞩目的巨大成就，其根本原因之一，就在于制定的路线、方针、政策合乎社会主义初级阶段的实际，克服了那些超越发展阶段的错误观点和方针政策，又抵制了抛弃社会主义基本原则的错误观点和主张。在社会主义初级阶段，我们进行改革开放，学习和借鉴当今世界各国包括发达资本主义国家的反映现代化大生产一般规律的经营方式、管理方式和组织方式，为的是促进社会主义社会生产力的发展，更好地建设社会主义。如果把这样的学习、借鉴和改革看作是资本主义，则是完全错误的；同样，如果以为这样的改革、学习和借鉴就可以搞资本主义，也是完全错误的。改革开放的实践证明，从社会主义初级阶段的实际出发建设社会主义，没有偏离社会主义，而是在脚踏实地地建设社会主义，使社会主义在中国真正发展起来和兴旺发达起来，使广大人民群众从切身的感受中更加看清社会主义的优越性。

2. 坚持党在社会主义初级阶段的基本路线

我们党从我国社会主义初级阶段的基本国情出发，确立了党在社会主义初级阶段的基本路线。党的十三大首次系统阐述了这条基本路线。随着我国经济社会的发展，基本路线的内容也在不断丰富和发展。党的十九大对党的基本路线是这样表述的："领导和团结全国各族人民，以经济建设为中心，坚持四项基本原则，坚持改革开放，自力更生，艰苦创业，为把我国建设成为富强民主文明和谐美丽的社会主义现代化强国而奋斗。"① "一个中心、两个

① 习近平：《决胜全面建成小康社会 夺取新时代中国特色社会主义伟大胜利——中国共产党第十九次全国代表大会上的报告》，《人民日报》2017年10月28日。

基本点”，是对党的基本路线的概括和简称。根据党的十九大对中国特色社会主义道路的概括，我们可以看到，党的基本路线是中国道路的核心内容，抽去了党的基本路线，也就没有了中国道路。历史和现实都告诉我们，只有始终坚持党的基本路线，中国道路才能行得稳、走得远。党的基本路线是中国道路的生命线、幸福线。党的基本路线是一个有机的整体，要把握好这个有机整体，需要处理好以下问题：

一是坚持以经济建设为中心。以经济建设为中心，体现了党对社会主义初级阶段主要矛盾的深刻理解，反映了人民群众的根本利益，提供了解决我国当前一切社会矛盾的根本前提和基础。以经济建设为中心，是党的基本路线的主体。我们讲坚持党的基本路线不动摇，关键就是坚持以经济建设为中心不动摇。在整个社会主义初级阶段，都要大力发展生产力，紧紧扭住经济建设这个中心不放。邓小平说：“现代化建设的任务是多方面的，各个方面需要综合平衡，不能单打一。但是说到最后，还是要把经济建设当作中心。离开了经济建设这个中心，就有丧失物质基础的危险。其他一切任务都要服从这个中心，围绕这个中心，决不能干扰它，冲击它。”① 总之，发展仍然是硬道理，解决中国基本问题的关键仍然在于依靠自身的发展。

二是要正确地理解和把握一个中心和两个基本点之间的关系。坚持一个中心、两个基本点的统一，是我党改革开放40年来的经验总结，是中国道路行稳致远的可靠保证。党的基本路线是一个中心，而不是两个中心；是两个基本点，而不是一个基本点。一个中心、两个基本点相互依存，缺一不可。中国特色社会主义之所以具有强大的生命力，就在于中国道路走的是改革开放的社会主义道路；我们的改革开放之所以能够取得如此巨大的成就，就在于它是有利于巩固和发展社会主义的改革开放。我们必须始终坚持把以经济建设为中心同坚持四项基本原则、坚持改革开放这两个基本点统一于中国道路的伟大实践。

三是正确理解和把握两个基本点之间的关系。两个基本点的区别在于，它们要回答和解决的问题是不同的。四项基本原则是立国之本，坚持四项基本原则在于保持我国的社会主义性质，维系我国基本经济和政治制度的稳定

① 《邓小平文选》第2卷，人民出版社1994年版，第250页。

性和不变性。改革开放是强国之路，改革开放在于变革我国经济和政治方面的不合理因素，改变生产关系和上层建筑中不适应生产力发展的内容。所以，坚持四项基本原则不等于坚持改革开放；坚持改革开放也不等于坚持四项基本原则。因此，我们不能用一个基本点取代另一个基本点，也不能把两个基本点等同起来，看作是一个东西。两个基本点的统一在于：如果没有改革开放，四项基本原则就很难坚持下去，很可能遇到像苏联、东欧国家那样的亡党亡国危机；如果不坚持四项基本原则，我们的改革开放也就很难进行下去，而且，就是进行改革开放，也会走上资本主义的邪路。中国特色社会主义之所以具有强大的生命力，就是因为是改革开放的社会主义；改革开放之所以能够顺利进行，就是因为是坚持和巩固社会主义的改革开放。因此，对于一个中心和两个基本点，当把它们割裂开来理解时，是有区别的；但是如果从中国特色社会主义事业发展来看，它们之间在实质上是内在统一的。

四是必须注意排除各种错误倾向的干扰。在改革开放和现代化建设的进程中，始终存在着"左"右两种思潮的干扰。右的思潮主要表现为否定四项基本原则，搞资产阶级自由化；"左"的思潮主要表现为反对改革开放，否定中国特色社会主义和中国道路。"左"和右的思潮都是背离了党的基本路线。在实践中应当根据情况，有"左"反"左"，有右反右。而且，根据我党历史上的经验教训，在反对一种错误倾向的同时，要防止出现另一种错误倾向。找到一条好的道路不容易，走好这条路更不容易。过去，我们照搬过书本，也模仿过别人，一次次碰壁，一次次觉醒，一次次实践，一次次突破，最终终于找到了中国道路这条成功之路。现在，有些人议论这个道路、那个道路，有的想拉回到老路上，有的想引到邪路上去。"左"右的干扰，有的是思想认识误区，有的是别有用心。我们必须坚定不移地走中国道路，要虚心学习和借鉴人类社会创造的一切文明成果，但是不能数典忘祖，不能照搬和照抄别国的发展模式。要始终保持清醒的头脑，保持强大的前进定力。既不走封闭僵化的老路，也不走改旗易帜的邪路，要真正做到"千磨万击还坚劲，任尔东西南北风"。

3. 认识和把握社会主义初级阶段发展变化的阶段性特征

马克思主义认为，人类社会是一个不断地从低级向高级发展的历史过程，这个过程是由无数不同的相互连接的发展阶段组成的。中国特色社会主义作为世界社会主义运动的特殊形态，也是由各个不同的发展阶段构成的。我们要坚持辩证唯物主义和历史唯物主义的方法论，从历史和现实、理论和实践、国内和国际的整体结合上认识中国特色社会主义的阶段性特征，更精准地把握我国社会主义初级阶段不断变化的特点，更科学地推进中国特色社会主义的伟大事业，更有效地推动人的全面发展和社会的全面进步。自从改革开放之初我们党发出“走自己的路、建设中国特色社会主义”号召以来，通过全国人民的不懈奋斗，我国的经济实力、科技实力、国防实力、综合国力进入世界前列，我国的国际地位实现前所未有的提升，我们党的面貌、国家的面貌、人民的面貌、军队的面貌、中华民族的面貌发生了前所未有的变化，中华民族正以崭新的姿态屹立于世界的东方，中国特色社会主义进入了新时代。

——新的历史时代与新的伟大成就。党的十八大以来，以习近平同志为核心的党中央科学把握当今世界和当代中国的发展大势，顺应实践要求和人民愿望，推出了一系列重大战略举措，出台了一系列重大方针政策，推进了一系列重大工作，解决了许多长期想解决而没有解决的问题，办成了许多过去想办而没有办成的大事。党的领导得到全面加强，党的凝聚力、战斗力和领导力、号召力大大增强；以人民为中心的新发展理念得到全面贯彻，有力地推动了我国发展不断朝着更高质量、更有效率、更加公平、更可持续的方向前进；全面深化改革，推动改革呈现全面发力、多点突破、纵深推进的崭新局面；全面推进依法治国，显著增强了党运用法律手段领导和治理国家的能力；全面加强党对意识形态工作的领导，巩固了全党和全社会思想上的团结统一；坚定不移地推进生态文明建设，推动美丽中国建设迈出了新的步伐；全面加强党对军队的绝对领导，国防和军队现代化建设取得了新的突破；中国特色社会主义大国外交搞得风生水起，为我国营造了和平发展的国际环境和良好的周边环境；坚定不移地推进全面从严治党，着力解决人民群众反映最强烈、对党的执政基础威胁最大的突出问题，形成了反腐败斗争的高压态势，党的执政基础和群众基础更加巩固，为党和国家的各项事业发展提供了坚强的政治保证。中国特色社会主义特别是党的十八大以来取得的这些伟大成就，意味着近代以来久经磨难的中华民族实现了从站起来、富起来到强起来的历史性飞跃，意味着社会主义在中国焕发出强大生机活力并且不断开辟发展新境界，意味着中国特色社会主义拓展了发展中国家走向现代化的途径，为解决人类问题贡献了中国智慧、提供了中国方案。总之一句话，意味着中国特色社会主义已经进入了一个新时代。

——新的历史时代与新的历史特点。习近平总书记在“7·26”讲话中指出，谋划和推进党和国家的各项工作，必须深入分析和准确判断当前的世情、国情、党情。我们强调重视形势分析，对形势做出科学判断，是为制定方针、描绘蓝图提供依据，也是为全党同志特别是各级领导干部增强忧患意识，做到居安思危、知危图安。

就世情来说，2008 年爆发的国际金融危机给整个世界带来了很大的影响，世界加速进入了大动荡、大调整和大变革的新阶段。这场危机引发了人们对资本主义发展模式的质疑和反思，引发了对新自由主义发展理念的批判和反思。国际力量的对比发生了新的此消彼长，世界的多极化趋势更加明显。中国虽然也受到了危机的波及，但是中国凭借社会主义的制度优势有效地抵御了危机的冲击，反而在危机中迅速崛起，中国道路、中国制度和中国模式受到世界瞩目。中国的发展崛起已经势不可当。另一方面，金融资本称霸世界的野心没有改变，它们对中国的防范和遏制企图也不会改变。中华民族的复兴面临新的压力、风险和竞争。

就国情来说，改革开放 40 年来，我国经济社会持续快速发展，经济实力、人民生活水平、国际影响力大大提高。虽然从根本上说，我国仍处于并将长期处于社会主义初级阶段的基本国情没有变，但是经过 40 年的改革开放，中国经济社会发展已经进入了一个新的阶段，我国已经从总体上进入了“发展起来”时期，出现了一些过去没有的新的情况和新的问题。在经济发展的新常态下，中国面临着与改革开放初期不同的困难和矛盾，需要创新发展理念，推进科学发展。中国的改革已处于攻坚期和深水区，既需要全面深化改革，加强改革的协调配套，也需要爬坡过坎、攻坚克难，冲破利益的樊篱；既需要化解思想分歧，又需要进一步解放思想，开拓创新。

就党情来说，习近平强调，十八大以来全面从严治党重大的成果，人民群众给予了很高的评价，但是我们绝不能因此而沾沾自喜、盲目乐观。面对纷繁复杂的国际形势和艰巨繁重的国内任务，党的建设面临执政、改革开放、市场经济和外部环境“四大考验”；党内面临精神懈怠、能力不足、脱离群众、消极腐败“四大危险”。这“四大考验”和“四种危险”是长期的、根深蒂固的。因此，加强党的建设的伟大工程，坚持全面从严治党，坚持思想建党和制度建党紧密结合，严肃党内政治生活，从严管理干部，持续深入改进作风，严明党的纪律，发挥人民监督作用，深入把握从严治党规律，实现党的自我净化、自我完善、自我革命、自我提高，保持和发展党的先进性和纯洁性，同样也面临新的情况和新的问题，任重而道远。

习近平总书记说，分析国际国内形势，既要看到成绩和机遇，又要看到短板和不足、困难和挑战，看到形势发展变化给我们带来的风险，从最坏处着眼，做最充分的准备，朝着好的方向努力，争取最好的结果。坚持和发展中国特色社会主义是一项长期而艰巨的历史任务，形势发展变化之快，改革发展稳定任务之重、矛盾风险挑战之多、对我们党治国理政考验之大，都是前所未有的，我们必须准备进行具有许多新的历史特点的伟大斗争。

——新的历史时代与新的历史使命。党的十九大号召，在新的时代条件下，我们要进行伟大斗争、建设伟大工程、推进伟大事业、实现伟大梦想。这是在新时代中国共产党人肩负的历史使命。“四个伟大”的提出，是对习近平治国理政新思想、新理念和新战略的深刻提炼，精辟地概括了党的十八大以来习近平总书记系列讲话的精髓，集中反映了中国共产党在现阶段的奋斗目标和工作重心。习近平新时代中国特色社会主义思想和党的十九大精神，都是围绕“四个伟大”展开的，都是“四个伟大”的具体化和实践化，也是“四个伟大”的逻辑展开。与“四个全面”一样，“四个伟大”中的每一个“伟大”，在党的十八大甚至更早的党代会上大多已经提及，但是把“四个伟大”整合在一起，把它作为现阶段中国共产党为之努力奋斗的历史使命，则是一个理论创新，它具体而客观地反映了中国特色社会主义的阶段性特征以及中华民族正在走向伟大复兴的历史进程和光辉前景。因此，对于“四个伟大”，我们不能把它们分离开来简单孤立地进行理解和把握，而应该作为一个有机整体从内在联系上和内在逻辑上加以理解和把握。我们的奋斗目标是实现中华民族伟大复兴的中国梦，而要实现这一目标就必须推进中国特色社会主义伟大事业。推进伟大事业，就要建设伟大工程，为伟大事业的实现提供政治保证。无论是实现伟大梦想、推进伟大事业、还是建设伟大工程，都必须准备进行具有许多新的历史特点的伟大斗争。“四个伟大”集中体现了中国共产党人的执政理念、思想感情和价值追求。

习近平总书记在阐述“四个伟大”时，突出强调了建设伟大工程的极端重要性。在新的历史条件下，党要团结人民进行伟大斗争、推进伟大事业、实现伟大梦想，必须毫不动摇地坚持和完善党的领导，毫不动摇地推进党的建设的伟大工程，把党建设得更加坚强有力。只有进一步把党建设好，确保我们党永葆旺盛的生命力和强大的战斗力，我们党才能带领人民成功应对重大挑战、抵御重大风险、克服重大阻力、解决重大矛盾，不断从胜利走向胜利。实践使我们认识到，管党治党不仅关系到党的前途和命运，而且关系到国家和民族的前途和命运，必须以更大的决心、更大的勇气、更大的气力抓紧抓好。要坚持问题导向，保持战略定力，推动全面从严治党向纵深发展，把全面从严治党的思路、举措搞得更加科学、更加严密、更加有效，确保党始终同人民想在一起、干在一起，引领承载着中国人民伟大梦想的航船破浪前进。

——新的历史时代与新的理论成果。我们党是高度重视理论建设和理论指导的党，强调理论必须同实践相统一。我们坚持中国特色社会主义，必须高度重视理论的作用，增强理论自信和战略定力。立足于对国际国内形势新的历史特点的深刻把握，以习近平同志为核心的党中央提出了实现“两个一百年”奋斗目标和中华民族伟大复兴的中国梦的战略目标，提出了统筹推进“五位一体”总体布局和协调推进“四个全面”战略布局，提出了我国经济发展已经进入新常态的科学判断，提出了“五大发展理念”和以人民为中心的发展思想，这一系列治国理政的新理念、新思想和新战略，把我们党对人类社会发展规律、社会主义建设规律和共产党的执政规律的认识提高到了一个新的水平，开拓了中国特色社会主义的新阶段，开辟了马克思主义中国化的新境界，构成了习近平新时代中国特色社会主义思想，回答了在新时代坚持什么样的中国特色社会主义，怎样坚持和发展中国特色社会主义的基本问题。

社会主义从来都是在开拓中前进的，与时俱进是马克思主义的理论品格，也是社会主义的实践品格。社会主义在中国的兴旺与发达、前进与胜利，是在中华民族和中国人民从站起来、富起来到强起来的历史进程中实现的，是在不断顺应人民的新期待、开辟发展新境界的历史进程中实现的，也是在国际竞争和国际比较中通过人民的辛勤劳动、艰苦奋斗中被世界瞩目的。经过改革开放近40年的发展，我国社会生产力水平明显提高，人民生活显著改善，对美好生活的向往更加强烈，人民群众的需要呈现多样化、多层次、多元化的特点，期盼有更好的教育、更稳定的工作、更满意的收入、更可靠的社会保障、更高水平的医疗卫生服务、更舒适的居住条件、更优美的环境、更丰富的精神文化生活。人民对美好生活的向往，就是我们的奋斗目标。习近平指出，我们要按照党的十六大、十七大、十八大提出的全面建成小康社会的各项要求，突出抓重点、补短板、强弱项，坚定不移地推进供给侧改革，推动经济社会持续健康发展，使全面建成小康社会得到人民认可、经得起历史检验。2020年全面建成小康社会后，我们要激励全党全国各族人民为实现第二个百年奋斗目标而努力，踏上建设社会主义现代化国家新征程，让中华民族以更加昂扬的姿态屹立于世界民族之林。时代是思想之母，实践是理论之源。习近平新时代中国特色社会主义思想以更宽广的视野、更长远的眼光来思考和把握国家未来发展的一系列重大战略问题，在理论上拓展新视野、做出新概括，推动了当代中国马克思主义、21世纪马克思主义的发展与创新。

当然，我们必须充分认识到，中国特色社会主义进入新时代，没有改变我国仍然处于并且长期处于社会主义初级阶段这个基本国情，没有改变我国仍然是世界上最大的发展中国家的国际地位。我们仍然要立足于社会主义初级阶段这个最大实际、把握社会主义初级阶段这个基本国情，仍然要坚持党的基本路线、坚持自力更生和艰苦奋斗。

二 中国道路总布局

1. 对中国道路发展规律的认识和深化

党的十八大着眼于“两个一百年”的奋斗目标，对全面推进中国特色社会主义事业做出了“五位一体”总布局，这既是对社会主义建设规律的自觉把握，也是对中国特色社会主义伟大事业的战略部署。全面贯彻落实经济建设、政治建设、文化建设、社会建设、生态文明建设的“五位一体”总布局，对于中国道路的行稳致远，具有重要意义。习近平说：“我们要按照这个总布局，促进现代化建设各方面相协调，促进生产关系与生产力、上层建筑与经济基础相协调。”①

马克思、恩格斯认为，人类社会是由生产力和生产关系、经济基础和上层建筑构成的有机统一体，它们之间的矛盾和运动推动着人类社会从低级向高级发展。未来社会即共产主义社会是生产力高度发展、人的精神生活高度丰富、人与人之间和谐相处、人与自然和谐共生的社会，是人的自由全面发展的社会。这为人类社会的未来发展指明了方向。但是，在推翻资本主义制度、建立起社会主义社会以后，如何一步一步地实现人的自由全面发展，他们没有也不可能留下具体和详细的方案，只能依靠后人不断地去进行探索。

党对中国道路发展规律的认识经历了一个从初步探索、到不断深化和逐步丰富和发展的过程。早在中华人民共和国成立前，毛泽东就指出：“我们共产党人，多年以来，不但为中国的政治革命和经济革命而奋斗，而且为中国的文化革命而奋斗；一切这些目的，在于建设一个中华民族的新社会和新国家。在这个新社会和新国家中，不但有新政治、新经济，而且有新文化。”②这就是说，中国共产党在民主革命时期，就提出了不但要建设一个政治上自由和经济上繁荣的中国，而且要建设一个文化上先进和文明的中国。中华人民共和国成立以后，我们党对社会主义建设布局的问题进行了艰辛的探索，取得了许多重要的成就。例如，在实践和充分调查研究的基础上，提出了在社会主义建设中处理好“十大关系”的思想，提出了我国工业发展布局的思想，后来又提出了实现工业、农业、国防、科学技术四个现代化的思想。这些开创性的早期探索，推动了社会主义建设事业在中国大地上的全面展开，也奠定了我们党从总布局的战略高度认识、推进社会主义建设事业发展的思想基础。

在改革开放新的历史时期，我们党在对什么是社会主义、怎样建设社会

---

① 《习近平谈治国理政》，外文出版社2014年版，第11页。

② 《毛泽东选集》第2卷，人民出版社1991年版，第663页。

主义的探索过程中，不断丰富和完善中国特色社会主义事业发展总布局的理论思考和实践部署。早在 1979 年，邓小平就指出："我们的国家已经进入了社会主义现代化建设的新时期。我们要在大幅度提高社会生产力的同时，改革和完善社会主义的经济制度和政治制度，发展高度的社会主义民主和完备的社会主义法制。我们要在建设高度物质文明的同时，提高全民族的科学文化水平，发展高尚的丰富多彩的文化生活，建设高度的社会主义精神文明。"① 1982 年，党的十二大提出了建设高度的社会主义精神文明的战略要求，确立了物质文明和精神文明两个文明一起抓的战略方针。1986 年，党的十二届六中全会提出了"社会主义现代化建设总体布局"的概念②，确立了"以经济建设为中心，坚定不移地进行经济体制改革，坚定不移地进行政治体制改革，坚定不移地加强精神文明建设"总布局。这标志着总体布局理论的初步确立。

党的十三届四中全会以后，以江泽民同志为核心的第三代中央领导集体，从我国改革开放和现代化建设所处的时代背景和实际需要出发，继承和发展了"两个文明"的理论，提出了"三位一体"的战略布局。1991 年在庆祝中国共产党成立 70 周年大会上，江泽民首次提出了"建设有中国特色社会主义的经济、政治、文化"③。1997 年，党的十五大确立了以经济、政治、文化建设为内容的社会主义初级阶段的基本纲领。这标志着总体布局理论从两个文明拓展为"三位一体"的协调发展。

党的十六大以来，以胡锦涛为总书记的党中央提出了贯彻落实科学发展观和构建社会主义和谐社会的战略思想，更加明确了社会建设在中国特色社会主义事业总体布局的重要地位。胡锦涛在党的十六届五中全会上的讲话中指出："中国特色社会主义事业的总体布局更加明确地由社会主义经济建设、政治建设、文化建设三位一体发展为社会主义经济建设、政治建设、文化建设、社会建设四位一体。"④ 党的十七大首次按照"四位一体"总体布局来论

---

① 《邓小平文选》第 2 卷，人民出版社 1983 年版，第 208 页。

② 中共中央党史研究室：《中国共产党的九十年》（改革开放和社会主义现代化建设新时期），中共党史出版社、党建读物出版社 2016 年版，第 737 页。

③ 《江泽民文选》第 1 卷，人民出版社 2006 年版，第 152 页。

④ 中共中央文献研究室：《十六大以来重要文献选编》（中），中央文献出版社 2006 年版，第 1025 页。

述中国特色社会主义道路的基本内涵，并且第一次按照“四位一体”的框架提出了经济建设、政治建设、文化建设、社会建设的纲领，确立了中国道路上的“四位一体”总体布局。

新世纪、新阶段，面对资源约束趋紧，环境污染严重，生态系统退化的严峻形势，全党全国人民把更多关注的目光投向了生态文明这个薄弱环节。党的十八大把生态文明建设提高到中国特色社会主义事业总体布局的高度加以阐述和部署。提出“必须树立尊重自然、顺应自然、保护自然的生态文明理念，把生态文明建设放在突出地位，融入经济建设、政治建设、文化建设、社会建设各个方面和全过程，努力建设美丽中国，实现中华民族永续发展”①。党的十八大还强调：“必须更加自觉地把全面协调可持续作为深入贯彻落实科学发展观的基本要求，全面落实经济建设、政治建设、文化建设、社会建设、生态文明建设五位一体总体布局，促进现代化建设各方面相协调，促进生产关系与生产力、上层建筑与经济基础相协调，不断开拓生产发展、生活富裕、生态良好的文明发展道路。”② 从而把中国特色社会主义总体布局拓展为“五位 体”。

每一次拓展，不仅是思想认识的深化，而且是中国道路的拓展和深化。从提出“四个现代化”的建设目标，到“两个文明一起抓”，到“三位一体”“四位一体”和“五位一体”，中国特色社会主义总体布局的每一次丰富和完善，都彰显了我们党推进理论创新、实践创新、制度创新和道路创新的政治勇气，充分展现了我们党与时俱进、开拓创新的理论品格和时代精神。

2. 中国道路总布局的基本内涵和基本特征

习近平总书记说：“中国特色社会主义道路，既坚持以经济建设为中心，又全面推进经济建设、政治建设、文化建设、社会建设、生态文明建设以及其他各方面建设；既坚持四项基本原则，又坚持改革开放；既不断解放和发展社会生产力，又逐步实现全体人民共同富裕、促进人的全面发展。”③ 这一

① 中共中央文献研究室：《十八大以来重要文献选编》（上），中央文献出版社 2014 年版，第 30—31 页。

② 同上书，第 7 页。

③ 同上书，第 75 页。

段话不仅精辟地概括了中国道路的基本内涵，而且深刻地揭示了中国道路的鲜明特点。那么，在“五位一体”总体布局下的中国道路究竟是一条什么样的道路呢？

——中国经济建设道路。在社会主义条件下发展市场经济，坚持以人民为中心的发展思想，不断解放和发展生产力，保证国民经济持续稳定和健康发展，不断满足人民群众向往美好生活的愿望，在共同富裕的目标下共享经济发展和繁荣的成果。这一建设道路的基本特征是：既要坚持让市场在资源配置中起决定性作用，又要更好地发挥政府的作用，要把计划和市场更好地结合起来，加强和改善宏观调控，实行有计划的社会主义市场经济体制；既要坚持公有制的主体地位，又要把公有制和多种经济成分结合起来，毫不动摇地坚持和完善以公有制为主体、多种经济成分共同发展的社会主义初级阶段的基本经济制度；既要坚持按劳分配的社会主义原则，又要把按劳分配与按生产要素分配结合起来，坚持和完善以按劳分配为主体、多种分配方式并存的社会主义初级阶段的基本分配制度；既要坚持独立自主、自力更生的方针，又要勇敢地走向世界经济的大海，在经济全球化的浪潮中坚持和完善对外开放，积极参与国际经济的合作和竞争。

——中国政治建设道路。在中国共产党领导下，在人民当家做主的基础上，发展社会主义民主，健全社会主义法制，全面推进依法治国，建设社会主义法治国家。这一建设道路的基本特征是：既拒绝资产阶级专政，又不简单地照搬苏联模式的无产阶级专政，而是坚持和完善工人阶级领导的、以工农联盟为基础的人民民主专政；既不搞西方的议会制，也不照搬苏联模式的“苏维埃”，而是坚持和完善符合中国国情的人民代表大会制度；既不搞西方的多党制，又不照搬传统社会主义模式的一党制，而是坚持和完善中国共产党领导的多党合作制度、政治协商制度和民族区域自治制度；既不搞西方的多党轮流执政、匆匆忙忙搞“全民选举”，又不搞传统社会主义模式中存在的专制主义、家长制和一言堂，而是坚持党的领导、人民当家作主和依法治国的有机统一，发展民主、健全法制、保障人权，建设社会主义政治文明。

——中国文化建设道路。坚持为人民服务、为社会主义服务的方向，坚持百花齐放、百家争鸣的方针，以建设社会主义核心价值体系为根本任务，以不断满足人民群众的精神文化需求为出发点和落脚点、以改革创新为动力，发展面向现代化、面向世界、面向未来的民族的大众的科学的社会主义文化。要提高全民族的科学文化素质，培养高度的文化自觉和文化自信，增强文化软实力，建设社会主义文化强国。这一道路建设的基本特征是：既要坚持马克思主义的指导地位，反对指导思想的多元化，又要兼容并蓄，促进各种文明的交流和互鉴，防止封闭僵化；既要坚持社会主义、集体主义、爱国主义的原则，又要处理好国家、集体、个人三方面的关系，关心和照顾好正当的个人利益；既要坚持为社会主义服务、为人民服务的方向，又要贯彻百花齐放、百家争鸣的方针；既要继承和弘扬优秀传统文化和民族文化，又要注意借鉴和吸收世界先进文化和现代文化，促进社会主义文化的大发展和大繁荣。

——中国社会建设道路。要按照民主政治、公平正义、诚信友爱、充满活力、安定有序、人与自然和谐相处的总要求，构建社会主义和谐社会，努力使全体人民幼有所育、学有所教、劳有所得、病有所医、老有所养、住有所居、弱有所扶，不断满足人民群众对美好生活的向往，让改革开放的成果更多、更好、更公平地惠及全体人民。这一道路建设的基本特征是：既要允许让一部分地区、一部分人先富起来，又要防止贫富差别扩大，坚持先富带后富，做好扶贫开发工作，最终实现共同富裕的社会主义方向；既要贯彻市场经济的效率原则，让创造财富的源泉充分涌流、让生产要素的活力竞相迸发，调动各方面的积极性和创造性，又要坚持公平理念，不断促进社会和谐；既要关注人民群众的根本利益和长远利益，加强重点项目和基础设施的建设，又要关心人民群众的当前利益和眼前利益，加快推进以改善民生为重点的社会建设；既要保护人民群众的合法收入，创造条件使更多的人拥有财产性收入，不断扩大中等收入者的比例，又要调节过高收入，取缔非法收入，扩大转移支付，强化税收的调节作用，努力遏制收入分配差距扩大的趋势。

——生态文明建设道路。推进生态文明建设，必须树立尊重自然、顺应自然、保护自然的生态文明理念，坚持节约资源和保护环境的基本国策，形成节约资源和保护环境的空间格局、产业结构、生产方式、社会方式。着力推进绿色发展、循环发展、低碳发展，更加积极地加强对生态环境的保护，为人民群众创造良好的生产生活环境，努力建设美丽中国。这一建设道路的基本特征是：既坚持发展是硬道理，仍然坚持以经济建设为中心，大力发展社会生产力，又要优化空间开发格局，按照人口资源环境相协调、经济社会生态文明相统一的原则，控制开发的强度和力度，调整空间结构，促进生产空间集约高效、生活空间宜居适度、生态空间山清水秀，给农业留下更多肥沃良田、给大地留下更多绿水青山、给子孙留下更多蓝天白云。既不搞“人定胜天”的人类中心主义，又反对无所作为的自然中心主义，而是强调在人与自然、人与人和谐相处的基础上，合理地调节人类与自然之间的物质变换，靠消耗最小的资源来获得最大的人类所需要的产品。一句话，社会主义生态文明必须“能够认识和正确运用自然规律”①。

“五位一体”总体布局，把握了中国道路建设和发展的基本领域，抓住了我国现代化建设和民族复兴的主要方面，构成了我国现代化建设的基本纲领。在“五位一体”总体布局中，五个领域的建设和发展不是孤立的，而是相互联系、相互协调的，是一个相互促进和相辅相成的有机统一体。经济建设为中国道路提供物质基础，政治建设为中国道路提供政治保障，文化建设为中国道路提供精神动力，社会建设为中国道路提供有利的社会条件，生态文明建设则为中国道路提供良好的自然环境。“五位一体”总布局把社会主义物质文明、政治文明、精神文明、社会文明以及生态文明，统一于中国特色社会主义理论体系，统一于中国道路的伟大实践，统一于社会主义现代化建设和民族复兴的伟大梦想，是马克思主义关于人的全面发展理论在中国现阶段的具体体现。

3. 统筹推进“五位一体”总体布局和协调推进“四个全面”战略布局

“五位一体”总布局是不断发展、不断前进的、需要几代共产党人带领人民接续奋斗的伟大事业。我们已经在这方面取得了巨大成就，中国仅仅用了几十年时间走完了某些发达国家上百年才能走过的发展历程。现在，我们前所未有地靠近世界舞台中心，前所未有地接近实现中华民族伟大复兴的目标，

---

① 《马克思恩格斯选集》第4卷，人民出版社1995年版，第384页。

前所未有地具有实现这个目标的能力和信心。这三个“前所未有”，勾画出了中国道路目前所处的历史方位。现在我们面临的任务，就是在这个基础上实现“关键的一跃”，全面建成小康社会，全面深化改革，全面依法治国，全面从严治党，为实现现代化和民族复兴的中国梦打下坚实的基础。因此，在现阶段，“四个全面”战略布局是统筹推进“五位一体”总体布局的战略抓手和切入点，是实现“五位一体”总体布局的战略布局。在“四个全面”战略布局中，每一个“全面”都与“五位一体”总体布局的基本要求相联系，都具有重大的战略意义。“全面建成小康社会”是坚持和发展“五位一体”总体布局的阶段性目标；“全面深化改革”来源于改革开放，为“五位一体”总体布局提供了根本动力；“全面依法治国”为“五位一体”总体布局的发展提供了长治久安的治国方略；“全面从严治党”坚持和发展了新时期党的建设的伟大工程，为“五位一体”总体布局提供了根本的政治保证。因此，“四个全面”战略布局与“五位一体”总体布局，相辅相成、相互促进、相得益彰，提升了我们在中国特色社会主义道路上实现两个一百年奋斗目标的全面性、整体性、协同性。

马克思说：“理论在一个国家实现的程度，总是决定于理论满足这个国家的需要的程度。”①“四个全面”战略布局，正是中国“发展起来以后”，更加注重发展和治理的系统性、整体性、协同性的必然选择，更加需要科学理论指引发展方向的必然结果。全面建成小康社会，就是确保到2020年实现经济持续健康发展，人民民主不断扩大，文化软实力显著增强，人民生活水平全面提高，生态文明建设取得重大进展，为实现现代化和民族复兴奠定坚实的基础。全面深化改革，就是以经济体制改革为重点，以处理好政府和市场的关系为核心，全面推进经济、社会、生态、国防和军队、党的建设领域的改革，完善和发展中国特色社会主义制度，推进国家治理体系和治理能力的现代化。全面依法治国，就是坚持走中国特色社会主义法治道路、建设中国特色社会主义法治体系、建设社会主义法治国家，实现科学立法、严格执法、公正司法、全民守法。全面从严治党，就是要落实从严治党责任，以党的政治建设为统领，坚持思想建党和制度建党紧密结合，严肃党内政治生活，从

① 《马克思恩格斯选集》第1卷，人民出版社1995年版，第11页。

严管理干部，持续深入改进作风，严明党的纪律，发挥人民监督作用，深入把握从严治党规律，实现党的自我净化、自我完善、自我革命、自我提高，保持和发展党的先进性和纯洁性。“四个全面”战略布局不仅内涵丰富、意蕴深远，每一个全面都具有重大的战略意义；而且是一个统一的整体，相互联系、相互贯通、相辅相成、同步同向，具有宏大的全局性、科学的系统性、深刻的理论性和严密的逻辑性。全面建成小康社会是奋斗目标；全面深化改革是推进实现全面建成小康社会目标的一个根本动力；全面依法治国是推进全面实现小康社会目标的根本法治保障；全面从严治党是推进实现全面建成小康社会目标的政治保证。“四个全面”是战略目标和战略举措之间的关系。目标决定举措，举措成就目标。没有全面建成小康社会的目标，全面深化改革、全面依法治国、全面从严治党就会迷失方向；没有全面深化改革、全面依法治国、全面从严治党的战略举措，全面建成小康社会的目标就会落空。在全面深化改革、全面依法治国、全面从严治党三大战略举措中，全面从严治党是核心、关键，如果全面从严治党搞不好，那么全面深化改革就不可能成功，全面依法治国就不可能实现，从而导致全面建成小康社会的目标也同样不可能实现。

“四个全面”战略布局的本质和关键就在于坚持中国道路、发展中国理论、完善中国制度、弘扬中国文化、争创中国优势。中国道路是“四个全面”战略布局的主线和主心骨。自从邓小平在党的十二大上提出“走自己的路，建设有中国特色的社会主义”① 命题以来，中国特色社会主义事业已经取得了巨大的成就。但是，中国特色社会主义的历史还不长，还要发展和完善。邓小平在 1992 年提出，再有 30 年的时间，我们才会在各方面形成一整套更加成熟、更加定型的制度。党的十八大以来，党中央把推进国家治理体系和治理能力的现代化纳入全面深化改革的总目标，也纳入依法治国的总目标，这其中的深意，就是要把国家治理现代化打造成为中国特色社会主义现代化的重要内容，使中国特色社会主义制度更加完善，实现国家长治久安和繁荣发展，从而引领世界文明进步的潮流。“四个全面”战略布局抓住了这个主要矛盾，是实现党和人民奋斗目标的进取之道，也是中国道路进一步坚持和发展

① 《邓小平文选》第 3 卷，人民出版社 1993 年版，第 3 页。

的必由之路。全面建成小康社会，内在地包含了中国特色社会主义制度更加成熟更加定型的目标要求；全面深化改革、全面依法治国，都有直接推动国家治理现代化的重大举措；全面从严治党，涵盖了思想建党和制度治党的内在要求。“四个全面”凝炼和升华了中国共产党理论创新和实践创新的最新成果，科学地揭示了中国特色社会主义道路发展进程中各个要素之间的相互联系，深刻地把握了新形势下治国理政的特点和规律，具有重大的理论意义和现实意义。协调推进“四个全面”，必将实现中国道路的优化升级，体现出发展中国、引领时代的进步作用。

三 中国道路总任务

1. 实现中华民族伟大复兴的中国梦

党的十九大郑重向全世界宣告，中国特色社会主义进入了新时代。“中国特色社会主义进入新时代，意味着近代以来久经磨难的中华民族迎来了从站起来、富起来到强起来的伟大飞跃，迎来了中华民族伟大复兴的光明前景；意味着科学社会主义在21世纪的中国焕发出强大生机和活力，在世界上高高举起了中国特色社会主义伟大旗帜；意味着中国特色社会主义道路、理论、制度、文化不断发展，拓展了发展中国家走向现代化的途径，给世界上那些既希望加快发展又希望保持自身独立性的国家和民族提供了全新选择，为解决人类问题贡献了中国智慧和中国方案。”① 党的十九大做出了实现中华民族伟大复兴的战略安排，凝聚起了中华民族伟大复兴的强大力量。

中国共产党的成立及其发展历程，一直把实现中华民族的伟大复兴作为自己的奋斗目标。随着党领导的中国特色社会主义事业不断发展，党为实现民族复兴的使命感和责任感越加强烈和清晰。党的十七大提出：“改革开放是决定当代中国命运的关键抉择，是发展中国特色社会主义、实现中华民族伟大复兴的必由之路。”② 把中国特色社会主义事业与中华民族伟大复兴紧密地

---

① 习近平：《决胜全面建成小康社会 夺取新时代中国特色社会主义伟大胜利——中国共产党第十九次全国代表大会上的报告》，《人民日报》2017年10月28日。

② 胡锦涛：《高举中国特色社会主义伟大旗帜，为夺取全面建设小康社会新胜利而奋斗》，《十七大以来重要文献选编》（上），中央文献出版社2009年版，第8页。

联系起来。党的十八大提出中国特色社会主义的“总任务是实现社会主义现代化和中华民族伟大复兴”[①]。并且强调：“实践充分证明，中国特色社会主义是当代中国发展进步的根本方向，只有中国特色社会主义才能发展中国。”[②]进一步凸显了中国特色社会主义道路在中华民族伟大复兴中的历史地位。党的十八大以后，习近平在参观《复兴之路》展览的重要讲话中，用中国梦来表述中华民族的伟大复兴，使民族复兴的奋斗目标变得更加实实在在、更加通俗易懂和更加深入人心。党的十九大把“不忘初心，牢记使命，高举中国特色社会主义伟大旗帜，决胜全面建成小康社会，夺取新时代中国特色社会主义伟大胜利，为实现中华民族伟大复兴的中国梦不懈奋斗”[③] 作为大会主题，并且强调：“坚持和发展中国特色社会主义，总任务是实现社会主义现代化和中华民族伟大复兴”[④]。今天，我们比历史上任何时候都接近民族复兴的目标，比历史上任何时候都更有信心和能力实现这个目标。这些论述都告诉我们，实现中华民族伟大复兴的中国梦，是中国道路的总任务。

2. 确立“两个一百年”奋斗目标

习近平总书记在党的十九大报告中指出：“从十九大到二十大，是‘两个一百年’奋斗目标的历史交会期。我们既要全面建成小康社会、实现第一个百年奋斗目标，又要乘势而上开启全面建设社会主义现代化国家新征程，向第二个百年奋斗目标进军。”[⑤] 并且对第二个百年奋斗目标设定了两个具体的发展阶段。这是以习近平同志为核心的党中央在决胜全面建成小康社会关键时刻，向全党全国各族人民发出的向着更加宏伟的目标继续奋勇前进的动员令，具有深远的理论意义、现实意义和世界意义。深入学习党的十九大关于“两个一百年”奋斗目标的最新论述，深刻理解“两个一百年”奋斗目标之间的内在联系，科学把握“两个一百年”奋斗目标之间的内在逻辑，对于我

---

① 胡锦涛：《坚定不移沿着中国特色社会主义道路前进，为全面建成小康社会而奋斗》，《十八大以来重要文献选编》（上），中央文献出版社 2014 年版，第 10 页。

② 同上书，第 10—11 页。

③ 习近平：《决胜全面建成小康社会 夺取新时代中国特色社会主义伟大胜利——中国共产党第十九次全国代表大会上的报告》，《人民日报》2017 年 10 月 28 日。

④ 同上。

⑤ 同上。

们自觉坚持党的基本路线，打赢全面建成小康社会的攻坚战，实现中华民族伟大复兴的中国梦，具有重要的意义。

方向决定道路，道路决定命运。党和国家的长期实践充分证明，只有社会主义才能救中国，只有中国特色社会主义才能发展中国。只有坚持和发展中国特色社会主义，我们才能实现“两个一百年”的奋斗目标。中国特色社会主义是连续性和阶段性的统一。中国特色社会主义作为世界社会主义运动的特殊形态，也是由各个不同的发展阶段构成的。习近平总书记说：“坚持和发展中国特色社会主义是一篇大文章，邓小平同志为它确定了基本思路和基本原则，以江泽民同志为核心的党的第三代中央领导集体、以胡锦涛同志为总书记的党中央在这篇大文章上都写下了精彩的篇章。现在，我们这一代共产党人的任务，就是继续把这篇大文章写下去。”①

党的十八大以来，在中华人民共和国成立特别是改革开放以来我国发展取得的重大成就的基础上，党和国家事业发生了历史性变革，我国的发展站到了新的历史起点上，中国特色社会主义进入了新时代，中华民族伟大复兴开启了新征程。建设伟大的社会主义现代化强国和实现中华民族的伟大复兴，没有捷径可走，也不可能一蹴而就，只有根据时代的发展变化，把伟大的理想和目标分解成一个又一个具体而切实可行的具体目标和具体任务，分步骤实施和分阶段完成，才能最终到达胜利的彼岸。

中国共产党领导人民进行革命、建设、改革，最终目标是要实现共产主义，当前目标是要让国家强大、民族振兴、人民幸福。在不同的历史时期，我党总是紧跟时代的步伐、把握现实的要求、根据人民的意愿，提出各个不同历史阶段的奋斗目标和行动纲领。从推翻“三座大山”到建设新中国，从解决温饱问题到全面建成小康社会，从基本实现现代化到实现民族复兴的中国梦。每一个目标、每一个纲领的提出，都凝聚了人民奋进的力量，照亮了人民前进的方向。中国特色社会主义发展的阶段和所处的时代不同，确定的目标也会不同。我党在 80 年代曾经提出过“三步走”的现代化战略目标，即第一步，实现国民生产总值比 1980 年翻一番，解决人民的温饱问题；第二

---

① 中共中央文献研究室：《十八大以来重要文献选编》（上），中央文献出版社 2014 年版，第 114 页。

步，到20世纪末使国民生产总值再增长一倍，人民生活达到小康水平；第三步，到21世纪中叶，人均国民生产总值达到中等发达国家水平，基本实现现代化。现在，经过近40年的改革开放，我们提前实现了第一步、第二步目标，正在向第三步目标稳步迈进。党的十八大提出了“两个一百年”奋斗目标，是我国从总体上进入“发展起来”的时期以后，对原有“三步走”战略目标的细化和发展。第一步，在中国共产党成立一百年时全面建成小康社会；第二步，在中华人民共和国成立一百年时实现现代化和民族复兴。党的十九大在坚持“两个一百年”奋斗目标的基础上具体划分了第二个百年奋斗目标的两个阶段：第一个阶段，从2020年到2035年，在全面建成小康社会的基础上，再奋斗15年，基本实现社会主义现代化，把我党在20世纪80年代提出的在21世纪中叶实现的基本现代化目标提前到2035年；第二个阶段，从2035年到本世纪中叶，在基本实现现代化的基础上，再奋斗十五年，把我国建成富强民主文明和谐美丽的社会主义现代化强国①。“两个一百年”奋斗目标及其第二个百年目标的两个阶段之间相互联系、相互衔接，一步一个台阶、一步一个脚印，不断提高，不断深化，向世人清晰地描绘了实现现代化和民族复兴的时间表、任务书和路线图，是中国特色社会主义历史发展的连续性和阶段性的统一。

3. 马克思主义中国化演进的内在逻辑

中国共产党领导中国人民90多年的革命、建设和改革的伟大实践，是一个接续奋斗的历史过程，是一项救国、兴国、强国和站起来、富起来、强起来的中华民族伟大复兴的完整事业。这个历史过程主要完成三大历史任务、回答三大基本问题。第一个历史任务是怎样使中国人民站起来，推翻“三座大山”，实现国家的独立与民族的解放，人民当家作主。在完成这个历史任务和回答这个基本问题的可歌可泣的人民革命伟大斗争中，形成了毛泽东思想这个马克思主义中国化的第一个理论成果。第二个历史任务是怎样使中国人民富起来，尽快消灭贫穷、摆脱落后，实现国家兴旺、民族和睦、人民富裕。经过新中国70年的奋斗、特别是改革开放40年的发展，我国建立了比较雄

① 习近平：《决胜全面建成小康社会 夺取新时代中国特色社会主义伟大胜利——中国共产党第十九次全国代表大会上的报告》，《人民日报》2017年10月28日。

厚的社会主义物质基础和制度基础，13 多亿中国人民不仅解决了温饱，而且从总体上实现了小康，正在不断地走向富裕。在解决这个历史任务、回答这个基本问题的改革开放伟大历史进程中，形成了邓小平理论、“三个代表”重要思想和科学发展观这个马克思主义中国化的第二个理论成果。现在，中国特色社会主义进入了新时代，新时代我国社会主要矛盾已经转化为人民日益增长的美好生活需要和不平衡不充分的发展之间的矛盾；新时代我们面临的第三个基本问题是怎样使我们的国家强起来，让人民过上更加幸福美满的生活。在回答第三个基本问题、解决中国特色社会主义新时代主要矛盾的伟大实践中，形成了习近平新时代中国特色社会主义思想这个马克思主义中国化的最新理论成果。

实现“两个一百年”的奋斗目标，继续推进中国特色社会主义的伟大事业，归根到底是要解决怎样使我们的国家尽快“强起来”的问题。第一个一百年奋斗目标即全面建成小康社会实现以后，我们在“强起来”的目标上取得了初步的成就，并且向第二个一百年奋斗目标迈出了关键的一步。因此，我们要走好这关键的最后一里路，使全面建成小康社会得到人民认可，经得起历史检验。2020 年全面建成小康社会以后，我们要继续努力，踏上现代化建设的新征程，分两个阶段实现第二个一百年奋斗目标。在 21 世纪中叶中华人民共和国成立 100 周年时，把我国建设成为富强民主文明和谐美丽的社会主义现代化强国，使中华民族以更加昂扬的姿态屹立于世界民族之林。习近平新时代中国特色社会主义思想以更宽广、更长远的眼光来思考和把握党和国家未来发展，从理论和实践结合上系统回答了坚持和发展什么样的中国特色社会主义、怎样坚持和发展中国特色社会主义的一系列重大问题，为回答“强起来”的问题、完成“强起来”的任务，在理论上拓展了新视野，在实践上做出了新概括。

4. 人民群众向往美好生活的必然要求

我们坚持马克思主义、坚持社会主义，不是因为它们好听、好看和时髦，而是因为只有马克思主义和社会主义才能解决中国的问题，能够让中国的老百姓过上好日子。所以，我们一定要以改革开放和现代化建设中的实际问题为中心、以我们正在做的事情为中心，着眼于马克思主义理论的运用、着眼于对实际问题的思考、着眼于新的实践和新的发展。在当代中国，人民群众对美好生活的向往是执政党面临的最大实际问题。提出实现“两个一百年”奋斗目标、实现中华民族伟大复兴的中国梦，归根到底是为了满足人民群众的根本利益。“中国梦归根到底是人民的梦，必须紧紧依靠人民来实现，必须不断为人民造福。”① 中国特色社会主义发展的阶段不同，人民群众向往美好生活的要求也不同。因此，执政党提出的问题、面临的任务和应对的方略也就不同。改革开放初期，我国的经济社会发展水平还很低，人民生活水平总体上还比较贫穷。因此，邓小平认为，贫穷不是社会主义，社会主义要消灭贫穷。我们要以经济建设为中心，集中力量发展生产力，尽快让老百姓摘掉贫困的帽子。当时所要解决的主要问题，还是“生存需要”所提出的基本问题，是低层次的问题。今天我们所面临的问题，是“发展起来”以后的问题，大量的是“发展需要”和“享受需要”所提出的问题，是由“富起来”发展到“强起来”所带来的问题。由于人民群众的需要呈现多样化、多层次、多方面的特点，因此今后的发展就要更多、更好地体现人的全面发展和社会的全面进步。习近平总书记说：“我们的人民热爱生活，期盼有更好的教育、更稳定的工作、更满意的收入、更可靠的社会保障、更高水平的医疗卫生服务、更舒适的居住条件、更优美的环境，期盼孩子们能成长得更好、工作得更好、生活得更好。人民对美好生活的向往，就是我们的奋斗目标。”②

用以人民为中心的发展思想来分析“两个一百年”奋斗目标，第一个一百年中的全面建成小康社会，“小康”讲的是我国经济社会的发展程度和人民的生活水平，是和第二个一百年奋斗目标的现代化生活标准相比较而言的。在第一个百年奋斗目标中，最重要、最难做到的是“全面”。全面小康覆盖的领域要全面，是经济、政治、文化、社会、生态文明五位一体全面发展的小康；全面小康覆盖的人口要全面，是惠及全体人民的小康，没有全民小康，就没有全面小康；全面小康覆盖的区域要全面，是城乡、区域共同发展的小康，没有农村的、欠发达地区的小康，也就没有全面小康。这是马克思主义关于人的全面发展理论在中国现阶段的具体体现。全面建成小康社会，既要

① 中共文献研究室：《十八大以重要文献选编》（上），中央文献出版社 2014 年版，第 235 页。

② 同上书，第 70 页。

瞄准2020年这个时间节点，又要考虑2049年的更高目标，要立足于打基础、谋长远、见成效。全面建成小康社会以后，我们要继续向第二个百年目标奋进。而第一个百年目标的实现，则标志着中国的经济实力和综合国力将大大增强，标志着中国的国际地位和国际影响力将显著提升，标志着中国人民将能够过上更加幸福安康的现代化生活。

5. *推进国家治理体系和治理能力的现代化是中国道路总任务的题中之义*

当前，我们进入了全面建成小康社会决胜阶段的关键时期，从现在的情况来看，只要国际国内不发生大的波折，经过努力，全面建成小康社会的目标是能够实现的。但是，如何确保实现全面小康社会的目标？全面建成小康社会以后的路应该怎么走？如何跳出“历史周期律”、实现长期执政？如何实现党和国家的长治久安？这些都是需要进行深入思考的重大问题。中国共产党作为在中国长期执政的无产阶级政党，不能仅仅考虑5年、10年之内的问题，而且要考虑几十年、上百年的问题。世界上有的国家虽然一度实现了快速的发展，但是最终没有胜利迈进现代化的门槛，而是掉入了各种各样的“陷阱”，很大程度上与缺乏稳定的制度保障有关。这就需要推进国家治理体系和治理能力的现代化，实现党、国家、社会各项事务治理的制度化、规范化、程序化。善于运用制度和法律治理国家，提高党科学执政、民主执政、依法执政的水平。党的十八届三中全会提出把完善和发展中国特色社会主义制度、推进国家治理体系和治理能力的现代化作为全面深化改革的总目标。此后，习近平总书记多次从不同的角度对国家治理体系和治理能力现代化问题进行了阐述。这是完善和发展中国特色社会主义总任务的必然要求，也是实现民族复兴中国梦的题中之义。

中国共产党在领导中国革命的进程中，就已经在不断思考未来的国家治理体系问题。中华人民共和国成立以后，我们党继续探索这个问题，取得了重要成果，但是也产生了严重失误。改革开放以来，我们党开始以全新的视角思考国家治理体系和治理能力问题，强调领导制度、组织制度和干部制度要更带有根本性、全局性、稳定性和长期性。习近平总书记认为，我国政治稳定、经济发展、社会和谐、民族团结，说明我们国家的治理体系和治理能力总体上是好的，是有独特优势的，是适应我国国情和发展要求的。同时也要看到，相比我国经济社会发展要求，相比人民群众期待，相比当今世界日趋激烈的国际竞争，相比实现国家长治久安，我们国家在治理体系和治理能力方面还有许多不足，有许多亟待改进的地方。今天，摆在我们面前的一项重大历史任务，就是推动中国特色社会主义制度更加成熟和定型，为党和国家事业发展、为人民幸福安康、为社会和谐稳定、为国家长治久安提供一套更完备、更稳定、更管用的制度体系。这项工程极其宏大，零敲碎打的调整不行，碎片化的修修补补也不行，必须是全面的、系统的改革和改进，要在各领域中形成联动和集成，才能形成总体效应、取得总体效果。

在“两个一百年”的奋斗目标之中，内在地包含了国家治理体系和治理能力的现代化。现在我们讲的现代化，不光是工业、农业、国防和科学技术现代化的概念，而是包含了国家治理体系和治理能力的现代化。但是也不能简单地理解为“四化”再加“一化”，而是包含了全新内容的现代化理念。这不仅丰富了我们党对国家现代化概念的认识和理解，而且体现了我们党对改革认识的深化和系统化。邓小平在1992年的南方谈话中曾经预计，再有30年时间，中国将在各方面形成一套更加成熟、更加定型的制度，在这个制度下的方针、政策，也将更加定型化。邓小平说的这个时间节点，大体上和我们今天的第一个百年奋斗目标相吻合。也就是说，在全面建成小康社会的目标体系中，内在地包含了建立起更加成熟、更加定型的国家治理体系和治理能力的要求。然后在这一基础上继续努力，在中华人民共和国成立一百周年时，使我们的国家治理体系和治理能力的现代化水平更加先进、更加发达、更加完备，从而走在世界的前列。

以习近平同志为核心的党中央提出推进国家治理体系和治理能力的现代化，是对中国共产党治国理政理论和实践的丰富和完善，也是对改革开放历史任务的精辟概括和总体提升，标志着我们党对人类社会发展规律、社会主义建设规律和共产党的执政规律的认识达到了一个新的高度，必将对我国的现代化进程和实现民族复兴的中国梦产生深远影响。

第三章　中国道路的基本要素

党的十八大提出，在新的历史条件下推进中国特色社会主义伟大事业，必须牢牢把握 8 项基本要求，并使之成为全党全国各族人民的共同信念。这 8 项基本要求是：必须坚持人民主体地位，必须坚持解放和发展生产力。必须坚持推进改革开放，必须坚持维护社会公平正义，必须坚持走共同富裕道路，必须坚持促进社会和谐，必须坚持和平发展，必须坚持党的领导[①]。习近平总书记强调指出："这些基本要求是根据党的基本理论、基本路线、基本纲领、基本经验，深刻总结六十多年来我国社会主义建设特别是中国特色社会主义建设实践提出的，是最基本的东西，是体现共产党执政规律、社会主义建设规律、人类社会发展规律的东西，表明我们党对中国特色社会主义规律的认识达到了新水平。"[②] 习近平在党的十九大报告中，提出了新时代坚持和发展中国特色社会主义的 14 条基本方略。这 8 项基本要求和 14 条基本方略，是对中华人民共和国成立以来 68 年历史进程的深刻总结，是对改革开放 40 年来历史经验的精辟提炼，它体现了中国特色社会主义的发展规律，反映了中国道路的本质特征，同时也构成了中国道路的基本要素。

这 8 项要求和 14 条基本方略，可以把它们归纳成 5 个方面：一是坚持人民主体地位，这是中国道路的出发点和归宿；二是坚持解放和发展生产力，推进改革开放，推动发展创新，这是中国道路的物质基础和发展动力；三是

---

① 中共中央文献研究室：《十八大以来重要文献选编》（上），中央文献出版社 2014 年版，第 11—12 页。

② 同上书，第 78 页。

坚持维护公平正义，走共同富裕道路，促进社会和谐，推进依法治国，这是中国道路的本质属性，是和资本主义发展道路的根本区别。所谓国家治理体系和治理能力现代化，一个非常重要的内容就是社会建设，而社会建设的着力点在民生领域，这是政府最该有作为的地方，因为市场在这里是失灵的。四是坚持走和平发展道路，推动构建人类命运共同体，这是中国道路的必然选择，是中国道路的国际战略，走社会主义道路必然反对侵略扩张、反对霸权主义和强权政治。五是坚持党对一切工作的领导，这是中国道路的命脉所在，是中国道路最本质的特征和最大的优势。下面我们分五个方面对这些问题一一进行阐述。

一 坚持人民主体

1. 中国道路是人民的选择

马克思说过："人们自己创造自己的历史，但是他们并不是随心所欲地创造，并不是在他们选定的条件下创造，而是在直接碰到的、既定的、从过去承继下来的条件下创造。"① 中国道路是中国人民在一百多年的艰辛探索和不断奋斗中一步一个脚印走出来的。中国独特的文化传统、独特的历史命运、独特的基本国情，决定了中国必然要走适合自己特点的发展道路。

中国古代经历了几千年的封建社会，形成了以小农和手工业为主体的经济结构；以血缘和宗族为纽带的社会结构；以行政权力为中心的政治结构。这一经济结构以及与之相对应的社会关系和封建专制主义政治权力，具有内在的稳定性，如果没有外来势力的冲击，可能还要延续一段时间。这是中国古代社会曾经长期稳定不变和发展缓慢的主要原因。可是到了晚清时期，外部世界已经发生了根本性的变化。这种变化对小农业、家庭手工业相结合的经济结构和专制主义政权产生了巨大的冲击和挑战。19 世纪 40 年代，欧美各主要资本主义国家都已经相继完成了工业革命，资本主义固有的基本矛盾已经逐步暴露，生产过剩危机不断发生，无产阶级和资产阶级之间的矛盾和斗争不断激化。为了转嫁国内矛盾，寻找新的原料产地和产品的销售市场，各

---

① 《马克思恩格斯选集》第 1 卷，人民出版社 1995 年版，第 585 页。

主要资本主义国家纷纷走上了侵略扩张的殖民主义道路。占领中国的广阔市场是它们的重要目标。

资本——帝国主义用重炮轰开了中国的国门。1840 年鸦片战争以后，中国日益沦为一个半殖民地半封建社会，国家危亡、民不聊生。救国寻路，民族复兴，成为中国近代的基本政治主题。以林则徐为代表的封建统治阶级内部爱国人士领导的反侵略斗争英勇悲壮，以太平天国为代表的农民起义气吞山河，以康有为、梁启超等改良派发起的改良运动有声有色，孙中山先生领导的资产阶级民主革命声势浩大，推翻了统治中国几千年的封建帝制。但是，这些运动最终都以失败告终。事实证明，不触动封建根基的自强运动和改良主义，旧式的农民战争，照搬西方资本主义的种种方案，都不能解决中国的问题。灾难深重的中华民族，处于被西方列强瓜分豆剖、亡国灭种的边缘。

“十月革命一声炮响，给我们送来了马克思列宁主义。”① 社会主义苏联的横空出世，给处在苦闷和彷徨中的中国人民指明了全新的方向。中国走社会主义道路的可能性是从中国走别的道路的不可能性中产生的。中国人民之所以选择社会主义和马克思主义，是因为各种主义和思潮如资产阶级改良主义、自由主义、社会达尔文主义、无政府主义、实用主义、民粹主义、工团主义等尽管都尝试过，但是都不能解决中国的问题；中国人民选择共产党的领导，是因为中国其他各种政治力量都无力领导中国人民实现救亡图存、民族独立解放和复兴的历史任务，只有共产党才使受尽屈辱、处于危亡边缘的中国进入了历史的新纪元。“没有共产党就没有新中国”，这不是一句空洞和抽象的口号，而是在历尽千辛万苦、付出巨大牺牲以后中国社会发展的客观现实与中国人民得出的历史结论。习近平总书记说：“中国特色社会主义是改革开放新时期开创的，也是建立在我们党长期奋斗基础上的，是由我们党的几代中央领导集体团结带领全党全国人民历经千辛万苦、付出各种代价、接力探索取得的。”② 这条道路承载着几代中国共产党人的理想和探索，寄托着无数仁人志士的夙愿和期盼，凝聚着亿万人民的奋斗和牺牲，是来之不易的，

---

① 《毛泽东选集》第 4 卷，人民出版社 1991 年版，第 1471 页。

② 中共中央文献研究室：《十八大以来重要文献选编》（上），中央文献出版社 2014 年版，第 73 页。

必须倍加珍惜，精心呵护！

2. 中国道路是人民的实践

马克思指出："全部社会生活在本质上是实践的。凡是把理论引向神秘主义的神秘东西，都能在人的实践中以及对这个实践的理解中得到合理的解决。"① 中国道路在实践中产生，在实践中发展和逐步完善。中国道路这个概念本来就不是从什么文本中找出来的，而是从中华人民共和国成立 70 多年特别是改革开放 40 年的实践中总结出来的。判断中国道路是否科学，不能根据什么文本，只能根据客观现实；检验中国道路是否正确的标准，同样不能根据文本和人们的观念，而只能依据广大人民群众的实践。有人指责改革开放的方针政策和具体措施违背了马克思主义经典作家的这一说法和那一说法；还有人鼓吹中国应该放弃马克思主义而照搬西方新自由主义或民主社会主义理论。这些都不是从广大人民群众的社会实践出发的而是从某一文本或者某种观念出发的主观判断。

"摸着石头过河"是中国道路实践特征的通俗和形象的说法。"石头"就是指中国的具体而特殊的国情，"过河"就是指实现民族复兴和共产主义的奋斗目标，"摸"就是指广大人民群众的实践。因此"摸着石头过河"实际上就是今天我们经常说的实事求是。"实事求是"这四个字，既概括了马克思主义的精髓，又具有鲜明的中国特色，并且几乎能够被所有的中国人理解和接受，是对马克思主义中国化、时代化、大众化的高度概括和提炼，是我们今后必须高扬的理论旗帜。中国道路的实践特色，就是在广大人民群众在实事求是的理论旗帜指引下，研究和探索中国社会主义现代化建设的规律，推进中国特色社会主义的伟大事业。

"摸着石头过河"，意味着中国道路不是从既定的观念出发，而是从客观的实际出发，从解决广大人民群众当前最迫切、最强烈的问题出发并不断向前推进的。问题是时代的声音，理论创新的源泉。中国的所有改革举措，都是以问题为导向、以实践为基础展开的。列宁说："还不善于着手研究事实时，总是先验地臆造一些永远没有结果的一般理论。"② 这样的"改革"往往

① 《马克思恩格斯选集》第 1 卷，人民出版社 1995 年版，第 56 页。

② 《列宁选集》第 1 卷，人民出版社 1995 年版，第 11—12 页。

是很少能够成功的。当年，戈尔巴乔夫的所谓“改革”，鼓吹“民主”和“人道”的社会主义，发表了《改革与新思维》，提倡“民主化”和“公开性”，设计了苏联改革的“蓝图”，但是由于脱离实际，结果搞乱了人们的思想，导致了苏联的解体和东欧的剧变，造成了“20 世纪最大的地缘政治悲剧”。20 世纪八九十年代，世界银行等国际组织在“华盛顿共识”的指导下，给拉丁美洲一些国家设计的改革方案也是头头是道，既有“路线图”，又有“时间表”，但是结果给这些国家带来了灾难性的后果，陷入了所谓的“中等收入陷阱”，经济停滞，人民贫困，社会动荡。“华盛顿共识”信誉扫地，这样才产生了所谓的“北京共识”。中国的改革不是为了改革而改革，而是为了解决问题而改革。改革在实践中探索和前进，在实践中检验改革的成败得失。离开了实践标准去空谈某种制度的好坏和某种道路的优劣，是毫无意义的。

“摸着石头过河”，也意味着中国道路的开放性和包容性。中国道路是在立足中国国情的基础上，博采众长，学习其他国家现代化成功经验的基础上形成的。和西方世界不同，中华民族自古以来就具有“取经”的传统，而没有“传教”的习惯。在中华民族的优良传统中，善于学习是一个重要内容。随着中国道路的不断深入，中国在取得巨大成就的同时，也面临着新的困难和挑战。只有重视学习、不断学习和善于学习，我们才能有效地应对各种风险和考验，顺利地推进中国特色社会主义事业。美国《国际先驱论坛报》文章指出：“大家认为中国谦虚，美国傲慢。中国以自己的榜样来领导，而美国则以训斥、制裁乃至导弹来领导。……中国模式并非十全十美，但它已经丰富了整个世界在这个问题上的政治探索和智慧，从而也增加了可供选择的政策。”① 这一评价是比较公正和客观的。

3. 中国道路以人民为中心

中国共产党在成立之日起，就把全心全意为人民服务写在自己的旗帜上，始终坚持以人民为中心，始终代表人民的根本利益。毛泽东提出了全心全意为人民服务的宗旨，邓小平提出把人民满意不满意、拥护不拥护、高兴不高兴作为检验我们一切工作成败的根本标准，江泽民提出中国共产党要始终代

---

① 《参考消息》2006 年 11 月 6 日。

表中国最广大人民群众的根本利益，胡锦涛提出以人为本的科学发展观，都坚持把人民作为我们一切工作的主体。习近平总书记更是提出了坚持以人民为中心的发展理念和工作思路，他强调把以人民为中心的发展思想体现在经济社会发展各个环节，做到老百姓关心什么、期盼什么，改革就要抓住什么、推进什么，通过改革给人民群众带来更多的获得感。从毛泽东到习近平关于中国共产党立党执政的宗旨和思想都是一脉相承的，都是紧紧围绕以人民为主体这个根本宗旨出发的。

中国道路必须坚持人民主体地位，必须以造福人民为根本目的。我们党一贯认为，人民是历史的创造者，群众是真正的英雄。中国道路必须牢牢坚持人民立场，始终以人民为主体，这是中国道路和其他各种各样道路的根本区别。要把坚持党的领导和坚持人民的主体地位高度统一起来，根据人民的需求和愿望制定推进中国特色社会主义伟大事业的时间表、路线图和任务书。中国道路是人民的事业，要让人民在改革中施展才干、成就梦想。

中国道路必须让人民共享发展成果。我们党干革命、搞建设、抓改革都是为了让人民过上幸福生活，发展成果是全体人民共建共享的劳动果实。要顺应人民群众对美好生活的向往，不断实现好、维护好和发展好最广大人民群众的根本利益。要通过深化改革、扩大开放、创新驱动来提高经济发展的质量和效益，生产出更多更好的物质和精神产品，不断满足人民群众日益增长的物质和文化生活需要。要创造各种有利条件，为各行各业的劳动者、企业家、创新人才、各级干部和所有的中国特色社会主义事业的建设者提供发挥作用的舞台和环境。要坚持社会主义现阶段的基本经济制度和基本分配制度，调整收入分配格局，完善以税收、社会保障、转移支付等为主要手段的再分配调节机制，维护社会公平正义，着力解决好收入分配差距过大问题，使发展的成果更多、更公平地惠及全体人民。

中国道路以人民为中心，还意味着中国道路的成就最终要以人民的评价作为最根本的标准。习近平总书记强调，要把是否促进经济社会发展、是否给人民群众带来实实在在的获得感，作为我们工作是否具有成效的根本标准。这充分说明，中国道路的评价主体不是少数领导者、或者是部分阶层的人，而是最广大的人民群众。让实践来检验，让基层来评价，让群众来打分，就能够使我们的各方面工作和各种决策最大程度地符合实际情况，符合客观规律，符合人民的愿望。

二　坚持改革开放

1. 马克思主义最注重发展生产力

马克思主义认为，生产力是人类社会发展的最终决定性力量，物质资料的生产是人类社会存在和发展的基础。唯物史观中的“物”，同物质资料的生产和再生产有内在关联。任何社会的发展与繁荣，都会最终受到物质资料生产和再生产水平的制约。解放和发展生产力是社会主义的根本任务。中国人民之所以选择社会主义，就是因为从根本上说，社会主义能够创造出比资本主义更多更好的社会生产力，能够在使生产力高度发展的基础上，让人民过上幸福美满的生活。国家的昌盛、人民的富裕，说到底是一个经济实力问题。只有大力解放和发展生产力，才能实现“两个一百年”的奋斗目标，才能筑起实现民族复兴中国梦的强大物质基础。我国现在仍然处于并将长期处于社会主义初级阶段，在中国特色社会主义新时代，尽管我国社会的主要矛盾已经转变为人民日益增长的美好生活需要和不平衡不充分的发展之间的矛盾，但是，我国仍然处于并将长期处于社会主义初级阶段这个基本国情没有改变，我国是世界最大的发展中国家的国际地位没有改变。我们要牢牢把握社会主义初级阶段这个基本国情，就必须大力发展社会生产力。

中国共产党是作为中国先进生产力的代表登上历史舞台的，党进行民主革命，推翻“三座大山”，是为了解放和发展生产力，进行社会主义革命和社会主义建设，同样也是为了解放和发展生产力，党的一切奋斗目标归根到底都是为了解放和发展生产力，党的一切方针政策都是为了促进生产力的解放和发展。改革开放以来，我们党之所以能够带领人民在国家发展中取得举世瞩目的成就，根本的一条就是坚定不移地把党和国家的中心工作放在了经济建设上面，从而推动社会生产力以前所未有的速度发展起来。现在，我国经济总量已经位居世界第二位，主要农产品和工业品产量已经稳居世界第一，具有世界先进水平的重大科技创新成果不断涌现，高新技术产业蓬勃发展，水利、交通、能源、通讯等领域的建设取得了突破性进展。改革开放极大地解放和发展了生产力，有力地提升了我国的综合国力。

习近平说："以经济建设为中心是兴国之要，发展仍是解决我国所有问题的关键。只有推动经济持续健康发展，才能筑牢国家繁荣富强、人民幸福安康、社会和谐稳定的物质基础。"① 中国道路是靠不断的发展走出来的，也要靠持续的发展来不断地巩固和推进。经过40年的改革开放，我们已经站在更高的历史起点上，形成了多方面的综合优势。但是，我国经济社会发展中不平衡、不协调、不可持续的问题依然存在，有些还相当尖锐。科技创新能力不强，产业结构不合理，农业基础地位薄弱，资源环境约束加剧，制约科学发展的体制机制障碍依然存在。如果这些问题不能得到有效解决，不仅会影响到我国的现代化进程，而且还有可能使我国掉入各种各样的"陷阱"。世界上许多国家进入一定的发展阶段以后，出现了经济增长停滞、贫富差别扩大、社会矛盾增多等重大结构性问题，陷入了所谓的"中等收入陷阱"。目前，我国的人均国内生产总值已经达到中等收入国家水平，同样也面临着类似问题的挑战。而要避免陷入所谓的"中等收入陷阱"，最主要的还是要靠生产力的发展。我们取得的成绩是巨大的，但是我们面临的问题也是严峻的。如果头脑发热，偏离以经济建设为中心，偏离发展生产力的根本任务，我们就会犯"颠覆性"的错误。因此，我们要毫不动摇地坚持以经济建设为中心，坚持解放和发展生产力，全面推进社会主义经济建设、政治建设、文化建设、社会建设、生态文明建设，深化改革开放，推动科学发展，不断夯实实现中国梦的物质文化基础。

2. 改革开放是解放和发展生产力的强大动力

社会主义的生命力体现在不断发展生产力上面，而生产力的不断发展，则需要不断进行改革开放。改革开放的根本目的，就是为了解放和发展生产力。而解放和发展生产力，又是为了提高人民群众的物质文化生活水平，促进人的自由全面发展。我们党领导人民完成了新民主主义革命，完成了社会主义革命，为解放和发展生产力开辟了广阔的道路。我们党领导人民进行的改革开放的伟大革命，则为生产力的发展提供了直接动力。

---

① 中共中央文献研究室：《习近平关于社会主义经济建设论述摘编》，中央文献出版社2017年版，第3页。

改革开放是中国道路最鲜明的特点。从原来的计划经济体制，党的十二大提出了以计划经济为主、市场调节为辅，十二届三中全会提出建立有计划的商品经济，十三大提出建立国家调节市场、市场引导企业的计划与市场内在统一的经济体制，到党的十四大提出了建立社会主义市场经济体制。从让市场在资源配置中起基础性作用到使市场在资源配置中起决定性作用和更好地发挥政府的作用，经过不断的实践探索和理论创新，我国成功地实现了从高度集中的计划经济体制到充满活力的社会主义市场经济体制的转变，有力地推动了各方面的体制改革和转变，开创了我国经济、政治、文化、社会发展的崭新局面。从兴办经济特区到沿海城市的开放、从沿边沿江城市的开放到各个省会城市的开放，从对发达国家的开放到对发展中国家的开放，从经济、科技、教育、文化等领域的开放到加入世界贸易组织，形成了全方位、宽领域、多层次的对外开放格局。

改革开放极大地促进了我国生产力的发展和社会的全面进步。我国经济发展总量跃升至世界第二，进出口总额稳居世界第二，人民生活水平从温饱不足发展到进入总体小康阶段，正在不断走向富裕。政治、文化、社会、生态文明建设以及党的建设稳步推进，综合国力显著增强，国际地位不断提升。中国道路上取得的这些伟大成就，意味着近代以来久经磨难的中华民族实现了从站起来、富起来到强起来的历史性飞跃，意味着社会主义在中国焕发出强大生机活力并且不断开辟发展新境界，意味着中国特色社会主义拓展了发展中国家走向现代化的途径，为解决人类问题贡献了中国智慧、提供了中国方案。实践充分证明，改革开放是当代中国发展进步的活力之源，是坚持和发展中国特色社会主义的必由之路。中国道路是伴随着改革开放而形成和发展起来的，而改革开放又深化了我们对中国道路的认识和理解。中国特色社会主义之所以充满生机和活力，就是因为它是改革开放的社会主义；改革开放之所以能够取得成功，就是因为它是坚持社会主义道路的改革开放。只有改革开放，才能发展生产力、发展社会主义、发展马克思主义。改革开放只有进行时，没有完成时。

3. 坚持改革开放的正确方向

习近平说：“我们的改革开放是有方向、有立场、有原则的。我们当然要高举改革旗帜，但我们的改革是在中国特色社会主义道路上不断前进的改革，既不走封闭僵化的老路，也不走改旗易帜的邪路。”① 一说到改革，有人总是认为只能往西方制度和模式的方向改，如果不是这样就不是改革。认为只有西方资本主义的制度和模式才是我们改革开放的方向和模式。这是对改革开放的错误理解。我们的改革开放是对社会主义制度的自我发展和自我完善，而不是改掉我们的社会主义制度。方向决定道路，道路决定命运。我国的改革开放之所以能够取得巨大成功，关键在于坚持了正确的政治方向。世界在发展，社会在进步，不实行改革开放是死路一条，搞否定社会主义的改革开放也是死路一条。在改革开放的整个历史进程中，我们始终都要坚持四项基本原则这个立国之本，既以四项基本原则保证改革开放的正确方向，又通过改革开放赋予四项基本原则新的时代内涵，排除各种干扰，坚定不移地走中国特色社会主义道路。在这个问题上，我们一定要头脑清醒，要有战略定力，决不能在这个问题上犯颠覆性的错误。改革开放在某些方面、某个领域快一点，在某些方面、某些领域慢一点，这个情况是有的。但是不能笼统地说改革在某个方面、某个领域滞后；或者说在某些方面改了，某些方面还没有改。这里的问题的实质是改什么，不改什么，有些不能改的，再过多长时间也是不能改。我们不能以西方的标准来衡量我们的改革开放成功与否。我们说的中国特色社会主义是社会主义而不是什么其他“主义”，那就是不论怎么改革、怎么开放，我们始终都要坚持中国特色社会主义道路、中国特色社会主义理论体系、中国特色社会主义制度、中国特色社会主义文化，在各项工作中全面贯彻落实党的十九大提出的坚持和发展中国特色社会主义的 14 条基本方略。

三 坚持公平正义

1. 公平正义是中国特色社会主义的内在要求

公平正义是一个古老的话题，也是一个常讲常新的话题。按照马克思主义的观点，公平正义是一个具有历史性的概念，在不同的时期具有不同的内

① 中共中央文献研究室：《习近平关于全面深化改革论述摘编》，中央文献出版社 2014 年版，第 14 页。

涵。不仅在不同的时期对公平正义的理解具有不同的标准，就是在同一时期，不同的阶级、阶层以及不同的人群对公平正义也有不同的理解。马克思在批判拉萨尔派的“公平的”分配时说：“难道资产者不是断言今天的分配是‘公平的’吗？难道它事实上不是在现今的生产方式基础上唯一‘公平的’分配吗？难道经济关系是由法的概念来调节，而不是相反，从经济关系中产生出法的关系吗？难道各种社会主义宗派分子关于‘公平的’分配不是也有各种极不相同的观念吗？”① 这就告诉我们，公平正义的观念不仅受到历史阶段的制约，而且也受到经济关系的制约。尽管公平正义在不同的时期有不同的内涵，对不同的阶级也有不同的理解，但是一般说来，公平正义反映了人们追求利益关系的合理性的价值观念和价值标准，具有共同性和普遍性的内涵。无论在什么阶段，人们追求人人平等、是非分明、惩恶扬善、情理兼顾、利益均衡、多寡相匀等内容，则是大家公认的和具有共性的。

马克思主义指明了社会不公平的根源在于资本主义的剥削制度，只有推翻资本主义制度，建立社会主义制度，才能真正实现公平正义的美好愿望。马克思主义在人类历史上第一次把公平正义的实现建立在科学的基础之上。作为全心全意为人民服务的无产阶级政党，维护公平正义是中国共产党立党为公、执政为民的必然要求。从打土豪、分田地到实行“三大改造”，从建立社会主义制度到实现改革开放，从建设小康社会到实现“两个一百年”奋斗目标，党的理论、纲领、路线、方针和政策，始终蕴含着公平正义的价值理念，体现了最广大人民群众的根本利益和共同愿望。新中国的诞生、社会主义制度的建立，为社会公平正义的实现奠定了根本的前提。改革开放以来，我们成功开辟了中国特色社会主义道路，根本目的就是要让人民群众过上幸福安康的生活，建设一个比以往任何时候都更加公平正义的美好社会。习近平总书记说：“公平正义是中国特色社会主义的内在要求，所以必须在全体人民共同奋斗、经济社会发展的基础上，加紧建设对保障社会公平正义具有重大作用的制度，逐步建立社会公平保障体系。”② 致力于维护和实现公平正义，是我国制度拥有强大凝聚力、感召力和亲和力的重要原因，从根本上体现着

① 《马克思恩格斯选集》第3卷，人民出版社1995年版，第302页。

② 《习近平谈治国理政》，外文出版社2014年版，第13页。

中国特色社会主义的价值优势、道义优势和制度优势。

2. 坚持走共同富裕道路

习近平总书记在党的十九大报告中指出："保证全体人民在共建共享发展中有更多获得感，不断促进人的全面发展、全体人民共同富裕。"① 实现全体人民的共同富裕，是社会主义的本质要求和中国共产党始终不渝的奋斗目标。走共同富裕道路、还是走两极分化道路，是区别中国道路与资本主义发展道路的根本标准。邓小平曾经深刻指出："社会主义的本质，是解放生产力，发展生产力，消灭剥削，消除两极分化，最终达到共同富裕。"② 共同富裕不是平均主义的同步富裕，而是指在生产力发展的基础上，在一部分人、一部分地区先富起来的情况下，逐步实现全体社会成员的普遍富裕，使每一个社会成员共享发展的成果，每个人都过上幸福美好的生活，这是中国共产党人一贯坚持和追求的根本目标。

社会主义制度的建立为实现全体人民的共同富裕创造了根本的制度前提和保证。但是在中华人民共和国成立以后相当长的历史时期内，由于我们在什么是社会主义、怎样建设社会主义；什么是共同富裕、怎样实现共同富裕问题上的认识还不成熟，在实践中又过于强调"一大二公"的平均主义，实行单一的分配制度，挫伤了广大劳动者的积极性，也制约了生产力的发展。实践证明，在不同的发展阶段，具有特定的阶段性特征，需要有不同的制度、机制和政策安排。超越发展阶段，企图消灭一切差别，让所有社会成员同步富裕和同等富裕，势必会导致共同的贫穷和普遍的落后。改革开放以来，我们坚持一切从实际出发，打破平均主义和"大锅饭"的束缚，实行社会主义市场经济体制，让一部分人、一部分地区先富起来，然后再先富带后富，逐步实现全体人民的共同富裕。通过确立以公有制为主体、多种所有制经济共同发展的社会主义初级阶段的基本经济制度和以按劳分配为主体、多种扶贫方式并存的社会主义初级阶段的分配制度，有力地调动了人民群众的积极性，使生产力以前所未有的速度发展起来，人民群众的生活水平也发生了翻天覆

---

① 习近平：《决胜全面建成小康社会 夺取新时代中国特色社会主义伟大胜利——中国共产党第十九次全国代表大会上的报告》，《人民日报》2017 年 10 月 28 日。

② 《邓小平文选》第 3 卷，人民出版社 1993 年版，第 373 页。

地的变化，中国人民实现了从基本消除贫困到解决温饱、再到实现总体小康、向全面小康迈进的历史性跨越。中国特色社会主义进入了新时代，我们已经站在新的历史发展起点上。中国特色社会主义进入新时代，意味着近代以来久经磨难的中国人民迎来了从站起来、富起来到强起来的历史性飞跃，迎来了中华民族伟大复兴的光明前景。

在人们生活普遍提高的同时，随着改革开放的深化和社会主义市场经济的发展，也带来了一些新的问题，这些问题如果不能得到有效解决，会影响共同富裕的社会主义原则，挫伤广大劳动者的积极性。这些问题主要是：城乡之间、地区之间、行业之间收入差距较大，发展很不平衡；居民收入差距扩大的趋势没有得到根本的扭转；社会保障体系还不健全，部分群众的生活还比较困难；收入分配格局不尽合理，居民收入在国民收入中的比重、劳动报酬在初次分配中的比重不仅没有上升、反而有下降的趋势；收入分配的秩序也不规范，人民群众对灰色收入、隐性收入、非法收入等问题反映强烈；等等。这些问题的存在，意味着我国经济社会发展具有了新的阶段性特征，意味着我国主要矛盾的发展和变化。党的十九大报告指出："中国特色社会主义进入新时代，我国社会主要矛盾已经转化为人民日益增长的美好生活需要和不平衡不充分的发展之间的矛盾。"① 收入差别的扩大、行业发展的失衡、社保体系的欠缺，充分体现了我国发展的不平衡和不充分，这和人民群众追求美好生活的需要相矛盾，必须高度重视并且给予有效解决。

人类社会发展的历程证明，在私有制社会条件下，必然产生贫富差别和两极分化，为了实现共同富裕，就必须推翻私有制度，走社会主义道路。但是，就是在社会主义条件下，共同富裕也不会自发的产生和自然而然地到来。中国特色社会主义发展的实践证明，在社会主义市场经济条件下，如果不加以重视和注意，同样也会产生贫富差别和两极分化。中国共产党带领中国人民走社会主义道路，就是要逐步实现共同富裕，如果在发展中出现了贫富差别扩大和两极分化的局面，就背离了党的宗旨和初心，背离了共同富裕的社会主义本质和其他人民的共同意志。因此，缩小收入分配差距、逐步实现共

---

① 习近平：《决胜全面建成小康社会 夺取新时代中国特色社会主义伟大胜利——中国共产党第十九次全国代表大会上的报告》，《人民日报》2017 年 10 月 28 日。

同富裕，已经成为事关现代化建设和中国特色社会主义事业发展的重大现实问题。

3. 全面推进依法治国

中国特色社会主义进入新时代，人民对美好生活的向往更加强烈，对公平正义的期待更加迫切。当前，我国改革发展稳定的总体态势是好的，但是发展中的不平衡、不充分、不协调、不可持续问题依然突出，人民内部矛盾和其他社会矛盾凸显，党风、政风也存在一些不容忽视的问题。其中大量的矛盾和问题与有法不依、执法不严、违法不究有关，这些问题在人民群众中形成了强烈的反响。人民群众对法治的要求越来越高，依法治国在党和国家工作中的地位越来越突出。要妥善处理和解决经济社会发展中的一系列矛盾和问题，就要把依法治国摆在突出位置，把党和国家的工作纳入法治化轨道，坚持在法治原则下统筹社会力量、平衡社会利益、调节社会关系、规范社会行为，依靠法治解决社会问题，化解社会矛盾，确保我国在深刻的社会变革中既生机勃勃、又井然有序。

全面推进依法治国，是着眼于国家长治久安的战略安排。中国共产党作为在中国长期执政的马克思主义政党，最终目标是实现共产主义，近期目标是把我国建设成为富强民主文明和谐美丽的社会主义现代化强国，因此，不能只考虑十年二十年的问题，而且要考虑五十年一百年的问题。习近平总书记说："我们提出全面推进依法治国，坚定不移厉行法治，一个重要的意图就是为子孙万代计、为长远发展谋。"① 世界上一些国家政局动荡、战乱不断，一个很重要的原因就是与法治不彰有关。小智治事，中智治人，大智立法。必须坚持依法治国、依法执政、依法行政共同推进，坚持法治国家、法治政府、法治社会一体建设，实现科学立法、严格执法、公正司法、全民守法，为党和国家事业发展的长治久安提供根本性、全局性和长期性的战略安排。

平等是所有法治的基本要求，但是资本主义的法治以形式上的平等掩盖了实质上的不平等。坚持在法律面前人人平等，是社会主义法治的基本属性和本质要求，是社会主义法治区别于其他所有法治的根本标准。社会主义法

① 中共中央文献研究室：《习近平关于全面依法治国论述摘编》，中央文献出版社 2015 年版，第 12—13 页。

治坚持法律面前人人平等，不是单纯地体现在对违法行为的追究上，而是体现在立法、执法、司法、守法等方方面面。任何组织和个人都必须尊重宪法和法律的权威，都必须在宪法和法律的范围内活动，都必须按照宪法和法律行使权力或权利、都必须按照宪法和法律履行职责或义务，不允许有超越宪法和法律的组织和个人。任何人都没有超越宪法和法律的特权，任何人违反宪法和法律都要受到追究，绝不允许任何人、任何单位、任何组织以任何借口、任何理由、任何形式以言代法、以权压法、徇私枉法。

4. 抓住人民最关心最直接最现实的利益问题

习近平在党的十九大报告中指出："保障和改善民生要抓住人民最直接最现实的利益问题，既尽力而为，又量力而行，一件事情接着一件事情办，一年接着一年干。"① 党的十八大以来，一大批惠民举措落地实施，人民生活明显改善，人民群众在改革和发展中的获得感明显增强。脱贫攻坚战取得决定性进展，低收入群体的收入水平增长加快，中等收入群体持续扩大。城乡居民的收入增长超过了经济增长，农村居民的收入增长超过了城镇居民。就业状况持续好转，工资增长与劳动生产率提高同步增强，收入分配格局正在改变，居民收入基尼系数和城乡居民收入差距保持缩小的势头。基本服务公共化水平得到提升，覆盖城乡居民的社会保障体系初步建立，人民健康和医疗卫生水平得到提高，保障性住房建设稳步推进，生态恶化的现象得到遏制。民生领域这一系列开创性成就的取得，最根本的就在于以习近同志记为核心的党中央的坚强领导，在于习近平新时代中国特色社会主义思想的科学指导。我们要深刻理解和领会习近平新时代中国特色社会主义思想的精神实质和丰富内涵，坚持以人民为中心的发展思想，不断促进人的全面发展、促进全体人民的共同富裕。

随着生产力水平的提高，人民生活显著改善，对美好生活的向往更加强烈，期盼有更好的教育、更稳定的工作、更满意的收入、更可靠的社会保障、更高水平的医疗卫生服务、更舒适的居住条件、更优美的环境，更丰富的精神文化生活。人民对美好生活的向往，就是执政党的奋斗目标。由于人民群

① 习近平：《决胜全面建成小康社会 夺取新时代中国特色社会主义伟大胜利——中国共产党第十九次全国代表大会上的报告》，《人民日报》2017 年 10 月 28 日。

众的需要呈现多样化、多层次、多方面的特点，因此今后的发展就要更多更好地体现人的全面发展和社会的全面进步。当前，民生领域还存在着不少短板，到2020年实现贫困人口全部脱贫的任务非常艰巨，城乡区域发展和收入分配差距依然较大，就业、教育、医疗、居住、养老等公共服务领域，还存在供给不足和质量不高的问题，这些问题，必须在习近平新时代中国特色社会主义思想引领下逐步加以解决。

加强以改善民生为重点的社会建设，要紧紧抓住人民最关心最直接最现实的利益问题，把做到幼有所育、学有所教、劳有所得、病有所医、老有所养、住有所居、弱有所扶作为工作的出发点和落脚点。保障和改善民生坚持的方式方法是既尽力而为、又量力而行，基本方针是坚持人人尽责、人人享有、坚持底线、突出重点、完善制度、引导预期；工作目标是不断满足人民群众日益增长的美好生活需要，不断促进社会公平正义，形成有效的社会治理格局。

四 坚持和平发展

1. 和平发展：中国特色社会主义大国外交的题中之义

习近平强调："中国外交政策的宗旨是维护世界和平、促进共同发展。"①我们从事的中国特色社会主义，是一代又一代中国共产党人和全国各族人民接力奋斗的伟大事业。实事求是是坚持和发展中国特色社会主义的理论旗帜，共同富裕是坚持和发展中国特色社会主义的根本原则，而和平发展则是坚持和发展中国特色社会主义的必然选择。中国特色社会主义的内在本质要求中国外交摒弃任何丛林法则，坚持国家不论大小一律平等，坚决反对任何形式的霸权主义，坚持推进国际关系的民主化。在国际上主持公道、捍卫公理、伸张正义，坚定地站在广大发展中国家一边，维护国际道义和国际关系的基本准则。中国走和平发展道路，坚持实行不结盟政策，同时我们也承认世界上仍然存在结盟的客观现实，中国尊重世界各国自主选择对外政策的权利，同时也更希望各方着眼时代发展潮流，探索更富有包容性和建设性的新型国

① 《习近平谈治国理论》第二卷，外文出版社2017年版，第42页。

际关系。中国主张，各国应真正树立起利益共同体意识，在共同发展中寻求各方利益的最大公约数。坚持通过对话协商和平解决国家之间的争端，反对动辄使用武力和以武力相威胁，走出一条各国共建、共享、共赢的和平发展道路。中国是这么说的，也是这么做的。多年来，我们克服困难、排除干扰，花很大的力气、以极大的诚意，努力构建同世界其他国家的新型大国关系；以亲、诚、惠、容的理念，构建睦邻、安邻、富邻的周边关系；坚持正确的义利观，切实加强同广大发展中国家的团结和合作，把我国的发展和广大发展中国家的繁荣紧密联系起来；同时，坚持以和平与谈判的方式解决地区热点问题，反对动辄使用武力和以武力相威胁。这些都是全世界人民有目共睹的客观事实。随着国力的不断增强，中国必将在力所能及的范围内承担更多的国际责任和义务，为人类和平与发展的崇高事业做出更大的贡献。

世界潮流，浩浩荡荡，顺之则昌，逆之则亡。"今天的人类比以往任何时候都更有条件共同朝着和平与发展的目标迈进。中国主张各国人民同心协力，变压力为动力，化危机为生机，以合作取代对抗，以共赢取代独占。"① 当今世界，一是世界多极化使各个国家之间的交流与合作日益紧密。随着殖民体系的土崩瓦解和一大批新兴市场国家与发展中国家的快速崛起，多个发展中心正在逐步形成，任何国家或国家集团都再也无法单独主宰世界事务，国家与国家之间的沟通与合作变得更加重要。要和平，不要战争；要合作，不要对抗，已经成为不可抗拒的时代潮流。二是经济全球化使国家之间的利益依存度空前加深。随着商品、信息、货币、人才等生产要素在全球的加速流动，国家之间的依存度不断增强，形成了你中有我，我中有你的命运共同体。三是人类面临的共同安全问题日益突出。霸权主义、强权政治、新干涉主义有所上升；恐怖主义和极端组织不断蔓延；粮食安全、能源资源安全、网络安全、环境和气候安全、公共卫生安全、金融安全等全球性难题不断涌现，单打独斗已经无法解决这些全球性问题，只有各国携手合作，才能共同应对。在这个世界潮流面前，那种你兴我衰、你得我失的零和观念已经不合时宜，和平、发展、合作、共赢已经成为大势所趋、人心所向的历史潮流。最近，英国官方公布了耗时 7 年的《伊拉克战争调查报告》。报告认定，美国和英国

---

① 《习近平谈治国理政》第 2 卷，外文出版社 2017 年版，第 41 页。

当年没有经过联合国安理会授权，凭借假情报刚愎自用地发动了对伊拉克的侵略战争，造成了数千美、英官兵的阵亡和几十万伊拉克平民的死亡。时任英国首相的布莱尔具有不可推卸的责任。这场非正义战争打破了中东原有的地区结构和力量平衡，造成了IS等极端组织的坐大和恐怖主义在全世界的蔓延[①]。历史昭示我们，弱肉强食不是人类共存之道，穷兵黩武无法带来美好世界！

2. 为维护世界和平、促进共同发展贡献中国智慧

中国反复公开向全世界宣示要走和平发展道路，但是在错综复杂的国际形势下，中国应怎样走和平发展道路？中国的和平发展道路是否能够走得通？对此，习近平总书记认为，只要我们加强战略思维，增强战略定力，更好地统筹国内国际两个大局，坚持开放的发展、合作的发展、共赢的发展，通过争取和平的国际环境来发展自己，又以自身的发展维护和促进世界和平，不断提高我国综合国力，不断让广大人民群众享受到和平发展带来的利益，我们就可以不断夯实和平发展的物质基础和社会基础。世界的稳定是中国的机遇，中国的发展是世界的机遇。中国强大了，世界的和平发展就有了保障；世界和平了，中国就可以更好地实现自己的发展。因此，做好中国自己的事情，就是促进世界和平事业的发展；世界实现了持久的和平，就可以更好地实现中国的发展。只要统筹好国际国内两个大局，我们不仅能够走好自己的和平发展道路，而且还可以促进世界的和平发展。

“让和平的薪火代代相传，让发展的动力源源不断，让文明的光芒熠熠生辉，是各国人民的期待，也是我们这一代政治家的应有担当。中国的方案是：构建人类命运共同体，实现共赢共享。”[②] 推动构建人类命运共同体，是以习近平为核心的中国共产党人为全球治理、为人类社会发展贡献的中国方案。它顺应了时代潮流，充分体现了中国共产党和中国政府的世界情怀和责任担当，为增进人类福祉、维护世界和平指明了前进方向。人类命运应该由世界人类共同掌握，世界事务应该由各国人民共同治理，世界安全应由世界各国共同维护，国际规则应由世界各国共同制定，发展成果应由世界各国共同分享。天下是天下人的天下，不能搞“一国独霸”或“几方共治”。这是历史

① 《英国公布伊拉克战争调查报告》，新华社，2016年7月7日 。

② 《习近平谈治国理政》第2卷，外文出版社2017年版，第539页。

发展的必然趋势和世界人民的内在要求。建立平等相待、互商互谅的伙伴关系，营造公道正义、共建共享的安全格局，谋求改革创新、开放包容的发展前景，促进和而不同、兼收并蓄的文明交流，构筑尊崇自然、绿色发展的生态体系，这是构建人类命运共同体的核心要义。人类命运共同体是民族共同体、利益共同体、区域共同体的发展和升华，它着眼于人类文明的永续发展，着眼于推动建立新的文明秩序，超越了狭隘的民族国家视野，是马克思主义关于人的自由全面发展的共产主义崇高理想在现阶段的具体体现，集中体现了以习近平为核心的中国共产党人的执政理念、思想感情和价值追求。

3. 正确把握中国自身利益和世界各国共同利益的交会点

中国走和平发展道路，不寻求一枝独秀或一家独大，而是致力于同世界各国的共同发展，实现全人类的共同利益，共享人类文明进步的成果。中国越发展，对世界的和平与发展就越有利。一个日益繁荣和强大的中国出现在全世界面前，不仅有利于维护中国人民的利益，而且必将为增进世界人民的共同福祉发挥更大的作用、做出更大的贡献。中华人民共和国成立以来，中国在致力于解决自身的问题的同时，积极开展同世界各国的合作，力所能及地向广大发展中国家提供不附加任何政治条件的援助。“六十多年来，中国共向一百六十六个国家和国际组织提供了近四千亿元人民币援助，派遣六十多万援助人员，其中七百多名中国好儿女为他国发展献出了宝贵生命。中国先后七次宣布无条件免除重债穷国和最不发达国家对华到期政府无息贷款债务。中国积极向亚洲、非洲、拉丁美洲和加勒比地区、大洋洲的六十九个国家提供医疗援助，先后为一百二十多个发展中国家落实千年发展目标提供帮助。”①习近平总书记把中国梦推向世界，将中国梦与世界梦联系起来，在世界范围寻求理解和认同的最大公约数，大大增进了国际社会对中国发展道路和内外政策的理解和认同，让世界人民更加深刻地领会中国走和平发展道路的信心和决心，更加深刻地理解中国和世界之间互相关系的历史逻辑和现实逻辑。

中国人民从遭受战乱和贫穷的惨痛经历中，深深感到和平的珍贵，发展的迫切。中国人民对战争带来的苦难有刻骨铭心的记忆，对和平有着孜孜不

① 习近平：《携手消除贫困，促进共同发展》，载《十八大以来重要文献选编》（中），中央文献出版社 2016 年版，第 721 页。

倦的追求。世界上的各种冲突，只有通过和平谈判的政治解决方法，才是正确的方向。那种拒绝对话、不经当事国同意单方面推进所谓“强制仲裁”的做法，恰恰违反了法治原则，扭曲了《联合国海洋法公约》的宗旨，不仅不利于和平解决争端，反而会进一步激化矛盾。南海问题是菲律宾在某些大国的支持下，违背中菲两国达成的以谈判解决争议问题的协定、单方面提出所谓的“仲裁”而引起的。事实证明，这样只会使事情复杂化和矛盾的激化。钓鱼岛问题也是由日本的单方面“国有化”引起的，这同样违背了两国领导人已经达成的共识。国家领导人如此出尔反尔、缺乏诚信，说出来的话又如此不算数，怎么能够同其他国家发展友好稳定的相互关系呢？因此，单方面改变现状的帽子，无论如何也不能戴到中国的头上。中国始终是世界和平的建设者、全球发展的贡献者、国际秩序的维护者、人类命运共同体的倡导者。中国始终坚持建立平等相待、互商互谅的伙伴关系，坚持通过对话协商和平解决争端和分歧。中国认为，国家不分大小、强弱、贫富一律平等，尊重各国自主选择发展道路的权利，反对干涉别国内政。因为一个国家的发展道路是不是符合这个国家的实际情况，只有这个国家的人民才最有发言权。这样，才可以实现每个国家在谋求自身发展的同时，积极促进其他各国的共同发展。

4. 坚持走和平发展道路和坚决维护国家核心利益是辩证统一的

中国走和平发展道路的信心和决心一以贯之，坚定不移。但是，和平发展绝不会以损害自己国家的主权、安全和发展利益为代价。习近平总书记指出：“中国不觊觎他国权益，不嫉妒他国发展，但决不放弃我们的正当权益。中国人民不信邪也不怕邪，不惹事也不怕事，任何外国不要指望我们会拿自己的核心利益做交易，不要指望我们会吞下损害我国主权、安全、发展利益的苦果。”[①] 任何国家在这个问题上要有清醒的认识，不要心存侥幸，产生误判。我们不仅要向全世界宣告：中国将坚定不移地走和平发展道路；同时也要清楚和明确地划出中国和平发展的“底线”和“红线”，这就是决不允许侵犯和损害中国的核心利益。我们决不允许任何人和任何国家突破这一“底线”和“红线”。如果说，新中国刚成立时，我们在一穷二白的时候都不怕

① 《习近平谈治国理政》第2卷，外文出版社2017年版，第42页。

鬼、不信邪，勇于捍卫国家主权、维护国家利益，敢于向世界强权“亮剑”；那么，今天的中国发展了、强大了，就更不会屈服于任何外来压力。如果有人得寸进尺，欺负到我们家门口，逼得我们无路可退，那我们只好勇敢地加以面对。为了维护国家核心利益而使用武力，不仅与走和平发展道路没有矛盾，而且是相辅相成、内在统一的。以斗争求和平，则和平存；以退让求和平，则和平亡。20世纪50年代的朝鲜战争就是例证。中国捍卫自己核心利益的信念坚如磐石，不可撼动！

随着经济全球化的深入发展，国际社会日益成为一个你中有我、我中有你的命运共同体。面对日益复杂的世界经济形势和日益增多的全球性问题，任何国家都不能独善其身、一枝独秀，要求各国同舟共济，促进世界和平，实现共同发展。习近平总书记说：“中国倡导人类命运共同体意识，反对冷战思维和零和博弈。中国坚持国家不分大小、强弱、贫富一律平等，尊重各国人民自主选择发展道路的权利，维护国际公平正义，反对把自己的意志强加于人，反对干涉别国内政，反对以强凌弱。”① 如果其他具有冷战思维的国家也听进去了这些话，世界和平就有了保障，共同发展就有了基础。因此，和平发展不仅是世界潮流，而且也是各国的共同责任，不是中国一家的义务。世界上只有中国走和平发展道路是不行的，需要其他国家和中国相向而行，而不是背道而驰。“到处炫耀武力不是有力量的表现，也吓唬不了谁。”② 中国共产党和中国人民从来就不信邪、不怕鬼。只有更多的国家走和平发展道路，和平发展道路才能走得通、走得稳和走得远。

五　坚持党的领导

1. 党的领导是中国道路的必然选择

办好中国的事情，关键在党。党的领导是中国特色社会主义最本质的特征，也是中国道路的核心和灵魂。在我国这样一个地域辽阔、人口众多的多民族的发展中大国进行革命、建设和改革事业，是一个空前复杂和艰巨的事业，必须始终坚持中国共产党的领导，只有这样，才能保证我们的事业不断

① 《习近平谈治国理政》第2卷，外文出版社2017年版，第42页。

② 习近平：《在庆祝中国共产党成立95周年大会上的讲话》，《人民日报》2016年7月2日。

地从胜利走向胜利，不然则一事无成。党的十九大报告指出："党政军民学，东西南北中，党是领导一切的。"① 在中国特色社会主义新时代，中国共产党担负着团结带领全国各族人民全面建成小康社会、建设社会主义现代化强国、实现中华民族伟大复兴的历史重任。时代的发展、事业的开拓、人民的期待，不仅需要我们坚持党的领导的历史必然，而且还要推进党的建设的伟大工程，全面加强党的领导，全面增强执政本领，确保党始终成为中国特色社会主义事业的坚强领导核心。

中国共产党的领导地位不是自封的，更不是靠什么外在的力量强加给中国人民的，而是在中国人民为争取民族独立和国家富强的长期斗争的历史中逐步形成的，是中国人民经过反复的实践、检验和比较中做出的选择。1840年鸦片战争以来，列强用重炮轰开了中国的大门，中国逐步沦为半殖民地半封建社会，列强的侵略步步紧逼、封建统治日益腐败，祖国山河破碎，人民饥寒交迫。为了救亡图存，争取民族独立、人民解放，从而实现国家富强、人民富裕，成为中国人民必须完成的历史任务。为了改变中华民族的悲惨命运，中国人民和无数仁人志士进行了不屈不挠的斗争和千辛万苦的探索。太平天国运动被镇压了，戊戌变法运动失败了，洋务运动破产了，义和团运动被中外反动势力联合绞杀了，辛亥革命推翻了腐朽的封建王朝，但是胜利成果最终还是被反动势力窃取了。历史事实证明，旧式的农民起义、不触动封建社会根基的地主阶级的自强运动和资产阶级的改良运动、照搬西方资本主义的其他种种方案，都不能完成中华民族救亡图存的民族使命和反帝反封建的历史任务，都不能解决中国当时面临的问题。要彻底解决中国的问题，不仅要找到正确的道路，而且还要找到能够带领中国人民实现伟大社会变革的先进社会力量。"十月革命一声炮响，给我们送来了马克思列宁主义。"② 十月革命的胜利，给当时正处于彷徨和苦闷中的中国仁人志士指明了全新的方向。走俄国人的路，向着社会主义、共产主义的全新目标和方向前进，成了中国近代社会发展变化的必然结果和中国人民的郑重选择。在十月革命的影

① 习近平：《决胜全面建成小康社会 夺取新时代中国特色社会主义伟大胜利——中国共产党第十九次全国代表大会上的报告》，《人民日报》2017年10月28日。

② 《毛泽东选集》第4卷，人民出版社1991年版，第1471页。

响下，中国共产党登上了历史舞台，承担起团结带领全国人民实现救亡图存和中华民族伟大复兴的历史使命。从此，中国革命有了正确的前进方向，中国人民有了强大的精神力量，中华民族有了光明的发展前景。在中国共产党的领导下，中国人民经过艰苦卓绝的斗争，终于推翻了帝国主义、封建主义和官僚资本主义“三座大山”，建立起了人民当家作主的崭新国家。

九十多年来，中国共产党团结和带领全国人民在中国这片古老的土地上完成和推进了三件大事，书写了惊天地、泣鬼神的壮丽诗篇。第一件大事，党紧紧依靠人民完成了新民主主义革命，实现了民族独立、人民解放。第二件大事，党紧紧依靠人民完成了社会主义革命，确立了社会主义基本制度。第三件大事，党紧紧依靠人民进行了改革开放的新的伟大革命，开创、坚持和拓展了中国特色社会主义道路。这三件大事，从根本上改变了中国人民和中华民族的前途和命运，不可逆转地结束了近代以来中国内忧外患、积贫积弱的悲惨命运，不可逆转地开启了中华民族不断发展壮大、走向伟大复兴的历史进程。今天，我们比任何时候都接近中华民族伟大复兴的目标，比任何时候都具有了实现这个目标的信心和能力。事实充分证明，中国共产党不愧为全心全意为人民服务的政党，不愧为领导中国人民开创伟大事业的核心力量，不愧为伟大光荣正确的马克思主义政党。

2. 党的领导是中国道路最本质的特征

中国共产党领导地位的形成，是由党的性质、宗旨和党的优良传统决定的。中国共产党保持和发展自身的先进性、纯洁性是党始终获得历史和人民选择的根本原因，也是中国道路最本质的特征和最根本的优势。

中国共产党是中国工人阶级的先锋队，同时也是中国人民和中华民族的先锋队，代表了中国历史发展的方向，代表了全国人民的根本利益。中国共产党千锤百炼、久经考验，有能力驾驭各种复杂局面、破解前进道路上的一个又一个难题。从农村包围城市、武装夺取政权，到社会主义革命和社会主义建设，再到改革开放和建设中国特色社会主义，在历史发展的各个阶段和各个关键时刻，中国共产党都能够敏锐地抓住时代提出的重大课题，及时制定正确的纲领、路线和方针政策，破解一个又一个的难题，克服一个又一个的困难，领导全国人民不断从胜利走向新的胜利。

中国共产党以科学的理论作为自己的指导思想和行动指南。中国共产党把马克思主义与中国的具体实际相结合，先后创立了毛泽东思想、邓小平理论、“三个代表”重要思想、科学发展观、习近平新时代中国特色社会主义思想这些马克思主义中国化的理论成果，使之成为亿万中国人民改变自己命运的强大思想武器，成为引领中华民族伟大复兴的科学指南，并且不断地转化为改造中国的壮丽社会实践。

中国共产党坚持以人民为中心的发展思想，以全心全意为人民服务作为自己的唯一宗旨。中国共产党进行的一切奋斗，无论是在革命时期、还是建设时期和改革时期，归根到底都是为了实现好、维护好和发展好全中国最广大人民群众的根本利益。人民想到哪里，中国共产党就做到哪里；人民需要什么，中国共产党就争取什么。人民群众对美好生活的向往，就是中国共产党的奋斗目标。今天，人民群众在综合国力的极大增强和生活水平的极大提高中，坚信和选择中国共产党的领导，坚定不移地跟党走，这是中国共产党完成自己历史使命的力量源泉。

中国共产党始终与人民同呼吸、共命运、心连心，紧紧依靠人民推动历史前进。从群众中来、到群众中去，始终保持党与人民群众的血肉联系，是我们党取得革命、建设和改革胜利的根本保证，也是我们党最大的政治优势。中国共产党坚持尊重社会发展规律与尊重人民是历史创造者的统一，把人民当家作主作为最根本的原则，紧紧地依靠人民、相信人民、为了人民，不断扩大人民的知情权、选择权、参与权、表达权和监督权，紧紧依靠人民创造历史伟业、推动历史前进。

中国共产党具有强大的自我完善、自我修复和自我提高能力。中国共产党在长期的奋斗实践中，形成了以理论联系实际、密切联系群众和批评与自我批评的优良作风，能够依靠自身的力量和人民的信任坚持真理、修正错误，并且通过反思和总结使党的领导水平得到提高，使党和人民的事业得到发展。中国共产党总是能够根据历史发展的阶段性特征和当时的中心任务，提出党自身建设的目标和重点，扎扎实实地推进党的思想建设、组织建设、作风建设和制度建设，始终保持和发展党的先进性和纯洁性，始终保持强大的创造力、凝聚力和战斗力，获得了中国人民的衷心爱戴和拥护。

所有这些，构成了中国共产党鲜明的政治品格和巨大的政治优势，使党成为中国革命、建设和改革事业的合格领导者。在当代中国，只有中国共产党才能领导和带领全国各族人民完成建设社会主义现代化强国和实现中华民族伟大复兴的历史重任。

3. 党的领导是中国道路最根本的优势

习近平指出："中国共产党领导是中国特色社会主义最本质的特征"。[①]坚持党的领导是中国道路最本质的特征，也是中国道路行稳致远的最根本保证。在中国特色社会主义新时代，全面建成小康社会，加快推进社会主义现代化建设，实现中华民族的伟大复兴，是中国道路的宏伟奋斗目标。在当代中国，能够团结和带领全国各族人民实现这个伟大目标的政治力量，只有中国共产党。

第一，只有坚持中国共产党的领导，才能维护国家的统一和社会的稳定，为中国道路创造良好的环境。没有国家的统一和社会的稳定，就没有国家的繁荣富强和人民的安居乐业。维护国家的统一和社会的稳定，历来就是中国人民最关心的头等大事。中国人民刻骨铭心的是近代以来的外国入侵、军阀混战和政局动荡。中华人民共和国的成立，各民族的团结统一和社会稳定为国家的发展提供了坚实的基础，也为改革开放和社会主义现代化建设提供了有利的条件。在新的历史条件下，有效维护国家的团结统一和社会稳定，仍然需要一个能够凝聚全国人民的力量、总揽全局的领导核心。中国共产党作为全国人民的忠实代表，具有丰富的执政经验和驾驭全局的能力，只有坚持中国共产党的领导，才能保证国家的团结统一、社会的和谐稳定和国家的长治久安。

第二，只有坚持中国共产党的领导，才能保证中国道路的正确方向，顺利推进社会主义现代化事业。摆脱贫穷落后的面貌，实现社会主义现代化，是中国人民的梦想与追求。近代中国的历史反复证明，资本主义道路不适合中国国情。只有在中国共产党领导下走中国特色社会主义道路，才能保证现代化的社会主义方向。中国共产党把马克思主义的普遍真理同中国的具体实

---

① 中共中央文献研究室：《习近平关于社会主义政治建设论述摘编》，中央文献出版社 2017 年版，第 28 页。

践结合起来，推进马克思主义的中国化、时代化和大众化，使我国的现代化建设有了科学理论的指导；中国共产党根据客观规律制定和执行正确的路线、方针、政策，保证中国道路沿着正确的方向健康发展。

第三，只有坚持党的领导，才能正确处理各种复杂的社会矛盾，协调各方面的利益关系，有效地动员和组织广大群众投身改革开放和现代化建设的事业中去。中国幅员辽阔，人口众多，城乡之间、地区之间的发展又不平衡。近年来，随着改革开放的深入和市场经济的发展，我国的贫富差别进一步扩大，社会矛盾进一步凸显，资源环境压力进一步加大，我国的现代化建设面临许多新的矛盾和新的问题。要积极稳妥地处理好各种复杂的矛盾和问题，正确调整和协调各方面的利益关系，集中力量和精力解决国计民生的重大问题，保证经济社会的可持续发展，这个重任只能由没有自己狭隘私利的中国共产党来承担。只有在共产党领导下，才能正确处理各种各样的人民内部矛盾，有效地协调各方面的利益关系，动员和组织广大人民群众投身于改革开放和现代化建设的伟大实践。

第四，只有坚持党的领导，才能完成中华民族伟大复兴的历史重任。实现中华民族的伟大复兴，是中华民族近代以来最伟大的梦想。中国道路的总目标，就是实现中华民族的伟大复兴。自从中国共产党成立以来，始终以实现中华民族伟大复兴为己任，为民族独立、人民解放和国家富强进行了前赴后继的不懈奋斗。在中国共产党领导下，中国人民从贫穷走向富裕，从封闭走向开放，从落后走向进步。事实雄辩地证明，没有共产党就没有新中国；没有共产党的领导就没有中国道路的成功。同样，实现中华民族的伟大复兴，必须毫不动摇地坚持中国共产党的领导。

中华民族的伟大复兴，绝不是轻轻松松、敲锣打鼓就能实现的，我们必须准备进行具有许多新的历史特点的伟大斗争。近百年来，为了实现中华民族伟大复兴的历史使命，无论是弱小还是强大，无论是顺境还是逆境，中国共产党都不改初心、矢志不渝，团结带领人民历经千难万险，付出了巨大的牺牲，攻克了一个又一个难关，创造了一个又一个彪炳史册的人间奇迹。“为有牺牲多壮志，敢叫日月换新天。”今天，一个伟大的社会主义现代化强国的壮丽蓝图，犹如一轮在地平线上喷薄而出的朝阳，已经十分清晰地展现在我们面前。经过几代人的努力，我们终于迎来了中华民族伟大复兴的光辉前景。现在，我们比历史上任何时期都更接近中华民族伟大复兴的目标，比历史上任何时期都更有信心、有能力实现这个目标。中国道路是实现中华民族伟大复兴的必由之路！

我们走在大路上，
意气风发斗志昂扬。
共产党带领全国人民，
披荆斩棘奔向前方。
向前进！向前进！历史潮流不可阻挡，
向前进！向前进！朝着民族复兴的方向。

第二篇　中国道路的背景与前提

习近平总书记说："历史条件的多样性，决定了各国选择发展道路的多样性。"① 从广义上讲，中国五千年的文明历史都可称为"中国道路"的探索史，但我们现在所说的"中国道路"既不同于历史上传统中国的发展之路，也不同于西方国家资本主义模式，同时也有别于以苏联为代表的传统社会主义发展模式，而是特指"中国特色社会主义道路"。中国特色社会主义道路是中国共产党将马克思主义基本原理同中国实际相结合而形成的具有中国作风和中国气派的发展道路，"是实现社会主义现代化、创造人民美好生活的必由之路"②，体现了鲜明的民族特色和时代特征，是实现中华民族伟大复兴中国梦的必由之路。坚定不移地沿着这条道路走下去，就必须认清我们党选择这条道路的历史必然性。

鸦片战争以来的中国近代历史，是中国人民为实现中华民族的独立、解放和复兴而不懈奋斗的历史，也是中国人民选择自己道路的历史。这一段历史经历了民主革命的准备阶段；资产阶级领导的旧民主主义革命阶段；无产阶级领导的新民主主义革命阶段；中华人民共和国成立以后的社会主义革命和建设阶段。这个历史的发展过程，是不以人们意志为转移的客观过程。中国人民争取民族独立、人民解放和民族复兴的历史内容不断变化和发展，最后终于与马克思主义和社会主义相联系，中国人民不仅走上了社会主义道路，

---

① 《习近平谈治国理政》，外文出版社 2014 年版，第 29 页。

② 习近平：《决胜全面建成小康社会 夺取新时代中国特色社会主义伟大胜利——中国共产党第十九次全国代表大会上的报告》，《人民日报》2017 年 10 月 28 日。

而且走上了中国特色社会主义道路。

中国近代以来的历史充分证明：方向决定道路，道路决定命运。中国特色社会主义道路是1840年以来特别是甲午战争以来，中国人民对其他救国途径的尝试全部碰壁之后做出的历史性选择，是中国共产党和人民历尽千辛万苦、付出巨大代价取得的根本成就。

历史是一个国家/一个民族形成、发展的真实记录。昨天的实践是今天的历史，今天的实践是明天的历史。人们总是在继承前人的基础上向前发展，古今中外，概莫能外。基于这样的认识，我们要通过回顾和总结中国近代和现代的历史，通过回顾和总结中国道路开辟和走过的历史进程，来揭示中国道路产生的必然性、中国道路的本质和内涵，揭示中国道路的基本特点、基本经验和深远意义。

本篇通过回顾和总结中国道路开辟和走过的历史进程，突出“选择”这一理论视点，揭示中国道路产生的必然性。一部中国近现代史，既是“先进的中国人，经过千辛万苦，向西方国家寻找真理”①的历史，也是不断奋斗、探索“中国道路”的历史，同时还是中国人民最终否定了走资本主义道路的选择，产生了社会主义选择的历史，并且经过长期斗争之后，终于使社会主义选择由主观蓝图转化为客观现实的历史。既然道路问题如此重要，那么要坚持走中国特色社会主义道路，就必须科学回答民众容易疑惑的相关问题。本篇的研究就在于试图通过对相关史实的梳理和重新解读，站在新的时代高度，将中国近现代史看成是不断选择、探索、逐步形成并日益丰富和发展中国道路的历史。

① 《毛泽东选集》第4卷，人民出版社1991年版，第1467页。

第四章 中国道路的历史起点

鸦片战争后，中国陷入内忧外患的黑暗境地，中国人民经历了战乱频仍、山河破碎、民不聊生的深重苦难。为了民族复兴，面对“千年未有之变局”，无数仁人志士不屈不挠、前仆后继，进行了可歌可泣的斗争，探索找寻救亡图存、民族复兴之路。农民阶级尝试用绝对平均主义方案改造社会，建立地上天国；地主阶级洋务派试图采取“中体西用”模式实现自强与求富；资产阶级维新派发起变法维新，力求通过政治改良道路救亡图存；资产阶革命派掀起了一场推翻清王朝的革命运动，以建立资产阶级共和国。

一 “天国梦”的破灭

面对西方入侵转嫁而来日益加重的政治压迫和经济剥削，无法生存的农民走上反抗之路。1842 年至 1850 年间，全国各地反清起义在百次以上。在这种山雨欲来风满楼的情况下，太平天国主要领导人洪秀全借助西方的宗教，创立拜上帝教，托“皇上帝”之名号召农民起来斗争，实现改朝换代，想建立一个“无处不均匀、无人不饱暖”的地上天国。

1. 太平天国的兴与衰

1851 年 1 月，洪秀全率领拜上帝教教众在广西省桂平县金田村发动起义，建号太平天国。仅经过两年的战斗，太平军席卷 6 省，于 1853 年定都天京（今南京），开始建造人间小天堂。

太平军先后进行了北伐、西征和天京城外的破围战，控制了从武汉到镇江的长江沿岸要地和江西、安徽的大片土地，达到了军事上的全盛时期。在政治经济方面，初期颁布了废除私有和绝对平均主义的《天朝田亩制度》，实行圣库制度，希望建立一个中国农民所向往的“有田同耕，有饭同食，有衣同穿，有钱同使，无处不均匀、无处不饱暖”的理想社会，但因其超越了历史的发展阶段，难以持久为续。后期，洪仁玕提出了当时中国最完整的发展资本主义的纲领——《资政新篇》，政治上主张“禁朋党之弊”，强调革新政治的关键是“设法”和“用人”；经济上效法西方资本主义，发展近代工矿、交通、邮政、银行等事业，尤其是提出“准富者请人雇工”，对穷人“宜令作工，以受所值”等等，这就将向西方学习从生产力领域扩大到生产关系领域。洪仁玕的改革方案符合中国社会的发展方向，但是并非太平天国的当务之急，换言之，它是一个革命成功后进行经济社会建设的纲领，而不是一个指导革命战争的纲领，必须在相对和平的环境中才能实施，而当时太平天国所处的环境，没有条件实施的阶级基础和社会条件，对于从战略全局上扭转太平天国的危险局面，并无多少帮助。当时中国的资本主义仍处在萌芽状态，平分土地是广大人民群众的迫切要求，而这些不是只字不提，就是语焉不详，因此不能唤起广大农民群众的强烈共鸣，最终成为了一份珍贵的思想资料。

定都天京的太平天国政权，开始建立森严的封建等级制度，正在打造的地上天国不断封建化。各级官员之间、上下尊卑的等级界限严格分明，甚至细化到服饰、仪仗、卫队、舆马等；领导集团在政治上争权夺利、生活上追求享乐。1856 年的天京事变，极大削弱了太平天国的领导和军事力量，造成了严重危机。为挽救危局，洪秀全广罗人才，大量提拔启用年轻将领，实行封王加爵，但无法抵免太平天国日渐式微的颓势。1864 年春夏，太平军在苏南、浙江、皖南的根据地全部丢失，天京被湘军攻破。太平天国农民战争宣告失败。

2. 太平天国的历史余响

太平天国起义是农民企图改朝换代以建立理想社会的有益探索。虽然最终归于失败，但对中国社会的发展仍有其独有的历史意义。

第一，强烈冲击了封建统治基础。太平天国起义坚持了 14 年，波及 18 个省，在其影响下，各地各族反清起义风起云涌，使清王朝国力大伤，加速了它的衰败过程。

第二，促进了社会生产力的发展。太平天国虽然没有从根本上改变土地制度，但“照旧交粮纳税”和“着佃交粮”政策，造成部分地主的出逃和地主经济的萎缩，自耕农数量增加。西方资本主义经济势力侵入，在一定程度上瓦解了旧时的自然经济，促进了商品经济的发展。地主阶级中不少人“视田业为畏途”，把部分资金投入工商业，成为民族资本的一个来源。因此，太平天国革命沉重地冲击了封建地主土地所有制，推动了社会生产力的发展，促进了中国资本主义近代工业的产生。

第三，太平天国集中表现了中国人民反对外国侵略的英雄气概和爱国主义精神，阻碍了西方资本主义侵略者迅速变中国为殖民地的企图，从而延缓了中国半殖民地化的进程。

太平天国起义的发生和失败表明，在半殖民半封建社会的中国，农民具有伟大的革命力量，是革命的主力军，但农民不是新的生产力和生产关系的代表。小生产者的局限性决定其不能提出科学的理论、正确的政治纲领和社会改革方案，不能担负起领导反帝反封建革命取得胜利的重任。

二　洋务运动的兴起与失败

挟千里席卷之势的太平天国农民起义及民族战争的接连失败，使清政府处于内忧外患之中。为挽救清王朝的危机，19 世纪 60 年代，封建统治阶级中的部分成员提出“以中国之伦常名教为原本，辅以诸国富强之术”，主张仿造西方的武器装备，学习西方的科学技术，实现“自强”“求富”。

1. 自强与求富

1861 年 1 月总理各国事务衙门（简称总理衙门）成立，成为洋务运动的起点。洋务运动主要包括以下内容：首先，创办军事工业。30 余年中，先后创办 24 个规模不同的兵工厂，“不仅搬入了西方的枪炮、轮船、弹丸、雷管，而且使外国制器之器（机器）也由此而入中国，中国社会因之出现了若干大规模机器生产的场所”。[①] 其次，编练新式海陆军。各地纷纷成立洋枪队，使用洋枪洋炮，聘请英法等国军官为教练。同时，加强海防，到 19 世纪 90 年

---

① 陈旭麓：《近代中国社会的新陈代谢》，上海人民出版社 1992 年版，第 118 页。

代，分别建成福建水师、广东水师、南洋水师和北洋水师，其中北洋水师是清政府海军的主力。

在向西方学习的过程中，洋务派发现西方坚船利炮之强离不开其生产经济之发达。为了满足军事工业对于能源、原材料、交通运输等方面的需求，同时也是为了“稍分洋商之利”，洋务派从19世纪70年代以“求富”为口号开始创办近代民用工业，至19世纪90年代，洋务派兴办的比较重要的民用企业已有20多家①。

洋务派创办的民用企业资金全部或大部，由政府筹集，也吸收一部分商股，主要由政府派官员管理，集中于轮船、电报、采矿冶炼与纺织工业四个部门。到甲午战争前，民用企业总数达40家以上，虽受到官僚的控制，发展受到一定限制，但基本上是资本主义性质的近代企业。

2. 格致之学

科学家徐寿指出“格致之学必借制器之显，而制器之学原以格致为阶”。随着军制与制造而来的诸如数学和声、光、化、电等西方科学技术进入中国。洋务运动从“师夷长技”阶段发展到“格致之学”，中国近代文化教育事业开始。

第一，创办新式学堂，派遣留学生。洋务运动的发展呼唤新式人才，一批专攻军事和工艺的专门学堂相继建立。洋务派创办了30多所新式学堂，主要有三种：一是翻译学堂，主要培养翻译人才；二是工艺学堂，主要培养电报、铁路、矿务、西医等专门人才；三是军事学堂，如福州船政学堂、天津武备学堂等。1872年至1875年，在容闳建议下，清政府向美国、欧洲派遣幼童和官费生，培养了一批掌握科学技术的人才②。

第二，翻译西书，西学东渐，创办专门培养翻译人才的京师同文馆。洋务运动从表面器物的层面深入器物背后科学原理和学说的学习。随着洋务运动的深入，先进的知识分子开始逐渐由科技学问推而及于上层建筑的教育政治体制以及“形而上学”的哲理学说，中国人开始正视并看到了另一个陌生

① 当代中国研究所：《中华人民共和国史稿》序卷，人民出版社、当代中国出版社2012年版，第57—58页。

② 同上书，第58页。

的世界，并将其先进的器物、科学技术文化等逐步移植过来、学习吸收。

3. “近代化的一小步”

洋务运动布新而不除旧，虽有所突破，但又不能完全挣脱传统，不可避免地在甲午战争中宣布失败。因此，洋务运动是“东一块西一块的进步。零零碎碎的、是零买的，不是批发的”，是中国近代化的一小步。

第一，促进了近代民族工业的发展，产生了一代产业工人。洋务运动集中力量优先发展军事工业，同时也发展若干民用工业，使资本主义经济成分在社会经济中明显增长，在“不知不觉中把封建主义的坚冰钻开了些微裂缝”。[①] 与此同时，产生了规模意义上的一代产业工人，为近代中国提供了新的社会力量。

第二，成为中国近代教育的开端。洋务派开办了一批新式学堂，派遣留学生，打破旧式教育和科举制度的一统天下，培养了一批近代科技军事人才，如修筑京张铁路的詹天佑，翻译《天演论》的启蒙思想家严复等。

第三，传播新知识，引起社会价值观念新变化。一方面，洋务派翻译了一批西学的书籍，向中国人传播了西方的科学技术和史地国情，打开了传统文化之外的另一片天地，开阔了人们的眼界，影响了一代知识分子，并哺育出戊戌维新的成批志士。另一方面，洋务运动的兴起和资本主义生产方式的出现，冲击了传统的“重农抑商”的观念，西方的科学技术也不再被视为“奇技淫巧”，“西学”成为中国自强求富的学问。“从某种意义上说，洋务运动汲取来的西方知识对中国传统社会的冲击，比十次农民战争更大。在这个过程中，虽没有激昂的呐喊呼叫，但新的观念却借助于具体的事物和实例改变着人们世代沿袭的成见和信念。”[②]

三　维新运动的兴起与夭折

甲午战争的失败击碎了清政府“以夷制夷”“自强求富”的梦想，由失败带来的痛苦和屈辱刺激了中华民族的觉醒。以知识分子为先导的爱国人士在惨败的甲午战争中反思，洋务运动虽学习西方的军事和生产技术，但终究

① 陈旭麓：《近代中国社会的新陈代谢》，上海人民出版社 1992 年版，第 123 页。

② 同上书，第 126 页。

受“中体西用”之限，难逃失败之命运。放眼世界，西方无不通过变法而获得发展，特别是日本通过取法西方而崛起，以彻底的“西学”打败了中国的“中体西用”，全面学习西方、彻底变法成为进步知识分子的心声，变法自强成为中国出路的新探索。

1895 年 4 月，《马关条约》签订，国人群情激愤，康有为联合在京参加会试的举人上书清政府，提出“拒和”“迁都”“练兵”“变法”的主张，共同发起“公车上书”，拉开了维新运动的序幕。

维新派通过著书立说宣传变法思想，康有为的《新学伪经考》《孔子改制考》，梁启超的《变法通义》，谭嗣同的《仁学》，严复的《天演论》等著作，为变法奠定了理论基础。维新派又通过兴学堂、办报刊、立学会，教育和联合社会上的维新力量，以培养骨干力量，制造社会舆论。据统计，从 1895 年到 1898 年，国内外成立的学会、学堂报馆共计 352 所，其中学会 103 所，学堂 185 所，报馆 64 个。[①] 从 1888 年到 1898 年，康有为先后七次上书，介绍外国变法，争取光绪帝和一些官僚对维新变法的支持，希望实行自上而下变革。

1. 变与不变的论战

维新运动的展开，是在与守旧势力的理论辩论和现实阻力中蹒跚前进的，变与不变的论战贯穿始终。

第一，要不要变法。守旧势力坚持“祖宗之法不能变”，否则就是违背天理。维新派将进化论引入社会历史，指出事物的进化是自然界和人类社会发展的必然法则，世间万事万物“无时不变，无事不变”，康有为指出：“今之为治，当以开创之势治天下，不当以守成之势治天下；当以列国并立之势治天下，不当以一统垂裳之势治天下。”[②]“祖宗之法”必须随着时代变化而有所改变。中国面临被瓜分的严重危机，“变亦变，不变亦变”，“能变则全，不

① 王铨忠、李立雄：《戊戌变法时期成立的学会、学堂、报馆分布图》，《历史教学》1982 年第 9 期，第 65 页。

② 康有为：《上清帝第二书》，载汤志钧编《康有为政论集》（上册），中华书局 1981 年版，第 122 页。

变则亡，全变则强，小变仍亡”①。只有维新变法，才能挽救危亡。

第二，要不要兴民权、设议院，实行君主立宪。维新派将中国积弱之势及甲午战败归咎于专制政体，认为“中国败弱之由，百弊丛积，皆由体制尊隔之故”，② 指出“今之策中国者必曰民权”，中国之政“当以兴民权为真际”。③ 所谓的“民权”包括西方的民主、自由、平等等天赋人权，要实现兴民权就必须要学习西方建立议院，实行君主立宪。守旧者视民权为“邪说”，诋变法为“影附西方，潜移圣教”，认为其百害而无一益。

第三，要不要废八股、改科举和兴学堂。维新派倡导开民智，“欲开民智，非讲西学不可；欲讲实学，非另立选举之法，别开用人之途，而废八股、试帖、策论诸制科不可”④，并指出“学则智，智则强”，要求广开学堂，学习西学。守旧者指出“变夷之议，始于言技，继之以言政，益之以言教，而君臣父子夫妇之纲，荡然尽矣”⑤。于是，当梁启超1895年5月联合举人百余人，连署上书。请废八股取士之制时，当时皆与八股性命相依的会试举人集辇毂下者将及万人，嫉之如不共戴天之仇。

维新派和守旧者的论战，实质上是资产阶级思想和封建主义思想的正面交锋，是守旧和革新的较量，进一步开阔了人们的眼界，为维新变法运动提供了思想舆论准备。

2. 百日维新

1898年6月11日，光绪皇帝颁布“明定国是”诏书，宣布开始变法。在此后的103天，光绪皇帝颁布了一系列变法上谕，涉及政治、经济、军事、文教各个方面。

政治上，改革行政机构，裁撤闲散重叠机构，广开言路，打破只准少数大员上书言事的特权，准许创办报纸和上书言事。经济上，提倡开办实业，

---

① 康有为：《上清帝第六书》，汤志钧编：《康有为政论集》（上册），中华书局1981年版，第211页。

② 同上书，第219页。

③ 《谭嗣同全集》下册，中华书局1981年版，第462页。

④ 王栻主编：《严复集》（一），中华书局1986年版，第30页。

⑤ 曾廉：《致友人》，载干春松《制度化儒家及其解体》，中国人民大学出版社2003年版，第117页。

奖励保护农工商业，改革财政等。军事上，裁撤绿营，改练新式陆军，采用西洋兵制，筹设武备学堂。文化上，废八股，改试策论，广设学堂，提倡西学。

新政的实行，促进了中国民族资本主义的发展和西方科学文化的传播。它给开明绅士和民族资产阶级提供了参与政治的机会，在一定程度上冲击了封建制度，但新政中没有实现维新派梦寐以求的设议院、立宪法。

维新变法的各项改革，特别是政治体制改革，牵动了官绅系统的利益，引起了守旧势力的激烈反对。以慈禧太后为首的守旧势力于1898年9月21日发动政变，慈禧太后重新“训政”，软禁光绪皇帝，同时下令搜捕维新派人士。康有为、梁启超被迫流亡国外，“戊戌六君子”被杀于京城菜市口。除京师大学堂和各地新式学堂被保留外，其余主要新政措施均被废弃。维新运动宣告失败。

3. 政治失败与思想启蒙

作为一场政治改革运动，戊戌维新运动失败了；作为一场思想启蒙运动，其意义深远。

第一，戊戌维新运动是一场政治改革运动。维新派冲破了洋务派“中体西用”思想的局限，提出改变落后制度，向西方全面学习的主张，鼓吹民权，提倡设议院，顺应了时代的潮流，在一定程度上冲击了封建君主专制制度。戊戌维新运动在与强大的守旧势力的对垒中被打败，一方面是双方力量的悬殊，更多的是除旧不够，正如梁启超所叹：“凡改革之事，必除旧与布新，两者之用力相等，然后可有效也。苟不务除旧而言布新，其势必将旧政之积弊，悉移而纳于新政之中，而新政反增其害矣。”①

第二，戊戌维新运动是一场思想启蒙运动。维新运动作为一场政治运动失败了，但作为一场思想文化运动，它所带来的思想启蒙和解放作用是守旧势力所不能剿洗干净的。维新派在中国最早创办近代报刊，把旧式书院和私塾逐渐转变为近代学校，广泛建立了政治性和学术性的社团。这些新型的宣传工具和组织形式，在此后的新文化运动中，进一步被用作有效的载体。维

① 中国史学会主编：《中国近代史资料丛刊·戊戌变法》第1册，神州国光社1953年版，第273—274页。

新派大力提倡西方的社会政治学说和科学知识，宣传天赋人权、自由平等的观念，打开了知识分子的眼界，使他们重新认识世界，为后来人们接受新思想扫除了一些障碍，有利于民主思想在中国的传播。

戊戌维新运动是民族资产阶级在内忧外患的情势下对国家出路的一次探索，也表达了这一新兴阶级的政治追求。短暂的变法以悲剧性的失败而告终，不仅暴露出了民族资产阶级力量的不足和软弱性，同时也说明，在半殖民地半封建的中国，企图通过统治者进行自上而下的改良的道路，是行不通的。血的教训促使一部分人放弃改良的主张，开始走上革命的道路。

四　辛亥革命的胜利与失败

1900 年八国联军侵华和《辛丑条约》的签订，使中国半殖民地化程度加深。蔡锷在《军国民教育篇》中用“欧风美雨之震荡”来形容当时的的局势。在一片风雨之势中，来自西方的政治、经济、军事、思想、文化急速地渗入中国社会的各个方面。为救亡图存，革命派要以暴力推翻清王朝，建立民主共和；改良派则以改造王朝，实行君主立宪为己任；清政府在风雨飘摇中开始改革以自我挽救。

1. 残局与变法

《辛丑条约》签订后，一方面，列强加强对清政府的政治控制，竭力扩展在华经济势力，清政府沦为“洋人的朝廷”；另一方面，战争赔款转化为民众的苛捐杂税，激化社会矛盾，民变四起。一直坚持“中学为体、西学为用”的张之洞，在此时也不得不承认“欲救中国残局，惟有变法一策”。

1901 年 1 月 29 日，西太后以光绪皇帝的名义在西安颁布了“预约变法”的上谕，宣布“变法”，并先后推行了一系列改革措施，实行“新政”。

“新政”所涉范围较为广泛，既有除旧也有布新。一是改革官制，整顿吏治。裁汰合并中央和地方若干旧有机构，新设商部、学部、督办政务处，颁布《钦定宪法大纲》，将政治改革纳入宪政轨道。二是改革兵制，训练新军，各省筹建武备学堂，裁汰绿营和防勇。三是改革学制，提倡新学。废除科举制度，创办新式学堂，派出留学生，采用新的教育宗旨、内容和方式培养新的知识分子。四是奖励工商，兴办实业，颁布《商律》，对兴办实业有贡献者进行奖励，为中国资本主义的发展创造有利条件。

清政府想借新政实现王朝的自我挽救，进行军事、政治、教育的改革，触动了封建体制，不自觉地朝着近代化迈进，但新政非但没有延长其寿命，从某种意义上说还加速了它的灭亡。教育改革中培养的新式知识分子，不仅没有多少为己所用，反而还成为王朝的掘墓人；新军绝大多数成为王朝的“哗兵”“叛兵”；本想摆脱财政危机而实行的奖励实业，反而加大了资产阶级利益和专制制度的冲突。究其原因在于旧人办新政。新政由一批曾仇视改革或与改革为敌的人物来推行，绝大多数有自救意识而无变革意识，既无实施宪政的诚意又缺乏推行宪政的能力，极大限制了新政的深入展开。1911 年“皇族内阁”的出笼，有力揭示了新政的有名无实，引起立宪派的不满，加剧了统治阶级内部汉满官僚的矛盾，结果愈改愈乱，愈革愈糟，从内部加速了清王朝的解体。

2. 共和与立宪

20 世纪初，民族危亡刺激着一大批知识分子在爱国中走向革命，资产阶级革命团体在各地陆续成立。1905 年，以“三民主义”为理论基础的中国同盟会成立，它是近代中国第一个全国性的资产阶级革命政党，以建立资产阶级共和国为己任，革命成为时代主流。与此同时，日俄战争被立宪派总结为是立宪与专制之胜负，清政府的新政又使立宪派看到了希望，发动戊戌政变失败了的维新派又重新崛起，形成了朝野呼应、内外联络的立宪势力。因此，在共同寻求中国的新出路上，出现了共和与立宪两种模式的较量与争夺。

1905 年至 1907 年，以孙中山为代表的革命派和以康有为为代表的改良派，分别以《民报》和《新民丛报》为主要舆论阵地展开论战。这场论战以建立一个什么样的国家为核心，主要围绕三个基本问题而展开：一是要不要以革命手段推翻清政府；二是要不要推翻帝制，实行共和；三是要不要实行社会革命。在革命和改良的对峙中，下层群众不堪忍受清政府因战败及新政而摊派的苛捐杂税，以动乱的形式进行民变，为革命创造了社会环境。

3. 既胜利又失败的辛亥革命

从 1902 年到 1911 年，全国各地的民变多达 1300 余起，平均每两天半发生一次，民变内容涉及城乡社会的各个方面。在这个过程中，不少民变曾借助革命的旗号大造声势，革命也利用民变促进自身的发展。

1911 年，黄花岗起义、保路运动等革命浪潮风起云涌，10 月 10 日，武昌起义爆发，掀起了辛亥革命的高潮，各地革命党人纷纷响应，在 个月内，就有 13 个省以及上海和许多州、县宣布起义，脱离清政府的统治，腐朽的清王朝迅速土崩瓦解。1912 年 1 月 1 日，具有资产阶级共和国性质的中华民国临时政府成立。1912 年 2 月 12 日，清帝被迫退位，在中国延续了两千多年的封建帝制终于覆灭。1912 年 3 月，南京临时政府颁布《中华民国临时约法》，在政治体制上效法欧美，确立三权分立原则，实行内阁制；经济上鼓励发展资本主义工商业，兴办实业；同时颁布了一系列革除“旧染污俗”的政令，推进社会风习的改良。

辛亥革命结束了帝制，建立了中国历史上第一个资产阶级共和国，推动了近代中国社会变革，促进了民族资本主义的发展，传播了民主共和理念，加速了社会风气的改变。

辛亥革命取得了巨大的成功，但仍以失败而告终。正如毛泽东所说：辛亥革命“有它胜利的地方，也有它失败的地方。你们看，辛亥革命把皇帝赶跑，这不是胜利了吗？说它失败，是说辛亥革命只把一个皇帝赶跑，中国仍旧在帝国主义和封建主义的压迫之下，反帝反封建的革命任务并没有完成”①。南京临时政府只存在了三个月便夭折了，代之而起的是封建军阀的专制统治。袁世凯就任临时大总统，中国进入北洋军阀统治时期，社会充满危机。一方面，大小军阀拥兵自重、明争暗斗，战争连绵，导致社会百业俱废、民不聊生；兵匪、会党及从各界中游离出来的大量人员加剧了社会的冲突与动荡。另一方面，尊崇圣道的孔教会、崇尚神道的灵学会以及反对尊孔的学派的相继出现和论争，集中体现了民主思潮的激荡。

虽然以孙中山为首的资产阶级革命派为捍卫革命成果进行了一系列斗争，但辛亥革命最终没有从根本上改变中国半殖民地半封建社会的性质，没有改变人民的悲惨遭遇。辛亥革命的失败表明，资产阶级共和国也没能救中国，先进中国人需要进行新的探索，为中国谋求新的出路。

---

① 《毛泽东选集》第 2 卷，人民出版社 1991 年版，第 564 页。

第五章　中国道路的理论交锋

夭折的辛亥革命，促使向西方追求真理的人们开始深刻反思。梁启超曾指出："革命成功将近十年，所希望的件件落空，渐渐有点废然思返，觉得社会文化是整套的，要拿旧心理运用新制度，决计不可能，渐渐要求全人格的觉悟。"① 中国出路的探索，由器物、制度层面深入文化心理层面。"所谓新者无他，即外来之西洋文化也；所谓旧者无他，即中国固有之文化也。"② 西方近代文化同中国传统文化的对立，引发了中西文化的激烈论争，各色各样的"主义"随之涌入中国，为中华民族提供了一个比较与选择的机会。

一　倡导民主与科学

文化是一个国家、一个民族的灵魂。文化兴国运兴，文化强民族强。辛亥革命后，面对北洋军阀尊孔复古的逆流，以陈独秀、李大钊、胡适、鲁迅为代表的激进民主主义者，发动了一场反封建的新文化运动，大力引介西方思想和意识形态，宣传资产阶级民主共和思想。

这场思想革命从 1915 年《青年杂志》（后改为《新青年》）在上海创刊开始，高举民主和科学两面大旗，从政治观点、学术思想、伦理道德、文学艺术等方面向封建复古势力进行猛烈冲击。高呼民主与科学，反对愚昧与专制。民主不仅指资产阶级的民主思想和民主制度，还提倡个性解放、平等自

---

① 梁启超：《五十年中国进化概论》，载《梁启超全集》第 7 册，北京出版社 1999 年版，第 4030—4031 页。

② 汪叔潜：《新旧问题》，《青年杂志》第 1 卷第 1 期，1915 年 9 月 15 日。

由。科学主要指自然科学，提倡以科学的精神和科学的方法来研究社会。提倡新道德，反对旧道德；提倡新文学，反对旧文学，主张以白话文代替文言文。鲁迅在《新青年》发表的第一篇白话文小说《狂人日记》以白话文的形式对旧礼教、旧道德进行了无情的鞭挞，引发了一场从形式到内容，更是思维层次上的文学革命。

虽然新文化运动只局限在知识分子圈里，提出了一般的政治口号，而没有提出实现民主政治的具体办法，对待中国传统文化也存在过激的态度和行为，但这个运动在政治上和思想上给了封建主义一次前所未有的沉重打击，形成一次新的思想解放运动，并用民主和科学作为新的价值目标开启了民智和民主主义觉悟，是“先进的中国人，经过千辛万苦，向西方国家寻找真理”① 的一个重要过程，为五四运动和马克思主义在中国的传播奠定了思想基础。

二　选择马克思主义

第一次世界大战，使西方文明的优越与自信遭受来自西方自身和东方学习者的质疑。在救亡图存的道路上，究竟向何处去成为中国先进分子亟须解答而又十分困扰的问题。俄国十月革命的一声炮响，震动了世界，也吸引了中国的目光。中国的知识界和思想界渐渐倾向于用社会主义的方式解决中国的问题，并热烈讨论社会主义。

然而究竟什么是社会主义，却是隔着纱窗看晓雾，模糊纷乱，并不十分清晰。当时对社会主义的理解是多种多样的。陈独秀、李大钊将社会主义当作民主主义的扩大和加深；张东荪在《我们为甚么要讲社会主义》一文中把社会主义当作一种浑朴的趋向；杜亚泉在《战后东西文明之调和》中把社会主义理解为均产，并认为社会主义是中国固有的思想。在社会主义统称下，有无政府主义、基尔特社会主义、社会达尔文主义、国家主义、工团主义、自由主义、实用主义、民主社会主义、马克思主义等，各个阶级、政党和团体从自身的根本利益出发对各种主义和学说进行了选择与论争。选择何种社会主义之争也随之而起。

① 《毛泽东选集》第4卷，人民出版社1991年版，第1469页。

1920年春以后，受俄共与共产国际的远东战略影响，第一次世界大战后中国思想界表面趋向一致的局面发生分裂。一部分人在西方影响下主张走资本主义道路；另一部分人则在苏俄影响下与基尔特社会主义、无政府主义、民主社会主义等各种思潮进行论争，转向马克思主义。

1. 问题与主义之争

受杜威实用主义和改良主义思想的影响，1919年7月，胡适发表《多研究些问题，少谈些"主义"》一文，提出空谈好听的"主义"是极容易的事，空谈外来进口的"主义"是没什么用处的，偏向纸上的"主义"是很危险的，主张要研究和解决具体及实际的问题。8月，李大钊发表《再论问题与主义》，对胡适观点进行批驳，指出"'问题'与'主义'，有不能十分分离的关系因为一个社会问题的解决，必须靠着社会上多数人共同的运动。……要想使一个社会问题，成了社会上多数人共同的问题，应该使这社会上可以共同解决这个那个社会问题的多数人，先有一个共同趋向的理想、主义，作他们实验自己生活上满意不满意的尺度（即是一个工具）……我们的社会运动，一方面固然要研究实际的问题，一方面也要宣传理想的主义"。[①]为反驳李大钊，胡适又撰写《三论问题与主义》《四论问题与主义》。

问题与主义之争，实质上是改良与革命之争。以胡适为代表的实用主义者反对各种激进主义和根本革命，主张一点一滴地进化式地改良社会。以李大钊为代表的社会主义者，主张效仿俄国十月革命的形式，采取暴力革命，实现社会转型。"'问题与主义'的论争，标志着新文化运动统一战线内部马克思主义者与资产阶级自由主义者分裂的开始。"[②]

2. 马克思主义与基尔特社会主义之争

基尔特是欧洲中世纪行会的音译，基尔特社会主义又称工会社会主义或行会社会主义，是20世纪初英国工人运动中的一种资产阶级改良主义思潮。基尔特社会主义主张建立由劳资各方面人员组成的生产者联合会即基尔特来管理生产，通过和平进化方式，使基尔特社会主义制度代替资本主义制度，

① 《李大钊全集》第3卷，河北教育出版社1999年版，第304页。

② 贺新元：《中国道路：不一样的现代化道路》，福建人民出版社2014年版，第39页。

反对阶级斗争和无产阶级专政。

英国著名唯心主义哲学家罗素是基尔特社会主义的积极拥护者和宣传者。他 1920 年 9 月至 1921 年 7 月应邀到中国各地作了一系列讲演，宣扬基尔特社会主义，反对十月革命和阶级斗争，但他认为中国还没有资格实行基尔特社会主义，中国的出路在于发展实业、兴办教育，主张走资本主义和改良主义道路。

深受罗素影响，张东荪在 1920 年 1 月发表《由内地旅行而得之又一教训》，提出救中国只有一条路，就是增加富力，开发实业，而不是宣传什么主义。文章一出，陈望道、李达、邵力子、陈独秀等人发表一系列文章，进行批评反驳。受到批评后，张东荪发表一系列文章为自己的观点辩护，并在 1921 年发表的《一个申说》中，提出相对于其他各种社会主义都有缺点，基尔特社会主义比较圆满，将来在中国应实行基尔特社会主义。与此同时，杨端六和梁启超分别发表《与罗素的谈话》和《复张东荪论社会主义运动》等呼应张东荪，反对马克思主义，鼓吹基尔特社会主义。于是，陈独秀又发表《复东荪先生底信》《社会主义批评》，李达发表《讨论社会主义并质梁任公》，李大钊发表《社会主义下之实业》和《中国的社会主义与世界的资本主义》等文章，再次给予反驳。这次论战主要集中于三个方面：

第一，中国发展实业是走资本主义道路还是社会主义道路。张东荪、梁启超等认为当前的中国实行基尔特社会主义的条件不够，发展实业仍然要靠资本家，时下的中国必须要发展资本主义，“借资本阶级的养成劳动阶级为实行社会主义之预备”①。马克思主义者认为，社会主义者从不反对增加富力、开发实业，问题在于用什么方法开发实业，“所谓不讲主义只讲发达实业，结局自然要归到资本主义上面去；而开发实业按资本生产制，一面固然增加财富，一面却增加贫乏②。“资本主义虽然在欧洲、美洲、日本也能够发达教育及工业，同时却把欧、美、日之社会弄成贪鄙、欺诈、刻薄、没有良心了”，“幸而我们中国此时才创造教育工业在资本制度还未发达的时候，正好用社会

---

① 沙健孙主编：《中国共产党通史（1921—1949）》，中央文献出版社 2006 年版，第 266 页。

② 参见高正礼《民主革命时期马克思主义中国化中的论争》，安徽师范大学出版社 2013 年版，第 45 页。

主义来发展教育及工业，免得走欧、美、日本底错路”①。社会革命在俄国而非在英美成功，说明非妥协的阶级斗争可以促进它的速度。因此，通过共产党和工人阶级的斗争，中国可以跳过资本主义发展阶段而直接进入社会主义。而且，“用资本主义发展实业，还不如用社会主义为宜。因为资本主义之下，资本不能集中，劳力不能普及；社会主义之下，资本可以集中，劳力可以普及”②。

第二，中国是否具有实行社会主义的工业劳动阶级。张东荪等认为中国资本主义不发达，还没有形成工业劳动者阶级，没有实行社会主义的经济条件和阶级基础，因而不可能创建真正的工人阶级政党，也不可能有真正的社会主义运动。当前中国的社会主义运动，应该是通过资本主义发展实业，使大多数人成为真正的劳动者。马克思主义者认为“中国工业的发达虽不如欧美、日本，而在此产业革命的时期内，中国无产阶级所受到的悲惨，比欧美、日本的无产阶级所受的更甚”③，“加以近年来，国内武人强盗争权夺利，黩武兴戎，农工业小生产机关，差不多完全破坏”④，破产农民和小手工业者都逐渐沦为无产者。“所以就中国说，是国际资本阶级和中国劳动阶级的对峙。中国是劳动过剩，不能说没有劳动阶级，只不过没有组织罢了。”⑤

第三，中国是否需要进行社会革命。张东荪等人认为，当前中国人的痛苦主要是得不到工作，而不是得到工作后受到的剥削，即使有剥削也主要是来自工头，而来自资本家的很少，资产阶级和劳动阶级的冲突并不激烈，可以通过教育与制度改善等渐进、平和的方式进行社会改良。比如“缩减工人劳动时间、创办工人补习学校、推行分红制度、设立疾病保险金和老年抚养金等‘温情主义’”⑥。他们反对社会革命，认为在当今中国进行社会革命，只能是引起伪劳农革命，“万一发生，必是纯粹破坏的，绝难转到建设方面，

① 任建树主编：《陈独秀著作选编》第2卷，上海人民出版社2009年版，第303页。

② 《李大钊全集》第3卷，河北教育出版社1999年版，第617—618页。

③ 中共中央文献研究室、中央档案馆编：《建党以来重要文献选编（1921—1949）》第1册，中共文献出版社2011年版，第520页。

④ 同上书，第520页。

⑤ 同上书，第524页。

⑥ 参见高正礼《民主革命时期马克思主义中国化中的论争》，安徽师范大学出版社2013年版，第47页。

不过在许多内乱上加一个内乱罢了”①。马克思主义者认为十月革命后，资本主义向社会主义发展是世界的趋势。而中国人民深受三座大山的压迫，“除了中国劳动者联合起来，组织革命团体，改变生产制度，是无法挽救的”②。同时，作为农业国的俄国通过阶级斗争进入社会主义，也给中国带来了希望，中国也有采取直接社会革命而跳过资本主义发展阶段直接进入社会主义的可能性。

3. 马克思主义与无政府主义之争

20 世纪初，无政府主义被当作一种社会主义思想，经过一些留学日本、法国的学生和反清流亡者的介绍传入中国。自 1912 年始，国内就有人成立团体或政党等组织创办刊物，宣传和实验无政府主义。由于马克思主义和无政府主义都反对资本主义，否定私有制，五四时期的中国先进分子最初并不能辨清两者的对立，而对其产生认同。随着对马克思主义的研究深入，马克思主义同无政府主义开始产生争论，进而分道扬镳。

1919 年，无政府主义者黄凌霜发表《评〈新潮〉杂志所谓今日世界之新潮》《马克思学说的批评》。1920 年，无政府主义者在《奋斗》上发表《我们反对“布尔札维克”》《为什么反对布尔塞维克?》。1921 年，黄凌霜和缪金源先后发表《克鲁泡特金的社会学说与未来》《无政府共产派与集产派之歧点》等文章。这些文章宣扬个人主义、自由主义，反对任何组织和纪律；鼓吹互助合作，反对社会革命；否定一切强权和权威，否定无产阶级专政；主张“各尽所能，各取所需”的平均主义，反对生产资料国有制和按劳分配。

1920 年，陈独秀发表《谈政治》和《社会主义的批评》，1921 年，又在《新青年》刊登了答无政府主义者郑贤宗的《国家 · 政治 · 法律》、与区声白讨论无政府主义的系列通信。1920 年至 1921 年，李达在《共产党》上发表《社会革命底商榷》和《无政府主义之解剖》，周佛海发表《我们为什么不主张无政府主义》和《夺取政权》，施存统发表《我们要怎样干社会革命?》，李大钊发表《自由与秩序》等，批驳无政府主义思想。这些文章主要集中于三个问题。

---

① 蔡尚思主编：《中国现代思想史资料简编》第 1 卷，浙江人民出版社 1982 年版，第 630 页。

② 任建树主编：《陈独秀著作选编》第 2 卷，上海人民出版社 2009 年版，第 307 页。

第一，是否需要无产阶级专政。针对无政府主义者所认为的，把资产阶级私有财产归之于公后，资产阶级变成无产阶级，没有势力复辟，因此无产阶级革命成功后不需要无产阶级专政。马克思主义者反驳道，“无政权不能保护革命，不能防止反革命，打倒的阶级倒而复起，革命将等于零”①，革命成功后，必须要用无产阶级的国家机器来捍卫革命成果。

第二，是否需要组织和纪律。马克思主义者批评无政府主义者所主张的“人人同意自由联合”“一切生产机关委诸自由人的自由联合管理”行不通，结果是任何联合都不可能成立。马克思主义者提出“真实的自由，不是扫除一切的关系，是在种种不同的安排整列中保有宽裕的选择机会”，“真实的秩序，不是压服一切个性的活动，是包蓄种种不同的机会使其中的各个分子可以自由选择的安排”。“只有从秩序中得来的是自由，只有在自由上建设的是秩序。”②

第三，社会的所有制和分配制度。针对无政府主义者批评马克思主义“将所有财产，十之七八归国家管理”，是“小资本家——个人——完全没有打消，大资本家——国家——反而完全成立”③；批评马克思主义的按劳分配导致“强有力的，将享最高的幸福，能力微弱的，将至不能生活；能力微弱的缘故，或关乎生理，非其人懒惰的罪，而结果如此，还说什么幸福呢?”④马克思主义者反驳说：“因为各个生产团体各个利害不同，若是没有一个统一机关用强制力去干涉调节，各个生产团体主张各个的绝对自由，这样能联合不能？无政府主义者用这种没有强制力的自由联合来应付最复杂的近代经济问题，试问怎么能够使中国底农业工业成为社会化？怎么能够调节生产只使不至过剩或不足？怎么能够制裁各生产团体使不至互相冲突?”⑤ 因此，建立中央权威并对经济活动实行调节是必要的。对于“各尽所能，各取所需”，马克思主义者提出“非待世界的产业发达到极境的时候，不能办到”，“只是在生产力未发达的地方与生产力未发达的时期内，若用这种分配制度，社会的

---

① 《蔡和森文集》，人民出版社 1980 年版，第 51 页。

② 《李大钊全集》第 3 卷，河北教育出版社 1999 年版，第 578—579 页。

③ 沙健孙主编：《中国共产党史稿》第 1 卷，中央文献出版社 2006 年版，第 278 页。

④ 凌霜：《马克思学说的批评》，《新青年》1919 年第 6 卷第 5 号，第 468 页。

⑤ 胡明编：《陈独秀选集》，天津人民出版社 1990 年版，第 143 页。

经济的秩序就要弄糟了”①。所以，马克思主义者认为无政府主义是一个没有办法实现的空想。

4. 马克思主义与民主社会主义之争

1895 年，恩格斯逝世后，在伯恩施坦、考茨基等人影响下，民主社会主义逐渐演变为一种主张在资本主义范围内，通过议会道路使资本主义社会和平长入社会主义社会的社会改良主义。1919 年 9 月至 1922 年 9 月，张东荪、张君劢、俞颂华、梁启超等发表《我们为什么要讲社会主义》《德国革命论》《中国革命之前途，德国乎？俄国乎？》等文章，宣扬民主社会主义是对马克思主义的完善和发展，主张走德国式的议会道路实现社会主义。李大钊、陈独秀、李达等发表《平民政治与工人政治》《社会主义批评》《社会主义底商榷》等文章，揭示民主社会主义和马克思主义、科学社会主义的区别及其阶级本质。争论主要集中在三个方面：

第一，民主社会主义是否是科学社会主义的发展。张东荪称第二国际民主社会主义是对马克思主义的修正、进化和完善。陈独秀认为民主社会主义主张通过议会道路来实行社会主义，而马克思主义一直是坚持无产阶级对有产阶级采取革命行动的。李大钊考察了两者的历史关系，认识到两种名词曾经用得非常混淆，十月革命后，其区别日益明显，“社会党人的运动，是半有产阶级的运动；共产党人的运动，是无产阶级的运动。”社会党人是中央派与右派，共产党人是极左派。“社会党人的国际的结合，是第二国际，是黄色的国际”，“共产党人的国际的结合是第三国际，是赤色的国际”②。第二国际已“变为改良主义了，他们采用议会主义，专心谋劳动者生活改善的问题，竟和资本家妥协起来了，所以在实际上并不是社会主义”③，也不能代表广大民众的利益，相反成为资产阶级统治和压迫无产阶级的帮凶。因此，民主社会主义是对马克思主义的篡改和背叛。

第二，中国学习德国社会民主党还是俄国共产党。张东荪、张君劢推崇

① 中共中央文献研究室、中央档案馆编：《建党以来重要文献选编（1921—1949）》第 1 册，中央文献出版社 2011 年版，第 495 页。

② 《李大钊全集》第 4 卷，河北教育出版社 1999 年版，第 109—110 页。

③ 胡炎：《第三国际党（即国际共产党）大会的缘起》，《共产党》第 1 号，1920 年 11 月。

德国社会民主党，认为其根基深厚，践履笃实，称“所当学者，厥在德社会民主党之脚踏实地，而不在蓝宁之近功速效焉必矣”①。1920 年 9 月，蔡和森在给毛泽东的信中，将德国社会民主党归结为下列公式：“德多数社会党立足于 = 修正派社会主义及中产阶级的德谟克拉西之上。方法 = 与帝国政府通力合作（入战时内阁）；利用革命与中产阶级联盟组织政府。目的 = 劳资合组的德谟克拉西。结果 = 延长资本政治的危险，内乱、破产、反革命、压迫工人、闹个不休。”② 陈独秀明确号召：“要想把我们的同胞从奴隶境遇中完全救出，非由生产劳动者全体结合起来，用革命的手段打倒本国外国一切资本阶级，跟着俄国的共产党一同试验新的生产方法不可。”③

第三，走议会道路还是十月革命道路。张君劢在《中国革命之前途，德国乎？俄国乎？》中提出，俄国十月革命是历史偶然现象，并非历史发展的必然结果，不可学，也不能学。同时，俄国共产党的劳农专政，违背“民主”与“法治”精神，是“官僚集权”，“对于劳动者地位之增进，与政权之转移，当取议会政略”④。马克思主义者指出议会道路在中国行不通，因为议会是资产阶级的统治工具，是保护有产阶级的。无产阶级要打破虚伪的议会制度，非采取革命的手段不可。毛泽东指出：“历史上凡是专制主义者，或帝国主义者，或军国主义者，非等到人家来推倒，决没有自己肯收场的。……理想固然要紧，现实尤其要紧，用和平方法去达共产目的，要何日才能成功？”⑤ “非得政权则不能发动革命，不能保护革命，不能完成革命。”⑥

5. 中国选择马克思主义

五四运动后，包括马克思主义在内的社会主义研究成为新文化运动的主流。针对众多社会主义派别，1921 年 1 月，陈独秀在《社会主义批评》一文中提出“我们应该择定一派，若派别不分明，只是一个浑朴的趋向，这种趋向会趋向到资本主义去；若觉得各派都好，自以为兼容并包，这种胸无定见

---

① 张君劢：《中国革命之前途，德国乎？俄国乎？》，《解放与改造》，1920 年 7 月。

② 《蔡和森文集》，人民出版社 1980 年版，第 64 页。

③ 任建树主编：《陈独秀著作选编》第 2 卷，上海人民出版社 2009 年版，第 298 页。

④ 张君劢：《中国革命之前途，德国乎？俄国乎？》，《解放与改造》，1920 年 7 月。

⑤ 中共中央文献研究室编：《毛泽东书信选集》，中央文献出版社 2003 年版，第 5 页。

⑥ 同上书，第 11 页。

无信仰的人也不配谈什么主义”。[①] 如何选定一派，不仅是理论之争，更是道路之争，中国命运之选择。这场论争主要是围绕着中国要不要讲社会主义，能不能讲社会主义，讲哪种社会主义三个问题展开。中国的一些先进知识分子将各种主义进行比较、分析和论战后，选择了马克思主义，这种选择是“历史性选择，并非屈服于什么压力，更不是追逐时髦，而是从中国社会的实际需要出发，对各种学说、各种救国方案进行批判性的分析和比较研究的结果”。[②] 在与各种非马克思主义的论争中，中国的先进知识分子进一步加深对马克思主义的研究和认识，逐步由激进的民主主义者转变为“具有初步共产主义思想的知识分子”，推动了马克思主义在中国的广泛传播，为中国共产党的创建奠定了理论基础和阶级基础。

---

① 林茂生等选编：《陈独秀文章选编》（中），生活·读书·新知三联书店 1984 年版，第 92 页。

② 沙健孙主编：《中国共产党通史》第 1 卷，湖南教育出版社 1995 年版，第 274 页。

第六章　中国道路的现实回应

中国思想界关于社会主义的论争，深受世界形势的影响，也是对中国现实的有效回应。第一次世界大战暴露了资本主义社会危机，俄国十月革命的胜利开辟了人类历史新纪元，中国的社会结构也出现新变化，中国道路的探索有了新方向、新力量和新前途。

一　时代境遇

“第一次帝国主义世界大战和第一次胜利的社会主义十月革命，改变了整个世界历史的方向，划分了整个世界历史的时代。”① 资本主义的危机和社会主义革命的胜利，为探索中的中国提供了新的方向。

1. 西方文明的危机

多次出现的资本主义经济危机，特别是第一次世界大战的爆发及其带来的破坏，严重打击了人们对西方制度与文明的乐观与自信。西方思想家们开始进行反思、怀疑、批判。德国思想家斯宾格勒在《西方的没落》一书中宣称西方文化已经进入了它的衰退期。英国哲学家罗素则认为战争暴露了资本主义制度的缺点，得出“资本主义在今日已不容于世界”，“自由主义经济的公平，世界的协力合作，这些理想却是世界所需的，只有社会主义能够做成”②。同时，欧洲工人运动的风起云涌冲击着欧洲大陆的政治、经济和社会秩序。

---

① 《毛泽东选集》第2卷，人民出版社1991年版，第667页。

② 罗素：《民主与革命》，张崧年译，《新青年》，1920年11月1日。

这种来自西方世界自身的反资本主义思潮影响到中国的思想界，使中国的知识分子对西方文明的价值产生怀疑。1919 年巴黎和会召开，《凡尔赛和约》把德国在山东的一切权益转给日本，使中国对西方文明的怀疑转为幻灭，中国思想界迅速兴起了一股质疑与批判西方文明的思潮。1920 年梁启超在《欧游心影录》中，断言西方文化已经破产，中国不能再走西方的老路，就是陈独秀也不再相信，单靠西方式的民主与科学就可以满足中国的需要，解决中国所有的问题。然而，中国也不能回头再走自己的老路，“中国知识分子陷入了‘双重文化危机’之中，他们急切寻找‘第三文明’”①。

2. 俄国十月革命胜利

正当中国的先进分子在对国家的命运彷徨和思索的时候，1917 年，俄国十月革命的胜利震撼了世界，也照亮了中国革命的道路。

俄国十月革命是人类历史上第一次胜利的社会主义革命，建立了世界上第一个无产阶级领导的社会主义国家。中国的知识分子把眼光转向了俄国。1918 年，李大钊发表的《法俄革命之比较观》《庶民的胜利》《布尔什维主义的胜利》，系统阐述十月革命的世界意义、经验和社会主义的理论。1919 年，苏维埃俄国号召反对帝国主义，以新的平等姿态对待中国，使中国大部分人从对俄国革命的怀疑、观望转变到支持和拥护，建立一个社会主义国家的问题开始正式提上中国人民的日程。俄国的十月革命也给予中国先进分子新的启示，即经济文化落后的国家也可以用社会主义思想指引自己走向解放之路。十月革命中工人和士兵的广泛发动并取得胜利的事实，告诉中国先进分子以新的方法开展革命。正如毛泽东所说：“十月革命帮助了全世界的也帮助了中国的先进分子，用无产阶级的宇宙观作为观察国家命运的工具，重新考虑自己的问题，走俄国人的路——这就是结论。”②

二　新力量的生长

在新的时代背景下，当中国的先进知识分子在进行理论论争的同时，中国的社会结构也出现新的变化，阶级力量发生变化，新的政党组织出现了。

---

① 王宪明、蔡乐苏主编：《中国近现代史述要》，清华大学出版社 2008 年版，第 143 页。

② 《毛泽东选集》第 4 卷，人民出版社 1991 年版，第 1471 页。

1. 中国工人阶级以独立姿态登上历史舞台

第一，中国工人阶级的产生与发展。工人阶级是资本主义生产方式的产物。中国最早一批产业工人，产生于鸦片战争后资本主义列强在中国沿海城市开办的企业。第二批产业工人产生于洋务运动中洋务派官僚、地主、买办开办的近代工业。19 世纪 60 年代末 70 年代初，随着中国民族资本的出现，产生了中国第三批产业工人。第一次世界大战期间，中国的民族资本主义经济得到短暂而又迅速的发展。中国的工人阶级和民族资产阶级的力量进一步壮大。1919 年五四运动前夕，中国产业工人达 200 万人左右，成为一支重要的社会力量。

第二，五四运动中，工人阶级作为一支独立的政治力量登上历史舞台。中国工人阶级自产生之日起，就开始反帝反封建的斗争。据统计，1912 年至 1915 年间，全国发生罢工 130 多起，罢工的目的基本是为了改善劳动条件，增加工资，没有明确的政治目的。工人阶级还处在自发、分散的状态，“即没有认识到本阶级的地位和使命，没有摆脱资产阶级追随者的地位，没有形成一支独立的政治力量”①。1919 年 5 月 4 日，因中国在巴黎和会上的外交失败，北京十几所学校学生 3000 余人，举行集会游行示威活动。6 月 3 日，北洋军阀政府出动大批军警，两天内逮捕千余名学生。为了声援学生，6 月 5 日，上海工人举行声势浩大的同盟罢工。6 月 10 日，天津罢市。迫于工人和民众的压力，北洋政府被迫释放被捕学生，罢免亲日派曹汝霖、张宗祥、陆宗舆的职务，中国政府代表没有出席巴黎和约的签字仪式，五四运动的直接斗争目标得以实现。五四运动超越了知识分子的范围，成为有工人阶级、城市小资产阶级和民族资产阶级参加的全国性爱国政治运动，中国工人阶级以独立的姿态登上了政治舞台。

2. 马克思主义与工人运动相结合

五四运动促进了中国人民的新觉醒，也教育了具有共产主义思想的知识分子，使他们看到了工人阶级的巨大力量。吴玉章回忆当时的情景时说：“在群众运动的冲击震荡下，整个中国从沉睡中复苏了，开始焕发出青春的活力，

---

① 王宪明、蔡乐苏主编：《中国近现代史述要》，清华大学出版社 2008 年版，第 157 页。

一切反动腐朽的恶势力，都显得那么猥琐渺小，摇摇欲坠。以往搞革命的人，眼睛总是看着上层的军官、政客、议员，以为这些人掌握权力，千方百计运动这些人来赞助革命。如今在五四群众运动的对比下，上层的社会力量显得何等的微不足道。在人民群众中所蕴藏的力量一旦得到解放，那才真正是惊天动地，无坚不摧的。”①

如何激发人民群众所蕴藏的力量，使工人运动从自发走向自觉，从自在走向自为，真正成为革命的领导阶级，成为马克思主义者们探索救国救民道路所要解决的重要问题。各地研究马克思主义的各种学会、社团、组织不仅创办宣传马克思主义的公开刊物，又创办了一批面向工人的通俗刊物：上海的《劳动界》，北京的《劳动音》和《工人月刊》，济南的《济南劳动月刊》，广州的《劳动者》等，通过从外部向工人阶级灌输马克思主义，进行阶级意识的启蒙教育，“教我们中国工人晓得他们应该晓得的事情”，“共同去干社会改造的事情”②。同时，马克思主义一旦被工人阶级所掌握，就会变成巨大的物质力量。在此基础上，马克思主义者积极深入工人群众，创建工会和劳动学校。1920 年 11 月，共产党早期组织领导的第一个产业工会——上海机器工会成立，并出版刊物《机器工人》。影响较大的还有上海印刷工会、纺织工会、北京的长辛店劳动补习学校和工人俱乐部、长沙的湖南第一师范工人夜校等。这些进一步推动了马克思主义与工人运动的结合。

五四运动形成了爱国、进步、民主、科学的五四精神，拉开了中国新民主主义革命的序幕，促进了马克思主义在中国的传播，推动了中国共产党的建立。五四运动以来，一代又一代有志青年“以青春之我，创建青春之家庭，青春之国家，青春之民族，青春之人类，青春之地球，青春之宇宙”，在救亡图存、振兴中华的历史洪流中谱写了一曲曲感天动地的青春乐章。

3. 中国共产党在论争中创立

马克思主义的传播需要从工人运动中找到物质力量，工人运动的深入发

---

① 吴玉章：《回忆“五四”前后我的思想转变》，载《吴玉章文集》（下卷），重庆出版社 1987 年版，第 1065 页。

② 中共中央马克思、恩格斯、列宁、斯大林著作编译局研究室编：《五四时期期刊介绍》第 2 集（上册），生活 · 读书 · 新知三联书店 1959 年版，第 61 页、72 页。

展需要找到实现本阶级意志的精神武器，组织成立以马克思主义为指导的工人阶级政党成为时代的呼唤和历史的必然。

第一，各地共产主义小组相继建立。1920 年初，李大钊、陈独秀等就开始探索和酝酿建党事宜，相约在北京和上海进行筹建活动，史称“南陈北李，相约建党”。同年 8 月，在共产国际帮助下，中国第一个地方共产党组织在上海成立，陈独秀任书记，成员有李达、李汉俊、俞秀松、陈望道等。作为党的发起者和联络中心，它在建立全国统一的中国工人阶级和革命政党的过程中起到了重要作用。1920 年 10 月，由李大钊、张申府、张国焘三人发起成立北京共产党早期组织。1920 年秋到 1921 年，武汉、长沙、济南、广州相继成立共产党早期组织。此外，在日本、法国也有中国留学生组成的共产党早期组织。这些共产党早期组织的名称不一，有的叫“共产党”，有的叫“共产党支部”或“共产党小组”，后来被通称为“共产主义小组”。

第二，中国共产党创建过程中的论争。各地共产主义小组在成立初期，成员比较复杂，很多还不是真正的马克思主义者。各种主义的传播和论争，在共产主义小组内部同步进行。广州共产主义小组的报告说：“尽管组织了共产党，但是与其称作共产党，不如称作无政府主义的共产党。党的执行委员会的九个委员当中，七个是无政府主义者。”1921 年 1 月，当陈独秀把他起草的党纲交给他们讨论时，无政府主义者反对关于无产阶级专政的条文，“他们进行过非常热烈的争论，认为必须摆脱无政府主义者，也就在此时，无政府主义者退出了党。于是，我们开始成立真正的共产党”①。在各地共产主义小组中，马克思主义者和非马克思主义者在关于建立一个什么样的党、以什么主义为指导、实行什么组织原则建党等问题上观点不一致，使得小组的活动和发展遭遇很大障碍。经过论争，许多非马克思主义者纷纷退出共产主义小组，纯洁了党组织，为中共创建提供了便利条件。与此同时，中国马克思主义者内部、中国马克思主义者与共产国际和俄共（布）代表之间就若干建党问题产生了争论。争论主要包括党的中央与地方的关系、中共与共产国际的关系、中国共产党与其他党派的关系等。

---

① 中共中央文献研究室、中央档案馆编：《建党以来重要文献选编（1921—1949）》第 1 册，中央文献出版社 2001 年版，第 16—17 页。

第三，中国共产党的诞生。1920 年 11 月，上海共产党发起组织制定了《中国共产党宣言》，阐述共产主义者的理想、目的和阶级斗争的现状。各地共产党早期组织开展了建党问题的讨论。蔡和森在给毛泽东的信中强调必须首先要建立共产党，作为革命运动的发起者、宣传者、先锋队、作战部，得到毛泽东的赞同。1921 年 3 月，在俄共远东局和共产国际的建议和支持下，召开了各共产党早期组织代表会议，讨论了党的宗旨、原则、制定了临时性纲领，确立了党的工作机构和工作计划，以及党组织对工会、社会主义青年团、文化教育团体和军队的态度。同年 6 月，共产国际派马林到上海，建议召开党的全国代表大会，正式成立中国共产党。上海党的发起组织在李达的主持下进行筹备工作，向各地党的组织发出通知，要求各地选派两名代表出席大会。同年 7 月 23 日，来自各地共产主义小组的 13 名代表及共产国际代表马林和尼科尔斯基在上海召开了中国共产党第一次全国代表大会。大会通过了《中国共产党的第一个纲领》和《中国共产党的第一个决议》，选举产生了党的中央领导机构。大会宣告了中国共产党的成立。

中国共产党的成立，标志着一部分先进的中国人最终确立了以马克思主义、社会主义改造中国的理想，这是他们经过了反复的思考、比较、探索后做出的抉择，也是他们告别了旧式的民主主义、无政府主义等思想后做出的抉择。它是中国及现代中国历史发展的必然产物，是中国人民在救亡图存斗争中顽强求索的必然产物，是一个开天辟地的大事件，深刻改变了近代以后中华民族发展的方向和进程，深刻改变了中国人民和中华民族的前途和命运，深刻改变了世界发展的趋势和格局。

中国共产党人的初心和使命，就是为中国人民谋幸福，为中华民族谋复兴。这个初心和使命是激励中国共产党人不断前进的根本动力。自从有了中国共产党，中国的历史从此翻开了新的一页，中国人民谋求民族独立、人民解放和国家富强、人民幸福的斗争就有了主心骨，中国人民就从精神上由被动转为主动，中国革命的面貌就焕然一新了。

三　道路选择

中国共产党是以马克思主义为指导，以俄共（布）为榜样而建立的党，主张走俄国十月革命的道路，通过暴力革命，建立无产阶级政权。但中国的国情和所处的时代特点及国际形势与俄国十月革命有所不同，中国在革命道路和建国道路上进行了自己独立的探索。中国共产党一经成立，就把实现共产主义作为党的最高理想和最终目标，义无反顾地肩负起实现中华民族伟大复兴的历史使命。

1. 国共合作与国民革命

中国共产党成立之后，集中力量领导工人运动，掀起了以香港海员罢工、安源路矿工人大罢工和京汉铁路工人大罢工为主体的全国工人运动高潮。二七惨案使工人运动转入低潮，显示了敌人力量的强大，促使共产党认识到需要联合强有力的同盟者，建立反帝反封建的革命统一战线。与此同时，军阀混战的局面以及护法运动的失败，促使孙中山决心改造国民党，重行革命，“重新创造一个国民所有的新国家”①。国共合作成为两党共同的意愿。

第一，国共合作的确立。1922 年 8 月，中共中央在杭州西湖召开会议，专门讨论与国民党的合作问题，对于以党外合作还是党内合作方式发生了激烈争论。1923 年，中共三大表决通过的《关于国民运动及国民党问题的决议案》，服从共产国际的指示，决定同中国国民党建立统一战线，共产党员以个人身份加入国民党，帮助孙中山把国民党改组成民主革命联盟，同时，保持共产党在组织和政治上的独立性。1924 年 1 月 20 日至 30 日，在中国共产党人的参加与帮助下，孙中山在广州召开了国民党第一次全国代表大会，重新解释了三民主义，通过了共产党人起草的以反帝反封建为主要内容的宣言，确定了联俄、联共、扶助农工的三大政策，第一次国共合作正式建立。

第二，国民革命兴起。国共合作的形成实现了革命力量的大联合，很快打开了中国革命的新局面。国民党和共产党的组织规模和影响都有较大发展，并促进了工农革命运动的恢复和发展。从 1924 年 7 月的广州沙面租界工人罢工胜利到五卅运动和省港大罢工，掀起了全国范围的大革命风暴。国民党中央设立农民部，在广州开办农民运动讲习所，培养了一批农民运动的骨干力量。广东各县农民纷纷建立农民协会，组织农民自卫军，开展斗争。在共产

---

① 《孙中山全集》第 5 卷，中华书局 1985 年版，第 48 页。

国际的帮助下，国共合作创办黄埔军校，建立和发展国民革命军，加强武装力量。在此基础上，以打倒帝国主义支持的军阀为目标的北伐战争拉开序幕。从1926年7月9日国民革命军举行誓师典礼到1927年春，仅用半年时间，北伐军节节胜利，革命势力从珠江流域推进到长江流域和黄河流域。北伐战争的胜利进一步推动了全国范围内的反帝斗争和工农运动的蓬勃发展。1927年初，汉口、九江工人收回汉口、九江的英租界；湖南、湖北、江西等省纷纷成立工会组织，建立工人武装纠察队，举行大规模罢工。以湖南为中心的农村大革命迅速发展，至1927年3月，农会组织遍布16个省300余县，会员近1000万人①。

第三，国共合作中的斗争。面对强大的敌人，国共两党虽然实现了合作，但合作的基础并不十分坚固。国民党内部新老右派反对国共合作，进行各种反共活动。他们提出联俄容共将导致国民党内外受敌，性质改变、组织分裂，直至灭亡；认为共产党员加入国民党的目的是利用、破坏国民党，会阻碍国民党和国民革命的发展。共产党对此一一进行批驳，重申共产党员和青年团员加入国民党，旨在早日完成国民革命。正如李大钊所言："我等之加入本党，是为有所贡献于本党，以贡献于国民革命的事业而来的，断乎不是为取巧讨便宜，借国民党的名义作共产党的运动而来的。"② 1926年，恽代英在国民党二大上发表演说，指出共产党员加入国民党，"完全是因为国民党能反对帝国主义、军阀。为被压迫农工利益而奋斗所以来的……，不要管我是不是共产派，只要问我是不是三民主义"③。中国共产党人在批驳国民党新老右派的反共言论中，进一步指出"实际的争点，没有一件是共产党的共产主义和国民党的三民主义之争，更不是共产党与国民党之争；实在是……国民党内部革命派与不革命派之争"④。与此同时，共产党和共产国际内部对于国共合作的方式、对于国民党右派的态度和斗争也多次发生争论，态度时而坚决，

① 当代中国研究所：《中华人民共和国史稿》（序卷），人民出版社、当代中国出版社2012年版，第100页。

② 《李大钊全集》第4卷，河北教育出版社1999年版，第330页。

③ 《恽代英文集》（下卷），人民出版社1984年版，第779页。

④ 中共中央文献研究室、中央档案馆编：《建党以来重要文献选编（1921—1949）》第2册，中央文献出版社2011年版，第131—132页。

时而犹豫，在一定程度上影响了决策的及时性和正确性。

第四，国共合作破裂。北伐战争的胜利进军和工农运动的蓬勃发展，引起帝国主义的恐慌，也使国民党内发生新的分化，反共分裂活动公开化并日趋猖獗。以戴季陶为代表的国民党新右派，表明共产主义不适合中国国情，国共两党没有“共性”，不能团结，共产党应退出国民党。以居正、邹鲁为代表的西山会议派宣布中国共产党“非法”，反共、反苏、反对国共合作。孙中山逝世后，蒋介石的反共面目逐步显露，成为帝国主义在中国新代理人的合适人选。在帝国主义和国内大地主大资产阶级的支持下，蒋介石加快分裂国共合作的步伐，先后制造了中山舰事件、整理党务案事件、“四一二”政变，打击共产党员和工农革命力量。1927 年 4 月 18 日，在南京建立大地主大资产阶级联合专政的南京国民政府。同年 7 月 15 日，以汪精卫为首的武汉国民党中央正式决定同共产党决裂，随后大规模捕杀共产党人和革命群众，发动“七一五”政变。随后，蒋汪彻底背叛孙中山制定的国共合作政策和反帝反封建的革命纲领，宁汉合流，国共两党公开彻底决裂，第一次国共合作破裂，轰轰烈烈的大革命失败。

2. 进城与上山的选择

第一次国共合作最终被实践证明是“一场注定破裂的为各自利益而结合的国强共弱的暂时合作”①。合作破裂后，以蒋介石为代表的国民党进城，建立代表大地主大资产阶级的国民政府，形式上统一中国；共产党则选择了上山，开辟了一条农村包围城市的革命道路；以民族资产阶级、上层小资产阶级及其知识分子为基础的中间党派，则试图寻找一条通过改良主义在中国发展资本主义的道路。

第一，国民党形式上统一中国。“四一二”政变后，蒋介石独吞北伐成果，接管长江中下游的富庶城市，在南京建立“中华民国国民政府”，与武汉国民政府对峙。经过几番周折，宁汉合流，南京国民政府改组，武汉国民政府不复存在。1928 年 6 月，国民党二期北伐的胜利和新疆、东北的易帜，标志着国民政府已完成形式上的统一。在“安内攘外”的理论指导下，蒋介石

① 贺新元：《中国道路：不一样的现代化道路》，福建人民出版社 2014 年版，第 44 页。

所承诺的和平建设时期并没有到来，相反是国民党内部的权力争夺和手足相残。百万大军在中原大地展开厮杀，历时7个多月，双方死伤总数达30余万，人民伤亡流离者无数。在“安”完了国民党内部势力之后，即使日本已步步紧逼中国，但蒋介石仍致力“安”已被他打入血泊中的共产党，先后向共产党领导的农村革命根据地发动五次围剿。

第二，中国共产党找到农村包围城市的革命道路。大革命失败后，中国共产党被定为非法党组织，遭到国民党的追捕屠杀，各项运动处于低潮之中。中国共产党没能进城，而是选择了上山，这种选择是主动和被迫兼而有之。

其一，北伐战争中，工农运动蓬勃发展，使共产党直接感受到了农民的力量。从1927年1月4日到2月5日，毛泽东实地考察了湘潭、湘乡、衡山、醴陵、长沙等地的农民运动，看到了许多“见所未见、闻所未闻”的奇事，写成了《湖南农民运动考察报告》。《报告》用大量事实驳斥了地主、官僚和大资产阶级对农民运动的歪曲和污蔑，高度赞扬了农会的力量。长期受压迫的农民正从湖南等省起来，冲决一切束缚他们的罗网，朝着解放的路上迅跑；他们一改从前的散漫，组织起200万农会会员，可以直接指挥1000万群众，造成一个空前的农村大革命。[①] 组织起来的农民在农会领导下干了十几件大事，如打击地主，建立农民自己的乡村自治机关和武装，禁牌、禁毒、禁赌，改良社会风气，清匪、清盗、废苛捐，修道路、建塘坝，改善公共设施等。农民的种种举动所显示出来的力量使毛泽东认识到“广大的农民群众起来完成他们的历史使命，乃是乡村的民主势力起来打翻乡村的封建势力。宗法封建性的土豪劣绅，不法地主阶级，是几千年专制政治的基础，帝国主义、军阀、贪官污吏的墙角。打翻这个封建势力，乃是国民革命的真正目标。孙中山先生致力于国民革命凡四十年，所要做而没有做到的事，农民在几个月内做到了。这是四十年乃至几千年未曾成就过的奇勋”[②]。在此基础上，毛泽东提出了彻底开展土地革命的必要性，认为除了领导农民进行政治斗争推翻地主权力外，要开始阶级斗争，根本解决贫农的土地及其他经济问题。然而，毛泽东的调查报告并没有受到当时中共中央的重视，中共中央虽认识到农民

---

① 《毛泽东选集》第1卷，人民出版社1991年版，第13页。

② 同上书，第15—16页。

革命的重要性，但为了维护国共合作，对农民运动采取的是限制的政策，执行有限、不彻底的土地革命政策。

其二，攻打城市失败，为了保存力量，被迫选择上山。大革命失败后，为了扭转各项运动处于低潮的不利局面，中国共产党决定武装反抗国民党的屠杀政策。1927 年 8 月 1 日，南昌起义打响了武装反抗国民党反动派的第一枪。起义部队占领南昌后，按计划向广东进军，在途中遭国民党军队围攻而失败，余部分别转移到海陆丰和粤闽赣边界地区继续斗争。同年 8 月 7 日，中共中央在汉口召开中央紧急会议，正式确立了土地革命和武装起义的正确方针，给正处在思想混乱和组织涣散中的中国共产党指明了新的出路。“八七会议”表明了共产党坚持革命的决心，但对走什么样的革命道路问题，还没有根本解决，还没有从“城市中心论”的迷雾中走出来。以攻打长沙为目标的秋收起义、广州起义以及其他大大小小攻打城市的起义，大部分以失败告终，幸存部队都陆续转入农村，得以保存实力。起义的接连失败，以血的教训惊醒共产党，俄国的十月革命式的“城市中心论”在中国行不通，中国要结合自身的国情，探索自己的革命道路。在这些探索中，以毛泽东为代表的一些共产党人将武装斗争的主攻方向指向了敌人统治薄弱的农村，选择了上山，以保存和发展武装。

其三，井冈山革命根据地的成功开辟，找到了农村包围城市的革命道路。以攻打长沙为目标的秋收起义遭遇严重挫折后，以毛泽东为书记的前敌委员会，改变原定部署，放弃进攻长沙计划，沿罗霄山脉南移。部队在三湾改编后，于10 月初到达宁冈。毛泽东主持召开前委扩大会。会议认为井冈山位于罗霄山脉中段，地跨湘赣两省，辖有永新、宁冈等六县，地势险要，易守难攻，经济上盛产稻谷、油茶，可以保证自给自足，而且距离长沙、南昌等中心城市较远，国民党统治力量薄弱，适宜建立长期根据地。会后，毛泽东率领部队于 10 月下旬到达井冈山。1928 年 4 月，朱德、陈毅率领南昌起义部队余部和湘南红军组成的工农革命军到达井冈山，与毛泽东率领的湘赣边界秋收起义后组成的工农革命军胜利会师，两军合编为工农革命军第四军，军事力量由原来的2000 多人猛增至 1 万多人。在毛泽东领导下，井冈山军民利用国民党新军阀之间发生战争的机会，积极发展武装力量，开展游击战争，打土豪分田地，建立了党领导下的第一个农村革命根据地——湘赣边界革命根据地，成立湘赣边界工农民主政府，颁布《井冈山土地法》，在各县逐步恢复建立党组织，根据地的范围不断扩大。与此同时，根据地的建设也面临很多困难和各种疑问。一方面，根据地建设经常处于敌人的围剿之中，以打游击战为主，斗争环境异常艰苦，一些红军官兵产生“占山为王、落草为寇”的悲观情绪；另一方面，中共中央对毛泽东没有按照中央命令攻打城市，而是自作主张率部队上山提出批评，指责其“临阵脱逃”，是专门“联络土匪”及“杂色军队”，开除毛泽东职务，根据地内产生了“红旗到底能打多久”的疑问。毛泽东先后撰写了《中国的红色政权为什么能够存在》（1928 年 10 月）、《井冈山的斗争》（1928 年 11 月）、《星星之火，可以燎原》（1930 年 5 月）等文章，解释了共产党为什么不进城而上山，上山后到底有没有前途的问题，初步提出了以土地革命为中心内容、以武装斗争为主要形式，以农村革命根据地为战略阵地的工农武装割据思想，也为中国革命的中心由城市转入农村，在农村积蓄力量，最后夺取城市，开辟了新的道路。

第三，中间党派探索第三条道路。在 20 世纪 30 年代的中国政治舞台上，除了国共两党之外，还活跃着一些中间党派。它们的社会基础是民族资产阶级、上层小资产阶级及其知识分子。他们不满帝国主义侵略和国民党的独裁统治，要求民主和发展资本主义，但也不赞成中国共产党的阶级斗争和土地革命，力图通过改良运动，找到一条有利于发展资本主义的道路。当时，影响比较大的中间派别，有邓演达领导的中国国民党临时行动委员会（又称第三党），成立于 1930 年 8 月。其成员主要是国民革命时期的国民党左派和一些国民革命失败后因为各种原因脱离共产党的人士。他们也在探索“复兴中国革命”的道路，在政治上主张进行“平民革命”，推翻国民党的独裁统治，建立各级平民政权；经济上实行土地国有，实现“耕者有其田”；军事上开展多次反蒋斗争，遭遇失败。1935 年 11 月，第三党改组为中华民族解放行动委员会，投入抗日民主运动的新潮流之中。在中国共产党开展土地革命解决农村问题的同时，以梁漱溟为首的乡村建设派也在开展基于农本主义的乡村建设运动。他们反对阶级矛盾和暴力革命，认为城市知识分子应该到农村去，成为“乡间人”，开展全人格的社会教育，则农村可以在中国传统文化的基础上获得复兴。此外，还有黄炎培的中华职业教育社，曾琦、李璜、左舜生为负责人的中国青年党（又称醒狮派、国家主义派），张君劢、张东荪、罗隆基为代表的中国国家社会党（又称再造派）等。

3. 中国命运之争

上山后的中国共产党将根深深扎入农村的沃土之中，与农民打成一片，以建立工农民主政权为目标。进城后的国民党，则要继续维护地主阶级与买办性大资产阶级的利益。不同的利益决定了不同的道路，国共两党展开了激烈的斗争。日本的侵略，使中国命运再次面临生死考验，国共两党面对共同的敌人，携手合作，联合抗日。日本的战败，阶级矛盾凸显，国共两大力量的合作很快即宣告终结，其他各种力量也迅速分化，纷纷被纳入“两个中国之命运”的较量中，中国命运又面临着一次抉择。

第一，围剿与反围剿。在共产党的组织领导下，利用国民党新军阀混战时机，农村革命根据地建设呈现星星之火燎原之势。1929 年 1 月，为打破敌人对井冈山根据地的“会剿”，毛泽东、朱德、陈毅率红四军主力转战赣西南。在与红五军主力会合后，向闽西发展，开辟赣南、闽西根据地。赣南、闽西根据地不仅为后来中央革命根据地的建立奠定了重要基础，也为其他根据地的发展树立了榜样。到 1930 年夏，全国已建立起湘赣、湘鄂、湘鄂西、鄂豫皖、闽浙赣、湘鄂赣、左右江、东江和琼崖等十几块农村革命根据地，红军发展到 7 万人，连同地方革命武装共约 10 万人。在各革命根据地内，土地革命如火如荼地展开，极大地调动了农民支援红军革命，进行革命战争，保卫和建设根据地的积极性。

红军和农村根据地的迅速发展引起国民党的恐惧，从 1930 年 10 月到 1933 年 9 月，蒋介石调动军队对根据地进行五次大规模围剿。红军采取游击战争的形式，取得前四次反围剿的重大胜利，根据地范围进一步扩大。1931 年，在江西瑞金选举产生了中华苏维埃共和国临时中央政府，建立了第一个以工农为主体的人民民主政权。由于党内存在急于求成的“左”倾冒险主义及其指导下的一系列“左”的错误政策，致使红军第五次反围剿失败，中央根据地日益缩小，中央红军主力被迫实行战略转移，开始二万五千里长征。

反思第五次反围剿失败，回顾根据地开辟和建设过程，可以发现党内始终存在不同的思路、领导方式和路线，甚至发生内部斗争，在一定程度上阻碍了革命发展。其中“左”倾思想影响最大，曾先后三次在党内取得统治地位，使中国革命一次次陷入困境。“左”倾思想的主要表现是否认敌强我弱这一基本形势，强调全国性的革命高潮和党在全国范围内的进攻路线；照搬苏联经验，坚持城市中心论，要求红军服从和配合中心城市的武装起义。其实质是对中国国情缺乏了解，盲目照搬照抄他国经验和书本理论。这与党所处的艰苦复杂环境和党的马克思主义理论认识不足有关。这也促使以毛泽东为代表的共产党人开始对中国革命的一些深层问题，特别是如何正确把握中国国情与外国经验、中国实际与马克思主义理论指导等问题进行思考，以顺利推进中国革命道路，更好地寻找中国出路。

第二，安内与攘外。红军的被迫长征并不是国共战争的结束，在日本已侵略中国的形势下，国民党仍视共产党为最大的内患，对其穷追猛打，以斩草除根。在初期的长征途中，因“左”倾冒险主义、转移中的逃跑主义以及关门主义的影响，战争失利，红军损失惨重。在紧急的战争形势下，中共中央政治局在遵义召开会议，集中解决党内所面临的迫切的组织问题和军事问题，结束了王明“左”倾冒险主义在中央的统治，在事实上确立了毛泽东在红军和中共中央的领导地位。遵义会议后，在毛泽东、周恩来、王稼祥的新“三人团”的领导下，中央红军根据实际情况的变化，灵活变换作战方向，历经四渡赤水、抢渡金沙江、强渡大渡河等战役，翻越人迹罕至的夹金山，同张国焘的南下逃跑主义进行坚决斗争迫使其北上，于1936年10月，会师甘肃省会宁县城和静宁县将台堡，结束长征。中国革命的大本营转移到了大西北。

国民党政权奉行的“攘外必先安内政策”，助长了日本的侵略野心。从九一八事变到华北事变，日本的侵略行径使中国人民感受到空前严重的民族危机。中共中央发表“八一宣言”，号召停止一切内战，共同对日抗战，在社会各阶层中引起强烈反响。以“一二·九”运动为代表的学生抗日救亡游行在各地爆发，工人以罢工形式支援各地学生的抗日运动，爱国人士和爱国团体纷纷成立各界救国会，全国抗日救国运动高涨。“如何把各党派、各阶级、各阶层要求抗日的力量汇集在一起，组成浩浩荡荡的抗日民族统一战线的政策，共同抵御日本帝国主义的侵略，实现中华民族的独立和解放，成为摆在中国共产党面前一个亟待解决的问题。”① 1935 年 12 月，中共中央召开瓦窑堡会议，批判了“左”倾关门主义，制定了抗日民族统一战线，并积极同各界民主人士及国民党上层人士和军队将领进行联系、沟通合作。1936 年春，红军和东北军、第十七路军之间，实际已停止敌对行动。此时，国民党内以蒋介石为代表的英美大资产阶级对日本的态度也发生了变化，反对并阻止日本独占中国的企图，但对抗日民主运动依旧采取镇压策略，仍调集军队进行“剿共”。

针对国民党的变化，中国共产党将“反蒋抗日”政策转变为“逼蒋抗日”，呼吁停止内战，建立抗日民族统一战线。西安事变的和平解决，使蒋介石被迫做出“停止剿共，联红抗日”等六项承诺，对国共两党的再次合作、团结抗日，建立抗日民族统一战线起了重大推动作用。1937 年 7 月 7 日，面对日军炮轰卢沟桥，并向宛平城内进攻，中国守军第 29 军 37 师 219 团奋起还击，揭开了全民族抗日的序幕。同年 8 月 13 日，日本对上海发起大规模进攻，扬言三个月灭亡中国，国民政府于 8 月 14 日发表《国民政府自卫抗战声明》，标志中国政府正式迎战，全国抗战终于实现。8 月 25 日，中共中央军委发布命令，在陕北的中央红军改编为八路军，开赴华北抗日前线；南方八省的红军和游击队改编为新四军，开赴华中抗日前线。9 月 22 日，国民党中央通讯社发表《中共中央为公布国共合作宣言》。23 日，蒋介石发表谈话，指出团结御侮的必要，实际上承认了共产党的合法地位。抗日民族统一战线正式形成，第二次国共合作开始。

第三，正面战场与敌后战场。抗日战争时期，中国始终存在着两个战场，一个是主要由国民党军队为主的正面战场，一个是由共产党领导的人民军队为主的敌后战场。

在抗日战争初期的战略防御阶段，国民党进行积极抵抗，先后组织了淞沪会战、徐州会战、武汉会战等大规模战役，台儿庄大捷沉重打击了日本侵略者的嚣张气焰，为抗日战争的胜利做出了巨大贡献。但是，由于敌强我弱的总局势和国民党实行片面的抗战路线，没有充分发动民众，最终没能够抵

① 杨德山、刘建美：《中共党史简明读本》，华文出版社 2011 年版，第 57 页。

御日军的疯狂进攻。从七七事变到 1938 年 10 月的一年多时间里，日军长驱直入，占领了北平、天津、太原、上海、南京、广州、武汉等重要城市。

日军侵入中国内地后，由于战线拉长，兵力不足，在其后方留有广阔的地区，中国共产党在配合国民党正面战场作战的同时，深入敌后，开辟敌后战场，建立了敌后抗日根据地。抗战进入相持阶段后，日本由原来主攻正面战场转为集中主要力量打击八路军和新四军。日军对抗日根据地进行严密封锁，加强军事进攻，发动疯狂扫荡。国民党在日本的诱降下，也开始消极抗日，积极反共，发动三次反共高潮，包围陕甘宁边区及各抗日根据地，停发八路军、新四军经费。加之华北等地连年遭受自然灾荒，致使整个抗日根据地财政经济发生极大困难，军队供给濒于断绝。中国共产党放手发动群众，广泛深入开展群众性游击战争，建立“三三制”人民民主政权，动员组织根据地全体党政军民，开展大生产运动，自己动手，丰衣足食，在以延安为中心的全党范围内开展整风运动，这不仅使敌后抗日根据地摆脱了困境，而且各项事业都取得发展，为长期抗战奠定了基础。在 1945 年 8 月反攻阶段到来前夕，人民军队已经发展到了 120 万人，民兵 220 万人，抗日根据地达到 19 块。敌后军民的大反攻，就是在此基础上展开的。

在抗战时期，虽然国民党制造了多次“反共”摩擦事件，破坏团结抗战的局面，但中国共产党始终把解决中日民族矛盾放在首位，以团结为目标，采取有理、有利、有节的原则进行斗争，把统一战线中的摩擦和矛盾限制在一定的范围和程度内，制定“发展进步势力，争取中间势力，孤立顽固势力”的策略，扩大和发展抗日民族统一战线。随着国际形势的发展和中日战争形势的变化，中共中央确定 1944 年的斗争方针，即继续团结国民党共同抗日，集中力量打击日、伪军，巩固和扩大抗日根据地。从 1944 年春起，各解放区战场先后转入对日的局部反攻。在正面战场上，国民党军队也开始由守势作战转为攻势作战。1945 年 5 月，苏军攻克柏林，德军正式向盟军投降。7 月 26 日，中、美、英三国发表《波茨坦公告》，敦促日本投降。8 月上旬，美国军队在日本的广岛、长崎投掷两颗原子弹。8 月 8 日，苏联政府对日宣战，出兵中国东北。8 月 9 日，毛泽东发表《对日寇的最后一战》，各解放区人民军队展开全面反攻。8 月 15 日，日本天皇裕仁以广播“终战诏书”的形式正式宣布日本无条件投降，历经 14 年的抗日战争胜利结束。

第四，重庆与延安。抗日战争胜利后，国际格局发生重大变化，国内形势错综复杂，出现了三种建国方案和两个中国之命运。一是地主阶级与买办性大资产阶级的建国方案；二是民族资产阶级的建国方案；三是工人阶级、农民阶级和城市小资产阶级的建国方案。是建立一个和平民主的中国还是坚持独裁内战的方针，中国再次面临着向何处去的历史抉择。

抗日战争胜利后，人民迫切希望实现和平、民主。中国共产党顺应人民的愿望，力图通过和平的途径实现社会变革。代表大地主大资产阶级利益的国民党统治集团，企图通过发动内战维持一党专制统治。但因国际依靠力量的不赞成以及内战部署一时难以完成，在积极准备内战的同时，电邀毛泽东到重庆进行和平谈判，共商国是。1945 年 8 月 28 日，毛泽东飞赴重庆与国民党当局进行谈判，边打边谈。10 月 10 日，双方签署《政府与中共代表会谈纪要》，确认和平建国的基本方针。在谈判基础上，1946 年 1 月 10 日，国共双方下达停战令，在重庆召开政治协商会议，共有国民党、共产党、民主同盟、青年党及社会贤达代表 38 人出席会议，通过政府组织、国民大会、和平建国纲领、军事问题、宪法草案等五项协议，在一定程度上有利于削弱蒋介石的独裁统治，实行民主政治，和平建国。

政协会议后，国内出现了一个暂时的和平局面，但这一局面很快被较场口惨案、下关惨案所打破。1946 年 6 月 26 日，国民党军以大举围攻中原解放区为起点，挑起全国性内战。11 月，在南京召开由国民党一手包办的“国民大会”，通过了维护蒋介石独裁统治的《中华民国宪法》。1947 年 1 月，美国宣布退出国共关系调停。3 月，国民党强迫中共驻南京、上海、重庆代表全部撤退，国共关系彻底破裂，全面内战爆发。对于中国共产党的小米加步枪如何战胜蒋介石的飞机加坦克，毛泽东提出了“一切反动派都是纸老虎”。在政治上，放手发动群众，团结一切可以团结的力量，建立最广泛的人民民主统一战线；军事上，坚持集中优势兵力，各个歼灭敌人；经济方面，在解放区普遍深入开展土地改革，激发群众的政治热情和生产积极性，支援战争。经过一年的内线作战，各解放区军民粉碎了国民党军队的全面进攻，决定举行全国性反攻，将战争引向国民党区域。1947 年 10 月 10 日，中国人民解放军总部发表《中国人民解放军宣言》，正式提出“打倒蒋介石，解放全中国”的行动口号。1948 年秋，人民解放军开始同国民党军队进行战略决战。此时，人民解放军已由战争开始时的 120 万人发展到 280 万人，基本完成土地制度改革的各解放区相继连成一片，广大农民的革命与生产积极性空前高涨。与此相反，国民党军队由开始时的 430 万人下降为 365 万人，群众拥护不高，士气低落，战斗力不强。在毛泽东和中共中央军委的领导和指挥下，在人民群众的热烈支援下，中国人民解放军先后发动辽沈、淮海、平津三大战役，基本摧毁了国民党的主要军事力量。1949 年 4 月 23 日，人民解放军占领南京，延续 22 年的国民党反动统治宣告覆灭。

内战爆发后，国民党统治区的社会经济形势急剧恶化。官僚资本极度膨胀，恶性通货膨胀引起物价飞涨；大批民族工商业濒于倒闭，仅重庆一地，倒闭的大小商号即达 700 余家；农业经济严重萎缩，1947 年全国农作物总产量比 1936 年减少 33%—44%，各地饥民达多 1 亿人以上；公教人员和学生群众的生活也陷入极端的困境。昆明的“一二·一”运动，北京的“一二·三〇运动”，南京、上海、苏州、杭州等地举行的“反饥饿、反内战、反迫害”运动以及工人罢工和饥民的“抢米”风潮，掀起了声势浩大的爱国民主运动，形成配合人民解放战争的“第二条战线”。

中国各民主党派中的许多成员都积极参加和支持中国共产党领导的爱国民主运动。当人民解放军转入战略进攻后，国民党当局加紧了对爱国民主力量的镇压。1946 年 7 月国民党特务在昆明暗杀爱国民主运动人士李公朴和闻一多，1947 年 10 月，民盟中央领导人杜斌丞在西安被杀，许多民盟成员被逮捕或绑架。同年 10 月，国民党当局宣布民盟为“非法团体”并予以取缔。这就使在国民党统治下试图进行和平改良的“第三条道路”的幻想归于破灭，原来持“中间路线”政治主张的民主人士和中间阶层开始反抗，并向中国共产党靠拢。1948 年 1 月，民盟领导人沈钧儒在香港召开民盟一届三中全会，恢复民盟总部，宣布在是非曲直之间不能再有中立的态度，今后将与中国共产党携手合作。国民党内民主力量实行联合，在香港成立中国国民党革命委员会，宣布当前革命任务为推翻蒋介石政权，实现中国独立、民主与和平，坚持同共产党合作。1949 年 1 月 22 日，李济深、沈钧儒等民主党派的领导人和著名无党派人士 55 人联合发表《我们对于时局的意见》，一致拥护中共提出的召开政治协商会议，成立民主联合政府的主张，表示“愿在中共领导下，献其绵薄，共策进行，以期中国人民民主革命之迅速成功，独立、自由、和平、幸福的新中国之早日实现”[①]。随后，各民主党派和无党派人士同全国各界人民代表一道参加新政协的筹备工作。1949 年 9 月 21 日至 30 日，中国人民政治协商会议第一届全体会议在北京举行，中国共产党、各民主党派、人民团体和无党派人士等组织代表共 662 人参加会议。会议通过了具有临时宪法性质的《中国人民政治协商会议共同纲领》，制定了《中国人民政治协商会议组织法》和《中华人民共和国中央人民政府组织法》。9 月 30 日，会议通过的宣言宣布：“中华人民共和国现已宣告成立，中国人民业已有了自己的中央政府。”

历史实践证明，中国命运的选择权不在国民党和共产党手里，而是在人民手里。地主阶级和买办性大资产阶级的建国方案与中国最广大人民的利益和愿望背道而驰，最终遭到人民的唾弃。民族资产阶级的中间路线在当时的中国走不通，一方面帝国主义不允许中国成为一个独立自强的资本主义国家；另一方面民族资产阶级的软弱性和两面性，使其没有勇气和能力发动领导人民反帝反封建。以中国共产党为政治代表的工人阶级、农民资产阶级和城市小资产阶级的建国方案，反映了中华民族和中国最广大人民的利益，因而获得了人民的肯定和支持。

---

① 当代中国研究所著：《中华人民共和国史稿》第 1 卷，人民出版社，当代中国出版社 2012 年版，第 15 页。

第七章　中国道路的艰辛探索

1949 年 10 月 1 日，中华人民共和国成立，标志着新民主主义革命取得基本胜利，半殖民地半封建社会结束。近代以来，中国面临的第一大历史任务，即民族独立和人民解放基本完成。中国开始探索建设道路，以完成第二大历史任务，即国家繁荣富强和人民共同富裕。

一　过渡社会

按照“两步走”革命理论，中国革命第一步先进行反帝、反封建的民主革命，第二步再进行推翻资产阶级的社会主义革命。中华人民共和国成立后，不是马上进入社会主义，而是要逐步过渡到社会主义。但是，如何过渡，什么时候过渡，需要在实践中不断探索、调整。

1. 新民主主义社会的提出

毛泽东在《中国革命和中国共产党》和《新民主主义论》两篇文章中，提出民主革命胜利后，将不允许横插一个资产阶级专政的时期，但也不能立即建立社会主义社会，而是要建立一个新民主主义的社会作为过渡。这是基于中国半殖民地半封建社会的基础，基于实现社会主义和共产主义的目标而提出的。它不是一个独立的形态，是向社会主义过渡的一个准备阶段，主要任务是在多种所有制基础上发展生产力，实现农业国向工业国的转变，为建立社会主义准备条件。

2. 新民主主义社会的实践

作为过渡性社会，新民主主义社会中既有社会主义因素，也有非社会主义因素，甚至是资本主义因素。在政治上实行工人阶级、农民阶级和城市小资产阶级联盟为基础的人民民主专政，同时团结民族资产阶级。1949 年 9 月 21 日至 30 日，参加中国人民政治协商会议的 14 个党派单位中，除中国共产党和新民主主义青年团外，有 11 个民主党派和 1 个无党派人士。非中共人士在全体代表中占56%，在中央人民政府6 位副主席中占有3 位，4 位政务院副总理中占有2 位，在56 位中央人民政府委员中约占半数，在15 位政务委员中民主人士占 9 位。经济上，没收封建阶级的土地归农民所有；没收蒋介石、宋子文、孔祥熙、陈立夫为首的垄断资本，归新民主主义国家所有；保护民族工商业。在土地改革和没收官僚资本以后，新民主主义社会将存在五种经济成分，即国营经济、合作社经济、私人资本主义经济、个体经济以及国家资本主义经济。"新民主主义经济既不是传统的资本主义，也不是传统的社会主义，而是一种'混合型'经济模式。"① 在新民主主义社会中，非社会主义经济在整个国民经济中还占很大比重，但是对这种经济形态不是放任自流，是利用与限制并用。尽可能利用城乡私人资本主义的积极性，促进国民经济发展，但前提是不能操纵国计民生，要接受国营经济的领导，并在国家经济政策和经济计划的轨道内发展。

3. 新民主主义社会的结束

作为过渡性社会，需要存在多久，具备什么条件才能过渡到社会主义？这个问题贯穿新民主主义社会的建设始终。按照最初中央的设想，新民主主义社会将持续 10 年、20 年，甚至更长时间。正如毛泽东在七届二中全会报告中所说，中国"现代性的工业占 10% 左右，农业和手工业占百分之 90%"，这是"革命胜利以后一个相当长的时期内一切问题的基本出发点"②。任弼时在七届二中全会上发言提出，"俄国 1913 年工业占国民经济的比重是 42. 1%，而我们现在才只有 10%。虽然我们有苏联的帮助，转入社会主义时，工业的比重可以不必达到 40% 几，但大致说来，总不能少于 30%。所以，全国革命

① 萧冬连：《筚路维艰——中国社会主义路径的五次选择》，社会科学文献出版社 2014 年版，第 16 页。

② 《毛泽东选集》第 4 卷，人民出版社 1991 年版，第 1430 页。

胜利后，我们仍需要有两个到三个五年计划，才可转到社会主义”①。生产力发展水平特别是工业化发展程度，是中央考虑新民主主义社会向社会主义过渡的主要条件。

经过三年的恢复和发展，土地改革基本完成，国民经济恢复，政权逐步稳定，国营经济掌握了国家经济命脉，而且在工业中的比重超过了私人经济，占到67.3%，国家资本主义形式将半数以上的私人工业纳入国家资本主义轨道，大大增强了国营经济对资本主义经济的领导，“五反”运动在一定程度上限制了私营企业的生存空间，加大了国家对社会经济活动的控制能力，这使以毛泽东为代表的党中央对社会主义过渡问题的认识发生了根本性变化。1952年9月24日，毛泽东在中共中央书记处会议上提出：“我们现在就要开始用十年到十五年基本上完成到社会主义的过渡，而不是十年或者以后才开始过渡到。”② 1953年6月，中共中央政治局正式讨论和制定党在过渡时期的总路线。1954年2月，党的七届四中全会正式批准过渡时期总路线，即从中华人民共和国成立，到社会主义改造基本完成，这是一个过渡时期。党在这个过渡时期的总路线和总任务，是要在一个相当长的时期内，逐步实现国家的社会主义工业化，并逐步实现国家对农业、对手工业和对资本主义工商业的社会主义改造。中国由新民主主义社会开始向社会主义过渡与转变。

二　以苏为师

中国在从新民主主义社会向社会主义社会过渡的过程中，选择仿效苏联，包括优先发展重工业的社会主义工业化道路，建立单一的公有制基础上的中央计划经济体制和高度集权的政治社会体制等。1954年9月，刘少奇在关于宪法草案的报告中明确指出：“我们所走的道路就是苏联走过的道路”，而“苏联的道路是按照历史发展规律为人类社会必然要走的道路。要想避开这条路不走，是不可能的”③。

1. “156项工程”

按照总路线“一化三改”的要求，工业化是主体，要求大力发展社会主

① 《任弼时选集》，人民出版社1987年版，第465页。

② 《毛泽东年谱1949—1976》第1卷，中央文献出版社2013年版，第603页。

③ 《刘少奇选集》（下卷），人民出版社1985年版，第155页。

义工业。党内在经过优先发展重工业还是优先发展轻工业的讨论后，决定效仿苏联，启动重工业优先的工业化。

1953 年 1 月 1 日，《人民日报》社论宣告：我国开始执行国家建设的第一个五年计划，其基本目标是把一个经济落后的农业大国逐步建设为工业国家。苏联援建的“156 项工程”是中国一五计划建设的核心。这“156 项工程”包括煤炭、电力等能源项目，钢铁、有色金属、化工等基础工业项目以及国防工业项目，最后实际进行施工的为 150 项。苏联从贷款、工业设备、生产技术、专家派遣等方面对中国的工业化建设进行援助。据苏方统计，在 1954—1957 年工业项目建设中，苏联派遣了近 5000 名专家。苏联专家在“156 项工程”建设中发挥了重要作用。一是在一些重大问题的决策上，为中国政府提供有益帮助。据统计，苏联方面关于修改“一五”计划草案的 59 条意见中，有 52 条是在华顾问提出的。二是从厂址选择、设计、指导安装和开工运转，到新产品制造和检验，专家们都亲自参加，具体负责，认真指导，使很多工业部门从无到有。三是利用高等教育为中国培养大批管理和技术人才，在中国建立了 26 所涉及炼钢、采矿和地质等各种专业的工程学院。同时，通过讲授技术课、现场指导工作、翻译讲解文献资料等各种方式，向中国干部、工人传授知识和经验。

通过 156 个项目及其配套项目的建设，形成了一批门类齐全、工业化急需的现代基础工业。东北能源基地建立，鞍山、包头、武汉三大钢铁基地建设取得重大进展。机器制造业实现多项零的突破，1956 年第一座生产载重汽车的长春第一汽车制造厂建成投产，第一座制造机床的沈阳机床厂建成投产，第一座大批生产电子管的北京电子管厂建成投产，第一座制造飞机的沈阳飞机制造厂试制成功第一架喷气式飞机。1957 年，武汉长江大桥建成通车，青藏、康藏、新藏公路先后建成通车。到 1957 年底，第一个五年建设计划的各项指标大多大幅度超额完成，“一五”期间工业建设和生产所取得的成就，远远超过了旧中国的一百年，改变了“一辆汽车、一架飞机、一辆坦克、一辆拖拉机都不能造”① 的局面。

---

① 《毛泽东文集》第 6 卷，人民出版社 1999 年版，第 329 页。

2. 统购统销

“苏联援建‘156 项工程’的实施，为中国社会主义工业化雏形注入了苏式基因”[①]，中国开始仿效苏联经济模式探索社会主义建设道路。

以“156 项工程”为核心的工业化建设，需要巨额投资和大规模的原始积累，而此时的中国却是资金严重不足、生产力低下、物质匮乏。集中力量办大事成为我国工业化建设的现实选择，经济管理中的计划性逐渐增强，开始了统一外贸、全国财经、金融，统一调度重要物资，统筹安排就业等。1953 年，为解决农村粮食收购危机而实行的统购统销政策，进一步推动了中国经济计划化进程。1954 年，统购统销的范围从粮食扩大到油料、棉布等重要品种，在一定程度上缓解了工业化建设的原料供应不足问题。借鉴苏联通过集体化道路顺利、永远解决粮食问题的经验，统购统销也被作为引导农民走集体化、合作化道路的重要步骤。1953 年 10 月 15 日，毛泽东说，“个体农民，增产优先”，“个体所有制的生产关系与大量供应是完全冲突的，个体所有制必须过渡到集体所有制，过渡到社会主义”[②]。1954 年 9 月 23 日，陈云在全国人大一届一次会议上明确提出，统购统销政策要继续实行下去，不会变更。因为取消计划收购，“等于放纵私商和富农去操纵农产品市场，农村的资本主义就会发展”[③]。原本用于应对粮食危机的一项处理措施变成一项长期政策，成为基础性制度的一部分。

在统购统销的基础上，党在农村大力推进农村合作化，加强对个体农业的社会主义改造。农业合作化运动采取互助组、初级社、高级社形式，逐步过渡。1955 年夏季以后，农业合作化运动加速发展，出现了农业合作化高潮。到 1956 年底，农业合作化基本完成。加入合作社的农户占全国农户总数的 96. 3%，其中参加高级社的农户占到 87. 8%[④]。农业合作化高潮的兴起，带动了手工业合作化，同时国家计划范围的日益扩大挤压了手工业的发展，手工业者要求合作化的愿望强烈。到 1956 年，参加合作社的手工业人员占全体手

---

① 王宪明、蔡乐苏：《中国近现代史述要》，清华大学出版社 2008 年版，第 411 页。

② 《毛泽东文集》第 6 卷，人民出版社 1999 年版，第 301 页。

③ 《陈云文选》第 2 卷，人民出版社 1995 年版，第 261 页。

④ 中共中央党史研究室：《中国共产党的九十年（社会主义革命和建设时期）》，中共党史出版社、党建读物出版社 2016 年版，第 455 页。

工业者的91.7%，手工业的合作化也基本完成。

统购统销政策的长期执行，也在一定程度上将民族资本家“逼”上改造之路。实行统购统销，国家掌握了70%的粮食、油料、棉花、纱布等重要物资，私营企业很难从市场得到货源，国营商业和合作社商业迅速扩张。国家“一方面掌握了原料，另一方面又控制着市场，同时又对资本家贷给流动资金，这样使民族资本家不能不接受改造”[①]。1953年2月，毛泽东提出：“对民族资产阶级，可以采取赎买的办法”。同年9月，又进一步指出，国家资本主义是“改造资本主义工商业和逐步完成社会主义过渡的必经之路”。国家资本主义有初级形式和高级形式。初级形式主要是国营经济通过加工订货、统购包销、经销代销、代购代销的外部形式同私营企业建立联系，企业仍由资本家经营。高级形式就是深入企业内部的公司合营，主要由个别企业的公私合营逐步发展到全行业的公私合营。在公私合营的企业中实行赎买政策，国家对资本家原有生产资料清理估价，定股定息；为资本家及其子女安排工作，并给予政治上的待遇，这既有利于发挥他们在经营管理方面的特长，又可以为他们改造成为自食其力的劳动者创造条件。到1956年底，全国私营工业户的99%、私营商业户的82.2%，被纳入了公私合营或合作商业的轨道[②]。全行业公司合营的企业，除了资本家领取定息外，基本上已经是社会主义性质的经济。

通过对农业、手工业、资本主义工商业的社会主义改造，在农村基本上采取集体所有、统一核算、集中劳动、按工分配的经营方式；社会主义性质的国营经济、合作社经济和基本上属于社会主义性质的公私合营经济占到国民经济的97%，“‘一五’计划时期，基本建设投资的90%来源于财政，79%来源于中央财政，国家几乎成了唯一的投资主体”[③]。国家统配物资从1952年的55种，增加到1957年的532种。以公有制为基础的社会主义基本经济制度已建立，这标志着中国已完成从新民主主义到社会主义的过渡，进入了社会主义社会。

---

① 《毛泽东文集》第8卷，人民出版社1999年版，第115页。

② 中共中央党史研究室：《中国共产党的九十年（社会主义革命和建设时期）》，中共党史出版社、党建读物出版社2016年版，第456页。

③ 周道炯：《当代中国的固定资产投资管理》，中国社会科学出版社1989年版，第19页。

3. “举国体制”

经济上的单一公有制和资源的统一调度，必然会带来政治、文化和社会等各方面的高度集中，“形成了一种被称为‘全能主义政治’的举国体制”①。

在政治上，通过召开全国人民代表大会，模仿苏联宪法，制定《中华人民共和国宪法》，通过选举，实现由“‘联合政府’向‘一党政府’转变”②，取消六大行政区一级政府，由地方分权向中央集权过渡。

在文化上，首先，确立马克思主义的统治地位，实现意识形态指导思想的一元化。其次，通过改造“旧教育”，将全部学校教育公立化，并通过将高等教育的院系调整，削弱欧美教育传统，引进苏联教育模式。大量苏联高校和中专学校的教材被引入中国。1950 年创办的中国人民大学和 1951 年创办的哈尔滨工业大学是仿效苏联教育的样板。从培养目标、学制、专业设置到教学计划、教学大纲、教学方法等方面都全部依照苏联经验。最后，通过改造和使用并举政策，加强对知识分子的思想改造，促使知识分子拥护新政权，为国家建设出力，并逐渐信仰马克思主义。

在社会管理上，随着共产党组织和基层政权在农村的普遍建立，国家权力成功楔入乡村社会，将社会人口分为“农业人口”和“非农业人口”的户籍制度，进一步限制了人口自由流动，农村人口绝大部分被组织在合作社内。通过单位制、统包统配的就业制度，非农业人口绝大多数被组织在一个个单位中。

高度集中的经济、政治社会体制，有利于政权的统一稳固，发挥了集中力量办大事的优势，能够解决社会主义建设初期的燃眉之急，但随着社会主义建设的深入发展，又会与经济发展特别是商品市场经济发展形成新的矛盾。

三　以苏为鉴

1956 年 2 月，苏共中央书记赫鲁晓夫在苏共二十大所作的《关于个人崇拜及其后果》的报告，暴露了苏联国内长期存在的个人崇拜、肃反扩大化以

---

①　萧冬连：《筚路维艰——中国社会主义路径的五次选择》，社会科学文献出版社 2014 年版，第 72 页。

②　同上书，第 62 页。

及国民经济建设中的诸多问题，这引起了中国共产党人的警觉。同时，国内因社会主义改造过急与经济建设冒进，导致出现工人罢工、农民退社等现象，促使中国共产党深刻反思如何建设社会主义，尤其是如何处理学习借鉴苏联经验与自己探索的关系问题。中国共产党决定以苏为鉴，探索走出一条适合中国国情的具有中国特色的社会主义建设道路，并在经济改革、扩大民主、文化发展等方面进行了有价值的尝试。

1. 十大关系

为了准确了解国家经济建设的情况和存在的问题，毛泽东、刘少奇、周恩来、陈云等先后听取国务院工业、农业、运输业、商业等34个部门的工作汇报，讨论社会主义建设中存在的问题。毛泽东集中大家的意见，在4月的政治局扩大会议上作了《论十大关系》的报告。报告从宏观角度对社会建设中各个要素的平衡协调发展进行了探索，着重论述了社会主义建设中存在的十个问题，处理好这十大关系以充分调动国内外的积极因素，建设社会主义。

社会主义建设中的十大关系，涉及经济方面的有五个关系。鉴于苏联、东欧国家片面发展重工业，忽视农业和轻工业导致发展极度不平衡，导致人民日需产品短缺的教训，提出要适当调整重工业、农业、轻工业的比例，更多发展农业和轻工业，以适当照顾民生。要平衡工业发展的布局，改变对沿海工业的消极态度，好好利用和发展沿海工业的老底子，并更好地支持和发展内地工业。“二五”期间适当放慢国防工业的步子，降低军事费用以加快经济建设，进而推动国防建设。在国家、生产单位和个人关系上，要兼顾各方面利益。中央和地方的关系上要适当扩大一点地方的权力，给地方更多的独立性，调动地方的积极性。在政治方面谈到了四个方面的关系，搞好汉族和少数民族的关系，反对大汉族主义和地方民族主义，巩固民族团结。在党和非党的关系上，和其他民主党派实行“长期共存，互相监督”的方针。在革命与反革命关系上，是非关系上，强调“惩前毖后，治病救人”。在中国和外国的关系上，倡导一切国家、民族的长处都要学，但必须有分析有批判地学，不能盲目地学，不能照抄照搬。

2. “新经济政策”

社会主义改造后期，存在过急、过快、过粗，形式也过于简单划一的缺点，留下了一定的后遗症，逐渐暴露出了一些新问题。农业合作化中存在过分集中统一，过分强调一切公有化、社越大越好等倾向，但实践中出现强迫命令、瞎指挥、平调风、低效率、干部多吃多占等问题，导致部分地方，农民收入反而减少，出现要求退社的现象。手工业和工商业合并过多，导致产品质量下降、品种减少，不能有效满足居民生活所需。这些问题引起中共党内对经济体制改革的深入思考。

1956年7月，陈云指出："有的同志说，资本主义生产处于无政府状态，大范围不合理，但小范围合理；我们现在是大范围合理，小范围不合理。这句话，我觉得有点道理。"① 为此，在中共八大上提出"三个主体，三个补充"的总体设想，即：国家和集体经营是主体，一定数量的个体经营为补充；计划生产是主体，一定范围的自由生产为补充；国家市场是主体，一定范围的自由市场为补充。同年12月，毛泽东在同工商业者谈话时提出，要根据社会需要，使地下工厂合法化，可以雇工，可以消灭了资本主义，又搞资本主义，并把这称为"新经济政策"。这是对计划经济体制的改良，通过在计划经济中引入市场机制，在公有制占绝对优势情况下，允许少量非公有制经济存在，为这种模式注入一些灵活性。

3. 正确处理人民内部矛盾

苏共二十大上，赫鲁晓夫揭露斯大林时期的个人迷信，使中国共产党人意识到，权力过分集中会带来弊端。从《论十大关系》到中共八大，中国共产党在扩大社会主义民主上进行了一系列尝试。

第一，从阶级斗争转向发展生产力。1956年，社会主义改造完成后，以毛泽东、刘少奇等为代表的中共高层认为，大规模的阶级斗争已经过去，社会主义和资本主义谁战胜谁的问题已经基本上解决。毛泽东认为，斯大林在消灭了阶级以后还要继续进行阶级斗争是他错误的根源。在同意大利共产党和英国共产党领导人谈话时强调："我们的政权专政的职能，只剩下百分十了……，现在我们的任务是解放生产力，保护生产力……要党内不恐慌，要

① 中央文献编辑委会员：《陈云文集》第2卷，人民出版社1995年版，第333页。

民主党派不恐慌，要全国人民不恐慌。"[①] 正是基于这样一种共识，中共八大确定我们国内的主要矛盾，已经是人民对于建立先进的工业国的要求同落后的农业国的现实之间的矛盾，已经是人民对于经济文化迅速发展的需要同当前的经济文化不能满足人民需要的状况之间的矛盾。党和人民当前的主要任务就是集中力量来解决这个矛盾，发展生产力，使中国尽快地由落后的农业国变为先进的工业国。

第二，区分敌我矛盾和人民内部矛盾。社会主义改造完成后，在国内外形势影响下，中国社会出现了一些矛盾和摩擦。一是社会主义改造后期急于求成的缺点，使新的社会制度还不够完善，使不少人产生不满情绪，一些地区出现工人罢工、学生罢课、农民退社等情况。二是党和政府的一些工作部门存在的主观主义、官僚主义作风，引起群众不满，特别是国际上的波兰、匈牙利事件激化了这种不满。面对群众的不满和矛盾，各级领导干部或者束手无策，或者习惯于把一些闹事问题直接作为敌我矛盾来处理，进一步激化了矛盾。1957 年 2 月 27 日，毛泽东在扩大的最高国务会议上发表《关于正确处理人民内部矛盾的问题》的讲话，明确提出要区分和处理敌我和人民内部两类不同性质的矛盾。敌我矛盾需要用强制、专政的方法去解决，人民内部矛盾只能用民主的、说服教育的、"团结—批评—团结" 的方法去解决，决不能用解决敌我矛盾的方法去解决人民内部的矛盾，将正确处理人民内部矛盾作为国家政治生活的主题。通过正确处理人民内部矛盾，团结全国各族人民向自然界开战，发展我们的经济、文化，以巩固我们的新制度，建设我们的新国家。"这相对于斯大林把一切矛盾都看成阶级斗争的观点，以及从肉体上消灭一切政治反对派的做法，是一个历史进步。"[②]

第三，反对个人崇拜，健全法制。鉴于苏共二十大所揭露的斯大林的个人崇拜问题，党的八大明确提出反对个人崇拜，反对突出个人，反对对领导人的歌功颂德，强调坚持民主集中制和集体领导制度。为此，在党的八大上没有提毛泽东思想。八大在坚决反对个人崇拜的同时，也提出了健全法制的

---

① 中共中央文献研究室：《毛泽东年谱（1949—1976）》第 2 卷，中央文献出版社 2013 年版，第 631 页。

② 萧冬连：《筚路维艰——中国社会主义路径的五次选择》，社会科学文献出版社 2014 年版，第 85 页。

问题。董必武在大会上批评说："革命的群众运动是不完全依靠法律的，这可能带来一种副产物，助长人们轻视一切法制的心理"①，提出无论就需要还是可能来说，都应该将法制逐渐完备起来。但是，法制问题在当时仍然没有引起足够的重视。

4. "双百"方针

中国共产党在扩大社会主义民主的探索中，针对科学文化领域，提出了"百花齐放，百家争鸣"的方针，并在此基础上，在全党内开展整风运动，鼓励党内外群众提出批评建议，以改进党的作风，密切党同群众的联系。

1956年4月28日，毛泽东在中共中央政治局扩大会议上提出，艺术问题上的"百花齐放"，学术问题上的"百家争鸣"，应该成为我国发展科学，繁荣文学艺术的方针。1956年5月26日，中共中央宣传部部长陆定一向自然科学家、社会科学家、医学家、文学家和艺术家作了题为《百花齐放，百家争鸣》的讲话，系统阐述了党中央提出的"双百方针"。他强调："我们所主张的'百花齐放，百家争鸣'是提倡在文学艺术工作和科学研究中有独立思考的自由，有辩论的自由，有创作和批评的自由，有发表自己意见、坚持自己的意见和保留自己的意见的自由。"② "我们主张政治上必须分清敌我，我们又主张人民内部一定要有自由。'百花齐放，百家争鸣'，是人民内部的自由在文艺工作和科学领域中的表现。"③ "双百"方针虽然引起了以赫鲁晓夫为代表的苏联领导层的担忧和不满，但仍以团结动员知识分子、建设新国家为目标，在实践中倡导学术自由，鼓励学术争鸣，如《人民日报》扩版，报道批评言论和刊登争鸣文章，《参考消息》扩大发行，放宽获取外部信息的范围等。1956年6月，全国人大一届三次会议中的会上发言，包括批评政府工作的发言，都在报纸上公开发表，反映出一种新气象。

"双百"方针的提出和实行，使科学文化艺术界出现了生气勃勃的现象，诞生了一批优秀的科学研究成果和科学家，大量优秀文艺作品出现，促进了文化艺术事业的繁荣，也树立了比苏联自由、开放的社会主义新形象。

---

① 《董必武法学文集》，法律出版社2001年版，第350页。

② 中央文献研究室：《那边以来重要文献选编》第8册，中央文献出版社2011年版，第258页。

③ 同上书，第260页。

5. 整风运动

“双百”方针促进了社会活跃，推动了社会的民主。为了提高干部处理新形势下社会矛盾的能力，消除党内官僚主义、宗派主义和主观主义的不良作风，避免出现类似波兰和匈牙利发生的事件，处理好党员干部和群众的内部矛盾，中共中央决定在党内开展一次整风运动。

1957 年 4 月 27 日，中共中央正式发出《关于整风运动的指示》，整风运动全面展开。整风的主题是正确处理人民内部矛盾，“应该是一次既严肃认真又和风细雨的思想教育运动，应该是一次恰如其分的批评和自我批评的运动”。为了帮助共产党广泛、深入开展整风，中共中央决定开门整风，鼓励发动党外人士对党和政府的工作以及党政干部提出批评。各级党组织纷纷召开座谈会和小组会，听取党内群众的意见。在座谈会上，党外人士畅所欲言，对党和政府的工作以及党政干部的思想作风提出了大量的批评意见和建议，全社会兴起了一个“鸣放”的高潮，以促使毛泽东所希望的“一个又有集中又有民主，又有纪律又有自由，又有统一意志、又有个人心情舒畅、生动活泼”① 的政治局面的形成。

在整风运动中，党外人士提出的绝大多数意见是诚恳的，但却有极少数右派分子则鼓吹“大民主”，趁机攻击共产党在国家政治生活中的领导地位为“党天下”，要求“轮流坐庄”；他们抹杀社会主义改造和建设的成绩，否认社会主义的优越性，将人民民主专政制度说成是产生主观主义、官僚主义和宗派主义的根源。一些地方甚至散布煽动性言论，鼓动一些不明真相的人上街闹事。这些言论超出中共中央的预料。同年 5 月 15 日，毛泽东写了《事情正在起变化》一文，整风运动指导思想开始发生变化，运动由正确处理人民内部矛盾转向反击右派。6 月 8 日，中共中央发出由毛泽东起草的《组织力量反击右派分子的猖狂进攻》的党内指示，《人民日报》发表社论《这是为什么?》，要求人民用阶级斗争的观点来观察当前的种种现象，并具体部署了反右派的步骤。

---

① 中共中央文献研究室：《建国以来重要文献选编》第 10 册，中央文献出版社 2011 年版，第 429 页。

四 自我探索

1956年，中国共产党“以苏为鉴”，开始探索中国特色社会主义建设道路，但探索之路因国内外环境影响，及领导层的主观判断失误而偏离了八大所制定的正确轨道，同时又在进一步的探索中逐渐修正。

1. 反右斗争扩大化

在整风运动过程中，对极少数右派分子进行反击，是必要的。反右斗争首先在省、市以上党政机关和知识分子比较集中的高等院校、民主党派、文艺界、新闻界、科技界进行。1957年7月，青岛会议后，反右派运动深入地县两级和各行各业，进入全国性群众运动阶段。在运动中，采取大鸣、大放、大字报、大辩论等斗争方式，对右派分子进行批判。运动后期甚至出现仅仅是根据人们的言论进行划定“右派”工作，原因各种各样，如因表达对本单位领导不满，或日记被查，或因他人揭发等。有些地方官员借反右之势，搞争权斗争。由此，全国“挖出”的右派分子迅速增加。到1958年夏季运动结束时，全国划定的右派分子达到55万多人，① 远远超过最初估计的4000人，反右斗争严重扩大化，造成大量冤假错案。

反右斗争扩大化造成最直接的影响就是使许多党的干部和有才能的知识分子长期受到压制，不敢轻易发声，没有充分发挥他们在社会主义建设中应有的作用。另一个深远影响是改变了中共八大所制定的政治路线，重新强调阶级斗争是主要矛盾。毛泽东在八届三中全会上重申：“无产阶级和资产阶级的矛盾，社会主义道路和资本主义道路的矛盾，毫无疑问，这是当前我国社会的主要矛盾。”②

2. 三面红旗

无产阶级和资产阶级的矛盾，社会主义道路和资本主义的矛盾不仅体现在政治、思想等方面，也体现在经济建设上。虽经过三年国民经济恢复，通过“一化三改”，建立了初步的国民经济体系，但是仍远远落后于苏联以及美

---

① 中央文史研究室：《中国共产党的九十年》（社会主义革命和建设时期），中共党史出版社·党建读物出版社2016年版，第493页。

② 同上。

国、英国等西方国家。1956 年 9 月，毛泽东对来访的印度尼西亚总统苏加诺说："我们是弱国，不是强国。美国怕苏联，但是不怕我们，它知道我们的底子。""我们什么也没有，只有六亿人口。人家看我们不起。"[①] 赶超英美，取得发展社会生产力的大胜利，逐渐成为我国经济发展的目标和主要任务。在总路线指导下的大跃进和人民公社化运动，轰轰烈烈地展开。

第一，总路线的制定。自 1955 年起，毛泽东就憋足了一口气，想要赶超美国。1957 年 11 月，毛泽东到莫斯科参加十月革命 40 周年庆典和各国共产党和工人党代表会议，苏联提出 15 年赶上或超过美国，毛泽东大受鼓舞，在会上提出中国十五年钢产量赶上或超过英国。随后，中共中央宣布十五年后在钢铁和其他重要工业产品的产量方面赶上或超过英国的口号。"一五"计划的提前完成，增强了中共中央对经济建设的信心，毛泽东反复强调要把群众发动起来，来一个生产上的"大跃进"。

1958 年 5 月，中共八大二次会议召开，正式制定了"鼓足干劲、力争上游、多快好省地建设社会主义"的总路线。这条总路线反映了广大人民群众要求改变我国经济、文化落后的迫切愿望，肯定了发展生产力是巩固和发展社会主义的根本途径。但在宣传和实际工作中，片面突出了"多"和"快"字，忽视了客观的经济规律，夸大了人的主观能动性；片面强调高速度，忽视了有计划、按比例综合平衡发展国民经济的原则，并制定了许多不切实际的计划指标。

党的八大二次会议和社会主义建设总路线的制定，中断了八大提出的既反保守又反冒进，在综合平衡中稳步前进的经济建设方针，使急于求成的"左"倾思想迅速发展。会后，"大跃进"运动和农村人民公社化运动在全国范围内全面展开。

第二，"大跃进"。"大跃进"运动首先在农村兴起与开展。1957 年冬，全国范围内掀起了以兴修水利、养猪积肥、改良土壤为中心的冬季农业生产高潮，拉开了"大跃进"运动的序幕。1958 年 1 月和 3 月，中共中央先后在南宁和成都召开会议，对"大跃进"作进一步部署，会议上批评反冒进，要

---

① 中华人民共和国外交部、中共中央文献研究室：《毛泽东外交文选》，中央文献出版社、世界知识出版社 1994 年版，第 269 页。

求以更好的方法和更快的速度推动社会主义建设。1958 年，八大二次会议上通过的第二个五年计划指标远远高于八大提出的建议指标。如第二个五年计划的最后一年即 1962 年的预期产量，钢产量从原先的 1200 万吨提高到 3000 万吨，粮食产量从 5000 亿斤提高到 7000 亿斤。这也促使各地不断大幅度提高和修改经济发展指标，并引发各级干部的浮夸风，各地粮食产量频频“放卫星”。

1958 年 8 月，中共中央在北戴河召开政治局扩大会议，决定当年钢产量比上年翻一番，达到 1070 万吨。为全力保证完成钢铁产量指标，全民掀起大炼钢运动，并成为“大跃进”的中心。在原有大中型钢铁企业发动群众突击炼钢也不可能完成指标的情况下，全国动员大批群众“土法炼钢”。成千上万的农民置农业生产于不顾，置正在收割的庄稼于不顾，背着镢头，带上锅灶，浩浩荡荡地去挖煤、炼钢、炼铁，一场全党全民大炼钢铁运动轰轰烈烈展开。当时的情景犹如民谣所言：“谷撒地，禾叶枯，青壮炼钢去，收禾童与姑。”经过几千万人 4 个月的日夜苦战，到 1958 年底，宣布全年钢产量为 1108 万吨，超额完成任务，但其中 300 万吨不合格，无法使用，造成人力、物力和财力的极大浪费[①]。同时，全民大炼钢铁造成国民经济内部各部门比例关系严重失调，导致农业歉收、矿产和森林资源损失严重，人民生活水平普遍下降。

第三，人民公社化运动。农村“大跃进”运动促进了人民公社的建立和发展。1957 到 1958 年冬春，在农村的农业生产高潮中，一些地区为了便于兴修农田水利，在农业社之间、乡之间以及县之间进行劳力、资源等方面的协作，一些地方自发地把小社合并成大社。1958 年 8 月，毛泽东在考察河北、河南、山东等地时，提出“人民公社好”，随后，各地相继出现小社并大社、大社转公社、大办人民公社的热潮。截止到 1958 年底，全国原有的 74 万个农业生产合作社改组合并为 2.6 万个人民公社，有 1.2 亿多户农民入社，占总农户的 99% 以上，仅用 1 个多月时间，全国农村就基本实现了人民公社化。[②]

---

① 中共中央党史研究室：《中国共产党的九十年（社会主义革命和建设时期）》，中共党史出版社、党建读物出版社 2016 年版，第 499 页。

② 中共中央党史研究室：《中国共产党的九十年（社会主义革命和建设时期）》，中共党史出版社、党建读物出版社 2016 年版，第 501 页。

人民公社的基本特点是“一大二公”。所谓大，就是组织规模大，小社并大社；经营范围大，农林牧副渔全面发展、工农商学兵五位一体。所谓公，就是政社合一，私有财产或集体财产归公，撤村并户，农民进居民点，吃公共食堂，男女劳力编成各种突击队，有的直接编成班、排、连、营，实行“大兵团作战”，即生活集体化、组织军事化和行动战斗化。这使国家力量达到了对社会的超强控制，动员能力增强，但也在一定程度导致了共产风、浮夸风、强迫命令风、瞎指挥风、多吃多占风的盛行。

人民公社一方面适应“大跃进”全民运动的需要，另一方面也是中国共产党对共产主义社会的追求与探索。1958 年 8 月，北戴河会议上做出的《关于在农村建立人民公社问题的决议》宣称：“看来，共产主义在我国的实现，已经不是什么遥远将来的事情，我们应该积极地动用人民公社的形式，摸索出一条过渡到共产主义的具体途径。”① 决议还具体列出了全国向全民所有制过渡的时间表，短则三四年，长则五六年。但是，人民公社化中实行的全民所有、平均主义，严重脱离了当时农村的生产力发展水平，土地、物资、劳动力甚至社员房屋的无偿调用，也在一定程度上损害了广大社员的利益，打消了社员生产的积极性。

3. 纠“左”与反右

1958 年秋冬之间，中共中央逐渐发现“大跃进”和人民公社化运动中，因“左”倾错误思想，出现了被强行平均，劳力被滥用，过分集中，社员和公社关系紧张等问题，中共中央在肯定“三面红旗”的指导下，开始着手纠正已经认识到的“左”倾错误。

第一，思想分歧下的纠“左”。1958 年 11 月至 12 月，针对“大跃进”和人民公社化运动中的过急问题，先后召开第一次郑州会议、武昌会议、八届六中全会，批评急于由集体所有制向全民所有制过渡、由社会主义向共产主义过渡，过早否定商品生产和价值法则，取消按劳分配等“左”倾错误，明确提出共产主义不是越快越好，目前农村人民公社仍属于集体所有制，公社的财产不能无偿调拨，要进行商品交换。根据中共八届六中全会的部署，

---

① 中央文献研究室：《建国以来重要文献选编》第 11 册，中央文献出版社 2011 年版，第 388 页。

各地普遍开展整顿人民公社工作，急于向全民所有制，向共产主义过渡的势头得到有效遏制，但公社内部的平均主义和过分集中倾向依然存在，政府同农民的紧张关系并未真正缓解。

1959 年 2 月至 4 月，毛泽东先后主持召开第二次郑州会议、上海会议和八届七中全会，着重解决公社内部的所有制和分配问题。毛泽东指出：“一平、二调、三收款”，引起广大农民的很大恐慌。这是我们目前同农民关系紧张的根本原因。[①] 会议提出要实行公社、生产大队、生产队三级所有；承认多劳多得、按劳分配的原则，改“吃饭不要钱”为“吃饭要钱”；恢复社员自留地，允许农民搞家庭副业，要求各地对刮“共产风”时调用的农民财物进行退赔等。在纠正人民公社化运动中的问题的同时，政府对过高的生产指标也进行了适当的调整和压缩。

对于中共中央纠“左”的思想和措施，当时党内并不是一致赞同，政策的落实也遭遇一定的阻力。一些干部认为“气可鼓不可泄”，坚持要继续“大跃进”和人民公社化运动，努力向共产主义过渡。有些干部则看到国民经济比例失调导致的生产和生活资料供应紧张，质疑“大跃进”和人民公社。为了继续推动贯彻郑州会议以来的政策，统一党内对形势的认识，1959 年 7 月，中共中央在庐山召开政治局扩大会议。

第二，由纠“左”转向反“右”。庐山会议上，毛泽东认为总的形势是成绩伟大，问题不少，前途光明，指出“大跃进”的缺点是没有搞好综合平衡，仍坚持 15 年赶超英国的口号。他要求大家在充分肯定成绩的前提下，认真总结经验教训，统一全党认识，继续完成 1959 年的“大跃进”任务。7 月 14 日，彭德怀给毛泽东写了一封信，在肯定“大跃进”成绩的同时，着重指出存在的问题及原因。彭德怀在信中提出，我们在工作中所面临的突出矛盾，已影响到工农之间、城市各阶层之间和农民各阶层之间的关系，因为也具有政治性。对于犯错误的原因，在提出缺乏经验的客观原因的同时，更强调主观判断的失误，认为是“犯了不够实事求是的毛病”，是“小资产阶级的狂热性”，“总想一步跨进共产主义”。

---

① 中共中央党史研究室：《中国共产党的九十年（社会主义革命和建设时期）》，中共党史出版社、党建读物出版社 2016 年版，第 504 页。

7月16日，毛泽东批示将这封信印发给与会的全体同志讨论。在讨论中，张闻天、黄克诚、周小舟等干部明确表示支持彭德怀信中的观点。7月23日，毛泽东在大会上对彭德怀等人的不同意见进行了批驳，认为他们代表了党内外的右倾势力对“三面红旗”的斗争，会议主题由纠“左”转向反右，展开对所谓“彭德怀、黄克诚、张闻天、周小舟反党集团”的斗争。8月2日，中共中央召开八届八中全会，会议发出《关于反对右倾思想的指示》，随即把“反右倾”斗争推向全国。

纠“左”的中断和“反右倾”，使正在调整的“大跃进”和人民公社化运动继续向前，国民经济比例失调的问题仍然存在，生产力发展遭到严重制约。从1959年到1961年，国内连续发生三年自然灾害。在此期间，中苏关系恶化，苏联单方面撕毁合同，撤走全部在华专家，停止供应中国建设急需的重要物资和设备，严重扰乱原定的经济建设计划。国民经济发生严重困难，1960年粮食和棉花产量均跌落到1951年水平，许多地方出现饥荒。原本想通过“大跃进”和人民公社化运动，使人民群众早日富裕起来的良好愿望落空，这在中国的建设道路上是一个沉重的历史教训。

第三，经济困难后的纠“左”。面对严重困难，全党和中央逐步清醒过来，决心大兴调查之风，认真纠正错误，调整政策。1960年11月，中共中央发出《关于农村人民公社当前政策问题的紧急指示信》，明确规定以生产大队为基本核算单位的三级所有制是现阶段人民公社的根本制度，明确要求1961年春耕前全部退赔平调社、队、社员的各种财物；允许社员经营少量自留地和家庭副业；坚持按劳分配原则；有计划恢复农村集市等。全国农村人民公社开展纠正“五风”运动。1961年1月，党的八届九中全会正式通过“调整、巩固、充实、提高”的“八字方针”，着重解决经济比例关系严重失调问题，要求按照农、轻、重的次序制定国民经济计划，调整经济。

会后，毛泽东、刘少奇、周恩来等中央领导人带头深入基层调研。在调查中，毛泽东发现“调”的问题解决了，但平均主义问题仍然存在。3月15日至23日，中共中央在广州举行工作会议，讨论通过了《农村人民公社工作条例（草案）》，即《农业十六条》，对公社对下级管得太多太死，民主制度和经营管理制度不健全等方面的问题，作了比较系统的规定。这对于克服平均主义，调动农民的生产积极性，推动恢复和发展农业生产，起到重要作用。

在“八字方针”指导下，调整国民经济的工作有了一定进展，但困难的经济形势并没有得到根本扭转。为了统一认识、明确方向，1962 年 1—2 月，中共中央在北京举行扩大工作会议。这次会议打破惯例，直接请来自中央、大区、省市、地区、县五级的党政军领导干部七千余人到会，以便中央与地方各级直接沟通，所以又被称为“七千人大会”。会议中，各级领导干部发扬民主精神，恢复实事求是的传统，对前几年的工作进行批评和自我批评，总结经验教训。毛泽东发表长篇讲话，系统阐述民主集中制原则，并对前几年的错误表示要负第一位责任。他承认在社会主义建设上，我们还有很大的盲目性，要下苦功夫研究规律。立足中国国情，毛泽东提出：“中国的人口多、底子薄，经济落后，要使生产力很大地发展起来，要赶上和超过世界上最先进的资本主义国家，没有一百多年的时间，我看是不行的。”[①] 大会前后，中央开始对“反右倾”运动中受到错误批判的人进行甄别平反，并对国民经济进行进一步调整。1964 年底 1965 年初，在国民经济调整任务即将基本完成时，党和政府在第三届全国人民代表大会第一次会议上提出建设现代农业、现代工业、现代国防和现代科学技术社会主义强国的奋斗目标。

4. 积极进展

从 1956 年到 1966 年“文化大革命”爆发前的十年，中国共产党立足中国国情，以苏为鉴，独立探索中国社会主义建设道路。在探索中，“左”的错误虽有一定的发展，也经历了国民经济严重困难时期，但中国共产党始终结合中国实际，不断探索、纠正，特别是经过 1961 年到 1965 年的经济调整，国家经济逐步好转，社会主义建设在曲折中逐步前进。

通过十年的建设，我国工业生产能力增强，工业布局有了明显改善，工业产品的品种显著增加，生产技术有所提高，初步建立起了独立的、比较完整的工业体系，从根本上解决了工业化中“从无到有”的问题。这为中国赢得了经济上的独立，为中国以后的现代化建设奠定了牢固的物质技术基础。

---

① 《毛泽东文集》第 8 卷，人民出版社 1999 年版，第 302 页。

以交通运输和邮电事业为主要内容的基础设施建设获得较大发展。十年新修铁路 8000 公里，除西藏外，全国各省、自治区、直辖市都有了铁路，全国大部分县镇通了汽车，极大加强了沿海、内地、边疆的运输沟通。“大跃进”和人民公社化运动中的大规模农田水利基本建设，促进了农村基础设施的发展。文化教育、科技、医药、卫生和体育事业获得很大发展。1964 年 10 月 16 日，我国成功爆炸第一颗原子弹，有力打破了超级大国的核垄断和核讹诈，极大提高了我国的国际地位。全国经济文化建设等方面的骨干力量和他们的工作经验，大部分是在这个期间培养和积累起来的。

五 曲折历程

从 1960 年开始的国民经济调整到 1966 年基本完成，国家开始执行第三个五年计划。然而，在“无产阶级专政下继续革命”理论指导下的“文化大革命”爆发，使探索前进的社会建设道路偏离了正确的轨道。

1. “反修防修”

在经济领域反“左”进行国民经济调整时，中苏开展社会主义模式大论战，“中国急于超越斯大林模式，追求社会主义的纯洁心态；苏联东欧一些国家则尝试引入市场因素改革传统体制”①。中共指责苏共为“修正主义”，苏共指斥中共为“教条主义”。这影响到党中央对国内形势的估计，毛泽东对阶级斗争的认识向“左”的方向转化。

1962 年 9 月，毛泽东在八届十中全会作了《关于阶级、形势和矛盾问题》的讲话，指出在整个社会主义阶段，始终存在着无产阶级和资产阶级的斗争，存在着社会主义和资本主义两条道路的斗争。这种斗争，不可避免地要反映到党内来。国外帝国主义的压力和国内资产阶级影响的存在，是党内产生修正主义思想的社会根源。为此，毛泽东指出“千万不要忘记阶级斗争”，阶级斗争要“年年讲、月月讲、天天讲”。会后，出于“反修防修”的考虑，党中央决定在全国范围内逐渐开展社会主义教育运动。在城市开展“反对贪污盗窃、反对投机倒把、反对铺张浪费、反对分散主义、反对官僚主

① 萧冬连：《筚路维艰——中国社会主义路径的五次选择》，社会科学文献出版社 2014 年版，第 139 页。

义”的“五反”运动，在农村开展“清账目、清仓库、清工分、清财物”的“四清”运动。

在社会主义教育运动中，通过《关于目前农村工作中若干问题的决定（草案）》（即“前十条”）、《关于农村社会主义教育运动一些具体政策的规定（草案）》（“后十条”）、《农村社会主义教育运动中目前提出的一些问题》（简称“二十三条”），明确提出了“以阶级斗争为纲”的口号，运动的性质是解决社会主义和资本主义的矛盾，运动的重点是“整党内那些走资本主义道路的当权派”，强调要放手发动群众，彻底革命，铲除修正主义的社会基础，防止资本主义复辟。“二十三条”规定，城市和乡村的社会主义教育运动，今后一律被称为“清政治、清经济、清组织、清思想”的“四清”运动。到 1963 年春，全国大约 1/3 的县社进行了“四清”，部分国营工业、交通、财贸等部门也进行了“四清”。

历时三年多的社会主义教育运动有利于纠正干部中的一些不良作风，在运动过程中也对一些过“左”的做法进行了调整。但是，在“以阶级斗争为纲”的口号下，也使不少基层干部和群众受到不应有的打击。由于这次运动只是在局部地区开展，并没有影响到全国，但阶级斗争的“左”的思想影响到意识形态领域。

2. “文化大革命”

在开展社会主义教育运动中，党内关于运动的性质和矛盾等问题产生分歧。这促使毛泽东认为党内已经形成一条修正主义路线，在中央形成了一个资产阶级司令部，党和国家面临资本主义复辟的现实危险。因此，必须要发动一场公开的、全面的、自下而上的群众运动，来揭发党和国家生活中的阴暗面，把被“走资派篡夺的权力”夺回来，维护党的纯洁性，寻求中国自己的社会主义建设道路。

第一，“文化大革命”全面发动。1965 年 11 月 10 日，姚文元在上海《文汇报》发表《评新编历史剧〈海瑞罢官〉》，将《海瑞罢官》作为阶级斗争的一种形式反映。在毛泽东讲话影响下，到 1966 年初，对其批判发展到史学界、文艺界和哲学界，形成思想文化领域内广泛的批判运动，揭开了“文化大革命”的序幕。为了在全国发动“文化大革命”，1966 年 5 月，中共中央召开政治局扩大会议，会议通过《中国共产党中央委员会通知》，即《五一六通知》。《通知》系统提出了“左”倾方针和理论，认为当前学术界、教育界、新闻界、文艺界、出版界的领导权，都不在无产阶级手里，有一大批资产阶级代表人物，混进党里、政府里、军队里，一旦时机成熟，他们就会夺权。《通知》号召全党高举无产阶级文化革命的大旗，彻底揭露反党反社会主义的资产阶级反动立场和反动思想。为了排除全面发动“文化大革命”的阻力，同年8月，毛泽东主持召开中共八届十一中全会，并在全会上印发《炮打司令部——我的一张大字报》，矛头指向刘少奇。全会通过了《中国共产党中央委员会关于无产阶级文化大革命的决定》，充分肯定已经开展的“文化大革命”，明确规定运动的重点是整党内那些走资本主义道路的当权派，批判资产阶级反动的学术权威和意识形态，要求人们“要敢字当头”“不要怕出乱子”，将运动进一步推向高潮。

第二，“打倒一切，全面内乱”。“文化大革命”开始后，各级各类学校先后“停课闹革命”。1967 年，在毛泽东肯定上海夺权运动的影响下，全国掀起夺权风暴。在夺权的过程中，各地造反派组织分成几派，最终发展为大规模的武斗，全国局势恶化，全国夺权演变为“全面内乱”。为了稳定局势，毛泽东采取了一系列非常措施，如派人民解放军实行三支两军（支“左”、支工、支农、军管、军训），派“工宣队”和“军宣队”进驻学校等。1969 年4 月，中共九大召开，大会把以阶级斗争为中心的错误指导思想，确定为我党在整个社会主义历史阶段的“基本路线”，将“无产阶级专政下继续革命的理论”写进党章，使“文化大革命”的理论和实践合法化。

第三，纠“左”的努力与中断。1970 年，林彪反革命事件发生，客观上宣告了“文化大革命”理论和实践的失败。毛泽东从中吸取教训，并对一些错误方法做了自我批评。随后，周恩来在毛泽东的支持下主持中央日常工作，逐步落实干部政策，调整和整顿国民经济，努力恢复国家的正常秩序。到1973 年，国民经济形势有了明显好转，成为“文化大革命”以来经济形势最好的一年。但是，在毛泽东看来，周恩来提出的批判极“左”思潮是同否定“文化大革命”相联系的，他坚持当时的任务仍然是反右。周恩来领导的纠“左”努力被迫中断。

为了维护“文化大革命”成果，1974年，经毛泽东批准，中共中央向全党转发《林彪与孔孟之道》，要求在全国范围内深入开展一场群众性的“批林批孔”运动。江青集团利用这项运动，将矛头指向周恩来，对周恩来前期的纠“左”工作进行攻击，社会秩序再度混乱，刚刚有所好转的国民经济再遭破坏。毛泽东并不希望出现动乱局面。1974年7月，他在中央政治局会议上批评江青、张春桥、姚文元、王洪文，叫他们不要搞帮派，不要搞“四人帮”。在随之召开的中共十二届二中全会上，邓小平当选为中共中央副主席、中共中央政治局常委，挫败了江青集团的“组阁”企图。1975年1月，第四届全国人大第一次会议，确定了以周恩来、邓小平为核心的国务院领导人选，一批老干部重新走上领导岗位。由于周恩来病重，邓小平在毛泽东的支持下主持中央和国务院的日常工作。邓小平根据毛泽东提出的要安定团结、要把国民经济搞上去的意见，对工业、农业、文教、科技、军队等各条战线进行全面整顿，使全国经济、政治形势有所好转。随着整顿的深入发展，逐渐涉及并需要纠正“文化大革命”的“左”的错误。这既遭到“四人帮”的猖狂反对，也影响了毛泽东对邓小平的信任。在江青集团的鼓动下，1975年底，发动了“批邓、反击右倾翻案风”，邓小平主持的整顿工作被迫中断。

第四，粉碎“四人帮”，“文化大革命”结束。1976年，周恩来逝世后，“四人帮”阻扰和压制人民自发开展的不同形式的悼念活动。这激起了人民群众的义愤和反抗。4月4日清明节，200多万人次的各地群众集聚到天安门举行悼念活动，怒斥“四人帮”迫害周恩来、阴谋篡党夺权的罪行。当日晚，在江青等人的左右下，华国锋主持的中共中央政治局会议，将天安门的悼念活动定为反革命事件，并决定当晚清理广场花圈、标语。4月5日，前往悼念的群众同部分民兵、警察和战士发生严重冲突。当晚，根据中央政治局指示，民兵、警察和卫戍部队包围广场，驱赶、殴打和逮捕留在广场的群众，制造了“四五”天安门事件。天安门事件后，按照毛泽东的提议，华国锋担任中国共产党中央委员会第一副主席，中华人民共和国国务院总理，撤销邓小平党内外一切职务，“批邓、反击右倾翻案风”运动以更大规模和声势在全国展开，“四人帮”加紧篡党夺权的活动，人民群众同“四人帮”的矛盾和斗争更加激化。

1976 年 9 月 9 日，毛泽东逝世后，“四人帮”进行了一系列夺取党和国家最高领导权的阴谋活动。他们暗地布置亲信发放武器，另设值班室，甚至伪造“按既定方针办”的所谓毛泽东的临终“嘱咐”，大肆宣扬，并公开攻击、污蔑主持中央工作的华国锋、李先念等领导人。10 月 6 日，以华国锋、叶剑英、李先念为代表的中央政治局采取果断措施，对江青、王洪文、张春桥、姚文元实行隔离审查，及时察觉并彻底粉碎了其亲信党羽的叛乱阴谋。10 月 14 日，中共中央向全国公布了粉碎“四人帮”的消息，“文化大革命”结束。从此，中国进入了一个新的历史发展时期。

中华人民共和国成立以来，以毛泽东为代表的第一代领导集体始终在探索实践，希望找到一条适合中国国情的社会主义建设道路。通过对苏联模式的学习与反思，取得了许多有益的思想和成果，也出现了重大的失误。社会主义建设的曲折实践，也充分证明“道路决定命运，找到一条正确的道路多么不容易”①。社会主义建设道路过程中的正反面经验，都为后期的建设之路奠定了基础，促使党和人民进一步思考在中国这样一个经济文化落后的国家如何建设社会主义的问题，推动了马克思主义与中国实际相结合的第二次飞跃，推进了改革开放的开启与发展。

中国近代以来的历史充分证明：方向决定道路，道路决定命运。中国特色社会主义道路是 1840 年以来特别是甲午战争以来，中国人民对其他救国途径的尝试全部碰壁之后做出的历史性选择，是中国共产党和人民历尽千辛万苦、付出巨大代价取得的根本成就。坚持中国特色社会主义道路，关乎国家前途、民族命运、人民福祉。我们一定要增强对中国特色社会主义的道路自信、理论自信、制度自信，在中国共产党坚强领导下，矢志不渝沿着中国特色社会主义道路奋勇前进。

从近代以来的先进的中国人对国家和民族出路的探索，可以得出如下基本结论。

第一，近代以来对国家前途和民族出路的艰辛探索，为中国道路理论的形成和发展提供了历史依据，是道路自信的深厚底蕴和理论勇气所在。中国

---

① 《习近平谈治国理政》，外文出版社 2014 年版，第 36 页。

道路是在特定的时空范围内形成的，既是近现代中国历史发展的逻辑结果，又是国际共产主义运动发展的必然产物。从中国近现代历史发展的角度来看，以太平天国、洋务运动、戊戌变法、辛亥革命和新民主主义革命时期持续不断的中间道路主张等为代表的一系列对中国前途和命运不成功的探讨，是探索中国革命道路的历史前提；从国际共产主义运动的发展来看，十月革命的胜利，开启了世界范围内社会主义革命的新纪元：中国不能走资本主义国家革命和发展的历史老路，只能沿着十月革命所开辟的道路前进，通过新民主主义革命走向社会主义革命，最终建立社会主义制度。

第二，与时俱进、不断创新的可贵品格为中国道路理论的形成和发展提供了理论依据，是理论自信的重要源泉。在中国革命和建设的发展过程中，中国共产党始终具有与时俱进、不断创新的可贵品格。民主革命时期就反对本本主义，走农村包围城市道路，而且明确提出中国革命既不同于苏俄的十月革命，也不同于其他国家的资产阶级性质的民族民主革命，而是在半殖民地半封建社会的特殊国情下的新民主主义革命；在社会主义改造中，创造性地提出在农业和手工业中通过走合作化道路、在资本主义工商业中通过和平"赎买"的方式，由新民主主义逐步地过渡到社会主义社会；社会主义建设时期中辩证对待苏联建设的经验教训，对"斯大林模式"加以扬弃，并在十一届三中全会后冲破封闭僵化思想的束缚，明确提出建设有中国特色社会主义的理论命题，开辟了社会主义建设的新道路。

第三，中国道路是中国共产党人把马克思主义普遍真理同中国革命和建设的具体实践相结合的产物，并随中国革命和建设实践的发展而不断丰富和发展。在这一道路的形成与发展过程中，中国共产党人主要依靠自身的力量冲过一个个激流险滩，克服一个个艰难险阻，经历一次次严峻考验，取得了民主革命和社会主义革命的胜利，推动了社会主义建设的长足发展。实践证明，只有社会主义制度才能拯救和发展中国。同时，社会主义中国的存在和不断发展、巩固，也为国际共产主义运动的发展乃至人类社会的未来指明了光辉前景，这为坚持和发展中国道路理论提供了充分的制度依据。

第三篇　中国道路的历程与理论

道路关乎党的命运，关乎国家的前途，关乎民族的命运。在中国这样一个经济文化十分落后的国家探索实现现代化道路，是极其艰巨的任务。自1840年鸦片战争以来，中国人民历经千辛万苦、通过各种现代化道路试验、付出各种代价而选择了中国特色社会主义道路。中国共产党在开辟中国特色社会主义道路的进程中，深刻回答了一系列党和国家发展的重大理论和现实问题，实现了马克思主义中国化的新飞跃，形成了中国特色社会主义理论体系，为了与中国道路相对应，我们在这里把这个理论体系简称力中国理论。中国特色社会主义道路以中国特色社会主义理论体系为指导，立足国情，推进改革，把握机遇，突破障碍，化解风险，解放和发展生产力，全面推进社会主义现代化，实现中华民族的伟大复兴。

第八章　中国道路的历程

中国道路是时代变迁的产物，也是中国共产党领导和团结全国各族人民艰苦奋斗、改革创新的产物。中国道路既充分借鉴国外现代化发展的有益经验，又没有直接照搬西方的发展模式，而是走出一条经济社会发展的一般规律与中国实际相结合的发展道路。中国道路的演进历程不仅是一个发展中大国发展崛起的过程，而且是人类文明发展史上史无前例的制度创新过程。

一　中国道路的历史起点

实现现代化和中华民族伟大复兴，是中国近代以来志士仁人的不懈追求，也是每一个中华儿女的一种共同的期盼。当“实现现代化”成为近代以来中国社会发展的主题和主线后，“中国现代化道路应该如何走”，就不仅仅是一个需要探究的理论问题，更是一个付诸行动的实践问题。

19 世纪中叶，西方世界已在物质、科学技术、制度、民族精神、文化等层面进行了现代化，由此造就的组织形式和生产方式，自愿接受也罢，武力强加也罢，都在 19 世纪的岁月里变成了一股强大的势力，影响着世界历史的进程。19 世纪的中国，在资本主义列强的入侵和不平等条约的屈辱中开启了现代化的历史进程。鸦片战争后，中国逐步沦为半殖民地半封建社会，祖国山河破碎、人民饥寒交迫。为了解决民族和社会危机，实现民族独立和国家富强，社会各阶层不断寻找“独立”与“富强’的真理，开启了现代化之门。首先，以洪秀全、洪仁玕为代表的农民阶级的现代化探索，虽然提出了发展资本主义的现代化纲领，但与历史上的农民起义一样，未能完成反帝反封建的任务，带领中国走向现代化。在太平天国运动和第二次鸦片战争的冲击下，以奕䜣、曾国藩、张之洞、李鸿章、左宗棠等为代表的地主阶级开明派，开始了历时 30 多年的洋务运动，开启了中国物质层面的现代化历史进程。他们想在不触动封建专制制度的前提下，主要通过引进、仿造西方武器装备和学习西方科学技术，来摆脱落后挨打的局面，实现富国强兵的目标。尽管他们的努力曾取得了相当成果，但在封建王朝的腐朽统治下，随着西方列强对中国经济渗透的加强，以及清政府在中日甲午战争中的惨败，中国现代化梦想与强大的北洋舰队一起灰飞烟灭了。在甲午战争惨败和八国联军侵华的打击下，中国有识之士认识到光有洋枪洋炮解决不了中国问题，必须改革政治制度。以康有为、梁启超、谭嗣同等为代表的资产阶级维新派，以载泽、张謇、汤寿潜、汤化龙等为代表的晚清立宪派，开启了中国制度层面的现代化历史进程。最终，维新运动惨遭失败，晚清立宪运动半途而废。1911 年，中国爆发了辛亥革命，以孙中山、黄兴、宋教仁、蔡锷为代表的资产阶级革命派，推翻帝制，学习西方现代化道路，建立中华民国，为中国又一次启动现代化创造了制度条件。但是，辛亥革命表面上建立起了现代化所需要的政治制度，实际上却有名无实，辛亥革命之后有两次反复，一是袁世凯称帝，二是张勋复辟，而后又陷入军阀混战，整个社会四分五裂，孙中山制定的现代化蓝图（《实业计划》）根本无法启动。近代知识分子反思辛亥革命的成功与失败，掀起了思想文化领域的更猛烈的反封建专制主义的新文化运动，开启了中国思想文化层面的现代化历史进程。1927 年 4 月，国民党在南京建立国民政府，中国形式上的统一使人们看到了开启现代化的希望。但是，1937 年日本发动了全面侵华战争，中国现代化的进程又一次中断了。事实证明，旧式的改朝换代的农民战争，不触动封建根基的自强运动和改良主义，照搬西方资本主义的种种现代化方案，虽然在一些表层上推进现代化，但不仅未能完成实现现代化的历史任务，而且连国家对外独立和对内统一这一实现现代化的基本前提条件也未能建立。

为了解决民族和社会危机，寻找强国富民的真理，1919 年梁启超到欧洲考察，贫富差距和尖锐的劳资矛盾让他十分震惊，全社会都陷入了怀疑、沉闷、畏惧中，好像失去了罗针的海船，沿着风遇着雾，不知前程该怎生是好，一位美国记者直接对他说：西方文明已经破产了。中国该何去何从？十月革命后，中国一些知识分子开始用无产阶级世界观作为观察国家命运的工具，重新思考中国现代化道路。十月革命的道路，给中华民族和中国人民提供了一种崭新的方向。中国共产党领导中国人民，把马克思列宁主义的普遍真理与中国的实际相结合，完成了新民主主义革命和社会主义革命，确立了社会主义制度，实现了中国历史上最广泛、最深刻的社会变革。新民主主义革命的胜利，主权独立、国家统一的中华人民共和国成立，标志着中国自1840年鸦片战争以来屈辱历史的结束，为实现现代化创造了前提基础。1956年社会主义改造的基本完成，社会主义制度得以确立，标志着中国共产党做出了自己的选择，开始探索社会主义现代化道路。1954年，毛泽东就提出，“准备在几个五年计划之内，将我们现在这样一个经济上文化上落后的国家，建设成为一个工业化的具有高度现代文化程度的伟大的国家”①。周恩来代表中共中央在第一届全国人大《政府工作报告》中，第一次提出四个现代化的构想：“我们的经济原来是很落后的，如果我们不建设起强大的现代化的工业、现代化农业、现代化交通运输业和现代化的国防，我们就不能摆脱落后和贫困。”② 1957年2月，毛泽东在最高国务会议第十一次（扩大）会议上发表了《关于正确处理人民内部矛盾的问题》的讲话，又一次提出，“将我国建设成为一个具有现代工业、现代农业和现代科学文化的社会主义国家”③。1959年底至1960年春，毛泽东带领部分理论家和工作人员到杭州，研读苏联《政治经济学教科书》提出：“建设社会主义，原来要求是工业现代化，农业现代化，科学文化现代化，现在要加上国防现代化。”④ 1964年，第三届全国人大《政府工作报告》提出：“今后发展国民经济的主要任务，总的来说，就是要在不太长的历史时期内，把我国建设成为一个具有现代农业、现代工业、现代国防和现代科学技术的社会主义强国，赶上和超过世界先进水平。”⑤

明确实现社会主义现代化的目标后，对于如何实现社会主义现代化问题，

---

① 《毛泽东文集》第6卷，人民出版社1999年版，第350页。
② 《周恩来选集》（下集），人民出版社1984年版，第439页。
③ 《毛泽东文集》第7卷，人民出版社1999年版，第207页。
④ 《毛泽东文集》第8卷，人民出版社1999年版，第116页。
⑤ 《周恩来选集》（下集），人民出版社1984年版，第439页。

经历了“师法苏联”到“以苏为鉴”的探索过程。中华人民共和国成立之初，开始“师法苏联”。毛泽东说，“苏联共产党是我们的最好的先生，我们必须向他们学习”,[①] 要恭恭敬敬地学，老老实实地学，苏联经济文化及其他各项重要的建设经验，将成为新中国建设的榜样。通过向苏联学习，借助苏联援助，积极调动人民群众主人翁热情，充分发挥计划经济体制的高度资源动员能力，“一五”期间就奠定了中国工业化的初步基础。1953 年 3 月斯大林逝世后，特别是 1956 年苏共二十大后，苏联国内和党内相继出现了一些问题，东欧一些社会主义国家随即发生了动荡。毛泽东不仅看到了苏联模式的弊端，而且发现了苏联经验不符合中国实际，提出了“以苏为鉴”，开始独立自主地探索适合中国情况的社会主义现代化道路。1956 年毛泽东作了《论十大关系》的报告，报告中明确指出：“最近苏联方面暴露了他们在建设社会主义过程中的一些缺点和错误，他们走过的弯路，你们还想走？过去我们就是鉴于他们的经验教训，少走了一些弯路，现在当然更要引以为戒。”[②] 该报告提出“以苏为鉴”，明确了中国社会主义建设必须从中国实际出发、走自己的道路这一根本思想，确定了社会主义现代化建设的基本方针，并从十个方面论述了我国社会主义现代化建设需要重点把握的重大关系。1956 年党的八大报告也指出：“我们国内的主要矛盾，已经是人民对于建立先进的工业国的要求同落后的农业国的现实之间的矛盾，已经是人民对经济文化迅速发展的需要同当前经济文化不能满足人民需要的状况之间的矛盾。”[③] 据此，党中央提出要把党和国家的工作重点转到技术革命和社会主义建设上来。1957 年 2 月 27 日，毛泽东在第十一次最高国务会议上作了《关于正确处理人民内部矛盾的问题》的报告，不仅系统论述了社会主义社会矛盾理论，而且明确提出要走一条有别于苏联的工业化道路。由于对国内国际形势的认识出现了失误估计，由于毛泽东和中国共产党对迅速到来的社会主义现代化建设缺乏足够的思想准备和理论准备，对社会主义现代化建设出现的新情况、新问题缺少深入细致的科学研究，由于怀着赶超先进国家、摆脱贫困落后的强烈愿望，在

---

① 《毛泽东选集》第 4 卷，人民出版社 1991 年版，第 1481 页 。

② 《毛泽东文集》第 7 卷，人民出版社 1999 年版，第 23 页。

③ 中共中央文献研究室：《建国以来重要文献选编》第 9 册，中央文献出版社 2011 年版，第 293 页。

社会主义现代化建设的实践中，既取得了巨大成就，也犯下了“大跃进”“人民公社化运动”和“文化大革命”等严重错误，社会生产生活的正常秩序遭到了严重的破坏，社会主义现代化遇到了严重的困难。

总之，在社会主义现代化道路的初步探索中，我们在留下深刻教训的同时，也积累了宝贵经验；在没有完全摆脱苏联模式影响的同时，也形成了一些正确的和比较正确的思想观点和理论；在遭受到严重挫折的同时，也取得了伟大成就。毛泽东同志在1962年曾讲过：“对于建设社会主义的规律的认识，必须有一个过程。必须从实践出发，从没有经验到有经验，从有较少的经验，到有较多的经验，从建设社会主义这个未被认识的必然王国，到逐步地克服盲目性、认识客观规律、从而获得自由，在认识上出现一个飞跃，到达自由王国。”[①] 中华人民共和国成立后20多年的社会主义现代化道路的探索，在理论上和实践上取得了巨大的成就，积累了丰富的经验，为新时期开创和发展中国特色社会主义道路提供了宝贵经验、理论准备和物质基础。

二　中国道路的开创和发展

一百多年来，探索中国现代化之路显得特别的艰难与缓慢，从太平天国运动、洋务运动、维新运动、晚清立宪运动，到南京国民政府现代化运动，再到土地革命和中华人民共和国成立后的社会主义现代化的探索，或者因旧体制的衰败而延误或中断，或者因帝国主义的入侵而夭折，或者因推行的手段不当而遭遇严重的挫折。到了1978年，中国仍然是农业社会，社会经济极其落后。直到党的十一届三中全会后，随着改革开放实践的深入开展，中国共产党成功开创中国特色社会主义道路以后，才真正找到了在经济文化落后国家建设社会主义现代化这个历史性课题。

1. 中国道路的开创（十一届三中全会至邓小平南方谈话）

党的十一届三中全会以后，通过思想、理论、组织上的拨乱反正，深刻总结社会主义现代化建设正反两方面经验和教训，把党和国家工作中心转移到经济建设上来，实行改革开放，开启了中国社会主义现代化的历史新时期。

① 《毛泽东文集》第8卷，人民出版社1999年版，第300页。

以邓小平同志为主要代表的中国共产党人，团结带领全国各族人民，在新中国已经建立起社会主义基本制度、20 多年社会主义建设道路初步探索的基础上，在反思国际共产主义运动史特别是苏东剧变的惨痛教训、总结改革开放和现代化建设的实践经验中，科学回答了建设中国特色社会主义的一系列基本问题，成功开创了中国特色社会主义现代化道路。

"文化大革命"结束后，"中国向何处去"成为摆在中国共产党和中国人民面前的头等大事。1978 年 12 月 13 日，邓小平在中央工作会议闭幕会作了《解放思想，实事求是，团结一致向前看》的讲话，提出把全党的工作重心转到实现四个现代化上来。在新的历史起点上，邓小平鲜明地指出："我们当前以及今后相当一个历史时期的主要任务是什么？一句话，就是搞现代化建设。能否实现四个现代化，决定着我们国家的命运、民族的命运。"①在"如何通过社会主义实现现代化"的这个根本问题上，邓小平提出："现在要搞建设，也要适合中国的情况，走出一条中国式的现代化道路。"② 邓小平在致十二大开幕词时，第一次明确提出"我们的现代化建设，必须从中国的实际出发"，"把马克思主义的普遍真理同我国的具体实际结合起来，走自己的道路，建设有中国特色的社会主义"③。胡耀邦在党的十二大上作了《全面开创社会主义现代化建设的新局面》报告，提出"逐步实现工业、农业、国防和科学技术现代化，把我国建设成为高度文明、高度民主的社会主义国家"④。党的十二大报告回答了从"文化大革命"走出来的中国，既不能走"以阶级斗争为纲"的老路，也不能走资本主义的邪路，而是必须坚定不移地走中国特色社会主义道路。走中国特色的社会主义道路，回答了进入改革开放新时期中国走什么样的道路这一人们最为关心的问题，它成为指引新时期改革开放和社会主义现代化的伟大旗帜。

走中国特色社会主义道路，首先要回答和正确处理社会主义、市场经济、现代化的关系问题。关于在中国底子薄、人口多、耕地少的状态下，走什么

---

① 《邓小平文选》第 2 卷，人民出版社 1993 年版，第 162 页。

② 同上书，第 163 页。

③ 《邓小平文选》第 3 卷，人民出版社 1993 年版，第 2、3 页。

④ 《十一届三中全会以来历次党代会、中央全会报告公报决议决定》（上），中国方正出版社 2008 年版，第 136 页。

道路才能发展生产力，改善人民生活水平的问题，邓小平在《建设有中国特色社会主义》一文中明确提出，就是要“坚持社会主义”，“把四个现代化建设作为重点，坚持发展生产力”，要求“内部要继续改革，对外进一步开放”，走“切合中国实际的有中国特色的社会主义”①。

要“坚持社会主义”，首先要认识和解决“什么是社会主义，怎样建设社会主义”这个重大理论和实践问题，它是走中国特色社会主义道路要解决的基本理论和实践问题。1985 年 4 月 15 日邓小平在会见坦桑尼亚副总统姆维尼时指出，“我们马克思主义者过去闹革命，就是为社会主义、共产主义崇高理想而奋斗；现在我们搞经济改革仍然要坚持社会主义道路，坚持共产主义的远大理想，年青一代尤其要懂得这一点。但问题是什么是社会主义，如何建设社会主义，我们的经验教训有多条，最重要的一条就是搞清楚这个问题”②。1985 年 8 月 28 日邓小平在会见津巴布韦政府总理穆加贝时又指出，“我们总结了几十年搞社会主义的经验。社会主义是什么，马克思主义是什么，过去我们并没有完全搞清楚”③。1987 年 4 月 26 日邓小平在会见捷克斯洛伐克总理什特劳加尔时强调，“现在的方针政策就是对‘文化大革命’进行总结的结果。最根本的一条经验教训，就是要弄清楚什么叫社会主义和共产主义，怎样搞社会主义。搞社会主义必须根据本国的实际。我们提出建设有中国特色的社会主义，相信你们是理解的”④。以毛泽东为代表的共产党人在带领中国人民进行社会主义现代化建设所经历的曲折和失误，归根到底是没有完全搞清楚如何把科学社会主义基本原则与中国社会主义建设实际相结合的问题，也就是对“什么是社会主义，怎样建设社会主义”这个问题没有完全搞清楚。改革开放以来在前进中遇到的一些困惑和问题，归根到底也在于对“什么是社会主义，怎样建设社会主义”这个问题没有完全搞清楚。过去我们往往离开生产力抽象地谈论社会主义，把许多束缚生产力发展的并不具有社会主义本质属性的东西，当作“社会主义原则”加以固守；把很多在社会主义条件下有利于生产力发展的东西当作“复辟资本主义”加以反对，这些做法在实

---

① 《邓小平文选》第 3 卷，人民出版社 1993 版，第 63 页。
② 同上书，第 116 页。
③ 同上书，第 137 页。
④ 同上书，第 223 页。

践中造成了严重的后果。针对这些问题，邓小平在认真总结国内外社会主义建设的经验教训特别是在改革开放的实践经验的基础上，创造性地提出了社会主义本质理论。1992 年邓小平在南方谈话时指出，“社会主义的本质，是解放生产力，发展生产力，消灭剥削，消除两极分化，最终达到共同富裕”①。社会主义本质理论把搞清楚“什么是社会主义”与搞清楚“怎样建设社会主义”紧密地结合起来，揭示了实现社会主义本质与建设社会主义道路之间的内在逻辑关系，为我们走好中国特色社会主义道路奠定了重要的理论基础。

正确认识我国社会现在所处的历史阶段，是走中国特色的社会主义道路另一个要解决的基本理论和实践问题。在社会主义发展阶段问题的认识上，我们曾经走了弯路。“大跃进”“人民公社化运动”和“文化大革命”等运动的产生与发展，其根本原因之一就是对中国社会主义所处的发展阶段认识不清。正是由于对社会发展阶段的认识不够清醒，在发展程度的判断上出现了失误，较长时间里提出的任务和政策脱离了国情，严重地影响了社会主义现代化建设事业的顺利进行。十一届三中全会以后，党在总结中华人民共和国成立以来历史经验和改革开放以来新的实践经验的基础上，对我国社会主义所处的历史阶段进行了探索。十一届六中全会通过的《关于建国以来党的若干历史问题的决议》，第一次指出“我们的社会主义制度还处于初级的阶段”。1982 年十二大报告和 1986 年十二届六中全会通过的《关于社会主义精神文明建设指导方针的决议》，分别对这一阶段的内容作了一定的分析。十三大报告《沿着有中国特色的社会主义道路前进》明确提出，“我国正处在社会主义的初级阶段”，并系统地阐述了社会主义初级阶段理论，明确提出了党在社会主义初级阶段的基本路线，确定了社会主义现代化建设“三步走”的发展战略。随着东欧剧变和苏联解体，世界社会主义出现低潮，国内有人对社会主义前途缺乏信心，对改革开放产生怀疑，邓小平在南方谈话中强调，我们搞社会主义才几十年，还处在初级阶段，基本路线要管一百年，动摇不得，我们要在建设有中国特色的社会主义道路上继续前进。我国处在社会主义初级阶段的论断，是基于对中国国情的准确把握，揭示了当代中国的历史方位，使我们对社会主义现代化建设的长期性、复杂性、艰巨性有了清醒的认识。社会

① 《邓小平文选》第 3 卷，人民出版社 1993 年版，第 373 页。

主义初级阶段是建设中国特色社会主义的总依据，是党制定和执行正确的路线、方针和政策的基本出发点和立足点。

建立什么样的经济体制，是关系中国特色社会主义现代化建设全局的一个重要问题。传统观念认为，计划经济是社会主义的基本特征，市场经济是资本主义特有的东西，因此排斥把市场经济作为实现现代化的基础性制度架构。20 世纪 50 年代学习苏联模式，充分发挥计划经济体制的优势，在短短几年中就医治好了战争创伤，奠定了工业化的初步基础。然而，计划体制资源配置效率低的弊端很快显现出来，虽然从 1958—1976 年间有几次行政分权的改革，但都不能根本解决计划经济体制的弊端。十一届三中全会后，开始探索社会主义与市场经济相结合的问题。1979 年邓小平就提出："说市场经济只存在于资本主义社会，只有资本主义的市场经济，这肯定是不正确的。社会主义为什么不可以搞市场经济，这个不能说是资本主义。我们是计划经济为主，也结合市场经济，但这是社会主义的市场经济。"① 十二大报告中提出了"以计划经济为主，市场调节为辅"的论断，十二届三中全会突破了把计划经济同商品经济对立起来的传统观念，提出了发展社会主义商品经济的思想。邓小平在 1985 年会见美国时代公司组织的美国高级企业家代表团时说，"社会主义和市场经济之间不存在根本矛盾"，"在某种意义上说，只搞计划经济会束缚生产力的发展。把计划经济和市场经济结合起来，就更能解放生产力，加速经济发展"②。十三大报告强调，计划与市场都是发展生产力的方法，"我们的任务就是要善于运用计划调节和市场调节这两种形式和手段"。针对 20 世纪 80 年代末 90 年代初在市场经济问题上的姓"资"姓"社"的质疑，邓小平于 1992 年发表了著名的"南方谈话"回应了质疑。他说："计划多一点还是市场多一点，不是社会主义与资本主义的本质区别。计划经济不等于社会主义，资本主义也有计划；市场经济不等于资本主义，社会主义也有市场。计划与市场都是经济手段。"③ 邓小平的这一重要思想，从根本上解除了把计划经济和市场经济看作属于社会基本制度范畴的思想束缚，解决了社会

---

① 《邓小平文选》第 2 卷，人民出版社 1994 年版，第 236 页。

② 《邓小平文选》第 3 卷，人民出版社 1993 年版，第 148—149 页。

③ 同上书，第 373 页。

主义同市场经济相结合的重大理论和实践问题，使人们在计划与市场关系问题上的认识有了新的重大突破，为探索在市场经济体制下实现社会主义现代化的新路指明了方向。

邓小平的“南方谈话”，从理论上科学总结了党十一届三中全会以来的实践探索和基本经验，深刻回答了长期困扰和束缚人们思想的关于社会主义、市场经济、现代化的关系问题，阐明了三者统一于坚持和发展中国特色社会主义道路中。历史证明，中国特色社会主义道路是实现社会主义现代化建设和中华民族伟大复兴的必由之路。

2. 中国道路的接续发展（十四大至十八大）

影响一个国家和地区现代化道路的因素是错综复杂的，是历史条件和现实条件、国内条件和国际条件、主观条件和客观条件等在一定历史阶段综合作用的结果，中国道路在应对各种挑战中不断发展。

党的十三届四中全会以后，以江泽民同志为主要代表的中国共产党人，在国内外形势十分复杂、世界社会主义出现严重挫折的严峻考验面前，高举邓小平理论伟大旗帜，继续深化对中国特色社会主义道路的认识，成功地把中国特色社会主义推向21世纪。在如何正确认识和处理计划与市场的关系问题上，十四大明确提出我国经济体制改革的目标是建立社会主义市场经济体制，把市场经济体制同社会主义基本制度结合起来；十四届三中全会阐明社会主义市场经济的基本框架，建立了市场经济体制下实现社会主义现代化的制度构架。针对“一手比较硬，一手比较软”的失误，提出在加快物质文明建设的同时，着力加强精神文明建设和政治文明建设。在经济体制改革进入攻坚阶段，发展处在关键时期，提出了“以公有制为主体、多种所有制经济共同发展”是我国社会主义初级阶段的基本经济制度，确立了党在社会主义初级阶段的基本纲领，做出了全面参与全球化、加入WTO（世界贸易组织）、“走出去”的战略决策，回应了私营经济是“活水”还是“祸水”、是退回到单一公有制和计划经济的老路上去还是继续推进改革开放、走中国特色社会主义道路的质疑，开创了全面改革开放和社会主义现代化建设的新局面。在“世情”“国情”“党情”发生了新变化，共产党面临着执政、实现现代化和发展市场经济的考验的背景下，回答了“建设什么样的党，怎样建设党”问题，创立了“三个代表”重要思想，推进了党的建设伟大工程。实践证明，中国共产党只有始终代表先进生产力的发展要求，代表先进文化的前进方向，代表中国最广大人民的根本利益，就一定能够把中国特色社会主义现代化道路推向前进。

跨入21世纪，我国进入了全面建设小康社会、加快推进社会主义现代化的新的发展阶段。以胡锦涛同志为主要代表的中国共产党人，高举邓小平理论的伟大旗帜，全面贯彻“三个代表”重要思想，认真总结我国现代化实践中的经验和存在问题，借鉴国外发展经验，进一步深化对中国特色社会主义道路的认识，在新的历史起点上坚持和发展了中国特色社会主义。21世纪以来，虽然社会主义初级阶段基本国情、主要矛盾和我国作为世界上最大发展中国家的国际地位没有变，但经济和社会发展出现的许多新情况、新变化，显示出一系列新的阶段性特征：经济实力显著增强，同时发展中不平衡、不协调、不可持续的矛盾依然突出；社会经济发展取得全面进步，同时发展面临新的重大结构性问题，影响发展的体制机制障碍依然存在；对外开放日益扩大，同时面临的国际竞争日趋激烈。解决这些新的矛盾和挑战，需要在全面建设小康社会进程中推进实践创新、理论创新、制度创新。十六届三中全会提出了社会经济发展要“坚持以人为本，全面协调可持续发展的发展观”，按照“五个统筹”的要求，完善社会主义市场经济体制，促进人与自然的和谐，实现经济社会发展和人口、资源、环境相协调，走生产发展、生活富裕、生态良好的文明发展道路，保证一代接一代地永续发展。中共十六届六中全会在十六大提出在“社会更加和谐”目标的基础上，通过了《关于构建社会主义和谐社会若干重大问题的决定》。《决定》指出，社会和谐是中国特色社会主义的本质属性，并把构建社会主义和谐社会同完善社会主义市场经济、发展社会主义民主政治、社会主义先进文化一起，作为中国特色社会主义事业发展的总体布局提了出来，着力保障和改善民生，促进社会公平正义，推进党的执政能力建设和先进性建设。十七大第一次对中国特色社会主义道路的本质特征和科学内涵作了深刻的阐述，在理论上系统回答了什么是中国特色社会主义道路、怎样坚持中国特色社会主义道路的问题。十八大在十七大的基础上对“什么是中国特色社会主义”作了进一步阐述，指出：“中国特色社会主义道路，就是在中国共产党领导下，立足基本国情，以经济建设为中心，坚持四项基本原则，坚持改革开放，解放和发展社会生产力，建设社会主义市场经济、社会主义民主政治、社会主义先进文化、社会主义和谐社会、社会主义生态文明，促进人的全面发展，逐步实现全体人民共同富裕，建设富强民主文明和谐的社会主义现代化国家。"实践证明，只要党坚持和贯彻以人为本、全面协调可持续的科学发展观，就一定能够团结带领人民把中国特色社会主义不断推向前进。

3. 中国道路进入新时代

党的十八大后，习近平在多次讲话中都包含着对中国道路一系列基本问题的思考，不断把对中国道路的认识提高到新的水平。2012 年 11 月 29 日，习近平率中央政治局常委和中央书记处同志来到国家博物馆，参观"复兴之路"基本陈列时提出，"改革开放以来，总结历史经验，不断地艰辛探索，终于找到了一条实现中华民族伟大复兴的正确道路，取得了举世瞩目的成果。这条道路就是中国特色社会主义"①。他指出："中国特色社会主义是社会主义而不是其他什么主义，科学社会主义基本原则不能丢，丢了就不是社会主义。一个国家实行什么样的主义，关键要看这个主义能否解决这个国家面临的历史性课题。历史和现实都告诉我们，只有社会主义才能救中国，只有中国特色社会主义才能发展中国。"② 我们要坚定不移地走中国特色社会主义道路，并"根据形势任务发展变化，通过全面深化改革，不断拓展中国特色社会主义道路"③。习近平在纪念中国共产党成立 95 周年大会上强调，"中国特色社会主义道路是实现社会主义现代化的必由之路，是创造人民美好生活的必由之路"④。习近平在十九大报告中再次强调，"中国特色社会主义是改革开放以来党的全部理论和实践的主题，是党和人民历尽千辛万苦、付出巨大代价取得的根本成就。中国特色社会主义道路是实现社会主义现代化、创造

---

① 《习近平谈治国理政》，外文出版社 2014 年版，第 35 页。
② 同上书，第 22 页。
③ 同上书，第 30 页。
④ 《习近平谈治国理政》第 2 卷，外文出版社 2017 年版，第 36 页。

人民美好生活的必由之路”[①]。

在新的历史条件下，无论是统筹推进“五位一体”总体布局、“四个全面”的战略布局，还是坚决贯彻创新、协调、绿色、开放、共享五大发展理念；无论是使市场在资源配置中起决定性作用和更好地发挥政府作用，还是积极发展混合所有制经济；无论是改革开放只有进行时而没有完成时，还是既不能用改革开放后的历史时期否定改革开放前的历史时期，也不能用改革开放前的历史时期否定改革开放后的历史时期，都是围绕社会主义、市场经济、现代化相结合的核心课题，都是从社会主义初级阶段的客观实际出发做出的科学解答和实践展开。这些理论论述和成功实践，不仅是对关于中国道路属性激烈争论的政治回应，而且是对中国道路探索方向的严正声明，还解决了一系列当代中国现实的发展问题，使我们对中国道路的认识进入了新时代。

三 中国道路的发展趋势

中国道路的开创和发展是一以贯之的接力探索过程。中国共产党对中国特色社会主义道路的探索，开始于中华人民共和国成立，开创于党的十一届三中全会，是在反思苏联模式的教训、总结中国自身发展正反两方面的经验、学习和借鉴西方现代化经验的基础上，在曲折的探索中开创的。40 年来，中国共产党不断推进对中国道路的探索，中国从一个满目疮痍的落后国家，成长为在世界上举足轻重的大国。中国道路改变了全人类近 1/5 人口的命运，十几亿人民实现了从贫困到温饱、再到总体小康到全面建成小康社会的历史性跨越。同样不能忽视的是，我国在取得巨大成就的同时，也出现了一系列的新问题，面临诸多的新挑战。对此，中国不会拒绝学习和借鉴世界各国现代化的经验，但所有的学习和借鉴都要适合中国的基本国情。中国不会走西方曾经走过的老路，当然也不会重新回过头走计划经济、集权政治的老路，中国继续在坚持和发展中国特色社会主义道路上探索。

开拓中国特色社会主义道路是一场具有历史性难度的探索，是一个需要

---

① 习近平：《决胜全面建成小康社会 夺取新时代中国特色社会主义伟大胜利——中国共产党第十九次全国代表大会上的报告》，人民出版社 2017 年版，第 16 页。

在理论和实践的交互作用中不断总结经验、持续探索的过程。我国社会主义现代化建设是在我国具体国情的基础上和时代发展的条件下进行的，这就要求我们既要深刻认识和把握现代化的一般规律和社会主义现代化的普遍规律，又要深刻认识和把握我国社会主义现代化的特殊规律。我们必须坚持党的思想路线，发扬求真务实、实干兴邦的精神，继续从我国实际出发，坚持不懈地探索和把握我国社会主义现代化规律，创造性地研究和解决改革开放和社会主义现代化建设中不断提出的理论和实践问题。中国未来要更好更快发展，需要中国道路更加完善。只有不懈地探索和把握我国社会主义现代化发展规律，正视和不断解决还未彻底解决的一些难点问题和发展中遇到的新问题。只有这样，才能把社会主义现代化和民族复兴大业不断推向前进。

中国道路的依然在探索之中，依然有许多重大的矛盾和问题等待克服和解决。道路自信就是直面问题、克服困难、战胜挑战的勇气和魄力，就是认识和解决现实问题的清醒和理性，就是对未来美好前景的信心和信念。习近平同志指出，中华民族是具有非凡创造力的民族。我们创造了伟大的中华文明，我们也能够继续拓展和走好适合中国国情的发展道路。随着中国特色社会主义不断发展，我们的制度必将越来越成熟，我国社会主义制度的优越性必将进一步显现，中国道路必将越走越宽广。

第九章　中国道路的理论形态

中国道路理论形态是中国道路实践的理论反映，全称为中国特色社会主义理论体系，我们在这里把这一理论简称为中国理论。中国特色社会主义理论体系即中国理论绝不是少数“天才人物”“冥想”的产物，也不是所谓“理论家”闭门造车进行“创新”的产物，而是从亿万人民群众的丰富实践中得来的。中国理论是在解决中国改革发展实践重大现实问题中创立的，也是在推进当代中国改革发展新的实践中不断发展的。

一　中国理论的形成背景

中国道路理论形态即中国理论是对马克思列宁主义、毛泽东思想的继承和发展，是被实践证明了的关于在中国建设、巩固和发展社会主义的正确的理论原则和经验总结，是中国共产党集体智慧的结晶。中国理论是在和平与发展成为时代主题的历史条件下，在我国改革开放和社会主义现代化建设的伟大实践中，在总结我国社会主义建设正反两方面历史经验和改革开放以来的先进经验，并汲取其他社会主义国家兴衰成败经验教训的基础上逐步形成的。

1. 中国理论产生和发展的时代背景

任何一种理论的产生都和时代相联系，都是特定社会历史条件的产物。20 世纪 70 年代以来，新科技革命和世界经济不断发展，国际形势和世界政治格局发生了重大变化，其中最重要的一点就是时代主题由战争与革命向和平与发展的转换。时代主题的转换，为我国一心一意搞社会主义现代化建设，实行改革开放，借鉴和吸收人类社会创造的一切文明成果提供了良好机遇，同时也提出了尖锐的挑战。第二次世界大战结束之后，资本主义进入了新的发展周期，度过了大动乱的年代，进入了相对稳定和发展的年代；殖民体系瓦解了，亚非拉上百个国家相继获得独立，迫切要求发展；世界范围内反对霸权主义的力量在不断地加强，制止战争的因素也在逐步增长，世界各国人民争取和平的呼声越来越强烈，短时期内爆发世界大战的可能性越来越小。1977 年 12 月 28 日邓小平在《在中央军委全体会议上的讲话》中提出："国际形势也是好的。我们有可能争取多一点时间不打仗"，同时，"我们也要防备别人早打、大打"[①]。后来，随着国际形势的进一步发展，邓小平在 1984 年 10 月 10 日会见联邦德国总理科尔时说："一九七四年你来访问，我们曾经谈到战争危险，现在我们对这个问题的看法有一点变化。我们感到战争危险仍然存在，仍要提高警惕，但防止新的世界战争爆发的因素在增长"[②]。随着世界政治力量的对比出现重要变化，和平因素增长超出战争因素增长，世界大战打不起来，争取一个较长时期的和平环境是可能的。尽管和平与发展这两人问题至今一个也没有解决，但世界和平，国家发展，社会进步，经济繁荣，生活提高，已成为各国人民的普遍要求。1985 年 3 月 4 日邓小平在会见日本商工会议所访华团时指出："现在世界上真正大的问题，带全球性的战略问题，一个是和平问题，一个是经济问题或者说发展问题。和平问题是东西问题，发展问题是南北问题。概括起来，就是东西南北四个字，南北问题是核心问题。"[③] 1987 年党的十三大根据邓小平的论述，提出了"和平与发展是当代世界的两大主题"这一深刻论断。在和平与发展成为时代主题的历史条件下，世界范围的竞争更多地集中在经济实力和以高科技为基础的综合国力的较量上，发展问题越来越突出。以邓小平同志为主要代表的中国共产党人紧紧抓住"什么是社会主义，怎样建设社会主义"这样一个重大而带根本性的问题，把握时代发展带来的机遇，回应时代发展提出的挑战，逐步形成了建设中国特色社会主义的路线、方针、政策，开创了建设中国特色社会主义道

---

① 《邓小平文选》第 2 卷，人民出版社 1994 年版，第 77 页。

② 同上书，第 82 页。

③ 同上书，第 105 页。

路，创立了邓小平理论。邓小平理论反映了以邓小平同志为主要代表的中国共产党人在和平与发展的时代主题下如何进行社会主义现代化建设的思考和探索。

20 世纪 80 年代末以来，尽管和平与发展仍是当今时代的主题，但是国际形势发生了重大的变化。随着东欧剧变、苏联解体，世界社会主义事业出现严重曲折，世界多极化和经济全球化的趋势在曲折中发展。与此同时，霸权主义和强权政治又有新的表现，恐怖主义危害上升，一些地区的冲突和争端时起时伏，世界还很不安宁。科技进步日新月异，以信息技术为核心的高新技术的发展，极大地改变了人们的生产、生活方式和国际经济政治关系，以经济为基础、科技为先导的综合国力竞争更为激烈。从世界社会主义运动看，以苏东剧变为标志的世界社会主义运动的曲折，是 20 世纪末发生的一个重大事件，它向一切马克思主义者特别是向中国共产党提出了一个重大的课题：为什么在 20 世纪的前半期共产党能够从苏联开始，进而在占世界人口 1/3 的国家取得震惊世界的胜利，而在后半期却发生了震惊世界的严重挫折？为什么在苏东剧变的形势下，中国共产党领导的建设中国特色社会主义事业却能够蓬勃发展？其中的经验教训究竟是什么？搞清楚这个问题，不仅对于 21 世纪世界社会主义事业的重新振兴和发展具有重大的意义，而且对于世界各国共产党的发展特别是中国共产党永葆生机和活力，也具有十分重要的意义。中国共产党是执政党，领导着社会主义建设事业，有责任深入研究和思考如此错综复杂、变化深刻的历史现象，以利于从中总结经验和教训，更好地坚持和发展中国特色社会主义。以江泽民同志为主要代表的中国共产党人在国际局势和世界格局深刻变化的背景下，在进一步回答“什么是社会主义，怎样建设社会主义”的问题的同时，创造性地回答了“建设什么样的党，怎样建设党”这个重大理论和实践问题，创立了“三个代表”重要思想。“三个代表”重要思想反映了以江泽民同志为主要代表的中国共产党人如何应对日益激烈的国际竞争所进行的思考和探索，深化了对中国特色社会主义道路的认识。

进入 21 世纪，全球化和世界多极化趋势日益加深，国际形势和世界发展趋势在深刻变化中出现了一系列新矛盾、新态势、新特征，这些都使我们党和国家事业发展面临着许多新机遇、新挑战。一是和平与发展仍然是当今时代的潮流，我们完全可以争取一个较长时期的和平环境，但霸权主义和强权政治也有新的发展，影响世界和平与发展的不稳定、不确定性因素日益增多。二是世界多极化趋势不断发展，国际上各种力量的分化和整合进一步加剧，各大国之间相互借重又相互牵制，务实合作和战略竞争同步推进。三是经济全球化的趋势进一步加深，世界范围内科技进步日新月异，以综合国力为核心的国际竞争越来越激烈。四是世界范围内资源环境问题愈加突出，资源短缺加剧，环境压力加大。总体来说，我国面临的是一个有利于我国发展、但不利因素也可能增多的国际环境。抓住机遇、应对挑战、加快发展，就要把中国的发展放在世界大局中来思考，发挥比较优势，把握有利条件，扬长避短，趋利避害，努力取得发展的主动权。以胡锦涛同志为主要代表的中国共产党人在国际局势和世界格局深刻变化的背景下，在进一步回答“什么是社会主义，怎样建设社会主义”“建设什么样的党，怎样建设党”问题的基础上，创造性地回答了“实现什么样的发展，怎样发展”这个重大理论和实践问题，形成了科学发展观。科学发展观反映了以胡锦涛同志为主要代表的中国共产党人顺应当今世界的发展潮流，对人类社会发展经验的深刻总结和科学借鉴，进一步深化了对中国特色社会主义道路的认识。

当今世界正处在大变革、大调整之中，和平与发展仍然是时代主题，世界多极化、经济全球化深入发展，文化多样化、社会信息化持续推进，科技革命孕育新突破，全球合作向多层次、多方位拓展，新兴市场和发展中国家整体实力增强，国际力量对比朝着有利于维护世界和平方向发展，保持国际形势总体稳定具备更多有利条件。但是，世界仍然很不安宁，国际金融危机影响深远，世界经济增长不稳定、不确定因素增多，全球发展不平衡加剧，霸权主义、强权政治和新干涉主义有所上升，安全威胁的综合性、复杂性、多边性日益明显，领土和海洋争端时有升温，恐怖主义、分裂主义、极端主义活动猖獗，局部动荡频繁发生，粮食安全、能源资源安全、网络安全、金融安全等全球性问题更加突出。当今世界正在发生广泛而深刻的变化，当代中国也正在发生广泛而深刻的变革，机遇前所未有，挑战也前所未有，机遇大于挑战。以习近平同志为主要代表的中国共产党人在进一步回答“什么是社会主义，怎样建设社会主义”“建设什么样的党，怎样建设党”“实现什么样的发展，怎样发展”的问题的基础上，创造性地回答了新时代“坚持和发展什么样的中国特色社会主义、怎样坚持和发展中国特色社会主义”这个全局性问题，形成了新时代中国特色社会主义思想。习近平新时代中国特色社会主义思想反映了以习近平同志为主要代表的中国共产党人，深化了对社会主义建设规律、共产党执政规律、人类社会发展规律的认识，中国特色社会主义道路理论的认识进入了新时代。

2. 中国理论产生和发展的实践基础

理论来源于实践又指导实践，同时接受实践的检验。伟大的理论来自对伟大实践经验的科学总结、凝练概括。中国理论是从世界社会主义运动的实践中总结出来的，是以中华人民共和国成立后社会主义建设道路初步探索的实践、特别是改革开放以来社会主义现代化建设的实践为基础后，又借鉴当代世界各国发展的经验与教训，科学分析时代特征和中国国情，逐步形成和发展起来的。

中国理论的形成，是对苏联社会主义模式的突破，也是对毛泽东思想的继承和发展。主要体现在：一是把工作重心转移到经济建设上来，是对以阶级斗争为中心的传统社会主义模式论的突破；二是中国社会主义“初级阶段论”，是吸收毛泽东新民主主义论的思想创造，对苏联社会主义“超阶段论”的突破；三是改革开放的方针，是对封闭禁锢、因循教条、不思改革的苏联社会主义模式的突破；四是从提高人民生活和民生需要出发发展社会主义经济，是对苏联国民经济重工业化和重工业军事化发展模式的突破，也是对“大跃进”和赶超发展战略的突破；五是社会主义市场经济是对传统社会主义否定市场的计划经济体制的根本突破。

十一届三中全会以来，以邓小平同志为主要代表的中国共产党人领导人民在各条战线上拨乱反正，有步骤地解决了中华人民共和国成立以来遗留的很多历史问题，认真总结历史经验，科学地阐述了许多从实践中提出的有关建设中国特色社会主义的理论和政策。例如：从“两个凡是”到“解放思想、实事求是”的思想路线；从“以阶级斗争为纲”的指导思想到以经济建设为中心的指导思想；从封闭半封闭状态到实行对外开放的新政策；从“战争与革命”的时代判断到“和平与发展”的时代主题新判断；从“超阶段”论到社会主义初级阶段论；从“革命是解放生产力”到“改革也是解放生产力”；从纯而又纯的公有制到以公有制为主体、多种所有制经济共同发展；从平均主义到“让一部分人、一部分地区先富起来”；从社会主义计划经济到社会主义市场经济；从抽象谈论姓“社”姓“资”到提出“三个有利于”的判断标准；从“不搞科学技术，生产力无法提高”到“科学技术是第一生产力”；从“发扬民主”到提出“民主的制度化、法律化”；从革命统一战线到爱国统一战线；从重视思想政治工作到提出加强社会主义精神文明建设；从“一纲四目”到“一国两制”；从“宁‘左’勿右”到“警惕右，主要是防止‘左’”；如此等等。正是以邓小平同志为主要代表的中国共产党人的这种“解放思想”，形成了独具特色的关于中国社会主义建设的科学理论——邓小平理论，指引中国改革开放和社会主义现代化建设取得了令世人瞩目的伟大成就。

20 世纪 80 年代末以来，尽管社会主义初阶阶段的基本国情、主要矛盾和主要任务都没有变，但是国内情况和社会经济发生了重大的变化。在胜利实现现代化建设“三步走”战略前两步目标以后，进入全面建设小康社会、加快推进社会主义现代化新的发展阶段。我国生产力水平大幅度跃升，综合国力显著增强，国际地位进一步提高，改革开放取得丰硕成果，社会主义市场经济体制初步建立，政治稳定、民族团结、社会进步，人民生活总体上达到小康水平，社会主义中国充满活力。与此同时，改革进入攻坚阶段，发展处于关键时期，我国社会主义事业的发展面临新的巨大困难和压力。随着改革开放和社会主义市场经济的发展，社会经济成分、组织形式、就业方式、利益关系和分配方式日益多样化。加入世贸组织，给我国经济社会带来了深刻影响。推进现代化建设、完成祖国统一、维护世界和平与促进共同发展，仍是党在 21 世纪伟大而艰巨的三大历史任务。从执政党建设看，在邓小平提出的“革命化、年轻化、知识化、专业化”方针的指引下，一大批优秀的年轻干部走上了各级领导岗位。由于自然规律和干部退休制度的严格执行，党的干部队伍正处在整体性的新老交替的重要时期，一大批 70 年代后成长起来的年轻干部将走上重要的领导岗位。这批干部有许多突出的优点，但也有一些不足，必须抓紧培养。他们的状况关系到党的形象，关系到党的执政地位是否稳固。一些干部身上存在的思想僵化、信念动摇、纪律松弛、作风浮夸等问题，以及群众对腐败现象的严重不满，是必须认真研究的重大问题和重大挑战。进一步提高党的领导水平和执政水平，提高拒腐防变和抵御风险的能力，成为党必须解决好的两大历史性课题。

在上述国情、党情新变化的背景下，以江泽民同志为主要代表的中国共产党人继往开来，与时俱进，在科学认识中国共产党面临着的严峻挑战和历史重任的基础上，在开创中国特色社会主义事业新局面的伟大实践中，以一系列新的思想、观点丰富和发展了邓小平理论。例如：从“解放思想、实事求是”到“解放思想、实事求是、与时俱进”；从“社会主义可以搞市场经济”的论断到社会主义经济体制改革的目标是建立和完善社会主义市场经济体制；从“以公有制为主体、多种所有制为补充”到提出“以公有制为主体，多种所有制共同发展，是社会主义初级阶段的基本经济制度”，公有制实现形式可以而且应该多样化；从“国有经济为主导”到从战略上调整国有经济布局；从“以按劳分配为主体，多种分配方式为补充”到“以按劳分配为主体，多种分配方式并存的分配制度”，“确立劳动、资本、技术和管理等生产要素按贡献参与分配”；从“发展是硬道理”到确立“发展是党执政兴国的第一要务”与确立可持续发展战略；从“两个文明一起抓”到“三位一体”布局；从“科学技术是第一生产力”到实施科教兴国战略；从传统工业化道路到新型工业化道路；从“两个大局”到西部大开发；从“民主的制度化、法律化”到依法治国方略；从加强思想道德建设到“以德治国”；从“引进来”的对外开放战略到“引进来”和“走出去”相结合的对外开放战略；从“三步走”的发展战略到“两个一百年”的奋斗目标；从发展多种所有制经济到提出“扩大党的群众基础”；从“关键在党”到提出“三个代表”的要求；如此等等。正是以江泽民同志为主要代表的中国共产党人的这种“与时俱进”，形成了“三个代表”重要思想，把我国改革开放和社会主义现代化建设事业全面推向 21 世纪。

党的十六大以来，我国进入了全面建设小康社会、加快推进社会主义现代化的新的发展阶段。尽管社会主义初阶阶段的基本国情没有变，但我国经济社会发展呈现出一系列新的阶段性特征：第一，我国经济实力显著增强，同时生产力水平总体上还不高，自主创新能力还不强，长期形成的结构性矛盾和粗放型增长方式尚未根本改变；第二，我国社会主义市场经济体制初步建立，同时影响发展的体制机制障碍依然存在，改革攻坚面临深层次矛盾和问题；第三，我国人民生活总体上达到小康水平，同时收入分配差距拉大趋势还未根本扭转，城乡贫困人口和低收入人口还有相当数量，统筹兼顾各方面利益难度加大；第四，我国协调发展取得显著成绩，同时农业基础薄弱、农村发展滞后的局面尚未改变，缩小城乡、区域发展差距和促进经济社会协调发展任务艰巨；第五，我国社会主义民主政治不断发展、依法治国基本方略扎实贯彻，同时民主法制建设与扩大人民民主和经济社会发展的要求还不完全适应，政治体制改革需要继续深化；第六，我国社会主义文化更加繁荣，同时人民精神文化需求日趋旺盛，人们思想活动的独立性、选择性、多变性、差异性明显增强，对发展社会主义先进文化提出了更高要求；第七，我国社会活力显著增强，同时社会结构、社会组织形式、社会利益格局发生深刻变化，社会建设和管理面临诸多新课题；第八，我国对外开放日益扩大，同时面临的国际竞争日趋激烈，发达国家在经济科技上占优势的压力长期存在，可以预见和难以预见的风险增多，统筹国内发展和对外开放要求更高。以上这些阶段性特征表明，我国已进入发展的关键时期、改革的攻坚时期和社会矛盾的凸显时期；我国发展既具有巨大潜力和广阔空间，也承受着来自人口、资源、环境等方面的巨大压力。许多国家的发展进程表明，在这一阶段有可能出现两种发展结果：一种是搞得好，经济社会继续向前发展，顺利实现工业化、现代化；另一种是搞得不好，往往出现贫富悬殊、失业人口增多、城乡和地区差距扩大、社会矛盾加剧、生态环境恶化等问题，导致经济社会发展长期徘徊不前，陷入“中等收入陷阱”，甚至出现社会动荡和倒退。

第二次世界大战结束以后，加快经济增长成为世界各国的共识，人类创造了前所未有的经济增长成就。但是，由于一些国家单纯追求经济增长，不重视社会发展，不解决社会公平问题，忽视能源资源节约和生态环境保护，致使世界发展遇到了严重问题。有的国家走了一条先发展、后治理的路子，为解决生态环境严重恶化问题付出了高昂的代价；有的国家由于经济结构失衡、社会发展滞后，导致发展质量不高、后劲不足；有的国家则出现了贫富悬殊、失业增加、社会腐败、政治动荡等问题。世界各国的发展实践也表明，发展绝不仅仅是经济增长，而应该是经济、政治、文化、社会全面协调发展，应该是人与自然和谐的可持续发展。

从上述现实和经验出发，以胡锦涛同志为总书记的中国共产党人从新世纪、新阶段党和国家事业发展全局出发，继往开来，求真务实，在开创中国特色社会主义事业新局面的伟大实践中，提出了科学发展观的科学理论，以一系列新的思想、观点丰富和发展了邓小平理论、“三个代表”思想。例如：从“解放思想、实事求是、与时俱进”到“解放思想、实事求是、与时俱进、求真务实”；从“稳定压倒一切”到“建立和谐社会”；从确立可持续发展战略到全面落实科学发展观，强调“发展必须科学”；从“让一部分人先富起来”到“让全体人民共享改革发展成果”；从“效率优先”到“更加注重公平”；从“以经济建设为中心”到“以人为本”，推进和谐社会建设；从“摸着石头过河”到“全面制度建设”；从“三位一体”布局到“四位一体”布局、“五个统筹”发展；从“两元结构”到“多元化融洽”；从“不争论”到“不折腾”；如此等等。正是以胡锦涛同志为总书记的中国共产党人的这种“求真务实”的精神，提出了科学发展观，从而把我国改革开放和社会主义现代化建设事业不断推向前方。

党的十八大以来，我国改革开放和社会主义现代化建设的步伐进一步加快，中国特色社会主义事业的发展面临着历史性机遇，同时也面临着严峻的挑战。机遇体现为：经济发展的物质技术基础更加强固，市场需求潜力巨大，宏观调控体系不断完善，制度优势日益显现。与此同时，我国发展也面临着一些困难和挑战，主要体现在以下几个方面。第一，经济发展进入新常态，正从高速增长转向中高速增长，经济发展方式正从规模速度型粗放增长转向质量效率型集约增长，经济结构正从增量扩能为主转向调整存量、做优增量并存的深度调整，经济发展动力正从传统增长点转向新的增长点。第二，发展中不平衡、不协调、不可持续问题依然突出，发展方式依然粗放，生态环境保护任重道远，城乡区域发展差距和居民收入分配差距依然较大，部分群众生活困难，脱贫攻坚任务艰巨。第三，科技创新能力不强，产业技术水平整体偏低，以企业为主体、市场为导向、产学研相结合的科技创新体系尚不健全，缺少自主知识产权和国际知名品牌产品，新兴产业带动作用还不强，实体经济水平有待提高。第四，对外开放日益扩大，同时面临的国际竞争日趋激烈，发达国家在经济科技上占优势的压力将长期存在，贸易保护主义与逆全球化浪潮不断掀起，可以预见和难以预见的风险增多。第六，社会矛盾明显增多，民众在教育、就业、社会保障、医疗、住房等方面面临不少难题，生态环境安全、食品药品安全、安全生产、社会治安、执法司法等关系群众切身利益的问题较多。第六，形式主义、官僚主义、享乐主义和奢靡之风问题突出，一些领域消极腐败现象易发多发，反腐败斗争形势依然严峻，全面依法治国任务依然繁重，国家治理体系和治理能力有待加强。

面对上述机遇与挑战，以习近平同志为主要代表的中国共产党人坚持解放思想、实事求是、与时俱进、求真务实，清醒认识世情、国情、党情的变和不变，准确反映新时代的特点，敢于和善于分析把握机遇与挑战，正确揭示社会主要矛盾发生转化的客观事实，不断深化改革开放，不断推进理论创新，在推进新时代中国特色社会主义事业的实践中，以一系列新的思想、观点丰富和发展了邓小平理论、“三个代表”重要思想和科学发展观，例如：从“坚持解放思想、实事求是、与时俱进、求真务实”到“坚持解放思想、实事求是、与时俱进、求真务实，坚持辩证唯物主义和历史唯物主义的世界观和方法论”；从主要矛盾由“人民日益增长的物质文化需要同落后的社会生产之间的矛盾”转化为“人民日益增长的美好生活需要和不平衡不充分的发展之间的矛盾”；从“发展是硬道理”“发展必须科学”到坚持“创新、协调、绿色、开放、共享”的五大发展理念；从“让一部分人先富起来”“先富”帮助“后富”到“精准扶贫”“走共同富裕的道路”；从“以人为本”到“以人民为中心”；从“四位一体”总布局到“五位一体”总布局；从“摸着石头过河”到“顶层设计”；从“经济体制改革”到“全面深化改革”；从“生态良好”到“美丽中国”；从“维护世界和平”到“推动构建人类命运共同体”；从“建成富强民主文明和谐的社会主义现代化国家”的战略目标到“建成富强民主文明和谐美丽的社会主义现代化强国”的战略目标；如此等等。正是以习近平同志为主要代表的中国共产党人的这种“与时俱进”，形成了新时代中国特色社会主义思想，在新的起点上把我国改革开放和社会主义现代化建设事业推向新时代，迎来实现中华民族伟大复兴的光明前景。

二　中国理论的创立和发展

中国道路理论形态即中国理论的形成不是一蹴而就的，而是从各个方面形成的一个个观点，逐渐形成并概括成一个有机联系的整体；是从比较模糊到比较清晰、由浅入深、逐步深化的凝练提升的过程。中国理论同任何理论发展一样，有一个逐步形成与不断完善的过程，邓小平同志在党的十二大开幕式致辞中第一次提出“建设有中国特色的社会主义”这一理论命题，党的十四大基本形成“中国特色社会主义理论”这一科学体系，党的十七大概括“中国特色社会主义理论体系包括邓小平理论、‘三个代表’重要思想以及科学发展观等在内的科学理论体系”，党的十九大提出并形成了“新时代中国特色社会主义思想”，中国理论在不断获得丰富和发展。

1. 中国理论的创立

“文化大革命”结束后，中国面临着向何处去的重大历史关头，以邓小平为主要代表的中国共产党人，强调实事求是是毛泽东思想的精髓，旗帜鲜明地反对“两个凡是”的错误观点，支持和领导关于真理标准问题的大讨论，推动各领域的拨乱反正。1978 年 12 月 13 日，邓小平在中央工作会议闭幕会上发表《解放思想，实事求是，团结一致向前看》的讲话，是开创中国特色社会主义理论的宣言书。随后召开的党的十一届三中全会，重新确立了实事求是的思想路线，做出把党和国家的工作重点转移到社会主义现代化建设上来和实行改革开放的战略决策，开始了建设有中国特色的社会主义新探索。

伴随着我国改革开放和社会主义现代化建设实践的全面展开，1982 年邓小平在十二大开幕式上明确提出“把马克思主义的普遍真理同我国的实际结合起来，走自己的路，建设有中国特色的社会主义”① 的命题。党的十二大以后，以邓小平同志为代表的中国共产党人在带领全国各族人民进行改革开放和现代化建设的实践中，抓住“什么是社会主义、怎样建设社会主义”这个

① 《十一届三中全会以来历次党代会、中央全会报告公报决议决定》（上），中国方正出版社 2008 年版，第 130 页。

根本问题进行了深入的理论思考，提出了关于中国社会主义现代化建设的许多重要的新论断。1987 年党的十三大报告第一次比较系统地阐述了社会主义初级阶段理论，明确提出，“正确认识我国社会所处的历史阶段，是建设有中国特色的社会主义的首要问题，是我们制定和执行正确的路线和方针的根本依据”①。党的十三大报告在阐述社会主义初级阶段理论的基础上，制定了党在社会主义初级阶段的基本路线和发展战略，总结了十一届三中全会以来党关于社会主义现代化建设的一系列指导方针，形成了“建设有中国特色的社会主义”的理论轮廓。

党的十三大以后，全党和全国人民经受住了国内政治风波和苏东剧变的严峻挑战，坚定不移地走十一届三中全会开辟的中国道路。1992 年初，邓小平在南方谈话中强调，“要坚持党的十一届三中全会以来的路线、方针、政策”，“基本路线要管一百年，动摇不得”。② 南方谈话总结了十一届三中全会以来的基本实践和基本经验，阐述了社会主义、市场经济与现代化的关系，回答了长期困扰和束缚人们思想的重大认识问题，极大地解放了人们的思想，是把改革开放和现代化建设推向新阶段的又一个宣言书。同年 10 月，党的十四大报告第一次提出了“建设有中国特色社会主义的理论”这个概念，“我们党所以能够取得这样的胜利，根本原因是在十四年的伟大实践中，坚持把马克思主义基本原理同中国具体实际相结合，逐步形成和发展了建设有中国特色社会主义的理论”。十四大报告还从社会主义的发展道路、社会主义的发展阶段、社会主义的根本任务、社会主义的发展动力、社会主义建设的外部条件、社会主义建设的政治保证、社会主义建设的战略步骤、社会主义的领导力量和依靠力量、祖国统一等九个方面概括了建设有中国特色社会主义理论的内容，强调在建设有中国特色社会主义理论的指导下，形成了社会主义初级阶段的基本路线，并指出“邓小平同志是我国社会主义改革开放和现代化建设的总设计师”，他“敏锐地把握时代发展的脉搏和契机，既继承前人又突破陈规，表现出开辟社会主义建设新道路的巨大政治勇气和开拓马克思主义

① 《十一届三中全会以来历次党代会、中央全会报告公报决议决定》（上），中国方正出版社 2008 年版，第 286 页。

② 《邓小平文选》第 3 卷，人民出版社 1993 年版，第 370—371 页。

新境界的巨大理论勇气，对建设有中国特色社会主义理论的创立做出了历史性的重大贡献”。十四大报告标志着“建设有中国特色的社会主义”理论形成。1997 年 9 月党的十五大正式提出邓小平理论这个概念，“建设有中国特色社会主义理论，它的主要创立者是邓小平，我们党把它称为邓小平理论”；并系统阐述了邓小平理论的科学含义、主要内容、理论地位和指导意义，指出邓小平理论是当代中国的马克思主义，是马克思主义在中国发展的新阶段；强调要“高举邓小平理论伟大旗帜，就是真正高举马克思主义、毛泽东思想的旗帜”①。十五大把邓小平理论同马克思列宁主义、毛泽东思想一起写入党章，确定为党在一切工作中的指导思想，1999 年又作为国家指导思想写进了宪法。

邓小平理论是基于改革开放和现代化建设取得丰硕成果的理论创新，初步回答了建设有中国特色社会主义的一系列理论问题，形成了以下四大基本理论：

一是社会主义本质理论。“什么是社会主义、怎样建设社会主义”，这是邓小平在领导改革开放和现代化建设中，不断提出和反复思考的首要的基本的理论问题。邓小平根据马克思主义的基本原理和社会主义的实践经验，对这个问题进行了不懈的探索。他指出：“社会主义的本质，是解放生产力，发展生产力，消灭剥削，消除两极分化，最终达到共同富裕。”② 这一科学概括，既突出强调解放和发展生产力在社会主义发展中的地位，又突出强调消灭剥削、消除两极分化，最终达到共同富裕的社会主义发展目标；既包括了社会主义社会的生产力问题，又包括了以社会主义生产关系为基础的社会关系问题，摆脱了长期以来拘泥于具体模式而抽象谈论社会主义的错误倾向。

二是社会主义初级阶段理论。社会主义初级阶段理论是中国特色社会主义理论体系的立论基础。党的十一届三中全会以前，我国在社会主义建设中出现种种错误的根本原因之一，就是没有正确认识我国社会主义所处的发展阶段。十一届三中全会以后实行的一系列新政策，虽然在实践上取得了明显

---

① 《十一届三中全会以来历次党代会、中央全会报告公报决议决定》（下），中国方正出版社 2008 年版，第 440、442、599、602 页。

② 《邓小平文选》第 3 卷，人民出版社 1993 年版，第 373 页。

成效，但是在理论上却同过去人们对社会主义的理解产生了冲突，一些人怀疑改革开放路线和政策是否符合马克思主义，而另一些人则否定坚持社会主义方向和道路的必要性，也是没有正确认识我国社会主义所处的发展阶段问题。1987 年 8 月，邓小平明确指出，“党的十三大要阐述中国社会主义是处在一个什么阶段，就是处在初级阶段的社会主义。社会主义本身是共产主义的初级阶段，而我们中国又处在社会主义的初级阶段，就是不发达的阶段。一切都要从这个实际出发，根据这个实际来制订规划”①。我国处在社会主义初级阶段，是邓小平和党对当代中国基本国情的科学判断。

三是改革开放理论。改革开放是发展中国特色社会主义的必由之路。中国实行改革开放绝不是心血来潮的偶然行为，而是不得不为的必然选择，正如邓小平所说：“如果现在再不实行改革，我们的现代化事业和社会主义事业就会被葬送”②，“不只是四个现代化没有希望，甚至于要涉及到亡党亡国的问题，可能要亡党亡国”③。在“不改革开放只能是死路一条”的压力下，在“不改革就可能被开除球籍”的形势下，改革开放是唯一明智的抉择，是决定中国命运的重大决策。从解放生产力、扫除发展生产力的障碍这个意义上说，从政策的重新选择、体制的重新构建的深刻性和广泛性来说，从由此引起的社会生活和人们观念变化的深刻性和广泛性来说，改革是一场伟大的革命，但它不是一个阶级推翻另一个阶级意义上的革命，是社会主义制度的自我完善和发展。

四是社会主义市场经济理论。社会主义市场经济理论的确立和发展，是中国特色社会主义现代化建设全局取得中国式奇迹的体制基础。邓小平提出，计划经济不等于社会主义，市场经济不等于资本主义，从根本上解除了把计划经济和市场经济看作属于社会基本制度范畴的思想束缚。在坚持公有制和按劳分配为主体，其他经济成分和分配方式为补充的基础上，把市场经济配置资源的长处和社会主义制度的优越性结合起来，建立和完善社会主义市场经济体制，为我们坚持社会主义经济制度找到了一种新的实现形式。

---

① 《邓小平文选》第 3 卷，人民出版社 1993 年版，第 252 页。
② 同上书，第 150 页。
③ 《邓小平文选》第 2 卷，人民出版社 1994 年版，第 397 页。

邓小平理论还围绕建设中国特色社会主义这个主题，在社会主义现代化发展战略、社会主义民主政治建设、社会主义精神文明建设、统一战线、军队和国防建设、社会主义国家外交战略、祖国完全统一、党的建设等领域，提出了一系列相互联系的新思想、新观点、新论断。邓小平理论是贯通哲学、政治经济学、科学社会主义等领域，涵盖经济、政治、科技、教育、文化、民族、军事、外交、统一战线、党的建设等方面比较完备的科学体系，又是需要从各方面进一步丰富发展的科学体系。邓小平理论搭起了中国理论的基本架构，是中国理论的开创之作和奠基之作。在邓小平理论的指导下，中国开始一步一步地“富”起来。

2. 中国理论的丰富和发展

20 世纪 80 年代末到党的十五大期间，江泽民不断提出加强党的建设和改善党的领导问题。1989 年，邓小平对江泽民和新的中央其他领导做出了“要聚精会神地抓党的建设”[①] 的“政治交代”。1989 年 6 月，党的十三届四中全会提出了大力加强党的建设，坚决惩治腐败的要求。同年 8 月，中共中央发出了《关于加强党的建设的通知》，要把党建设成为领导改革开放和社会主义现代化建设的坚强核心。1991 年，江泽民同志在建党 70 周年纪念大会上对“进一步加强中国共产党的建设”作了深刻论述。1992 年 10 月，党的十四大提出用建设有中国特色社会主义理论武装全党的战略任务，系统论述了加强党的建设和改善党的领导问题。1994 年，党的十四届四中全会专门研究了新形势下党的建设问题，通过了《中共中央关于加强党的建设几个重大问题的决定》。1997 年，党的十五大将新时期党的建设按照新的伟大工程的总目标，严肃地提到了全党面前。

经过长期思考，2000 年 2 月，江泽民在广东考察工作时，第一次比较全面而具体阐述了“三个代表”重要思想。他指出，“总结我们党七十多年的历史，可以得出一个重要结论，这就是：我们党所以赢得人民的拥护，是因为我们党在革命、建设、改革的各个历史时期，总是代表着中国先进社会生产力的发展要求，代表着中国先进文化的前进方向，代表着中国最广大人民的

① 《邓小平文选》第 3 卷，人民出版社 1993 年版，第 314 页。

根本利益，并通过制定正确的路线方针政策，为实现国家和人民的根本利益而不懈奋斗”。① 2000 年 5 月，江泽民同志在江苏、浙江、上海考察工作时，再一次对“三个代表”重要思想进行了阐述。他强调指出：始终做到“三个代表”，“是我们党的立党之本、执政之基、力量之源”②，要求把“三个代表”重要思想落实到正确地执行党的路线方针政策中去，落实到党的各项工作中去，落实到建设一支高素质的干部队伍中去，落实到从严治党中去。2001 年 7 月 1 日，江泽民在纪念建党 80 周年大会上的讲话，全面阐述了“三个代表”的科学内涵和基本内容，提出了按照“三个代表”要求加强和改进党的建设，号召全党继续为实现党的基本路线和历史任务而奋斗。这篇讲话，是中国共产党在 21 世纪的政治宣言书，是中国共产党在 21 世纪的建党纲领，推进了党的建设新的伟大工程。

2002 年 11 月，江泽民在党的十六大报告中进一步阐述了“三个代表”重要思想的时代背景、历史地位、精神实质和指导意义，阐明了贯彻“三个代表”重要思想的根本要求，要求全党始终保持与时俱进的精神状态，把发展作为党执政兴国的第一要务，最广泛、最充分地调动一切积极因素，以改革的精神推进党的建设；提出要把“三个代表”重要思想贯彻到社会主义现代化建设的各个领域，体现在党的建设的各个方面；特别指出，贯彻“三个代表”重要思想，关键在坚持与时俱进，核心在坚持党的先进性，本质在坚持执政为民。党的十六大高度评价了“三个代表”重要思想的历史地位和重要意义，把“三个代表”重要思想同马克思列宁主义、毛泽东思想、邓小平理论一道确立为党必须长期坚持的指导思想并写进了党章，2004 年又作为国家指导思想写进宪法。

“中国共产党必须始终代表中国先进生产力的发展要求，代表中国先进文化的前进方向，代表中国最广大人民的根本利益。”这是对“三个代表”重要思想的集中概括。“始终代表中国先进生产力的发展要求”，就是党的理论、路线、纲领、方针、政策和各项工作，必须努力符合生产力发展的规律，体现不断推动社会生产力的解放和发展的要求，尤其要体现推动先进生产力发

① 《江泽民文选》第 3 卷，人民出版社 2006 年版，第 2 页。

② 同上书，第 15 页。

展的要求，通过发展生产力不断提高人民群众的生活水平。“始终代表中国先进文化的前进方向”，就是党的理论、路线、纲领、方针、政策和各项工作，必须努力体现发展面向现代化、面向世界、面向未来的，民族的科学的大众的社会主义文化的要求，促进全民族思想道德素质和科学文化素质的不断提高，为我国经济发展和社会进步提供精神动力和智力支持。“始终代表中国最广大人民的根本利益，”就是党的理论、路线、纲领、方针、政策和各项工作，必须坚持把人民的根本利益作为出发点和归宿，充分发挥人民群众的积极性、主动性、创造性，在社会不断发展进步的基础上，使人民群众不断获得切实的经济、政治、文化利益。“三个代表”是统一的整体，相互联系，相互促进。发展先进生产力，是发展先进文化的基础，是实现最广大人民根本利益的前提；发展先进文化，是发展先进生产力和实现最广大人民根本利益的重要思想保证；发展先进生产力和先进文化，归根到底都是为了实现最广大人民的根本利益，而人民群众则是创造先进生产力和先进文化的主体，也是实现自身利益的根本力量。

“三个代表”重要思想还围绕建设中国特色社会主义这个主题，还提出了一系列紧密联系、相互贯通的新思想、新观点、新论断。具体包括以下 16 个方面的内容：关于社会主义初级阶段基本纲领的思想，关于建立社会主义市场经济体制的思想，关于公有制为主体、多种所有制经济共同发展是我国社会主义初级阶段的基本经济制度的思想，关于按劳分配为主体、多种分配方式并存的思想，关于实行全方位对外开放战略的思想，关于社会主义物质文明、政治文明和精神文明协调发展的思想，关于发展是党执政兴国的第一要务的思想，关于正确处理改革、发展、稳定关系的思想，关于建设社会主义法治国家的思想，关于依法治国和以德治国相结合的思想，关于走中国特色的精兵之路的思想，关于巩固党的阶级基础和扩大党的群众基础的思想等。“三个代表”重要思想是基于实行对外开放和发展社会主义市场经济条件下，在国内外形势十分复杂、世界社会主义出现严重曲折的严峻考验面前，坚持以邓小平理论为指导，不断推进理论创新，捍卫了中国特色社会主义，成功地把中国特色社会主义推向 21 世纪。在“三个代表”重要思想的指导下，中国进一步“富”起来。

进入21世纪，在经济发展过程中，发展不全面、不平衡、不可持续的矛盾非常突出，经济发展方式的转变，管理模式的调整，实现人与自然的和谐发展，经济发展和人口、资源、环境相协调，成为中国共产党面临的迫切任务和现实要求。2003年初“非典”的发生和蔓延，引起以胡锦涛同志为主要代表的中国共产党人对影响中国经济社会发展的突出矛盾和问题的思考。2003年4月，胡锦涛在广东考察时提出全面发展观。同年8月底9月初对江西考察时使用“科学发展观”概念，提出要牢固树立协调发展、全面发展、可持续发展的科学发展观。2003年10月，党的十六届三中全会通过的《中共中央关于完善社会主义市场经济体制若干问题的决定》，第一次在党的文件中提出科学发展观的思想，“坚持以人为本，树立全面、协调、可持续的发展观，促进经济社会和人的全面发展”，深化经济体制改革；“按照统筹城乡发展、统筹区域发展、统筹经济社会发展、统筹人与自然和谐发展、统筹国内发展和对外开放的要求”，完善社会主义市场经济体制①。2004年3月，胡锦涛在中央人口资源环境座谈会上发表重要讲话，阐明了科学发展观提出的背景和意义，界定了“以人为本”“全面发展”“协调发展”“可持续发展”的内涵，明确了树立和落实科学发展观的要求。至此，科学发展观的战略思想初步形成。

2004年9月，党的十六届四中全会通过的《关于加强党的执政能力建设的决定》，把树立和落实科学发展观作为提高党执政能力的重要内容。2005年10月，党的十六届五中全会通过的《中共中央关于制定国民经济和社会发展第十一个五年规划的建议》强调，要坚定不移地以科学发展观统领社会经济发展全局，坚持以人为本，转变发展观念，创新发展模式，提高发展质量和效益，把经济社会发展切实转入全面协调可持续发展的轨道。2006年3月，十届人大四次会议通过的《中华人民共和国国民经济和社会发展第十一个五年规划纲要》指出，“十一五”时期要促进国民经济持续快速协调健康发展和社会全面进步，关键是要牢固树立和全面落实科学发展观。至此，将科学发展观与党的执政能力、经济社会发展全局联系在一起，标志科学发展观进入

① 《十一届三中全会以来历次党代会、中央全会报告公报决议决定》（下），中国方正出版社2008年版，第822页。

了一个蓬勃发展阶段。

以党的十七大为标志，科学发展观进一步走向成熟。2007 年 10 月，胡锦涛在党的十七大报告中全面阐述了科学发展观的理论内涵，提出深入贯彻落实科学发展观的基本要求，并把科学发展观作为党的重要指导方针写进党章。十七大后，在应对国际国内外形势复杂变化以及自然界的严重困难与挑战时，推动着科学发展观不断完善发展。十七届三中全会提出，要深入贯彻落实科学发展观，继续解放思想，坚持改革开放，推动科学发展，从根本上解决经济平稳健康发展问题。十七届五中全会强调，在当代中国，坚持发展是硬道理的本质要求，就是坚持科学发展，更加注重以人为本，更加注重全面协调可持续发展，更加注重统筹兼顾，更加注重保障和改善民生，促进社会公平正义。2012 年十八大进一步强调，“必须把科学发展观贯彻到我国现代化全过程、体现到党的建设各方面”①，并把科学发展观确立为党必须长期坚持的指导思想并写入党章。2018 年十三届人大一次会议修改宪法，把科学发展观作为国家指导思想写进宪法。

“科学发展观，第一要义是发展，核心是以人为本，基本要求是全面协调可持续，根本方法是统筹兼顾”②，这是对科学发展观的集中概括。具体来说：第一，发展是科学发展观的第一要义。科学发展观继承了发展是硬道理的思想，强调要把握发展规律、创新发展理念、转变发展方式、破解发展难题，提高发展质量，赋予了“什么是发展”的新内涵。第二，以人为本是科学发展观的核心。科学发展观中的以人为本，就是坚持全心全意为人民服务，立党为公、执政为民，强调尊重人的主体价值，发挥人的主体作用，实现人的主体利益，促进人的全面发展，将实现好、维护好、发展好最广大人民的根本利益作为一切工作的出发点和落脚点，做到发展为了人民，发展依靠人民，发展成果由人民共享，回答了“为谁发展”和“依靠谁发展”的问题。第三，全面协调可持续是科学发展观的基本要求。全面协调可持续的发展，就是要以经济建设为中心，大力推进经济、政治、文化、社会、生态建设，坚

① 胡锦涛：《坚定不移沿着中国特色社会主义道路前进 为全面建成小康社会而奋斗——在中国共产党第十八次全国代表大会上的报告》，人民出版社 2012 年版，第 14 页。

② 《十一届三中全会以来历次党代会、中央全会报告公报决议决定》（下），中国方正出版社 2008 年版，第 914 页。

持走生产发展、生活富裕、生态良好的文明发展道路，促进生产力和生产关系、经济基础和上层建筑相协调，促进人与自然、人与人之间的和谐，实现经济发展和人口、资源、环境相协调，从根本上把握了“实现什么样的发展”问题。第四，统筹兼顾是科学发展观的根本方法。在统筹城乡发展、统筹区域发展、统筹经济社会发展、统筹人与自然和谐发展、统筹国内发展和对外开放的基础上，加强统筹中央和地方关系，统筹个人利益和集体利益、局部利益和整体利益、当前利益和长远利益，统筹国内国际两个大局，充分调动各方面积极性，回答了“怎样发展”的问题。

科学发展观围绕建设中国特色社会主义这个主题，还创造性地提出了一系列相互联系的新思想、新观点、新论断。如，关于构建社会主义和谐社会、推进以改善民生为重点的社会建设的思想；关于全面建设小康社会奋斗目标的思想；关于继续深化改革开放、使改革开放的成果让全民共享的思想；关于切实坚强和改进党的建设、着力加强反腐倡廉建设的思想；关于坚定不移发展社会主义民主政治、发展基层民主的思想；关于推动社会主义文化大发展大繁荣的思想；关于始终不渝走和平发展道路的国际战略思想；等等。科学发展观是基于准确把握世界发展趋势、认真总结我国发展经验、深入分析我国发展阶段性特征的基础上，紧紧抓住重要战略机遇期，在全面建设小康社会进程中坚持以邓小平理论和“三个代表”重要思想为指导思想，推进实践创新，理论创新，制度创新，着力解决我国经济发展过程中资源难以支撑，环境难以容纳，社会难以承受，发展难以持续的问题，把全社会的发展积极性引导到科学发展上来，在新的历史起点上发展了中国理论，坚持了中国特色社会主义。在科学发展观的指导下，中国进一步“富”起来。

3. 中国理论的最新成果

党的十八大以来，以习近平同志为代表的中国共产党人，以巨大的政治勇气和强烈的责任担当，积极应对世情、国情、党情变化带来的挑战。就世情来说，国际力量对比发生了新的此消彼长，世界多极化趋势更加明显，国际局势和风险更加复杂，世界加速进入了大动荡、大调整和大变革的新阶段。就国情来说，发展不平衡、不充分、不可持续的一些突出问题尚未解决，发展质量和效益还不高，创新能力不够强，实体经济水平有待提高；脱贫攻坚任务艰巨，城乡区域发展和收入分配差距依然较大，社会矛盾和问题交织叠加；意识形态领域斗争依然复杂，国家安全面临新情况；改革已处于攻坚期和深水区。就党情来讲，党的建设面临执政、改革开放、市场经济和外部环境“四大考验”，党内面临精神懈怠、能力不足、脱离群众、消极腐败“四大危险”，这“四大考验”和“四种危险”是长期的根深蒂固的，全面从严治党任重而道远。习近平站在时代和全局高度，从改革发展稳定、内政外交国防、治党治国治军等领域，出台了一系列方针政策，推出了一系列重大举措，积极应对挑战，解决了许多长期想解决而没有解决的难题，办成了许多过去想办而没有办成的大事，推动了党和国家事业取得历史性成就，发生历史性变革。

新时代催生新思想，新思想引领新时代。2017 年 10 月，习近平在十九大报告中指出，经过长期努力，中国特色社会主义进入了新时代。站在新的历史起点，必须从理论和实践结合上系统回答“坚持和发展什么样的中国特色社会主义、怎样坚持和发展中国特色社会主义”这个重大时代课题，也就是围绕着新时代坚持和发展中国特色社会主义的总目标、总任务、总体布局、战略布局和发展方向、发展方式、发展动力、战略步骤、外部条件、政治保证等基本问题，根据新的实践要求，对经济、政治、法治、科技、文化、教育、民生、民族、宗教、社会、生态文明、国家安全、军队国防、祖国统一、统一战线、外交、党的建设等各方面、各领域进行理论分析和政策指导，形成了新时代中国特色社会主义思想。

党的十九大报告用“八个明确”概括了新时代中国特色社会主义思想最主要、最核心的内容，回答了“新时代坚持和发展什么样的中国特色社会主义的问题”。

一是明确坚持和发展中国特色社会主义，总任务是实现社会主义现代化和中华民族伟大复兴，在全面建成小康社会的基础上，分两步走在本世纪中叶建成富强民主文明和谐美丽的社会主义现代化强国。习近平 2012 年 11 月 17 日在主持十八届中央政治局第一次集体学习时指出，“坚持和发展中国特色社会主义是贯穿党的十八大报告的一条主线”，要从理论和实践结合上坚持和发展中国特色社会主义。① 习近平强调，“中国特色社会主义是科学社会主

① 《习近平谈治国理政》，外文出版社 2014 年版，第 7 页。

义理论逻辑和中国社会发展历史逻辑的辩证统一，是根植于中国大地、反映中国人民意愿、适应中国和时代发展进步要求的科学社会主义，是全面建成小康社会、加快推进社会主义现代化、实现中华民族伟大复兴的必由之路。”①改革开放以来，我国找到了这条实现社会主义现代化和中华民族伟大复兴的正确道路。现在，我国比历史上任何时期都更接近实现社会主义现代化和中华民族伟大复兴的目标，比历史上任何时期都更有信心、更有能力实现这个目标。

二是明确新时代我国社会主要矛盾是人民日益增长的美好生活需要和不平衡不充分的发展之间的矛盾，必须坚持以人民为中心的发展思想，不断促进人的全面发展、全体人民共同富裕。“我国社会主要矛盾的变化是关系全局的历史性变化，对党和国家工作提出了许多新要求。我们要在继续推动发展的基础上，着力解决好发展不平衡不充分问题，大力提升发展质量和效益，更好满足人民在经济、政治、文化、社会、生态等方面日益增长的需要，更好推动人的全面发展、社会全面进步。”②

三是明确中国特色社会主义事业总体布局是“五位一体”、战略布局是“四个全面”，强调坚定道路自信、理论自信、制度自信、文化自信。“五位一体”是实现“两个一百年”的奋斗目标、实现中华民族伟大复兴的中国梦的重要内容，“四个全面”是实现“两个一百年”的奋斗目标、实现中华民族伟大复兴的中国梦的重要保障。习近平说，坚持中国特色社会主义道路，就是要“坚持以经济建设为中心，在经济不断发展的基础上，协调推进政治建设、文化建设、社会建设、生态文明建设”，促进现代化建设各方面相协调，促进生产关系与生产力、上层建筑与经济基础相协调③；就是要“协调推进全面建成小康社会，全面深化改革，全面推进依法治国，全面从严治党，推动改革开放和社会主义现代化建设迈上新台阶”④。在现阶段，协调推进“四个全面”战略布局是统筹推进“五位一体”总体布局的战略抓手和切入点，

---

① 《习近平谈治国理政》，外文出版社 2014 年版，第 21 页。

② 习近平：《决胜全面建成小康社会 夺取新时代中国特色社会主义伟大胜利——中国共产党第十九次全国代表大会上的报告》，人民出版社 2017 年版，第 11—12 页。

③ 《习近平谈治国理政》，外文出版社 2014 年版，第 11 页。

④ 《习近平谈治国理政》第 2 卷，外文出版社 2017 年版，第 22 页。

“全面建成小康社会”是统筹推进“五位一体”总体布局的阶段性目标，“全面深化改革”为统筹推进“五位一体”总体布局提供了根本动力，“全面依法治国”为统筹推进“五位一体”总体布局提供了基本保障，“全面从严治党”为统筹推进“五位一体”总体布局提供了根本的政治保证。

四是明确全面深化改革总目标是完善和发展中国特色社会主义制度、推进国家治理体系和治理能力现代化。国家治理体系和治理能力是一个国家制度和制度执行能力的集中体现，习近平指出，“怎样治理社会主义社会这样全新的社会，在以往的世界社会主义中没有解决得很好”，“我们党在全国执政以后，不断探索这个问题，虽然也发生了严重曲折，但在国家治理体系和治理能力上积累了丰富经验、取得了重大成果，改革开放以来的进展尤为显著。”① 推进国家治理体系和治理能力现代化，必须要适应时代变化，对各领域进行全面的系统的改革和改进，既改革不适应实践发展要求的体制机制、法律法规，又不断构建新的体制机制、法律法规，更加注重治理能力建设，增强按制度办事、依法办事意识，把各方面制度优势转化为管理国家的效能，不断完善现代国家治理体系，有效提高国家治理的能力。

五是明确全面推进依法治国总目标是建设中国特色社会主义法治体系、建设社会主义法治国家。党的十八大提出，法治是治国理政的基本方式，要加快建设社会主义法治国家，全面推进依法治国。党的十八届三中全会进一步提出，建设法治中国，必须坚持依法治国、依法执政、依法行政共同推进，坚持法治国家、法治政府、法治社会一体建设。党的十八届四中全会提出，要贯彻执行“科学立法、严格执法、公正司法、全民守法”② 这一法治建设新十六字方针，以促进国家治理体系和治理能力现代化。

六是明确党在新时代的强军目标是建设一支听党指挥、能打胜仗、作风优良的人民军队，把人民军队建设成为世界一流军队。要把人民军队建设成为世界一流军队，要“不折不扣落实依法治军、从严治军方针，培养部队严守纪律、令行禁止、步调一致的良好作风”③；要“贯彻依法治军、从严治军

---

① 习近平：《切实把思想统一到党的十八届三中全会精神上来》，《人民日报》2014 年 1 月 1 日，第 2 版。

② 《习近平谈治国理政》第 2 卷，外文出版社 2017 年版，第 120 页。

③ 《习近平谈治国理政》，外文出版社 2014 年版，第 401 页。

方针”，“充分发挥政治工作对强军兴军的生命线作用”①；要“全面实施改革强军战略，着力解决制约国防和军队建设的体制性障碍、结构性矛盾、政策性问题，推进军队组织形态现代化”②；要“加快形成全要素、多领域、高效益的军民融合深度发展格局，逐步构建军民一体化的国家战略体系和能力”③。坚持走中国特色强军之路，全面推进国防和军队现代化。

七是明确中国特色大国外交要推动构建新型国际关系，推动构建人类命运共同体。2013 年 3 月 23 日，习近平在莫斯科国际关系学院演讲时指出：“面对国际形势的深刻变化和世界各国同舟共济的客观要求，各国应该共同推动建立以合作共赢为核心的新型国际关系，各国人民应该一起来维护世界和平、促进共同发展”，各国和各国人民应该共同享受尊严，共同享受发展成果，共同享受安全保障④。2015 年 9 月，习近平在联合国总部发表讲话时再一次指出：“和平、发展、公平、正义、民主、自由，是全人类的共同价值，也是联合国的崇高目标。目标远未完成，我们仍须努力。当今世界，各国相互依存、休戚与共。我们要继承和弘扬联合国的宪章和宗旨，构建以合作共赢为核心的新型国际关系，打造人类命运共同体。”⑤ 建立以合作共赢为核心的新型国际关系，不仅有助于解决当前的“大国困境”，而且有助于解决当前人类面临的一系列问题，打造人类命运共同体，建设持久和平、普遍安全、共同繁荣、开放包容、美丽清洁的世界。

八是明确中国特色社会主义最本质的特征是中国共产党领导，中国特色社会主义制度的最大优势是中国共产党领导，党是最高政治领导力量，提出新时代党的建设总要求，突出政治建设在党的建设中的重要地位。习近平在上任伊始的中外记者见面会上，就提出要加强党的建设，“打铁还需自身硬。我们的责任，就是同全党同志一道，坚持党要管党、从严治党，切实解决自身存在的突出问题，切实改进工作作风，密切联系群众，使我们的党始终成

① 《习近平谈治国理政》第 2 卷，外文出版社 2017 年版，第 219 页。
② 同上书，第 407 页。
③ 同上书，第 412 页。
④ 同上书，第 273 页。
⑤ 同上书，第 522 页。

为中国特色社会主义事业的坚强领导核心”①。而要加强党的建设，首先，要坚持思想建党，坚定党员干部的理想信念。理想信念是共产党人的精神之“钙”，共产党员没有理想信念，理想信念不坚定，精神上就会“缺钙”，就会得“软骨病”。共产党员要练就“金刚不坏之身”，用科学理论武装头脑。其次，必须加强组织、纪律和作风建设，以保持党的先进性与纯洁性。从党的群众路线教育实践活动到“三严三实”专题教育再到“两学一做”学习教育，以解决党员队伍在组织、纪律、作风等方面存在的问题。再次，必须有坚强的制度作保证。全面从严治党，需要全方位扎紧制度的笼子，更多用制度治党、管权、治吏，也就是要依法依规治党、把权力关进制度的笼子里、用制度从严管理干部，不断健全惩治和预防腐败体系，坚持以零容忍态度惩治腐败。最后，突出政治建设在党的建设中的重要地位。党的政治建设是党的根本性建设，决定党的建设方向和效果。

党的十九大报告还从 14 个方面提出贯彻落实新时代中国特色社会主义思想的基本方略，即坚持党对一切工作的领导、坚持以人民为中心、坚持全面深化改革、坚持新发展理念、坚持人民当家作主、坚持全面依法治国、坚持社会主义核心价值体系、坚持在发展中保障和改善民生、坚持人与自然和谐共生、坚持总体国家安全观、坚持党对人民军队的绝对领导、坚持“一国两制”和推进祖国统一、坚持推动构建人类命运共同体、坚持全面从严治党，回答了“新时代怎样坚持和发展中国特色社会主义”的问题。党的十九大把习近平新时代中国特色社会主义思想确立为我们党必须长期坚持的指导思想并写入党章。十三届全国人大一次会议表决通过了《中华人民共和国宪法修正案》，把习近平新时代中国特色社会主义思想载入宪法，以国家根本法的形式确立习近平新时代中国特色社会主义思想在国家政治和社会生活中的指导地位。习近平新时代中国特色社会主义思想是中国特色社会主义理论体系的最新成果，开拓了马克思主义发展的新境界。在新时代中国特色社会主义思想的指导下，中国将一步一步地“强”起来，将更有信心、更有能力实现社会主义现代化和中华民族伟大复兴的目标。

---

① 中共中央文献研究室编：《十八大以来重要文献选编》（上），中央文献出版社 2014 年版，第 70 页。

改革开放以来我们取得一切成绩和进步的根本原因，归结起来就是开辟了中国特色社会主义道路，形成了中国特色社会主义理论体系，即中国理论。建设中国特色社会主义是一个很长的历史阶段，需要几代人、十几代人甚至几十代人坚持不懈地努力奋斗，这就决定了中国理论是一个不断发展的开放的理论体系。时代在发展，实践在变化，建设中国特色社会主义的客观进程每时每刻都在产生出新情况、新问题、新矛盾，从而呈现出一个个阶段性特征。邓小平理论、“三个代表”重要思想、科学发展观、习近平新时代中国特色社会主义思想，是解决不同时期、不同阶段所遇到的新情况、新问题、新挑战的经验总结和理论升华，体现了新时期以来中国共产党理论创新的科学性体系、阶段性成果与发展性要求的内在统一。建设中国特色社会主义的实践没有终结，中国理论的创新也不会停止。

三　中国理论的基本内涵

中国道路理论形态即中国理论是中国道路发展规律的理论反映，它系统回答了在中国这样一个十几亿人口的发展中国家如何加快实现现代化、巩固和发展社会主义的一系列重大问题。中国理论紧紧围绕“什么是社会主义、怎样建设社会主义”“建设什么样的党、怎样建设党”“实现什么样的发展、怎样发展”“新时代坚持和发展什么样的中国特色社会主义，怎样坚持和发展中国特色社会主义”这四大基本问题展开探索，从理论到实践进行了卓有成效的创新，用一系列紧密联系相互贯通的新思想、新观点、新论断，深化和丰富了对共产党执政规律、社会主义建设规律、人类社会发展规律的认识，从而把中国特色社会主义事业不断推向前进。

1. 中国理论的精髓

一切从实际出发，理论联系实际，实事求是，在实践中检验和发展真理是中国共产党的思想路线。毛泽东在新民主主义革命时期创立了这条思想路线，把它概括为“实事求是”。实事求是思想路线，是中国特色社会主义理论体系的精髓，它是使中国特色社会主义理论体系得以形成和发展并贯穿其始终，同时又体现在这一理论体系各个级别观点中的最本质的东西。

“文化大革命”结束后，在中国向何处去的重大历史关头，邓小平以大无畏的勇气和科学的态度，批判“两个凡是”的错误方针，支持和领导实践是检验真理唯一标准的大讨论，重新确立了实事求是思想路线。邓小平同志在为十一届三中全会做准备的中央工作会议闭幕会上发表讲话，特别强调解放思想、实事求是的重要意义，“实事求是，是无产阶级世界观的基础，是马克思主义的思想基础。过去我们搞革命所取得的一切胜利，是靠实事求是；现在我们要实现四个现代化，同样要靠实事求是。不但中央、省委、地委、县委、公社党委，就是一个工厂、一个机关、一个学校、一个商店、一个生产队，也都要实事求是，都要解放思想”①。随后召开的党的十一届三中全会，以这一讲话精神为指导，重新确立了实事求是的思想路线，开启了中国理论的探索过程。在推进改革开放和社会主义现代化进程中，邓小平在各种场合反复强调，实事求是是“马克思主义的精髓”，是“毛泽东思想的精髓”。他认为，我们党在十一届三中全会以来之所以能够制定出一系列新的方针政策，归根到底就是恢复和坚持了实事求是思想路线，根据这条思想路线来探索中国怎样建设社会主义。

十三届四中全会以来，江泽民在强调坚持解放思想、实事求是的思想路线过程中，针对国际国内党情的变化，强调弘扬与时俱进的精神。他在党的十四大报告中指出，解放思想，实事求是，是邓小平创立的“建设有中国特色社会主义理论”的精髓，是党永葆蓬勃生机的法宝。他在十五大报告中又强调，“在走向新世纪的新形势下，面对许多我们从来没有遇到过的艰巨苦难，邓小平理论要求我们要增强和提高解放思想、实事求是的坚定性和自觉性”②，不断开拓我们事业的新局面。进入 21 世纪后，江泽民对新形势下坚持实事求是的思想路线又提出了新的要求。他强调，马克思主义最重要的理论品质是与时俱进，全党必须坚持解放思想、实事求是、与时俱进的思想路线，大胆探索，勇于实践，开拓创新。他在十六大报告中指出，“不断解放思想、实事求是、与时俱进、开拓进取，尊重群众的首创精神，通过实践来检验和

① 《邓小平文选》第 2 卷，人民出版社 1994 年版，第 143 页。

② 《十一届三中全会以来历次党代会·中央全会公报决议决定》（下），中国方正出版社 2008 年版，第 600 页。

发展党的理论和路线方针政策”①。

十六大以来，我国社会主义的自我完善和发展又面临着许多新的重大课题，胡锦涛强调要大力弘扬求真务实精神、大兴求真务实之风。他在党的十七大报告中指出，“全党必须坚定不移地高举中国特色社会主义伟大旗帜，带领人民从新的历史起点出发，抓住和用好重要战略机遇期，求真务实，锐意进取，继续全面建设小康社会、加快推进社会主义现代化”②。在党的十八大报告中指出：解放思想、实事求是、与时俱进、求真务实贯彻科学发展观始终，是科学发展观最鲜明的精神实质。

十八大之后，习近平继续坚持实事求是的思想路线，强调只有坚持解放思想、实事求是、与时俱进、求真务实，中国特色社会主义理论体系才能在继承前人的同时不断解决新课题，实现新突破，开拓新境界。他在十九大报告中指出：“坚持解放思想、实事求是、与时俱进、求真务实，坚持辩证唯物主义和历史唯物主义，紧密结合新的时代条件和实践要求”，进行理论探索，取得重大理论成果，形成了新时代中国特色社会主义思想③。

从党的十一届三中全会到今天，我国经历了五个重大历史关头的考验。一是“文化大革命”结束后，面临着中国向何处去的考验；二是20世纪80年代末90年代初国内政治风波后，面临着中国改革开放向何处去的考验；三是邓小平同志逝世后，面临着中国举什么旗、走什么路的考验；四是进入21世纪，面临着如何加强执政党建设、抓住战略机遇期、在经济社会协调发展中实现奋斗目标的考验；五是我国社会主要矛盾发生变化，面临如何把握社会主义初级阶段基本路线没有变的考验。这五大关头历史考验涉及的问题是中国发展的方向和道路等重大问题，在思考和回答这些重大问题时，党内外程度不同地出现了一些不同倾向或不同声音。五个重大历史关头的考验，就是党和人民在新的实践中面临的五次重大选择。选择什么、怎样选择，就有一个思想路线问题。在建设中国特色社会主义五个重大历史关头、五次重大

---

① 《十一届三中全会以来历次党代会、中央全会报告公报决议决定》（下），中国方正出版社2008年版，第742页。

② 同上书，第907页。

③ 习近平：《决胜全面建成小康社会 夺取新时代中国特色社会主义伟大胜利——中国共产党第十九次全国代表大会上的报告》，人民出版社2017年版，第18页。

选择中，由于坚持解放思想、实事求是、与时俱进、求真务实的思想路线，坚持辩证唯物主义和历史唯物主义的世界观和方法论，也就能够做出正确的选择，坚持中国特色社会主义道路，坚持和发展中国理论。

2. 中国理论的主题

所谓主题，就是中心思想、核心内容，也就是回答“做什么”和“怎么做”的问题。在中国特色社会主义理论体系中，中国特色社会主义是贯穿科学理论始终的鲜明主题。邓小平理论的主题是建设有中国特色社会主义，三个代表重要思想的主题是建设中国特色社会主义，而科学发展观的主题是发展中国特色社会主义，新时代中国特色社会主义思想的主题是坚持和发展新时代中国特色社会主义。中国特色社会主义理论体系的创新发展历程，是我们党不断实现思想伟大觉醒的过程，是理论上不断进行新创造的过程，是不断推进马克思主义中国化的过程。在这个过程中，中国特色社会主义主题一以贯之，思想不断深化，内容不断充实，体系不断完善，以其无穷的理论魅力和重要实践价值，成为我们武装头脑、指导实践、推动工作须臾不能离开的思想武器。

在党的十二大开幕式上，邓小平同志第一次明确提出“中国特色社会主义”这个重大命题，强调走自己的道路，建设有中国特色的社会主义。从那时起，“中国特色社会主义”就成为党的历次全国代表大会的“主题词”①。邓小平对社会主义事业深谋远虑，首先提出要反思“什么是社会主义、怎样建设社会主义”的问题。邓小平认为，我国在改革开放前所经历的曲折和失误，归根到底就是对“什么叫社会主义、怎样搞社会主义”这个问题没有完全搞清楚；改革开放以来在前进中遇到的一些困惑和问题，归根到底也在于对“什么叫社会主义、怎样搞社会主义”这个问题没有完全搞清楚。过去我

① 十三大报告名称是《沿着有中国特色的社会主义道路前进》，十四大报告名称是《加快改革开放和现代化建设步伐 夺取有中国特色社会主义事业的更大胜利》，十五大报告名称是《高举邓小平理论伟大旗帜 把建设有中国特色社会主义事业全面推向二十一世纪》，十六大报告名称是《全面建成小康社会 开创中国特色社会主义事业新局面》，十七大报告名称是《高举中国特色社会主义伟大旗帜 为夺取全面建设小康社会新胜利而奋斗》，十八大报告名称是《坚定不移沿着中国特色社会主义道路前进 为全面建成小康社会而奋斗》，十九大报告名称是《决胜全面建成小康社会 夺取新时代中国特色社会主义伟大胜利》。

们往往离开生产力抽象地谈论社会主义，把许多束缚生产力发展的并不具有社会主义本质属性的东西当作“社会主义原则”加以固守，把很多在社会主义条件下有利于生产力发展的东西当作“复辟资本主义”加以反对。我们曾脱离生产力发展水平和现实国情，片面强调公有制、按劳分配，认为只要不断改变生产关系，不断扩大公有制和按劳分配的范围，提高公有制和按劳分配的程度，就能更好地建设社会主义。甚至脱离实际条件，盲目扩大公有制和按劳分配的范围，提高公有制和按劳分配的程度，甚至在一个时期内以阶级斗争为纲取代发展生产力，使社会主义建设走了弯路。改革开放的伟大实践开启了一个新的历史时期，也使我们党对社会主义有了全新的认识。1992年春，邓小平在南方视察时对“什么是社会主义、怎样建设社会主义”作了完整的科学概括。他说：社会主义的本质，是解放生产力，发展生产力，消灭剥削，消除两极分化，最终达到共同富裕。邓小平对社会主义本质的定义，具有重大的理论创新价值。他的突出贡献是：其一，把解放和发展生产力放在了社会主义本质的首要地位；其二，把共同富裕作为社会主义的核心内容；其三，把消灭剥削、消除两极分化看作一个动态的发展过程；其四，把“什么是社会主义”与“怎样建设社会主义”结合起来，手段与目的结合起来，有助于破除很多人对社会主义的偏见、误解和教条化理解。这一定义是对科学社会主义理论的伟大创新和发展，在马克思主义思想史上占有极为重要的历史地位。

邓小平之后，随着社会主义建设实践的深入，对“什么是社会主义、怎样建设社会主义”的认识也在不断深化。“三个代表”重要思想，渗透和体现着社会主义的本质要求。“代表先进生产力的发展要求”是社会主义的重要标志，也是社会主义优越于其他社会制度的根本原因和根本标准；“代表先进文化的前进方向”是社会主义本质论不可缺少的应有之义；“代表最广大人民的根本利益”就是要消灭剥削，消除两极分化，最终达到共同富裕。江泽民同志在2001年的“七一讲话”中指出：“我们建设有中国特色社会主义的各项事业，我们进行的一切工作，既要着眼于人民现实的物质文化需要，同时又要着眼于促进人民素质的提高，也就是要努力促进人的全面发展，这是马克思主义关于建设社会主义新社会的本质要求。我们要在发展社会主义物质文明和精神文明的基础上，不断推进人的全面发展。”① 江泽民把“促进人的全面发展”作为建设社会主义新社会的本质要求、核心内容和价值目标，不仅为建设中国特色社会主义指明了方向，也为中国共产党重新思考和确定自己的治国理念奠定了基础。

“科学发展观的核心是以人为本”和“社会和谐是中国特色社会主义的本质属性”这两个重要论断，标志着中国共产党对社会主义的认识提升到了一个新高度。以人为本凸显了社会主义关于人的解放的价值目标，以人为本将实现人的全面发展作为一面旗帜和价值导引，是社会主义发展观的内在要求，从发展观的角度揭示出社会主义与资本主义的本质区别，深化了对邓小平社会主义本质理论的认识。党的十六届六中全会通过的《中共中央关于构建社会主义和谐社会若干重大问题的决定》开篇明确提出：“社会和谐是中国特色社会主义的本质属性。”② 这个重要判断，充分体现了中国最广大人民的根本利益和共同愿望，具有鲜明的现实针对性。在社会经济总体上保持和谐的同时，人与人的矛盾、人与自然的矛盾随着社会变革的深化逐步凸显。将和谐社会作为中国特色社会主义的本质属性、国家建设目标提出来，不仅抓住了人民群众最关心、最直接、最现实的利益问题，而且更加明确了中国共产党的执政使命。

习近平从新时代的历史方位出发，提出了中国特色社会主义是由道路、理论体系、制度、文化四位一体构成的，特别强调中国共产党领导是中国特色社会主义最本质的特征，把对科学社会主义认识推向新阶段。中国特色社会主义是社会主义而不是其他什么主义，科学社会主义原则不能丢，丢了就不是社会主义。中国特色社会主义特就特在其道路、理论体系、制度、文化上，特就特在其实现途径、行动指南、根本保障、精神动力的内在联系上，特就特在这四者统一于中国特色社会主义伟大实践上，特就特在始终坚持中国共产党的领导。习近平总书记在党的十九大报告中指出“中国特色社会主义是改革开放以来党的全部理论和实践的主题”，“中国特色社会主义道路是

---

① 《江泽民文选》第3卷，人民出版社2006年版，第294页。

② 《十一届三中全会以来历次党代会、中央全会报告公报决议决定》（下），中国方正出版社2008年版，第881页。

实现我国社会主义现代化、创造人民美好生活的必由之路；中国特色社会主义理论体系是指导党和人民实现我国社会主义现代化和中华民族伟大复兴的正确理论，中国特色社会主义制度是中国发展进步的根本制度保障，中国特色社会主义文化是激励全党全国各族人民奋勇前进的强大精神力量”。中国共产党领导是中国特色社会主义最本质的特征，是保持党和国家事业发展正确方向的根本保证。“全党要增强道路自信、理论自信、制度自信、文化自信，既不走封闭僵化的老路，也不走改旗易帜的邪路，保持政治定力，坚持实干兴邦，始终支持和发展中国特色社会主义。”①

3. 社会主义初级阶段理论

党的十八大报告明确指出，建设中国特色社会主义的总依据是社会主义初级阶段。早在民主革命时期，毛泽东就指出：“认清中国的国情，乃是认清一切革命问题的基本的根据。”② 认识国情，最重要的是弄清楚现实社会的性质和发展阶段，认识社会主要矛盾及其变化。搞革命是这样，搞建设也是这样。社会主义制度建立以后，有一个如何认清基本国情的问题，但直到十一届三中全会以前，在此问题上总体处于不完全清醒的状态。党的十一届三中全会以后，党在总结世界社会主义发展，特别是在总结中华人民共和国成立以来历史经验和改革开放以来新的实践经验的基础上，对我国社会主义所处的历史阶段进行了新的探索，逐步做出了我国还处于并将长期处于社会主义初级阶段的科学论断，从而准确把握了我国的基本国情。

党的十三大阐述了社会主义初级阶段理论，第一次把社会主义初级阶段作为事关全局的基本国情加以把握，明确了这一问题是党制定路线、方针、政策的出发点和根本依据。党的十三大对社会主义初级阶段和党的基本路线的系统阐述，是党对我国社会主义阶段和国情认识上的一次飞跃。党的十五大报告进一步强调社会主义初级阶段问题，指出我们解决种种矛盾，澄清种种疑惑，关键在于对所处社会主义初级阶段的基本国情要有统一认识和准确把握。党的十六大再次强调，我国正处于并将长期处于社会主义初级阶段，

① 习近平：《决胜全面建成小康社会 夺取新时代中国特色社会主义伟大胜利——中国共产党第十九次全国代表大会上的报告》，人民出版社 2017 年版，第 16—17 页。

② 《毛泽东选集》第 2 卷，人民出版社 1991 年版，第 633 页。

并提出全面建设小康社会的目标。党的十七大提出“两个没有变”，即我国仍处于并将长期处于社会主义初级阶段的基本国情没有变，人民日益增长的物质文化需要同落后的社会生产之间的矛盾这一社会主要矛盾没有变；强调认清社会主义初级阶段基本国情，不是要妄自菲薄，自甘落后，也不是要脱离实际，急于求成，而是要坚持把它作为推进改革，谋划发展的根本依据。党的十八大提出“三个没有变”，我国仍处于并将长期处于社会主义初级阶段的基本国情没有变，人民日益增长的物质文化需要同落后的社会生产之间的矛盾这一社会主要矛盾没有变，我国是世界最大发展中国家的国际地位没有变。十八大报告强调“三个没有变”，特别指出，在任何情况下都要牢牢把握社会主义初级阶段这个最大国情，推进任何方面的改革发展都要牢牢立足社会主义初级阶段这个最大实际。党的十九大报告指出：我国社会主要矛盾发生了变化，但“没有改变我们对我国社会主义所处历史阶段的判断，我国仍处于并将长期处于社会主义初级阶段的基本国情没有变，我国是世界最大发展中国家的国际地位没有变。全党要牢牢把握社会主义初级阶段这个基本国情，牢牢立足社会主义初级阶段这个最大实际，牢牢坚持党的基本路线这个党和国家的生命线、人民的幸福线”①。

党的十三大明确指出，我国社会主义初级阶段，不是泛指任何国家进入社会主义都会经历的起始阶段，而是特指我国在生产力落后、商品经济不发达条件下建设社会主义必然要经历的特定阶段。它包括两层含义：第一，我国社会已经是社会主义社会，我们必须坚持而不能离开社会主义；第二，我国的社会主义社会还处在初级阶段，我们必须从这个实际出发，而不能超越这个阶段。十三大报告对社会主义初级阶段含义的科学界定，把社会性质与它的发展程度统一起来，从根本上解决了对我国社会主义建设出发点问题的认识。

党的十三大从五个方面概括了我国社会主义初级阶段的基本特征，这五个方面分别是：第一，我国社会主义初级阶段是逐步摆脱贫穷、摆脱落后的阶段；第二，是由农业人口占多数的手工劳动为基础的农业国逐步变

---

① 习近平：《决胜全面建成小康社会 夺取新时代中国特色社会主义伟大胜利——中国共产党第十九次全国代表大会上的报告》，人民出版社2017年版，第12页。

为非农产业人口占多数的现代化的工业国的阶段；第三，是由自然经济半自然经济占很大比重变为商品经济高度发达的阶段；第四，是通过改革和探索建立和发展充满活力的社会主义经济、政治、文化体制的阶段；第五，是全民奋起，艰苦创业，实现中华民族伟大复兴的阶段。经过十年的认识和实践，到了党的十五大，从九个方面对社会主义初级阶段的基本特征做出了新的概括。这九个方面分别是：第一，社会主义初级阶段是逐步摆脱不发达状态，基本实现社会主义现代化的历史阶段；第二，是由农业人口占很大比重，依靠手工劳动的农业国逐步转变为非农业人口占多数，包含现代农业和现代服务业的工业化国家的历史阶段；第三，是由自然经济半自然经济占很大比重，逐步转变为经济市场化程度较高的历史阶段；第四，是由文盲半文盲人口占很大比重、科技教育文化落后，逐步转变为科技教育文化比较发达的历史阶段；第五，是由贫困人口占很大比重、人民生活水平比较低，逐步转变为全体人民比较富裕的历史阶段；第六，是由地区经济文化很不平衡、通过有先有后的发展，逐步缩小差距的历史阶段；第七，是通过改革和探索，建立和完善比较成熟的充满活力的社会主义市场经济体制、社会主义民主政治体制和其他方面体制的历史阶段；第八，是广大人民牢固树立建设有中国特色社会主义共同理想，自强不息，锐意进取，艰苦奋斗，勤俭建国，在建设物质文明的同时努力建设精神文明的历史阶段；第九，是逐步缩小同世界先进水平的差距，在社会主义基础上实现中华民族伟大复兴的历史阶段。党的十五大的这一概括，充分体现了社会主义初级阶段历史发展的过程性特征。

党的十七大报告指出，尽管社会主义初级阶段的基本国情没有改变，但经济和社会发展出现的很多新情况、新变化，显示出了一系列新的阶段性特征，主要是：第一，经济实力显著增强，同时发展中不平衡、不协调、不可持续的问题依然突出；第二，经济社会发展取得全面进步，同时发展面临新的重大结构性问题，影响发展的体制机制障碍依然存在；第三，对外开放日益扩大，同时面临的国际竞争日趋激烈①。十九大报告又指出："经过长期努

① 《十一届三中全会以来历次党代会、中央全会报告公报决议决定》（下），中国方正出版社2008年版，第913页。

力，中国特色社会主义进入新时代，这是我国发展新的历史方位。”① 在新时代，我国稳定地解决了十几亿人的温饱问题，总体上实现小康，不久将全面建成小康社会，人民美好生活需要日益广泛，不仅对物质文化生活提出了更高要求，而且在民主、法治、公平、正义、安全、环境等方面的要求日益增长。同时，我国社会生产力水平总体上显著提高，社会生产能力在很多方面进入世界前列，更加突出的是发展不平衡不充分不可持续问题，这已经成为满足人民日益增长的美好生活需要的主要制约因素。

社会主义初级阶段基本路线是为解决社会主义初级阶段主要矛盾而制定的行动纲领，是总揽全局的根本指导方针，是兴国、立国、强国的重大法宝。党的十三大在科学阐述社会主义初级阶段理论的同时，提出了社会主义初级阶段的基本路线：领导和团结全国各族人民，以经济建设为中心，坚持四项基本原则，坚持改革开放，自力更生，艰苦创业，为把我国建设成为富强、民主、文明的社会主义现代化国家而奋斗。十七大通过的党章把“和谐”与“富强、民主、文明”一起写入了基本路线。十九大通过的党章把“美丽”与“富强、民主、文明、和谐”一起写入了基本路线，同时，把“社会主义现代化国家”改为“社会主义现代化强国”。

总之，社会主义初级阶段是一个相当长的历史发展阶段，在不同时期会显示出不同的阶段性特征，只有既牢牢把握社会主义初级阶段这个大的发展阶段的基本特征，又认真分析不同时期具体的阶段性特征，才能科学判断和准确把握我国社会的具体国情并据此制定正确的路线、方针、政策和发展战略，才能坚持和发展中国特色社会主义道路，也才能推动中国理论不断发展。

4. 社会主义现代化建设的奋斗目标理论

十八大报告指出，建设中国特色社会主义的总任务是实现社会主义现代化和中华民族伟大复兴的中国梦。中华人民共和国成立以后，党曾多次提出过实现现代化的目标。改革开放以后，邓小平进一步思考中国的现代化问题，同时也进一步思考实现现代化的发展战略问题。1987 年 10 月党的十三大把邓小平“三步走”的发展战略构想确定下来，明确提出：第一步从 1981 年到

① 习近平：《决胜全面建成小康社会 夺取新时代中国特色社会主义伟大胜利——中国共产党第十九次全国代表大会上的报告》，人民出版社 2017 年版，第 10 页。

1990年实现国民生产总值比1980年翻一番，解决人民的温饱问题；第二步从1991年到20世纪末使国民生产总值再翻一番，达到小康水平；第三步到21世纪中叶国民生产总值再翻两番，达到中等发达国家水平，基本实现现代化。然后在这个基础上继续前进。

1997年党的十五大把“三步走”战略的第三步进一步具体化，提出了三个阶段性目标：第一，21世纪第一个10年实现国民生产总值比2000年翻一番，使人民的小康生活更加富裕，形成比较完善的社会主义市场经济体制；第二，再经过10年的努力到建党100周年时，使国民经济更加发展，各项制度更加完善；第三，到21世纪中叶中华人民共和国成立100周年时基本实现现代化，建成富强民主文明的社会主义国家。党的十八大报告进一步提出“两个一百年”的奋斗目标，“在中国共产党成立一百年时全面建成小康社会；在中华人民共和国成立一百年时建成富强民主文明和谐的社会主义现代化国家”。党的十九大报告又一次重申：“改革开放之后，我们党对我国社会主义现代化建设做出战略安排，提出‘三步走’。解决人民温饱问题、人民生活总体上达到小康水平这两个目标已提前实现。在这个基础上，我们党提出，到建党一百年时建成经济更加发展、民主更加健全、科教更加进步、文化更加繁荣、社会更加和谐、人民生活更加殷实的小康社会，然后再奋斗三十年，到中华人民共和国成立一百年时，基本实现现代化，把我国建成社会主义现代化国家。”进一步阐述“新三步走”的发展战略：第一步，从现在到2020年，是全面建成小康社会决胜期；第二步，从2020年到2035年，在全面建成小康社会的基础上，再奋斗十五年，基本实现社会主义现代化；第三步，从2035年到本世纪中叶，在基本实现现代化的基础上，再奋斗十五年，把我国建成富强民主文明和谐美丽的社会主义现代化强国①。

关于小康社会目标问题。邓小平多次提及小康，并赋予“小康”这一传统概念以丰富的现代内涵，还将其上升为重要的战略目标。邓小平所说的小康包括多重含义，如人均国民生产总值1000美元或者800美元；翻两番；虽不富裕，但日子好过；中变化；中国式的四个现代化；等等。到了20世纪

① 习近平：《决胜全面建成小康社会 夺取新时代中国特色社会主义伟大胜利——中国共产党第十九次全国代表大会上的报告》，人民出版社2017年版，第27—29页。

末，针对邓小平提出的小康目标已实现，但这时的小康社会是低水平的、不全面的、发展不平衡的社会，十六大提出全面建设小康社会的奋斗目标，要求大体用20年的时间，全面建设一个惠及十几亿人口的更高水平的小康社会。十七大报告进一步指出，确保到2020年实现全面建成小康社会的奋斗目标。十八大报告进一步强调，在中国共产党成立一百年时全面建成小康社会。十九大报告再一次强调，在中国共产党成立一百年时全面建成小康社会。

实现中华民族伟大复兴是中华民族近代以来志士仁人的不懈追求和伟大梦想。2012年11月29日，习近平总书记带领新一届中央领导集体参加中国国家博物馆复兴之路展览时正式提出中国梦。他指出："每个人都有自己的理想和追求，都有自己的梦想。现在大家都在讨论中国梦，我认为，实现中华民族伟大复兴，就是中华民族近代以来最伟大的梦想。这个梦想，凝聚了几代中国人的夙愿，体现了中华民族和中国人民的整体利益，是每一个中华儿女的共同期盼。"① 此后，他在国内外很多重要的场合，对中国梦进行了深刻的阐述。2013年3月23日习近平同志在莫斯科国际关系学院发表题为《顺应时代前进潮流，促进世界和平发展》的演讲指出："实现中华民族伟大复兴是近代以来中国人民最伟大的梦想，我们称之为'中国梦'，基本内涵是实现国家富强、民族振兴、人民幸福。"② 国家富强是指我国综合国力进一步增强，中国特色社会主义事业进一步发展完善；经济发达，科技创新强劲，政治民主，文化繁荣，社会和谐，生态美好。民族振兴是指通过自身不断发展与壮大，继承并创造中华优秀文化以及现今的文明成果，并将其传递给全世界，从而影响、改变世界，进而是中华民族再次处于世界领先地位，再次以高昂的姿态屹立于世界民族之林。人民幸福是人民权利保障更加充分，人人共享人生出彩的机会，共享梦想成真的机会，共享同祖国和时代一起成长与进步的机会。国家富强、民族振兴是人民幸福的基础和保障，人民幸福是国家富强、民族振兴的根本出发点和落脚点。

实现中国梦必须走中国道路，也就是中国特色社会主义道路；实现中国梦必须弘扬中国精神，也就是以爱国主义为核心的民族精神，以改革创新为

① 《习近平谈治国理政》，外文出版社2014年版，第36页。

② 同上书，第274页。

核心的时代精神；实现中国梦必须凝聚中国力量，也就是中国各族人民大团结的力量[①]。中国梦是历史的、现实的，也是未来的；中国梦是国家情怀、民族情怀、人民情怀相统一的梦；中国梦是国家的、民族的，也是每一个中国人的；中国梦是和平、发展、合作、共赢的梦，不仅造福中国人民，而且造福各国人民，中国梦与各国人民的美好梦想是相通的。

5. 社会主义现代化建设的战略布局理论

关于社会主义现代化建设的战略布局，我们党的认识经历了一个逐步发展的过程。

首先，“两个文明”一起抓。1978 年 12 月党的十一届三中全会果断终止了“以阶级斗争为纲”的“左”倾错误，决定把全党工作重心转移到经济建设上来，提出了以经济建设为中心，发展生产力，实现四个现代化的任务。并制定了一系列改革开放的方针、政策和措施。但是，随着改革开放的推进，人们的思想倾向和精神风貌产生了分化，社会上出现了诸如拜金主义、封建迷信、贪污腐败、严重犯罪以及“黄、赌、毒”等丑恶现象。有鉴于此，邓小平同志强调要一手抓物质文明，一手抓精神文明，两手抓，两手都要硬，只有两个文明都搞好，才是有中国特色的社会主义。

其次，“三个文明”协调发展。1986 年 9 月党的十二届六中全会通过的《中共中央关于社会主义精神文明建设指导方针的决议》首次提出了“社会主义现代化建设的总体布局”这一概念。决议指出“我国社会主义现代化建设的总体布局是以经济建设为中心，坚定不移地进行经济体制改革，坚定不移地进行政治体制改革，坚定不移地加强精神文明建设，并且使这几个方面互相配合，互相促进”[②]。在十六大报告中明确阐述了不断促进“三个文明”协调发展、推进中华民族伟大复兴的思想。“全面建设小康社会，开创中国特色社会主义事业新局面，就是要在中国共产党的坚强领导下，发展社会主义市场经济、社会主义民主政治和社会主义先进文化，不断促进社会主义物质文

---

① 《习近平谈治国理政》，外文出版社 2014 年版，第 39—40 页。

② 《十一届三中全会以来历次党代会、中央全会报告公报决议决定》（上），中国方正出版社 2008 年版，第 270 页。

明、政治文明、精神文明的协调发展，推进中华民族的伟大复兴。”①

再次，“四位一体”的总体布局。随着经济实力和综合国力不断增强，我国的社会结构也在发生着深刻变化，为此，从党的十六大就开始关注社会和谐的问题。2005 年 2 月 19 日，胡锦涛在省部级主要领导干部专题研讨班的重要讲话中第一次明确提出，随着我国经济社会的不断发展，中国特色社会主义事业的总体布局由社会主义经济建设、政治建设、文化建设“三位一体”发展为社会主义经济建设、政治建设、文化建设、社会建设的“四位一体”。十七大报告再次指出：“要按照中国特色社会主义事业总体布局，全面推进经济建设、政治建设、文化建设、社会建设，促进现代化建设各个环节、各个方面相协调，促进生产关系与生产力、上层建筑与经济基础相协调。”②

最后，“五位一体”的总体布局。改革开放以来，我国各方面发展都取得了巨大成就，综合国力大幅度提升，然而，我国为经济增长付出的能源、资源、生态代价过大，生态问题日益凸显，生态恶化已经成为关系经济社会发展全局的长期战略问题，党的十七大报告中首次使用了“生态文明建设”这个概念，把生态文明建设放在突出的位置。党的十八大报告中再次提出，要“把生态文明建设放在突出地位，融入经济建设、政治建设、文化建设、社会建设各方面和全过程，努力建设美丽中国，实现中华民族永续发展”。党的十九大报告中明确中国特色社会主义事业总体布局是“五位一体”。

从最初的“两个文明一起抓”，“三个文明协调发展”到“四位一体”，再到现在的“五位一体”，展现了中国特色社会主义建设实践不断丰富，日趋完善的生动历程，标志着党对中国特色社会主义建设的认识提高到了一个新水平。在社会主义现代化总体布局愈益拓展的同时，在社会主义初级阶段的奋斗目标越来越明确。党的十二大明确提出，要把我国建设成为高度文明、高度民主的社会主义国家；党的十三大提出要把我国建设成为富强民主文明的社会主义现代化国家；党的十六大确立的全面建设小康目标，是中国特色社会主义经济、政治、文化全面发展的目标；党的十七大把中国特色社会主

---

① 《十一届三中全会以来历次党代会、中央全会报告公报决议决定》（下），中国方正出版社 2008 年版，第 766 页。

② 同上书，第 914 页。

义发展目标确定为把我国建设成为富强民主文明和谐的社会主义现代化国家；党的十八大报告指出，建设社会主义市场经济、社会主义民主政治、社会主义先进文化、社会主义和谐社会、社会主义生态文明，促进人的全面发展，逐步实现全体人民共同富裕，建设富强民主文明和谐的社会主义现代化国家①；十九大把中国特色社会主义发展目标确定为建成富强民主文明和谐美丽的社会主义现代化强国。

6. 改革开放理论

新时期最鲜明的特点是改革开放，它深刻改变了中国经济社会的面貌。从农村到城市、从经济领域到其他各个领域，全面改革的进程势不可当地展开了；从沿海到沿江沿边，从东部到中西部，对外开放的大门毅然决然地打开了。这场历史上从未有过的大改革、大开放，极大地调动了亿万人民的积极性，使我国成功实现了从高度集中的计划经济体制到充满活力的社会主义市场经济体制的伟大历史转折。与此同时，中国同世界的关系也从闭关锁国、“一边倒”的封闭半封闭，逐步走向全方位对外开放，直至今日成为推动经济全球化的重要力量。

改革开放是决定当代中国命运的关键抉择，是发展中国特色社会主义、实现“两个一百年”奋斗目标的必由之路。20 世纪 70 年代末中国开始实行对外开放，并逐步将其作为一项基本国策，是基于对中国长期停滞落后的历史教训深刻总结的结果，是基于对当代世界经济、科技发展和国际形势敏锐观察的结果，是为了适应社会主义现代化建设的需要，是为了借鉴和吸收人类文明的一切优秀成果。

实行改革开放，既是社会生产力发展的内在要求，也是社会主义制度自我完善和发展的必然选择。“只有改革开放才能发展中国、发展社会主义、发展马克思主义。”② 改革的目的同过去的革命一样，也是为了扫除发展社会生产力的障碍，使中国摆脱贫穷落后。改革不是对原有体制的细枝末节的修补，而是一场深刻而全面的社会变革，它既包括经济体制，又包括政治体制、文

① 秦宣：《为什么要坚持中国特色社会主义道路》，中国人民大学出版社 2013 年版，第 109 页。

② 习近平：《决胜全面建成小康社会 夺取新时代中国特色社会主义伟大胜利——中国共产党第十九次全国代表大会上的报告》，人民出版社 2017 年版，第 21 页。

化体制、社会体制、生态文明体制和党的建设制度改革；既涉及生产力又涉及生产关系，既涉及经济基础又涉及上层建筑，既包括体制层面又包括思想观念层面。改革不是一个阶级推翻另一个阶级意义上的革命，不是也不允许否定和抛弃我们已经建立起来的社会主义制度，它是社会主义制度的自我完善和发展。

改革开放是一场伟大的革命、崭新的实践，难免会遇到许多问题，包括政治方向问题。邓小平同志在我国改革开放之初提出要坚持四项基本原则，并且把它作为党在社会主义初级阶段基本路线的重要内容，就是要防止改革转向。在改革开放过程中，每一个重大历史关头遇到的考验，既有来自“左”的，也有来自右的。邓小平同志告诫我们，要坚持在改革开放过程中保持正确的前进方向，要警惕右但主要是防止“左”。习近平总书记提醒我们，既不能用改革开放后的历史时期否定改革开放前的历史时期，也不能用改革开放前的历史时期否定改革开放后的历史时期。回顾 40 年改革开放的艰辛历程，我们党之所以能够既勇敢地变革束缚生产力发展的经济体制和其他各方面体制，大胆地吸收和借鉴人类社会一切文明成果，又防止了改变社会主义方向即把改革变为“改向”的错误，就在于我们党始终坚持了中国特色社会主义的道路和发展方向。改革开放最主要的成果是开创和发展了中国特色社会主义，为社会主义现代化建设提供了强大动力和有力保障。

面对新形势、新任务，决胜全面建成小康社会，进而建成富强民主文明和谐美丽的社会主义现代化强国、实现中华民族伟大复兴的中国梦，必须在新的历史起点上全面深化改革。“改革开放只有进行时没有完成时。没有改革开放，就没有中国的今天，也就没有中国的明天。改革开放中的矛盾只能用改革开放的办法来解决。”[①] 党的十八届三中全会对全面深化改革进行了总体的部署，提出了全面深化改革的总目标是完善和发展中国特色社会主义制度，推进国家治理体系和治理能力现代化，在总目标统领下明确了经济体制、政治体制、文化体制、社会体制、生态文明体制和党的建设制度等方面深化改革的具体目标。

---

① 《习近平谈治国理政》，外文出版社 2014 年版，第 69 页。

7. 祖国统一理论

实现祖国完全统一是实现中华民族伟大复兴的历史任务，也是中国共产党的三大历史任务之一。国家完全统一是民族复兴的重要标志。没有国家的完全统一，就没有完全意义上的民族复兴。中华民族伟大复兴，既是一个走向现代化、实现繁荣强盛的过程，也是一个实现祖国完全统一的过程。只有实现祖国完全统一，才能更好地凝聚整个民族力量，加快国家建设步伐，更好地在国际上展现中华民族团结奋进、朝气蓬勃的雄姿，使中华民族真正屹立于世界民族之林。为了完成实现祖国统一的历史任务，中国共产党的历代领导人都在始终关注，不懈努力。党的十一届三中全会以后，随着国际形势的变化和我国现代化建设新局面的开创，和平解决香港问题、澳门问题的条件已经成熟。根据“一国两制”的构想，我国政府与英国政府、葡萄牙政府进行了艰苦的谈判。1997 年 7 月 1 日中英两国政府举行了香港政权交接仪式，中国政府恢复对香港行使主权，香港回到了祖国的怀抱。1999 年 12 月 20 日中葡两国政府举行澳门政权交接仪式，历经 400 多年沧桑的澳门，重新回到了祖国的怀抱。香港、澳门的顺利回归，是祖国统一大业进程中的重要里程碑，是中国共产党对中华民族的重大历史性贡献。尽管目前香港又出现了一些新情况、新问题，但这都是统一之后的问题，都是可以解决的问题。香港和澳门在以后的发展中出现的新问题，我们要以一种“逢山开路、遇水搭桥”的建设性态度对待这些问题，确保“一国两制”方针不会变、不动摇，确保“一国两制”实践不变形、不走样。

台湾问题的产生和演变同近代以来中华民族的命运休戚相关。1840 年鸦片战争之后，中国陷入内忧外患、山河破碎的悲惨境地，台湾更是被外族侵占长达半个世纪。1945 年，中国人民同世界各国人民一道，取得了中国人民抗日战争暨世界反法西斯战争的伟大胜利，台湾随之光复，重回祖国怀抱。其后不久，由于中国内战延续和外部势力干涉，海峡两岸陷入长期政治对立的特殊状态。1949 年以来，中国共产党、中国政府、中国人民始终把解决台湾问题、实现祖国完全统一作为矢志不渝的历史任务。从 20 世纪 50 年代末开始，中央人民政府对台政策的基调，始终把握和平方式解决的方向，60 年代的“一纲四目”，70 年代末期对“一纲四目”的重申，“叶九条”的发表、

“一国两制、和平统一”方针的确定，80 年代的“邓六条”，90 年代的“江八点”，2005 年“胡四点”的问世、《反分裂国家法》的制定，2015 年的“习马会”，2019 年的“习五点”，中轴线都是和平统一。《反分裂国家法》已经为避免兄弟阋墙划下一条红线，只要台湾不搞法理台独，法律将守护和平。

经过改革开放 40 年的积极探索，大陆对台政策呈现了新的思维和实事求是的创新意识，“九二共识”“以民为本”“两岸共享”“最大包容”“和谐两岸”“民族利益”，超越了过往拘泥于政党利益，站在中华民族整体利益的高度上，真诚为两岸同胞谋福祉，为台海地区谋和平，维护国家主权和领土完整，维护中华民族根本利益，最终解决台湾问题，实现祖国完全统一。两岸同胞是血脉相连的骨肉兄弟，两岸是割舍不断的命运共同体，两岸同胞前途命运同中华民族伟大复兴密不可分，实现中华民族伟大复兴的中国梦，台湾同胞定然不会缺席。两岸长期存在的政治分歧问题，终归要逐步解决，总不能将这些问题一代一代传下去。在涉及国家统一的重大问题上，我们旗帜鲜明，立场坚定，不会有任何妥协和动摇；对于任何分裂国家的行径，我们绝不会容忍。在坚持“九二共识”、反对“台独”的共同政治基础上，两岸各政党、各界别推举代表性人士，就两岸关系和民族未来开展广泛深入的民主协商，就推动两岸关系和平发展达成制度性安排。在坚持一个中国、“九二共识”的基础上，推动两岸关系和平发展，深化两岸经济合作和文化往来，推动两岸同胞共同反对一切分裂国家的活动，共同为实现中华民族伟大复兴而奋斗。

8. 外交和国际战略理论

当今世界正处于大发展、大变革、大调整时期，和平与发展仍然是时代主题，和平、发展、合作、共赢成为不可逆转的时代潮流。中国恪守维护世界和平、促进共同发展的外交政策宗旨，坚定奉行独立自主的和平外交政策，走和平发展道路；秉持共商、共建、共享的全球治理观，推动建立相互尊重、公平正义、合作共赢的新型国际关系，打造构建人类命运共同体。

中国独立自主的和平外交政策，就是把国家主权和安全放在第一位，坚决维护国家主权、安全、发展利益；就是从我国人民和世界人民的根本利益出发，对于一切国际事务，都要根据事情本身的是非曲直决定自己的立场和政策，决不会屈服于任何外来压力；就是尊重各国人民自主选择发展道路的权利，维护国际公平正义，反对把自己的意志强加于人，反对干涉别国内政，反对以强凌弱；就是主张和平解决国际争端和热点问题，反对动辄诉诸武力或武力威胁，反对颠覆别国合法政权，反对一切形式的恐怖主义；中国发展不对任何国家构成威胁，中国无论发展到什么程度，永远不称霸，永远不搞扩张。走和平发展道路，就是始终不渝奉行互利共赢的开放战略，既通过维护世界和平发展自己，又通过自身发展维护世界和平；既让中国更好利用世界的机遇，又让世界更好地分享中国的发展机遇，促进中国与世界各国良性互动、互利共赢。

推动建设相互尊重、公平正义、合作共赢的新型国际关系，在和平共处五项原则的基础上同所有国家发展友好合作。各国和各国人民应该共同享受尊严，共同享受发展成果，共同享受安全保障[①]。中国积极发展全球伙伴关系，扩大同各国的利益交会点，推进大国协调和合作，构建总体稳定、均衡发展的大国关系框架，按照亲诚惠容理念和与邻为善、以邻为伴的周边外交方针深化同周边国家关系，秉持正确义利观和真实亲诚理念加强同发展中国家的团结合作。具体来说，积极同美国发展新型大国关系，同俄罗斯发展全面战略协作伙伴关系，同欧洲发展和平、增长、改革、文明伙伴关系，同金砖国家发展团结合作的伙伴关系，同周边国家按照亲诚惠容理念深化互利合作，同非洲国家秉持真实亲诚理念共谋发展与务实合作，同拉美国家推动全面伙伴关系新发展与友谊合作[②]。

推动建立新型国际关系，要积极参与全球治理体系的改革和建设。中国秉持共商、共建、共享的全球治理观，倡导国际关系民主化，坚持国家不分大小、强弱、贫富一律平等，支持联合国发挥积极作用，支持扩大发展中国家在国际事务中的代表性和发言权。积极倡导和践行多边主义，积极参与多边事务，高度重视联合国、世界银行、国际货币基金组织、世贸组织的作用，支持二十国集团、亚太经合组织、上海合作组织等发挥作用。积极促进“一带一路”国际合作，努力推进亚洲基础设施银行工作，实现政策沟通、设施

---

① 《习近平谈治国理政》，外文出版社 2014 年版，第 273 页。

② 《习近平谈治国理政》第 2 卷，外文出版社 2017 年版，第 539—547 页。

联通、贸易畅通、资金融通、民心相通，打造国际合作新平台，增添共同发展新动力。中国将继续发挥负责任大国作用，积极参与全球治理体系改革和建设，不断贡献中国智慧和力量。

坚决维护国家利益，推动构建人类命运共同体。要构建人类命运共同体，国际社会要共同做出努力，坚持对话，建设一个持久和平的世界；坚持共建、共享，建设一个普遍安全的世界；坚持合作共赢，建设一个共同繁荣的世界；坚持交流互鉴，建设一个开放包容的世界；坚持绿色低碳，建立一个清洁美丽的世界。要构建人类命运共同体，国际社会要相互尊重、平等协商，坚决摒弃冷战思维和强权政治，走对话而不对抗、结伴而不结盟的国与国交往新路；要坚持以对话解决争端、以协商化解分歧，统筹应对传统和非传统安全威胁，反对一切形式的恐怖主义；要同舟共济，促进贸易和投资自由化、便利化，推动经济全球化朝着更加开放、包容、普惠、平衡、共赢的方向发展；要尊重世界文明多样性，以文明交流超越文明隔阂、文明互鉴超越文明冲突、文明共存超越文明优越；要坚持环境友好，合作应对气候变化，保护好人类赖以生存的地球家园。

9. 国防和军队现代化理论

国防和军队建设是国家安全的坚强后盾，没有一个巩固的国防，没有一支强大的军队，和平发展就没有保障，强国梦就难以真正实现。面向未来要实现中华民族伟大复兴，保卫祖国和人民的和平安宁，必须努力建设巩固的国防和强大的军队。当前，国际力量对比有利于保持世界形势总体稳定的大环境没有变，和平、发展、合作、共赢的时代潮流更加强劲，但天下还很不安宁，国际体系进入加速演变和深度调整时期，各种国际力量加快分化组合，大国关系进入全方位角力新阶段。霸权主义、强权政治和新干涉主义有所上升，世界依然面临着现实和潜在的战争威胁。国防和军队不仅要保卫传统的领土、领海、领空安全，而且要保护海洋、太空、网络空间等新型安全领域的安全；不仅要维护国家安全利益，也要维护国家发展利益，做到国家利益延伸到哪里，军事力量就要到达哪里；不仅要维护自己国家的安全和发展利益，而且也要维护国际和地区的安全和稳定，为国际和地区提供公共安全产品。

努力建设与我国国际地位相称、与国家安全和发展利益相适应的巩固国防和强大军队，是我国社会主义现代化建设的战略任务。我国周边安全的复杂性、多变性趋于明显，美国战略重心东移，推行所谓亚太“再平衡”战略，使亚太地区日益成为国际战略竞争和博弈的焦点，中亚地区恐怖主义、分裂主义、极端主义活动猖獗，给我国边境地区安全稳定带来不利影响，特别是海上安全环境更趋复杂，个别邻国在涉及中国领土主权和海洋权益上采取使问题复杂化、扩大化的举动，日本在钓鱼岛问题上制造事端，我国周边生乱生战的可能性增大，“台独”“疆独”“藏独”分裂势力严重危害国家安全和社会稳定，维护国家领土主权、海洋权益压力增大，恐怖主义、能源资源安全、金融安全、信息安全、自然灾害等非传统安全问题更加突出，国家海外利益安全风险上升，机械化战争形态向信息化战争形态加速演变，主要国家大力发展军事高新科技、抢占太空、网络空间等国际竞争战略制高点。在这种复杂的安全态势中，军事能力处于特殊而重要的地位，只有加快推进国防和军队现代化，抓紧做好军事斗争准备，才能有效维护国家领土完整和主权安全，才能确保一旦有事能够断然出手，决战决胜。

10. 依靠力量与领导核心理论

工人、农民和知识分子都是建设中国特色社会主义事业的根本力量，在推进现代化建设的过程中不能厚此薄彼，而要一视同仁。改革开放以来，我国出现了一些新的社会阶层。这些阶层归纳起来主要有：民营企业的创业人员和技术人员、受聘于外资企业的管理技术人员、个体户、私营企业主、中介组织从业人员、自由职业者等。新的社会阶层是在改革开放的条件下出现的，他们中的大多数人是从工人、农民、知识分子和干部队伍中分化出来的，他们中间大多数在党的方针政策指引下通过诚实劳动、合法经营，为发展社会主义生产力做出了自己的贡献。他们中的一部分人即使占有生产资料和雇佣工人，也不同于社会主义改造前的私营工商业者，而是中国特色社会主义事业的建设者。

中国共产党是中国工人阶级的先锋队，同时是中国人民和中华民族的先锋队，是中国特色社会主义事业的领导核心，代表中国先进生产力的发展要求，代表中国先进文化的前进方向，代表中国最广大人民的根本利益。中国共产党的性质决定了党的宗旨，是全心全意为人民服务。以人为本、执政为民，是检验党的一切执政活动的最高标准。中国的问题关键在党，在新形势下，党面临着执政考验、改革开放考验、市场经济考验、外部环境考验，面临着精神懈怠危险、能力不足危险、脱离群众危险、消极腐败危险。面对以上四大考验和四大危险，各级党组织和党员干部应该增强忧患意识、创新意识、宗旨意识、使命意识。中国共产党是中国特色社会主义的领导力量和根本保证，要把中国特色社会主义伟大事业同党的建设贯通起来，以改革创新精神全面推进党的建设，坚持以党的执政能力建设、先进性和纯洁性建设为主线，坚持党要管党、从严治党，坚持思想建党和制度建党相结合，加强纪律和作风建设，提高拒腐防变和抵御风险的能力。

四　中国理论的历史地位

中国道路历史进程不断推进，为中国理论的不断升华提供了实践的基础。中国理论是对中国道路实践的逻辑展开，并使自身逐渐建构起丰富开放的理论体系。中国理论丰富了马克思主义关于人类历史发展道路普遍性和多样性的理论，引导中国走上了民族复兴的康庄大道，并且为落后国家的现代化道路提供了有益的启示，具有深远的理论意义、现实意义和世界意义。

1. 中国理论的理论意义

中国理论是马克思主义中国化第二次历史性飞跃的理论成果，是中国化马克思主义。中国共产党在领导中国革命、建设、改革的长期实践中，把马克思列宁主义基本原理同中国具体实际和时代特征相结合，不断推进马克思主义中国化，实现了理论创新的两大历史性飞跃。第一次飞跃发生在新民主主义革命时期，其理论成果就是毛泽东思想；第二次飞跃发生在党的十一届三中全会以后，其理论成果就是包括邓小平理论、“三个代表”重要思想、科学发展观、习近平新时代中国特色社会主义思想在内的中国特色社会主义理论体系。两大理论成果是一脉相承又与时俱进的关系，毛泽东思想是中国特色社会主义理论体系的重要思想渊源，中国特色社会主义理论体系是毛泽东思想的继承和发展。

中国特色社会主义理论体系是马克思列宁主义、毛泽东思想的继承和发展，是被实践证明了的关于在中国建设、巩固和发展社会主义的正确的理论原则和经验总结，是几代中国共产党人带领人民不懈探索实践的智慧结晶。中国特色社会主义理论体系，坚持运用辩证唯物主义和历史唯物主义的根本方法，创造性地分析了当今世界和当代中国的世纪，做出了一系列新的理论概括；坚持马克思主义关于无产阶级政党必须根植于人民的政治立场，贯彻马克思主义的群众观点，对人民群众在实践中创造的经验进行了理论上的总结和升华；坚持马克思主义与时俱进的理论品质，体现了马克思主义理论创新的巨大勇气，既坚持了马克思主义，又开拓了马克思主义。

邓小平理论是以邓小平为主要代表的中国共产党人，坚持解放思想、实事求是，围绕着“什么是社会主义、怎样建设社会主义”这个根本问题，第一次比较系统地初步回答了建设有中国特色的社会主义的一系列理论和实践问题，提出了一系列互相联系的基本观点，继承和发展了马克思主义，开拓了马克思主义新境界，开辟了中国特色社会主义道路。

“三个代表”重要思想是以江泽民同志为主要代表的中国共产党人，坚持解放思想、实事求是、与时俱进，根据“世情”“国情”“党情”发生的新变化，以及共产党面临着执政、实现现代化和发展市场经济的新考验，围绕着“建设什么样的党、怎样建设党”这个关系到党和国家的前途命运、关系到中国特色社会主义事业的这个重大理论和实践问题，提出了一系列互相联系的新思想、新观点、新论断，加深了中国共产党对“什么是社会主义、怎样建设社会主义”的认识，丰富和发展了中国理论，成功地把中国特色社会主义推向21世纪。

科学发展观是以胡锦涛同志为主要代表的中国共产党人，坚持解放思想、实事求是、与时俱进、求真务实，结合新世纪新阶段国内外形势的发展变化，围绕着“实现什么样的发展、怎样发展”这个重大理论和实践问题，进行了艰苦的理论探索和实践创新，提出了建设有中国特色社会主义的一系列互相联系的基本观点，加深了中国共产党对“什么是社会主义、怎样建设社会主义”“建设什么样的党、怎样建设党”的认识，进一步丰富和发展了中国理论，在新的历史起点上，坚持和发展了中国特色社会主义。

习近平新时代中国特色社会主义思想是以习近平同志为主要代表的中国

共产党人，坚持解放思想、实事求是、与时俱进、求真务实，坚持辩证唯物主义和历史唯物主义，结合新时期面临的新情况、新问题、新矛盾，紧紧围绕“坚持和发展什么样的中国特色社会主义、怎样坚持和发展中国特色社会主义”这个重大理论和实践问题，提出了建设有中国特色社会主义的一系列新理念、新思想、新战略，加深了中国共产党对“什么是社会主义、怎样建设社会主义”“建设什么样的党、怎样建设党”“实现什么样的发展、怎样发展”的认识，进一步推进了中国理论的发展，把中国特色社会主义推向新时代。

中国理论的创新发展，深化和丰富了人类社会发展规律、社会主义建设规律和执政党建设规律的认识，标志着中国共产党在改革开放和社会主义现代化建设新的历史条件下对马克思主义中国化的认识达到了新的水平。中国理论是马克思主义中国化的最新成果，为我们继续推进马克思主义中国化提供了强大的思想理论武器。中国理论是不断发展和开放的理论体系，也是需要在实践中不断完善的理论体系。

2. 中国理论的实践意义

中国理论作为马克思主义中国化的最新成果，是全国各族人民团结奋斗的共同思想基础，为我们在新时代决胜全面建成小康社会、建设富强民主文明和谐美丽的社会主义现代化强国、实现中华民族伟大复兴提供了科学的理论指导，为我们观察、分析、解决现阶段中国经济社会发展问题提供了科学的世界观和方法论，将极大地推动中国特色社会主义实践的创新。马克思主义只有与本国国情相结合、与时代发展同进步、与人民群众共命运，才能焕发出强大的生命力、创造力、感召力。在当代中国，坚持中国理论，就是真正坚持马克思主义。在当代中国，也只有坚持中国理论，才能推进社会主义现代化和实现中华民族伟大复兴。

经过长期努力，中国特色社会主义进入了新时代，社会主要矛盾已经转化为人民日益增长的美好生活需要和不平衡不充分的发展之间的矛盾。尽管我国社会主要矛盾发生了变化，但我国仍处于并将长期处于社会主义初级阶段的基本国情没有变，作为世界上最大发展中国家的国际地位没有变，我国经济和社会发展面临不少问题和挑战。首先，经济实力显著增强，同时发展中不平衡、不协调、不可持续的问题依然突出。例如，存在着东西部的差距、城乡间的差距、贫富的差距、政治与经济之间的差距等。针对这些问题，强调要牢固树立和坚决贯彻创新、协调、绿色、开放、共享的发展理念。坚定不移地实施创新驱动发展战略，释放更强增长动力；坚定不移地推动绿色发展，谋求更佳质量效益；坚定不移地推进公平共享，增进更多民众福祉。其次，经济社会发展取得全面进步，同时发展也面临新的重大结构性问题，影响发展的体制机制障碍依然存在。例如，行政审批制度改革虽然取得了明显成效，但是依然存在着“事项多、办事难、效率低、态度差”等问题，影响社会发展，造成群众不满。针对体制机制障碍，要坚定不移地全面深化改革，以壮士断腕的勇气、凤凰涅槃的决心，敢于向积存多年的顽瘴痼疾开刀，敢于触及深层次利益关系和矛盾，突破利益固化樊篱，开拓更好的发展前景。再次，对外开放日益扩大，同时面临的国际竞争日趋激烈，中国的对外开放成就显著，同时我国经济增长对外贸的依存度较大，经济结构和质量还不高，经济发展模式和经济安全问题比较突出，发达国家在经济科技上占优势的压力将长期存在，可以预见和难以预见的风险增多。针对上述压力与风险，要坚定不移地扩大对外开放，加大放宽外商投资准入，推动贸易和投资自由化、便利化，促进公平开放竞争，营造宽松有序的营商环境，在开放中分享机会和利益，实现互利共赢。

总之，我们必须始终保持清醒头脑，居安思危，坚持以中国理论为指导，贯彻创新、协调、绿色、开放、共享的发展理念，更加自觉地科学发展、全面发展、和谐发展，奋力开拓中国特色社会主义更为广阔的发展前景。中国特色社会主义是前无古人的伟大事业，在前进的道路上还有许多艰难险阻需要我们去克服，必须继续解放思想，排除各种错误倾向的干扰，坚定不移地高举中国特色社会主义伟大旗帜，沿着中国特色社会主义道路奋勇前进。

3. 中国理论的世界意义

中国理论以其高远的价值追求、开放的世界胸怀、包容的文化视野、成功的伟大实践，对坚持和发展中国特色社会主义、实现中华民族伟大复兴中国梦具有重大的指导意义。不仅如此，中国理论的创新发展和成功实践，丰富了世界现代化理论，为世界经济的发展提供了重要动力，为经济文化落后国家实现现代化提供了一种选择与借鉴，为世界社会主义运动的发展做出了重要贡献。

历史条件和世界文明的多样性，决定了各个国家在社会发展道路上的多样性，决定了自主选择本国发展道路的必要性和重要性。“鞋子合不合脚，只有自己知道”，一个国家究竟走什么样的发展道路，最终要靠事实说话，要由这个国家的人民做出选择。人类历史上，没有一个民族，没有一个国家可以通过依赖外部力量，跟在他人后面亦步亦趋实现强大和振兴。一个 13 亿多人口的大国实现现代化，在人类历史上没有先例可循，中国的发展注定要走一条属于自己的道路。我们“摸着石头过河”，不断深化改革开放，不断探索前进，开创和发展了中国特色社会主义，取得了一系列历史性成就。中国成为世界第二大经济体、最大货物贸易国、第二大对外直接投资国，人均国内生产总值超过 8000 美元，解决了 13 亿多人口的温饱问题，让 7 亿多人口摆脱贫困，综合国力大幅增强①。中国用几十年时间完成了其他国家几百年走过的发展历程，实现从一穷二白到建立现代工业体系和国民经济体系的跨越，实现从物资极度匮乏、产业百废待兴到成为世界经济增长引擎、全球制造基地、世界第一大制造业大国、第一大进出口国的跨越，实现从贫穷落后到阔步走向繁荣富强的跨越，实现从大规模“引进来”到大踏步“走出去”的跨越，实现从参与和遵守现有国际机制、国际规则到对现有国际机制的有益补充和完善的跨越。中华民族伟大复兴的光辉前景更加清晰地展现在我们面前。现在，我们比历史上任何时候都更加接近中华民族伟大复兴的目标，比历史上任何时候都更有信心、有能力实现这个民族的百年梦想。

中国经济快速增长，为全球经济稳定和增长提供了持续强大的推动力，为国际社会提供了越来越多的公共产品。1950 年至 2016 年，中国在自身长期发展水平和人民生活水平不高的情况下，累计对外提供援款 4000 多亿元人民币，实施各类援外项目 5000 多个，其中成套项目近 3000 个，举办 11000 多期培训班，为发展中国家在华培训各类人员 26 万多名。改革开放以来，中国累计吸引外资超过 1.7 万亿美元，累计对外直接投资超过 1.2 万亿美元，为世界经济发展做出了巨大贡献。国际金融危机爆发以来，中国经济增长对世界

---

① 《习近平谈治国理政》第 2 卷，外文出版社 2017 年版，第 546 页。

经济增长的贡献率年均在30%以上[①]。“一带一路”倡议5年多来，截至2019年3月底，中国政府已与125个国家和29个国际组织签署了173份合作文件。共建“一带一路”国家已由亚欧延伸至非洲、拉美、南太等区域。2013—2018年，中国企业对沿线国家直接投资超过900亿美元，在沿线国家完成对外承包工程营业额超过4000亿美元。2018年，中国企业对沿线国家实现非金融类直接投资156亿美元，同比增长8.9%，占同期总额的13.0%；沿线国家对外承包工程完成营业额893亿美元，占同期总额的53.0%。一系列重大项目落地开花，带动了各国经济发展，创造了大量就业机会。亚洲基础设施投资银行（以下简称亚投行）开业三年来，不断有国家和经济体希望加入，在国际多边开发体系中发挥越来越重要的作用，得到国际社会广泛信任和认可。截至2018年底，亚洲基础设施投资银行已从最初的57个创始成员，发展到遍布各大洲的93个成员；累计批准贷款75亿美元，撬动其他投资近400亿美元，已批准的35个项目覆盖印度尼西亚、巴基斯坦、塔吉克斯坦、阿塞拜疆、阿曼、土耳其、埃及等13个国家。2014年11月，中国政府宣布出资400亿美元成立丝路基金，2017年5月，中国政府宣布向丝路基金增资1000亿人民币。截至2018年底，丝路基金协议投资金额约110亿美元，实际出资金额约77亿美元，并出资20亿美元设立中哈产能合作基金[②]。中国政府和英国政府先后分别捐赠5000万美元与4000万英镑，作为亚投行成立的特别基金的首批捐赠资金，用于支持低收入成员国的项目开发准备[③]。

任何一条成功的现代化发展道路，都一方面蕴含特殊的历史和国情所决定的特色，另一方面也必然蕴含在解答人类社会发展问题方面所形成的具有普遍性的价值和意义。西方有人提出“北京共识”或“中国模式”，已经说明中国道路有某种普遍性意义。有美国学者就认为，中国道路对发达国家来说，它的价值有限，但在发展中国家可能魅力无穷[④]。作为中国道路开创者的

---

① 《习近平谈治国理政》第2卷，外文出版社2017年版，第484页。

② 推进“一带一路”建设工作领导小组办公室：《共建“一带一路”倡议：进展、贡献与展望》，https：//www. yidaiyilu. gov. cn/zchj/qwfb/86697. htm。

③ 金立群：《珍惜良好开局 积极稳妥前行——写在亚洲基础设施投资银行开业一周年之际》，《人民日报》2017年1月16日。

④ 吴波：《中国道路的普遍性意义》，《人民论坛》2014年第18期。

邓小平很早就指出："现在我们干的是中国几千年从未干过的事"，"我们的改革不仅在中国，而且在世界范围内也是一种试验，我们相信会成功。如果成功了，可以对世界上的社会主义事业和不发达国家的发展提供某些经验"，"是给占世界总人口 3/4 的第三世界走出了一条路"①。

马克思虽然对作为资本主义社会替代形态的共产主义社会做出过概括性的说明，但对与资本主义社会共时存在的社会主义社会，面对走向工业文明所经历的苦痛和磨难，并没有提出与之相关的解决方案。1956 年社会主义改造的基本完成，标志着我国社会主义社会的建立。但是，社会主义社会的建立，并不意味着社会主义社会的建成。从建立到建成，中间还需要长期的建设。而在中国建设社会主义是一项前无古人的事业，没有成熟的经验模式可以遵循，只能进行持续不懈地艰辛探索。在中国道路探索和完善的过程中，我们诚然要虚心学习借鉴西方人类社会创造的文明成果，但不能忘了社会主义是中国道路不容抹杀的底色，是中国成就最为深刻的根据。中国特色社会主义是试图将市场经济与社会主义理想相结合的一场有世界历史意义的创新实践，是根据自己的实际情况和自己的条件，在贯彻科学社会主义原则中探索中国现代化道路，努力把中国变成一个现代化的社会主义国家。随着改革实践的全面深入，中国特色社会主义对于人类进步事业和世界社会主义运动的意义必将越来越充分地展现出来。

中国理论的探索还在路上，我们在创造"中国式奇迹"的同时，仍有一些"中国式难题"亟待破解。中国道路能否给予社会主义事业和不发达国家贡献更多的普遍性价值和意义，我们在坚定道路自信和理论自信的同时，要保持高度的清醒与理性。

---

① 《邓小平文选》第 3 卷，人民出版社 1993 年版，第 225 页。

第十章　中国道路的现实启示

1978年，在邓小平倡导下，以中共十一届三中全会为标志，中国开启了改革开放历史征程。40年来，中国人民在中国共产党领导下，坚持立足国情、放眼世界，既强调独立自主、自力更生又注重对外开放、合作共赢，既坚持社会主义制度又坚持社会主义市场经济改革方向，既“摸着石头过河”又加强顶层设计，不断研究新情况、解决新问题、总结新经验，概括新思想，成功开辟出一条中国特色社会主义道路，并且在此基础上形成了中国特色社会主义理论体系。40年众志成城，40年砥砺奋进，40年春风化雨，中国人民用双手书写了国家和民族发展的壮丽史诗。回顾40年的历程，展望未来的发展前景，可以得出如下深刻的启示。

一　党和人民近百年来奋斗的根本成就

1. 中国道路来之不易

习近平总书记指出：“中国特色社会主义不是从天上掉下来的，是党和人民历尽千辛万苦、付出各种代价取得的根本成就。”① 方向决定道路，道路决定命运。道路问题是关于党和国家事业兴衰成败的首要问题，道路是党的灵魂，道路是国家的命脉。中国特色社会主义道路从一定意义上说是过去中国革命道路的继续。以毛泽东为代表的中国共产党人，通过农村包围城市、武装夺取政权的中国革命道路，推翻了“三座大山”，建立了中华人民共和国，

① 中央文献研究室编：《十八大以来重要文献选编》（上），中央文献出版社2014年版，第695页。

打开了中国通向发展和繁荣的闸门；通过社会主义革命和建设道路，确立了社会主义基本制度，为当代中国的一切发展进步奠定了根本的政治前提和制度基础。

改革开放之初，邓小平提出了走自己的路，建设中国特色社会主义的伟大号召。40 年来，党领导和带领全国各族人民承前启后、继往开来，接力推进改革开放的伟大事业，谱写了中华民族自强不息、顽强奋进的壮丽史诗。从农村到城市、从经济领域到其他各个领域，成功地实现了从高度集中的计划经济体制到充满活力的社会主义市场经济体制的伟大历史性转变；从建立经济特区到开放沿海、沿边、沿江、内陆地区，再到加入世界贸易组织，从大规模“引进来”到大踏步“走出去”，成功地实现了从封闭、半封闭到全方位对外开放的伟大历史性转变；从深化经济体制改革，到全面推进政治体制、文化体制、社会体制、生态文明体制改革和加强党的建设，在国家治理体系和治理能力现代化方面迈出了新的步伐；从锻造革命化、现代化、正规化的人民军队，到确立新时代的强军目标，国防和军队现代化发生革命性重塑；从坚持走和平发展道路，到推动构建人类命运共同体，中国特色大国外交搞得风生水起。在改革开放的历史进程中，我们党先后召开了 8 次全国代表大会，50 多次中央全会，及时研究新情况、解决新问题、制订新政策，形成了一套完整的党的基本理论、基本路线、基本纲领、基本经验、基本要求、基本方略，成功地开辟了中国特色社会主义道路。

党的十八大以来，以习近平同志为核心的党中央，以巨大的政治勇气和强烈的责任担当，进行伟大斗争、建设伟大工程、推进伟大事业、实现伟大梦想，提出一系列具有开创意义的新理念、新思想、新战略，出台一系列重大方针政策，推出一系列重大举措，推进一系列重大工作，解决了许多长期想解决而没有解决的难题，办成了许多过去想办而没有办成的大事，中国特色社会主义道路发展到新阶段，改革开放进入新时代。当代中国的历史性变革和历史性成就，都无可争辩地证明，改革开放是决定当代中国命运的关键一招，也是决定实现“两个一百年”奋斗目标、实现中华民族伟大复兴中国梦的关键一招。没有改革开放，就没有中国的今天，也就没有中国的明天。改革开放的道路，就是引导中国走向富裕、民主、文明、和谐、美丽的中国特色社会主义道路。

2. 中国道路的开放性和发展性

中国特色社会主义道路是科学社会主义的理论逻辑和中国社会发展历史逻辑的辩证统一，是根植于中国大地、反映中国人民意愿、适应当代中国和时代发展变化的科学社会主义道路，是建设伟大的社会主义现代化强国、实现中华民族伟大复兴中国梦的必由之路。中国特色社会主义道路，既坚持以经济建设为中心，又全面推进经济、政治、文化、社会、生态文明以及其他各方面的建设；既坚持四项基本原则，又坚持改革开放；既不断解放和发展社会生产力，又逐步实现全体人民的共同富裕，促进人的全面发展。这条道路，既不是简单地套用马克思主义经典作家设想的社会主义模板，又不是简单地延续我国历史文化的母板；既不是其他社会主义实践的再版，也不是国外现代化发展道路的翻版。是我们在40年的改革开放实践中一步一个脚印走出来的，是我们把马克思主义的普遍真理与中国的具体实践结合起来，在实践中不断探索总结出来的，必须倍加珍惜，精心呵护！

中国道路是开放的和发展的，需要一代又一代的共产党人接续奋斗。经过40年的改革开放，我们对中国道路的认识和把握，已经达到了一个前所未有的新高度，党和国家的事业发展取得了前所未有的成就，我们前所未有地接近民族复兴的目标，前所未有地具有了实现这个目标的信心和能力。但同时也要看到，我国仍然处于社会主义初级阶段的基本国情没有改变，我国仍然是世界上最大的发展中国家的国际地位没有改变。新的发展面临着新的机遇，当然也面临着新的困难和新的问题。老的问题解决了，新的问题又产生了。我们面临着许多需要弄清楚和需要等待解决的问题。事业越发展，新情况和新问题会越来越多，风险和挑战也会越来越多，这就需要我们在实践中大胆探索，不断深化对中国道路发展规律的认识。

中国道路是在改革开放的历史进程中形成和确立的，同时也要通过改革开放不断加以完善和发展。从总体上说，中国道路是特色鲜明、富有效率的，但还不是尽善尽美、成熟定型的。随着改革开放的深化和发展，中国道路也需要得到不断完善。习近平总书记指出："我们要坚持以实践基础上的理论创新推动制度创新，坚持和完善现有制度，从实际出发，及时制定一些新的制度，构建系统完备、科学规范、运行有效的制度体系，使各方面制度更加成熟更加定型，为夺取中国特色社会主义新胜利提供更加有效的制度保障。”①党的十八大以来，党中央把推进国家治理体系和治理能力的现代化纳入全面深化改革的总目标，也纳入依法治国的总目标，这说明要把国家治理现代化打造成为中国特色社会主义现代化的重要内容，使中国特色社会主义道路和制度更加完善，实现国家长治久安和繁荣发展。党的十九大报告进一步明确了中国特色社会主义制度建设的具体要求：到 2035 年，法治国家、法治政府、法治社会基本建成，各方面制度更加完善，国家治理体系和治理能力现代化基本实现；到本世纪中叶实现国家治理体系和治理能力的现代化，从而引领世界文明进步的潮流。

3. 在中国道路上实现中华民族的伟大复兴

中国改革开放发展的历史，彰显了中国道路的强大生命力和巨大优越性，向世人昭示了我们的事业不断从胜利走向胜利的历史必然性。随着改革开放的不断深入，社会主义的优越性将会得到进一步体现，我国对世界的影响将越来越大，中国道路将越走越宽广。

中国道路符合社会主义的基本原则，体现了人类历史发展的方向和规律。马克思、恩格斯提出了资本主义必然灭亡、社会主义必然胜利的基本原理，揭示了人类社会发展的趋势和规律。尽管当今发达资本主义国家在经济、科技和军事方面仍然具有一定优势，但是人类社会发展的规律没有改变，社会主义从无到有、从小到大、从弱到强的发展的趋势没有改变。中国道路是社会主义道路，坚持科学社会主义的基本原理、坚持辩证唯物主义和历史唯物主义的世界观和方法论、坚持以共产主义作为最终的奋斗目标、坚持无产阶级政党的领导、坚持人民当家作主、坚持以马克思主义为指导、坚持共同富裕的目标、坚持人的全面发展，这些都体现了科学社会主义的精髓和本质。

中国道路符合中国实际，代表着中国发展进步的根本方向。中国道路之所以能够引领当代中国的发展和进步，关键在于把马克思主义的基本原理同中国实际和时代特征紧密结合起来，坚持走自己的路，建设中国特色社会主

---

① 中共中央文献研究室编:《十八大以来重要文献选编》（上），中央文献出版社 2014 年版，第 76 页。

义。中国特色社会主义是符合中国国情的社会主义，它在总结历史经验的基础上，做出了我国现阶段仍将处于并将长期处于社会主义初级阶段的科学结论，并且从这个最大的国情出发，确立了党在现阶段的基本理论、基本路线、基本方略，科学回答了在中国这样一个经济文化比较落后的国家如何建设社会主义和怎样建设社会主义的基本问题。中国道路是中国共产党和中国人民团结奋进的道路，是不断从胜利走向胜利的道路，是无往而不胜的道路。

中国道路符合最广大人民群众的根本利益和共同愿望，具有广泛的群众基础和深厚的力量源泉。中国道路坚持人民主体地位，尊重人民的首创精神，坚持党的群众路线，注重从广大人民的实践中汲取智慧和力量。中国道路始终把人民利益放在第一位，把实现好、维护好、发展好最广大人民的根本利益作为一切工作的出发点和落脚点，坚持发展为了人民、发展依靠人民、发展成果由人民共享的立场和宗旨。中国道路想人民所想，急人民所急，承诺并且践行“人民对美好生活的向往，就是我们的奋斗目标”①，必将无往而不胜。

在中国道路上实现中华民族的伟大复兴，必须保持清醒的头脑，既不走封闭僵化的老路，也不走改旗易帜的邪路。世界是丰富多彩的，一个国家走什么样的发展道路，是由这个国家的历史文化传统、经济社会发展水平和民族习惯等多方面的因素决定的。一个国家的发展道路到底好不好、是不是适合这个国家的国情，只有这个国家的人民才最有发言权。历史已经证明、并且还会继续证明：只有中国道路才能解决中国的问题，才能实现中华民族的伟大复兴。我们要始终保持清醒的头脑，坚定中国道路的道路自信，“千磨万击还坚劲，任尔东西南北风”。

在中国道路上实现中华民族的伟大复兴，必须始终坚持党的基本理论、基本路线、基本方略。我们党在改革开放和社会主义现代化建设实践中，先后形成了党的基本理论、基本路线、基本纲领、基本经验。党的十八大又提出了夺取中国特色社会主义新胜利的的八项基本要求。党的十九大提出了新时代坚持和发展中国特色社会主义的 14 条基本方略。这 14 条基本方略，把我们党先后提出的基本纲领、基本经验、基本要求整合在一起，形成了新时

---

① 《习近平谈治国理政》，外文出版社 2014 年版，第 3 页。

代必须全面贯彻的基本理论、基本路线和基本方略。这是对我们党在新时代坚持和发展中国特色社会主义新鲜经验的科学总结，用新的理论认识和实践经验进一步回答了坚持和发展中国特色社会主义的一系列重大问题，是我们党探索共产党执政规律、社会主义建设规律和人类社会发展规律取得的重大理论成果。

在中国道路上实现中华民族的伟大复兴，必须始终坚持一切从实际出发、实事求是、理论联系实际、在实践中检验和发展真理的思想路线。这一思想路线是马克思主义中国化理论成果的精髓和灵魂，是党带领人民进行革命、建设和改革事业不断取得胜利的重要法宝。世界上没有一成不变的发展道路和发展模式，中国道路是创新和探索的产物，勇于变革、锐意创新，是中国道路不断前进的强大动力。我们要发挥历史的主动性和创造性，清醒认识世情、国情、党情的变与不变，永远要有逢山开路、遇水架桥的精神，积极进取，大胆探索，不断有所发现、有所创造、有所前进，使中国道路越走越宽广。

二 发展是执政兴国的第一要务

发展是人类文明进步的基础，也是马克思主义的一个基本范畴。共产党执政，首要的任务就是带领广大人民群众推动经济和社会发展，不断满足人民群众日益增长的物质文化需要、不断满足人民群众对美好生活的向往。只有紧紧扭住和不断促进发展，才能从根本上把握人民的愿望，把握社会主义现代化建设的规律，把握党执政兴国的关键，才能使中国道路行稳致远，而且越走越宽广。

1. 发展对于坚持和巩固中国道路具有决定性意义

中国道路是靠发展来不断巩固和前进的。坚持用发展的眼光、发展的思路、发展的办法解决前进中的问题，是中国道路的重要内容，是改革开放40年来的一条重要经验。邓小平在南方谈话中指出："发展才是硬道理。"① "中国解决所有问题的关键是要靠自己的发展。"② 江泽民指出："我们党在中国

① 《邓小平文选》第3卷，人民出版社1993年版，第377页。

② 同上书，第265页。

这样一个经济文化落后的发展中大国领导人民进行现代化建设，能不能解决好发展问题，直接关系人心向背、事业兴衰。"① 胡锦涛指出："把发展作为我们党执政兴国的第一要务。"② 习近平指出："发展仍是解决我国所有问题的关键"，"我们要坚持发展是硬道理的思想，坚持以经济建设为中心，全面推进社会主义经济建设、政治建设、文化建设、社会建设、生态文明建设，深化改革开放，推动科学发展，不断夯实实现中国梦的物质基础"③。改革开放40年来，我国现代化建设之所以取得如此举世瞩目的历史性成就，我们党之所以能够不断扩大和巩固长期执政的群众基础，我们之所以能够战胜来自国际国内的各种风险和挑战，都和始终坚持发展这个执政兴国的第一要务紧密相关。当今世界正在进行深刻的历史性大变革，世界范围的经济实力、综合国力和制度优劣之间的竞争日趋激烈。我国的发展仍然面临有利的机遇，但是也面临巨大的压力。能不能抓住机遇、顶住压力，解决新的问题、实现新的发展，是对我们党执政能力的重大考验。习近平强调："我们将继续把发展作为第一要务，把经济建设作为中心任务，继续推动国家经济社会发展。"④

坚持发展是执政兴国的第一要务，就要牢牢抓住经济建设这个中心，聚精会神搞建设，一心一意谋发展，不断解放和发展社会生产力，为坚持和发展中国特色社会主义奠定坚实的物质基础。以经济建设为中心，符合我国经济社会发展的客观现实，符合人民群众的新期待，符合马克思主义历史唯物主义的基本原理。国家的昌盛、人民的幸福，说到底是一个经济实力问题。国际上综合国力的竞争，说到底也是一个经济实力问题。只有不断推进经济发展，才能不断提高我国的经济实力和综合国力；才能顺利地实现"两个一百年"奋斗目标；才能不断满足人民群众对美好生活的向往；才能更好地解决经济社会生活中的各种矛盾和问题，增强应对各种挑战和抵御各种风险的能力；才能在日益激烈的国际竞争中始终立于不败之地，更好地维护国家的主权和安全，为构建人类命运共同体、促进世界的和平发展做出自己的贡献。

---

① 《江泽民文选》第3卷，人民出版社2006年版，第538页。

② 《胡锦涛文选》第1卷，人民出版社2016年版，第559页。

③ 中共中央文献研究室：《习近平关于社会主义经济建设论述摘编》，中央文献出版社2017年版，第3页。

④ 同上书，第4页。

改革开放40年来，我们坚持以经济建设为中心，锐意推进改革，全力扩大开放，经济发展步入快车道，经济总量连上新台阶，综合国力和国际影响力实现了历史性跨越。“2017年，我国国内生产总值突破80万亿元，按不变价计算比1978年增长33.5倍，年均增长9.5%，平均每8年翻一番，远高于同期世界经济2.9%左右的年均增速。2017年，我国人均国内生产总值比1978年实际增长22.8倍，年均实际增长8.5%。我国人均国民总收入（GNI）由1978年的200美元提高到2017年的8690美元，超过中等偏上收入国家平均水平。”① 今天，中国特色社会主义进入新时代，我国已经成为世界第二大经济体。我们比历史上任何时期都更接近、更有信心和能力实现中华民族伟大复兴的目标。但是我国仍然处于社会主义初级阶段的基本国情没有变，我们仍然是世界上最大的发展中国家的国际地位没有变。对此，我们必须有清醒的认识，决不能头脑发热，忘乎所以。我们仍然要把发展作为执政兴国的第一要务，仍然要把发展生产力作为我们的根本任务，仍然要把经济建设作为我们的中心工作，仍然要坚持党在社会主义初级阶段的基本路线。统筹推进“五位一体”总体布局，协调推进“四个全面”战略布局，始终坚持和发展中国特色社会主义。

2. 坚持以人民为中心的发展思想

坚持以人民为中心的发展思想，就是在中国特色社会主义的事业发展中，坚持从人民群众的根本利益出发谋发展、促发展，不断满足人民群众日益增长的物质文化生活需要和对美好生活的向往，不断实现好、维护好、发展好最广大人民群众的根本利益。始终坚持人民的主体地位，尊重人民的首创精神，在经济和社会发展过程中走共同富裕道路，促进人的全面发展。这是马克思主义执政党最鲜明的政治立场，是中国共产党根本宗旨和执政理念的集中体现，是社会主义制度的本质特征，是全面建成小康社会、实现“两个一百年”奋斗目标的根本要求。

坚持以人民为中心的发展思想，必须在治国理政的过程中充分体现和代表人民的利益，坚持发展为了人民、发展依靠人民、发展成果由人民共享，

---

① 中共国家统计局党组：《改革开放铸辉煌 经济建设展新篇》，《求是》2018年第17期。

不断满足人民群众对美好生活的向往，使全体人民朝着共同富裕的方向稳步前进。

坚持发展为了人民，就是要顺应全国各族人民过上更好生活的新期待，着力解决人民群众最关心、最直接、最现实的利益问题，把发展的目的真正落实到满足人民需要、提高人民生活水平上。经济建设要着眼于创造更丰富的社会物质财富，全面改善人们生活，不断提高人民群众的物质生活水平。政治建设要着眼于保障人民当家作主的权利和合法权益，不断发展社会主义民主、健全社会主义法制。文化建设要着眼于满足人民群众日益增长的精神文化需求，提高人民群众的精神生活质量，不断丰富人们的精神世界，增强人们健康向上的精神力量。社会建设要着眼于协调好各方面的利益关系，不断建设全体人民各尽所能、各得其所的社会主义和谐社会。生态文明建设要着眼于处理好人与自然的关系，促进人与自然的协调发展，提供更多的优质生态产品以满足人民群众日益增长的优美生态环境需要。

坚持发展依靠人民，就是要尊重人民的主体地位，发挥人民的主体作用，密切联系人民群众，紧紧依靠人民群众，最大限度地集中全社会、全民族的智慧和力量，使我们的事业获得最广泛的群众基础和最深厚的力量源泉。要尊重劳动、尊重知识、尊重创造、尊重人才，激发和调动各方面的积极性。要坚持党的群众路线，牢固树立人民群众是历史创造者的观点，虚心向人民群众学习，全心全意为人民群众服务。领导干部要切实转变思想作风和工作作风，切实改进领导方式和工作方式，深入了解民情、充分反映民意、广泛集中民智，使我们的各项决策和全部工作都能够更好地体现最广大人民群众的利益。

坚持发展成果由人民共享，就是要把改革发展取得的方方面面的成果，体现在不断提高人民的生活质量和健康水平上，体现在不断提高人民的思想道德素质和科学文化素质上，体现在充分保障人民享有的经济、政治、文化、社会和生态权益上。要更加注重发展成果的普惠性，正确处理好效率与公平的关系，统筹兼顾全体社会成员的共同利益，促进财富增长效率和财富分配公平之间的协调。要清醒地认识到，经过改革开放40年的发展，我国人民群众的生活水平总体上已经达到了小康水平，正在向全面小康水平迈进。但是也存在着不平衡和不充分的矛盾和问题。不同的地区、不同的群体和不同的部门在享受经济社会发展成果的多少方面是存在着差别的。部分群众由于各种原因生活还有一些困难，全国仍然有 3000 万左右的贫困人口。因此，要把保障和改善民生放在更加重要的位置，下大力气解决好群众反映强烈的突出问题，努力使全体人民共享经济社会发展的成果。

3. 贯彻新发展理念

创新、协调、绿色、开放、共享的发展理念，是在 2015 年 10 月 29 日党的十八届五中全会通过的《中共中央关于制定国民经济和社会发展第十三个五年规划的建议》中完整提出来的。习近平总书记在关于“十三五”规划的起草说明中指出：“这五大发展理念，是‘十三五’乃至更长时期我国发展思路、发展方向、发展着力点的集中体现，也是改革开放三十多年来我国发展经验的集中体现，反映出我们党对我国发展规律的新认识。”① 此后，习近平总书记在很多重要场合，围绕新发展理念提出的背景、内涵、实施方向、重大意义等问题，做出了一系列深刻的阐述。党的十九大报告也强调坚持贯彻新发展理念。

创新、协调、绿色、开放、共享的新发展理念不是凭空提出来的，而是在深刻总结国内国外的发展经验和教训、深入分析国内国外发展趋势和规律的基础上形成的，也是针对我国发展中出现的突出矛盾和问题的基础上提出来的。改革开放 40 年来，我国经济总量、综合国力、人们生活水平都有了极大的提高，但是发展过程中存在的不平衡、不协调、不可持续的问题比较突出。科技创新能力不强，产业结构不合理，发展方式依然粗放，城乡区域发展差距依然比较大，社会矛盾明显增多。新发展理念正是在总结这些发展成就和反思发展教训的基础上提出来的。

创新是引领发展的第一动力。树立创新发展理念，就是要把创新摆在国家发展全局的核心位置，不断推进理论创新、制度创新、科技创新、文化创新等各方面的创新，让创新在全社会蔚然成风。一个没有创新能力的国家是难以屹立于世界优秀民族之林的。十八届五中全会把创新作为五大发展理念

---

① 中共中央文献研究室：《十八大以来重要文献选编》（中），中央文献出版社 2016 年版，第 774—775 页。

之首，这表明我们党对创新有清醒的认识，也为我们今后的发展找到了稳定的动力来源。

协调是健康发展的内在要求。我国发展的不协调突出表现在区域、城乡、经济和社会、物质文明和精神文明、经济建设与环境保护等关系上。如果不注意调整关系，注重发展的整体效能，就会产生“木桶效应”，引发一系列的社会矛盾。树立协调发展理念，就必须牢牢把握中国特色社会主义事业发展的总体布局，正确处理好发展中的各种重大关系，推动区域、城乡、物质文明和精神文明、经济建设和环境保护的协调发展。

绿色是永续发展的必要前提。人是由自然孕育而生的，人类的活动必须顺应自然、保护自然，与自然和谐相处。绿色发展理念承认生态环境容量和生态资源承载力的有限性，强调经济发展要与社会、资源、环境相互协调，经济活动的过程和结果要“绿色化”“生态化”和“低碳化”，这是对传统发展理念的超越。

开放是发展繁荣的必然选择。实践告诉我们，要发展壮大，就必须主动顺应经济全球化的潮流，坚持对外开放不动摇。树立开放发展的理念，就必须坚定不移地实行对外开放，提高对外开放的质量和水平，主动参与和推动经济全球化的进程，发展更高层次的开放型经济，积极参与全球治理和公共产品的供给，提高我国在全球经济治理中的话语权，不断壮大我国的经济实力和综合国力。

共享是社会主义的本质要求。共享发展明确了发展的根本目的，是我党全心全意为人民服务宗旨的重要体现，也能够充分激发人民群众积极参与经济社会发展的积极性。当前我国发展的“蛋糕”正在不断做大，但是分配不公的问题依然比较突出。在共享发展成果方面，无论是实际情况还是制度设计，都还有不完善的地方。树立共享发展的理念，就必须坚持发展为了人民、发展依靠人民、发展成果由人民共享，使全体人民有更多的获得感、幸福感、安全感、朝着共同富裕和全面发展的方向稳步前进。

创新、协调、绿色、开放、共享的发展理念，相互贯通、相互促进，是一个具有内在联系的统一体。创新是发展的动力，重在揭示发展动力的转换，主旨是激发发展新动能。协调是发展的平衡，重在揭示发展中的整体与部分的关系，主旨是补齐短板，解决发展不平衡问题。绿色是发展的模式，重在揭示发展中人与自然之间的关系，主旨是解决人口、资源、环境之间出现的不和谐问题。开放是发展的空间，重在揭示经济全球化时代民族国家的经济社会发展和外部世界的关系问题，主旨是解决利用国际国内两个市场、两种资源，实现发展的互利共赢问题。共享是发展的目的，重在揭示发展的主体价值所在，主旨是解决社会公平正义问题，促进人的全面发展。

三 推进马克思主义中国化

1. 马克思主义中国化的必要性

什么是马克思主义中国化？就是把马克思主义的普遍真理同中国的具体实践紧密地结合起来，“按照中国的特点去应用它”①。马克思主义与中国具体实际相结合的问题，不仅是中国革命和建设的核心问题，而且也是中国改革开放和社会主义现代化建设的核心问题，是中国道路的核心问题。整个中国革命、建设和改革开放的历史进程，就是一个马克思主义与中国具体实际要不要结合、如何结合的道路的探索过程。

首先，马克思主义只有与本国的国情相结合，才能得到不断发展。马克思主义是科学的理论、人民的理论、实践的理论、开放的理论，马克思主义的立场、观点和方法普遍适用于各国无产阶级及其政党所领导的革命、建设和改革事业，是我们进行革命、建设和改革的指导思想。然而，马克思主义不是教条，不能直接提供解决各国革命、建设和改革的具体问题的现成答案，而只能与各国的具体情况相结合，因时、因地、因事地进行理论创新，形成符合各国实际情况、时代特点、不同议题的具体论断，才能成为指导各国具体实践的科学理论，不然，马克思主义就会成为僵化的教条而失去生命力。毛泽东指出：“马克思列宁主义的伟大力量，就在于它是和各个国家具体的革命实践相联系的。对于中国共产党来说，就是要学会把马克思列宁主义的理论应用于中国的具体的环境，成为伟大中华民族的一部分而和这个民族血肉相联的共产党员，离开中国特点来谈马克思主义，只是抽象的空洞的马克思

① 《毛泽东选集》第2卷，人民出版社1991年版，第534页。

主义。”① 马克思主义指导中国革命、建设和改革的过程，就是马克思主义基本原理与中国具体实际相结合的过程，就是马克思主义中国化的过程。在这个过程中，相继形成了毛泽东思想、中国特色社会主义理论体系，乃至习近平新时代中国特色社会主义思想，成功地指导了中国革命、建设和改革开放的事业，并且推动了马克思主义的发展和繁荣。当代马克思主义中国化，就是要把马克思主义的基本原理同中国当今的现实紧密结合起来，充分吸收中国传统文化和外国优秀文化的精华，形成具有中国特色、中国风格、中国气派的生气勃勃的马克思主义，使马克思主义永葆其生命力、创造力和感染力。

其次，马克思主义只有与各国的具体实践相结合，才能解决时代发展提出的问题。马克思主义是一定时代和条件的产物，当时代和条件改变以后，马克思主义也需要不断丰富和发展。如果把马克思主义教条化、绝对化，就不能解决时代发展所带来的新情况和新问题。当今世界处于一个大发展、大变革、大调整的时代，科学技术迅猛发展，经济全球化、世界一体化、全球多极化带来了经济、政治、文化格局的深刻调整，一国的问题往往演变成为全球性的问题，世界的整体性特征越来越突出，人类共存、各国共赢正在成为世界共识，合作共赢、包容发展成为历史趋势。中国要实现民族复兴，就必须跟上时代步伐，实现马克思主义的中国化，以马克思主义的最新成果来回应时代挑战，解决中国问题。因此，推进马克思主义中国化，也就是实现马克思主义的时代化。只有把马克思主义的基本原理与时代要求结合起来，赋予马克思主义强烈的时代气息，马克思主义才能展现巨大的生命力、创造力和感召力，才能科学回答和有效解决时代发展提出的问题。马克思主义也可以在解决这些时代问题的过程中得到新的发展。

再次，马克思主义只有与中国实际相结合，才能与人民群众共命运。马克思主义从诞生之日起，就是无产阶级及其政党用来认识世界和改造世界的强大思想武器。而要让理论成为一种思想武器，就必须通过人来实现。理论只有为群众所掌握，才能变成物质力量，才能更好地发挥改变世界的作用。这就需要马克思主义能够被人民所认同、所运用，即人们用马克思主义武装自己的头脑，用马克思主义分析问题、解决问题。马克思主义不是少数人用

① 《毛泽东选集》第2卷，人民出版社1991年版，第534页。

来孤芳自赏、沽名钓誉的“学问”，而是代表最广大人民群众利益的思想武器，这就要求人民群众能够接受、了解、掌握马克思主义。就理论主体来说，马克思主义必须坚持人民群众的立场，为最广大的人民群众谋利益；就理论内涵来说，必须运用马克思主义的立场、观点和方法来研究和解决人民群众所关心的问题，想人民所想、急人民所急，为人民群众排忧解难；就理论形式来说，必须用人民群众听得懂、记得住、说得顺的语言，即通俗化的语言表达出来，这就需要推进马克思主义的中国化。因此，马克思主义中国化的过程，就是一个理论掌握群众的过程，就是不断增强马克思主义生命力、创造力和感召力的过程。

2. 马克思主义中国化的可能性

马克思主义作为一种外在的思想理论体系逐步中国化为中国马克思主义，不是一次完成的，而是经历了一个艰难曲折的历史过程。马克思主义在当代中国的发展历程可以概括为传播、结合、创新等几个方面。

首先，启蒙运动中马克思主义开始在中国传播，拉开了马克思主义与中国实际相结合的序幕。鸦片战争的失败，加重了中国人民的灾难。泱泱大国被侵略者瓜分豆剖，炎黄子孙成为任人宰割的奴隶，中华民族进入了有史以来最黑暗、最屈辱的半殖民地半封建社会。随着民族工业的发展，资产阶级之中的有识之士开始探索救国救民的道路，各种各样的社会思潮应运而生，有尼采的唯意志主义、无政府主义、美国的实用主义、资产阶级的民主主义、马克思主义等。随着苏联十月革命的胜利，中国向何处去的问题，引起了各种力量的关注，兴起了一个声势浩大的新文化运动。在新文化运动中，围绕当时中国的文化选择问题、经济制度选择问题和政治制度选择问题展开辩论，成为解决中国向何处去的新民主主义革命的最早的思想启蒙。中国的新文化究竟是选择马克思主义、还是美国的实用主义和其他什么主义？中国的经济制度应该选择社会主义的经济制度、还是选择资本主义的经济制度？中国的政治制度应该走十月革命以后苏联的无产阶级专政道路、还是建立资产阶级共和国？以李大钊、陈独秀为代表的一批早期中国马克思主义者，运用马克思主义的基本原理对各种各样的错误思潮进行了有力的批判，阐述了马克思主义的文化观，提出了实行社会主义的经济制度和苏联布尔什维克主义式的无产阶级专政的国家政治制度的主张。早期马克思主义者和非马克思主义者的论争，初步接触和探讨了马克思主义是否可以同中国的实际相结合这一核心问题，从而促进了马克思主义的传播，为中国共产党的成立做出了理论上和思想上的准备。

其次，在中国革命、建设和改革的实践中马克思主义与中国实际的结合与创新。整个中国革命、建设和改革的过程，就是一个马克思主义与中国的具体实践要不要结合、怎样结合的道路的探索过程。从我国新民主主义革命和社会主义革命、建设两个时期来看，马克思主义中国化、即马克思主义与中国实际的结合都经历了一个从自在到自为的过程。所谓“自在”的结合，即不自觉的、外在的、形式的和片面的“结合”。例如，我国新民主主义第一次大革命的失败、以及“大跃进”、人民公社和“文化大革命”的挫折等，由于理论上的不成熟和实践经验的不足，还缺乏“结合”的自觉意识和能力，即使实现了结合，也是盲目的和不自觉的。所谓“自为”的结合，即自觉的、内在的、实质的和理性的结合，实现了从具体的理论到具体的实践的多样性统一。作为自为阶段结合的标志性理论成果，就是毛泽东思想和中国特色社会主义理论体系。毛泽东思想的形成，不仅找到了一条取得新民主主义革命胜利的道路，而且成功地进行了社会主义建设，并且还为改革开放打下了基础，提供了准备。党在社会主义初级阶段基本理论、基本路线、基本纲领、基本经验、基本要求的提出，是中国道路形成和开辟的具体标志。习近平新时代中国特色社会主义思想的形成和建设中国特色社会主义 14 条基本方略的提出，是中国道路发展到新时代和新阶段的重要标志。总之，马克思主义中国化是一个由实践到认识、由认识到实践的过程，毛泽东思想和中国特色社会主义理论体系是中国化的重要理论成果。毛泽东思想代表了中国革命道路的形成和发展，中国特色社会主义理论体系代表了中国特色社会主义道路的形成和发展。

3. 中国道路与中国理论

中国道路的历史进程从哪里开始，理论概括和理论创新的思想进程也就从哪里开始。既然中国特色社会主义道路简称为中国道路，那么，中国特色社会主义理论体系也可以简称为中国理论。中国理论是在改革开放实践基础上形成的，也是在改革开放的历史进程中发展起来的。改革开放推动了党的理论创新，同时也不断对这个理论进行着实践的检验。

综观 40 年来中国道路发展的历史进程，可以发现，随着中国道路实践的不断深入，党的理论创新也在不断深化和发展。邓小平理论关于解放思想实事求是的观点、建设有中国特色社会主义的观点、社会主义的根本任务是发展生产力的观点、科学技术是第一生产力的观点、社会主义也可以搞市场经济的观点、坚持四项基本原则的观点、和平与发展是当今世界两大问题的观点，等等，都是对中国道路实践的理论创新和理论概括。“三个代表”重要思想关于社会主义初级阶段的基本特点和基本纲领、关于中国共产党“三个先锋队”的论述、关于建立社会主义市场经济的观点、关于依法治国和以德治国相结合的观点、关于正确处理改革发展稳定三者关系的观点，等等，都是随着中国道路发展而进行的一系列具有鲜明特色的理论创新。科学发展观关于第一要义是发展、核心立场是以人为本、基本要求是全面协调可持续、根本方法是统筹兼顾的观点，关于构建社会主义和谐社会、建设创新性国家的观点，关于建设社会主义新农村、加强党的执政能力建设的一系列观点，等等，都是站在新的历史起点上，把马克思主义的基本原理与中国道路的具体实践结合起来而形成的重要理论创新成果。

党的十八大以来，中国特色社会主义进入新时代，中国道路发展到新阶段。新时代坚持和发展什么样的中国特色社会主义、怎样坚持和发展中国特色社会主义，是一个必须加以回答的重大问题。习近平新时代中国特色社会主义思想站在战略和时代的高度，根据改革开放中出现的一系列新情况和新问题，从理论和实践的结合上，以一系列战略性、前瞻性、创造性的观点，深刻回答了新时代坚持和发展中国特色社会主义的总目标、总任务、总体布局、战略布局和发展方向、发展理念、发展方式、发展动力、外部条件、政治保证等基本问题，为坚持和发展中国道路注入了新的内涵、提供了根本遵循。习近平新时代中国特色社会主义思想是马克思主义中国化的最新成果，是新时代改革开放实践经验的结晶，是实现民族复兴中国梦的行动指南，是必须长期坚持和不断发展的指导思想。

中国道路每前进一步，理论创新的工作就跟进一步。中国道路 40 年的全部历史经验和历史启示归结到一点，就是把马克思主义的基本原理同我国改革开放的伟大实践紧密结合起来，走自己的路，建设中国特色社会主义。中国道路 40 年的全部理论和实践归结到一点，就是创造性地回答了什么是马克思主义、怎样对待马克思主义，什么是社会主义、怎样建设社会主义，建设什么样的党、怎样建设党，实现什么样的发展、怎样发展，坚持和发展什么样的中国特色社会主义、怎样坚持和发展中国特色社会主义等重大理论和实际问题。中国道路 40 年的全部理论创新和理论发展归结到一点，就是形成了中国特色社会主义理论体系，实现了马克思主义同中国具体实践相结合的又一次飞跃。这一理论体系写出了科学社会主义的新版本，谱写了马克思主义中国化、时代化、大众化的新篇章。它紧密结合中国的改革开放、深深扎根于中国的大地、直接来自亿万人民的实践，是改革开放 40 年的理论结晶，是鲜活的当代中国马克思主义。马克思列宁主义、毛泽东思想一定不能丢，丢了就丧失根本。同时，我们一定要以改革开放和现代化建设的实际问题、以我们正在做的事情为中心，着眼于马克思主义理论的运用，着眼于对实际问题的理论思考，着眼于新的实践和新的发展。在当代中国，坚持中国特色社会主义理论体系，就是真正坚持马克思主义。

第四篇　中国道路的拓展与布局

中国道路是中国共产党领导中国人民在进行革命、建设、改革的创新探索过程中所形成的理论和实践创新成果。习近平指出："道路问题是关系党的事业兴衰成败第一位的问题，道路就是党的生命。"① 中国道路作为"四个自信"的核心，既是中国共产党的理论和实践创新成果，又是根据具体的社会历史条件变化不断拓展、完善的过程。党的十九大报告指出："明确中国特色社会主义事业总体布局是'五位一体'、战略布局是'四个全面'，强调坚定道路自信、理论自信、制度自信、文化自信。"②"五位一体"总体布局与中国道路的探索发展密不可分。中国道路伴随着中国具体的社会历史条件变化而不断深化和发展。从"两位一体"到"五位一体"的演变过程，生动地反映了中国道路的拓展过程。"五位一体"总体布局与中国道路究竟有无内在的逻辑关系？"五位一体"总体布局的出现究竟是必然的，还是偶然的？"五位一体"总体布局的运行究竟是单向度的还是多维度整体的？"五位一体"总体布局的出场和在场有无规律性？是否有进一步发展的态势？这些都是本篇所要探讨研究的问题。

---

① 习近平：《关于坚持和发展中国特色社会主义的几个问题》，《求是》2019 年第 7 期，第 12 页。

② 习近平：《决胜全面建成小康社会 夺取新时代中国特色社会主义伟大胜利——中国共产党第十九次全国代表大会上的报告》，人民出版社 2017 年版，第 19 页。

第十一章　中国道路与“五位一体”总体布局的逻辑关联

中国道路与“五位一体”总体布局具有内在的、清晰的和辩证的逻辑关联。中国道路，是既坚持社会主义发展方向又符合中国特殊国情的中国特色社会主义发展道路，是一条区别于其他任何国家的发展道路。党的十八大指出：“必须更加自觉地把全面协调可持续作为深入贯彻落实科学发展观的基本要求，全面落实经济建设、政治建设、文化建设、社会建设、生态文明建设五位一体总体布局，促进现代化建设各方面相协调，促进生产关系与生产力、上层建筑与经济基础相协调，不断开拓生产发展、生活富裕、生态良好的文明发展道路。”① 作为走中国道路的战略性布局，“五位一体”总体布局有其出场语境和历史必然性。研究、探讨并在此基础上重新定义、深化对中国道路与总体布局之间内在逻辑关联的认识，对于在中国道路的指引下统筹推进“五位一体”总体布局，促进社会主义各项事业的协调进步、和谐共生，加快实现中国梦具有重要的理论意义和实践意义。

一　“五位一体”总体布局的出场语境

作为历史发展的阶段性产物，“五位一体”总体布局具有特定的出场语境。研究“五位一体”总体布局的出场语境，其实质就是从历史发生学的角度去研究和剖析“五位一体”总体布局何以出现在人类历史的“宏大舞台”上，即说明这一总体布局是什么，又是怎样提出来的。

---

① 中共中央文献研究室编：《十八大以来重要文献选编》（上），中央文献出版社2014年版，第7页。

1. “五位一体”总体布局出场的问题域

理论是对现实问题的逻辑应答，“五位一体”总体布局的出场是解决我国当前经济社会发展过程中出现的新问题、新矛盾的迫切需要，是中国共产党人主动遵循人类社会发展客观规律、始终坚持中国道路的发展方向、不断正视和追问现实问题的必然结果。中国道路的不断深化和拓展，构成了“五位一体”总体布局出场的现实问题域。

事实上，“五位一体”总体布局的出场也是历史问题不断积累和显现的必然结果。纵观总体布局的发展脉络，邓小平首先关注并提出物质文明建设、精神文明建设“两位一体”，对物质文明建设的关注是由我国经济状况一直处于低水平而决定的；而精神文明建设的出现更多地归因于我国在改革开放发展经济的同时，西方腐朽落后的政治、思想和文化“跟而进之”，致使我国精神文明建设遭遇前所未有的挑战。之后，从“三位一体”总体布局，到“四位一体”总体布局的形成，再到包含生态文明建设在内的“五位一体”总体布局，都是对历史的继承与发展，是在未被妥善处理的历史难题的基础上加入新的（现实）发展困境的结果。就“五位一体”总体布局而言，它的出场既是因为生态问题已经成为当前现实生活中居于主导地位的突出矛盾和重难点问题；又因为经济建设、政治建设、文化建设和社会建设存在的问题在历史的演进中，一直未被真正彻底地处理好。历史与现实是辩证统一的，这五大建设是相互影响、相互作用、密不可分的统一体，强调生态并不意味着可以对其他几大建设有所忽略，“五位一体”必须通盘考虑，这是“五位一体”总体布局的题中应有之义。

经济建设方面当下最主要的问题是发展不平衡、发展不充分导致贫富差距、城乡差距不断扩大；同时单纯依靠数量扩张、能源消耗的粗放型经济发展道路使得我国经济生产效率相对低下，经济结构，诸如需求结构、产业结构、区域发展结构不合理，科技创新能力薄弱，这些问题的存在，使得人民群众对物质经济利益状况的满意程度呈现差异性。如果这种差异性两极分化，不满意者不断增加，则社会极易出现动荡和不安。

政治建设的艰难性在一定程度上与经济建设的不平衡密切相关。在利益迅速分化的时代，既得利益者以及错综复杂的利益集团为了维护自身现有的利益，极力阻碍全面深化政治体制改革的伟大进程，同时民主与集中的关系失调，权力的运行机制和监督机制脱节使得一些领域出现了较为严重的贪污腐败现象。

文化建设当下最突出的问题是社会精神文明建设的整体水平还比较低，人民群众的思想道德修养和科学文化素质水平总体不高，对本民族文化缺乏归宿感和认同感，尤其是在西方一些腐朽落后的思想的影响下，拜金主义、享乐主义、极端自由主义思潮盛行。这些文化建设领域的突出问题在一定程度上阻碍了我国建设社会主义文化强国的进程。

社会建设中当下最突出的是公平问题，是社会经济发展过程中积累的财富无法实现与人民群众共享的问题，主要表现为分配不公现象严重，贫富差距、城乡差距日趋扩大，利益冲突包括官民、劳资矛盾日益凸显，社会群体性事件多发，这些现象的存在极大地侵害了人民群众最基本的权利和利益，使矛盾更趋尖锐，影响了社会的稳定和发展。

生态文明建设中存在的生态失衡、环境破坏等问题和矛盾，与当下已经上升到与经济、政治、文化、社会建设方面的问题和矛盾同样激烈，甚至更为激烈的地步。近年来，粗放型的经济发展方式、不合理的产业结构、科学技术水平相对较低、法律法规的不完善、监管不力等原因导致我国能源消耗总量大但能源利用效率低下，环境污染、生态问题日益严重，人类生存环境质量每况愈下，人与自然的关系日趋紧张，这些问题不仅成为制约经济社会发展的重要因素，同时也威胁到了人类的基本生存。

生态文明建设的加入，是党和国家认真审视和分析当前社会存在的突出问题的结果。这种反思与认识的深化折射出“我们的关注点，即我们的理论、发展战略和事业布局回到了人的活动的基础方面——自然”①，彰显了我党打破人类中心主义的思维方式，谋求自然与人、自然与社会和谐共生、共赢的新发展。

综上所述，当代中国发展过程中出现的一系列问题和矛盾，构成了我们今天建设中国特色社会主义事业亟须解决的问题，而这个问题的解决，离不开从全面协调可持续发展思维模式出发的“五位一体”总体布局。这一总体

---

① 梁树发：《中国特色社会主义事业总体布局演变的逻辑与意义》，《马克思主义研究》，2014 年第 1 期，第 40 页。

布局，从宏观看，使整个社会有机体初步趋向于健康良性互动整合协调，即作为系统整体的互动互补、协调统一；从微观看，促进了各项建设内部的和谐发展完善。事实上，“五位一体”总体布局从当前客观存在的重点问题和现实矛盾出发，积极寻求实现人与自然、人与人、人与社会关系“和解”的方法和途径。

2. “五位一体”总体布局出场的理论之源

“五位一体”总体布局出场有其深厚的理论渊源，从马克思主义经典作家以及中国化马克思主义的理论体系中去追寻“五位一体”总体布局的理论基础，对于理解其出场的历史必然性具有重要意义。

其一，马克思主义经典作家有关社会全面建设的思想为“五位一体”总体布局的出场奠定了理论基础。有关社会全面建设的思想与马克思主义社会有机体思想、社会基本结构思想密切相关。在马克思看来，社会不是基本元素简单地、机械地结合在一起，而是具有特定目的的各个元素通过一定的方式耦合形成不同的社会结构之后，交错重叠、彼此影响和作用共同构建了社会有机体。马克思认为，社会是由人及其社会生活条件和要素构成的有机整体。人类社会是人在创造物质生活资料的实践过程中，从自然界中分化而来。因此，自然界和人是社会有机体的两个首要的物质前提。马克思通过对当时社会的深入剖析，阐明了社会有机体的内在结构。从静态上看，社会有机体就是在一定物质生产力基础上的经济结构、政治法律上层建筑、社会意识形式组成的相互作用的统一体。从动态上看，社会有机体在社会基本矛盾运动的推动下不断地实现由低级向高级、由简单到复杂的历史演变。当马克思把社会看作是一个有机体时，他就不是孤立地、静止地去分析和理解社会建设的各个方面，而是将其作为不断运动变化的整体中的部分、系统中的要素去考察。习近平指出：“坚持马克思主义，坚持社会主义，一定要有发展的观点，一定要以我国改革开放和现代化建设的实际问题、以我们正在做的事情为中心，着眼于马克思主义理论的运用，着眼于对实际问题的理论思考，着眼于新的实践和新的发展。”[①] 从全面的、发展的观点看，社会有机体的良性运行离不开经济、

① 习近平：《关于坚持和发展中国特色社会主义的几个问题》，《求是》2019 年第 7 期，第 9 页。

政治、文化、社会、生态文明等各项建设的全面、协调发展。

列宁不仅认识到了经济、政治、文化的关系和作用，更是将社会建设提到了社会主义事业发展的战略高度。列宁指出："不做到人人识字，没有足够的见识，没有充分教会居民读书看报，没有做到这一点的物质基础，没有一定的保障，如防备歉收、饥荒等等的保障——没有以上这些条件，我们就达不到自己的目的。"[①] 这里，列宁提出了要发展教育事业以及建立社会保障体系的要求，事实上已经将社会建设，尤其是解决好民生问题以保障人民群众最根本的利益作为社会发展事业的任务和重点。

其二，毛泽东思想中蕴含的丰富的社会全面建设理论是以矛盾论的相关论述为基础和前提的。一方面，毛泽东强调普遍存在的矛盾运动是推动社会建设发展的根本动力；另一方面，从矛盾的特殊性和主要矛盾、矛盾的主要方面出发，毛泽东强调要坚持具体问题具体分析。毛泽东所阐述的有关矛盾的理论，为总体布局中处理好各大建设的关系提供了理论基础。

毛泽东对社会发展总体布局的贡献主要在于，他不仅关注到社会主义经济建设，同时又高度重视社会主义思想和文化建设，尽管还未将两者上升到同一高度并形成一定的理论体系，但在当时，在中国积贫积弱以摆脱贫困为主要发展目标的状态下，能关注到思想和文化建设，这是具有远见和富有创新性的。一方面，毛泽东认识到经济建设是文化建设的前提和基础，后者可以对前者产生能动作用的辩证关系；另一方面，倡导思想文化建设要以宣传马克思主义和共产主义为主要途径，毛泽东这一思想为邓小平关于两大建设思想的提出奠定了重要的思想基础。

其三，尽管邓小平没有明确提出总体布局这一核心概念，但是在他的一系列论述中却是最早就蕴含了"两位一体"思想。一是明确了建设两大文明的主要内容；二是针对当时精神文明建设普遍不受重视，明确提出要共同抓好这两大历史任务，两手都要硬。"两位一体"为我国开始探索总体布局奠定了基础，指明了方向。

其四，江泽民进而提出了政治文明建设。他的这一理论创新为"三位一体"总体布局的出场提供了可能性。一方面，江泽民明确提出要建设有中国

---

① 《列宁专题文集（论社会主义）》，人民出版社2009年版，第351页。

特色社会主义的经济、政治和文化，这一论述充分彰显了江泽民将社会内在基本结构划分为经济环节、政治环节和文化环节三大体系的思想。另一方面，江泽民随后将社会问题，尤其是民生问题上升到了国家战略高度，为四大建设作为整体的出场奠定了先决性条件。

其五，党的十六大以后，胡锦涛对总体布局的内容和实质进行了新的探索，总体布局发展成为经济建设、政治建设、文化建设和社会建设“四位一体”总体布局。在这一时代背景下，胡锦涛已经意识到生态、环保在实现社会全面建设和全面发展过程中的重要价值和地位，并强调要高度重视和扎实推进这一建设任务，这一战略措施的地位的提升为“五位一体”总体布局的明确提出提供了前提和基础。

党的十八大以来的五年，“五位一体”总体布局的理论在时间上、逻辑上均居于前提性和基础性的地位。第一，习近平总书记明确中国特色社会主义事业总体布局是“五位一体”，肯定并认同十八大报告对“五位一体”总体布局的主要内容及其战略定位的科学揭示。同时，在“五位一体”总体布局中，习近平总书记尤其强调建设生态文明的重要价值。第二，在决胜全面建设小康社会的关键时期，把从2020年到21世纪中叶分为两个阶段来安排，提出乘势而上开启全面建设社会主义现代化国家新征程，实现“两个一百年”战略任务，为“五位一体”总体布局明确了目标指向。第三，提出“四个全面”战略布局思想。“四个全面”战略布局是紧扣当前社会的重点难题和主要矛盾所制定的具有中国特色的重大战略布局，是发展进行到当前阶段的必然选择，开创了我国社会主义现代化建设的新局面。第四，针对“五位一体”总体布局中五大建设中存在的发展难题和困境，习近平总书记开创性地提出：“发展是解决我国一切问题的基础和关键，发展必须是科学的发展，必须坚定不移贯彻创新、协调、绿色、开放、共享的发展理念。”① “同时，五大发展理念是不可分割的整体，相互联系、相互贯通、相互促进，要一体坚持、一体贯彻，不能顾此失彼，也不能相互替代。”② 坚持五大发展理念对于全面落

---

① 习近平：《决胜全面建成小康社会 夺取新时代中国特色社会主义伟大胜利——中国共产党第十九次全国代表大会上的报告》，人民出版社2017年版，第21页。

② 习近平：《落实创新协调绿色开放共享发展理念 确保如期实现全面建成小康社会目标》，《人民日报》2016年1月7日。

实“五位一体”总体布局具有重要的理论和现实指导意义。

3. “五位一体”总体布局出场的实践之基

考察“五位一体”总体布局出场的实践之基，其实质就是从实践角度去研究其形成和发展的直接或间接依据，这个实践既是整个人类世界的共同实践，也是中国特色社会主义的伟大实践，即要从世情和国情两个视域去考察，从而找出促使“五位一体”总体布局出场的原因。

其一，“五位一体”总体布局的出场是中国特色社会主义事业实践的历史选择。这一伟大实践开创了中国道路，并且不断丰富其科学内涵，使其表现出持久而旺盛的生命力，从而引领各项事业的发展，更好地彰显社会主义制度的优越性。“五位一体”总体布局的出场是我国坚定不移走中国道路的必然结果，同时也是中国道路不断深化和拓展的产物。“五位一体”总体布局具有特定的现实背景，习近平总书记指出：“当前，国内外形势正在发生深刻复杂变化，我国发展仍处于重要战略机遇期，前景十分光明，挑战也十分严峻。”① 这揭示了我国正处于重要的战略机遇期和改革攻坚期，这样的现实背景使得我国社会主义伟大实践也面临着更多的机遇和挑战，急需一套能涵盖社会有机体基本结构的完整的中国特色社会主义事业总体布局。“五位一体”总体布局就是在我国不断追寻实现“两个一百年”的宏伟目标，不断探索和实践社会主义现代化建设的历史进程中应运而生的。

第一个“百年目标”是指“在中国共产党成立一百年时全面建成小康社会”②。这一目标明确了“五位一体”总体布局的基本内容。从总体小康到全面小康的跨越，不仅仅表现为小康社会惠及主体的全面，即彻底改变只有东部沿海地区、城市地区进入高水平的小康社会，而中西部地区、部分农村地区依然贫困落后的不平衡发展状态，实现东西部地区人民、城乡居民共同富裕的目标；更重要的是指覆盖小康社会自身内部各要素发展的全面，即重点解决只注重经济发展，而忽略生态等其他发展的问题，推动五大建设均处于

---

① 习近平：《决胜全面建成小康社会 夺取新时代中国特色社会主义伟大胜利——中国共产党第十九次全国代表大会上的报告》，人民出版社2017版，第2页。

② 中共中央文献研究室编：《十八大以来重要文献选编》（上），中央文献出版社2014年版，第13页。

较高、较稳定的发展态势。正如有的学者所说：“国家统计局统计科学研究所建立了《全面建设小康社会统计监测方案》，其指标体系由经济发展、社会和谐、生活质量、民主法制、文化教育、资源环境等6个方面23项指标组成。”① 显然，这6个方面指涉的就是五大建设，全面建成小康社会的宏伟目标与“五位一体”总体布局的基本内容具有高度的内在契合性。

第二个“百年目标”是指在中华人民共和国成立一百年时建成富强民主文明和谐美丽的社会主义现代化国家。习近平总书记指出：“从2035年到本世纪中叶，在基本实现现代化的基础上，再奋斗十五年，把我国建成富强民主文明和谐美丽的社会主义现代化强国。”② 富强民主文明和谐美丽的社会主义现代化强国这一定位，是“五位一体”总体布局的目标指向。“五位一体”总体布局的“每一位”都可以与社会主义现代化建设的基本要求一一对应，而妥善处理好生态问题，其根本目的是实现人与自然的“和解”，促使两者重新保持和谐、平衡的发展态势，因此和谐既可以指社会的和谐，更可描述为生态的和谐。这种对应关系彰显了两者密不可分的内在逻辑关系，我国建设社会主义现代化国家的实践呼唤“五位一体”总体布局的出场，同时又为进一步全面落实“五位一体”总体布局指明了方向，提供了动力。

其二，“五位一体”总体布局的出场是顺应时代主题和发展潮流的必然选择。习近平总书记指出：“没有哪个国家能够独自应对人类面临的各种挑战，也没有哪个国家能够退回到自我封闭的孤岛”③，从世界范围看，中国特色社会主义的发展战略势必随着全球化实践和国际形势的变化而变化，这同样符合社会存在决定社会意识的历史唯物主义观点。因此，“五位一体”总体布局的出场与时代主题密切相关，是顺应时代主题和发展潮流的必然选择。在经济全球化、政治多极化的当今时代，和平与发展依然是时代的主题，而带有全球化烙印的人类共同实践主要是围绕着全球经济、政治、文化、社会和生态文明建设等五大方面，重点关注和解决世界经济发展不平衡、霸权主义和

① 肖宏伟：《我国全面建成小康社会评价指标体系研究》，《发展研究》2014年第9期，第27页。

② 习近平：《决胜全面建成小康社会夺取新时代中国特色社会主义伟大胜利》，人民出版社2017年版，第29页。

③ 同上书，第58页。

强权政治、文化安全、局部社会动荡等问题，尤其是谋求解决世界性生态危机问题，已经成为世界各国发展的共识。世界性的生态失衡和环境破坏已经严重地影响到了世界和平与发展的历史进程，但是在传统认识中，“生态危机的公共性和发展的资本逻辑似乎是相悖的，各国都在追求自我利益，而很少有人愿意在维护世界生态这一没有资本增值的事情上投资，但是大多数人却在试图充分利用甚至过度利用公共资源，这是当今世界性生态危机的根源之一”。[①] 由此可见，当今世界依然深刻地、本质地受到资本和利益的驱动，世界发展不是立足于全人类的解放而是立足于追求利益的最大化，由这样的认识所引导的人类实践致使包括环境污染、生态失衡、资源枯竭、生物多样性破坏等在内的全球性生态问题日益严重。

当代中国“五位一体”总体布局的形成，既是从中国具体社会实践过程出发，更是立足于和平与发展的时代主题，着眼于当今世界面临的一系列难题。由此可见，形成具有世界意义和全球价值的“五位一体”总体布局，“中国人民在党的领导下，在世界上率先走向建设生态文明的道路，将是中华民族对人类的又一个伟大贡献”[②]。这是我国维护本国的国家利益，积极参与国际事务，自觉承担起大国责任，走中国特色的和平发展道路的必然选择。

二 中国道路与总体布局的内在关联

中国道路是一条从根本上区别于其他国家发展的道路，也是我国抵御不良社会思潮和腐朽思想的重要保障。“五位一体”总体布局以中国道路为方向引领；“五位一体”总体布局是中国道路的拓展与深化。

1.“五位一体”总体布局以中国道路为方向引领

从西方发达国家的社会历史发展进程来看，尽管它们没有明确提出国家和社会发展事业的“总体布局”，但这些国家的发展战略事实上都是围绕经

① 李永杰：《社会公共性视阈中的世界生态危机研究》，《生态文明与人的发展会议录》，2013 年 11 月 8 日（中国人学学会举办的“‘生态文明与人的发展’学术研讨会暨中国人学学会第十五届年会”的会议论文，2013 年 11 月）。

② 余谋昌：《生态文明：建设中国特色社会主义的道路——对十八大大力推进生态文明建设的战略思考》，《桂海论丛》2013 年第 1 期。

济、政治、文化、社会和生态这五大领域展开的。走出一条人与自然和解的崭新道路是我国提出“五位一体”总体布局的内在要求和理想目标，这是否就意味着“五位一体”发展道路与西方国家发展道路的本质是完全一致的？显然，答案是否定的。这种本质区别根源于我国走的是中国特色社会主义道路。

道路问题是国家发展和治理首先要明确的纲领性和方向性问题。党的十九大指出：“我们走中国特色社会主义道路，具有无比广阔的时代舞台，具有无比深厚的历史底蕴，具有无比强大的前进定力。”① 走中国道路是消解西方资本主义生产方式周期性危机的重要体现，是历史发展和中国人民的共同选择。

在中国道路的指引下，我国提出的“五位一体”总体布局与西方发达国家的发展战略具有本质差别，这一差别源于社会主义制度与资本主义制度的根本对立。“社会主义是中国道路确定性的内涵。”② 离开社会主义，离开中国道路，这一总体布局就因失去本质内涵而毫无意义。习近平总书记指出：“我们说中国特色社会主义是社会主义，那就是不论怎么改革、怎么开放，我们都始终要坚持中国特色社会主义道路、中国特色社会主义理论体系、中国特色社会主义制度，坚持党的十八大提出的夺取中国特色社会主义新胜利的基本要求。”③ 在中国特色社会主义道路、理论、制度的引领下，全面落实“五位一体”总体布局的方向更加明确，目标更加清晰。“五位一体”总体布局应始终坚持社会主义的发展方向；而依据“五位一体”总体布局规划建设的社会主义凸显着社会主义的本质，并在解放和发展生产力的过程中更加注重5个方面协调统一发展。

坚定不移地沿着中国道路前进，既有利于在全面落实“五位一体”总体布局时始终保持正确的方向，又有利于批判和抵御西方腐朽落后的社会思潮，充分彰显社会主义制度的优越性。坚持中国道路的基本前提是始终坚持中国

---

① 习近平：《决胜全面建成小康社会 夺取新时代中国特色社会主义伟大胜利——中国共产党第十九次全国代表大会上的报告》，人民出版社2017年版，第70页。

② 朱炳元、张立鹏：《选择、探索、实践、创新——唯物史观视野下的中国道路》，《毛泽东邓小平理论研究》2014年第8期。

③ 习近平：《关于坚持和发展中国特色社会主义的几个问题》，《求是》2019年第7期。

共产党的领导地位，这也是协调推进“五位一体”总体布局的政治保证和组织保障。而西方社会鼓吹诸如新自由主义、民主社会主义、普世价值论、宪政等思潮，其实质都是为了否定共产党的先进性和纯洁性，否定党的领导，进而推翻社会主义制度。受这些错误思想的影响，出现了所谓中国道路就是西方资本主义市场化、私有化和自由化发展道路的观点。这种观点的谬误就在于没有真正理解我国的一切制度、方针、政策、战略等都是在坚持社会主义发展方向这一思维框架内形成的，例如“五位一体”总体布局中经济建设的目标是要建立和不断完善社会主义市场经济，表现为市场与宏观调控共同发挥作用，绝不是资本主义所倡导的绝对市场化。强调“五位一体”总体布局要始终坚持中国道路，主要是因为，根植于私有制这一经济基础的西方资本主义制度仅仅是维护少部分既得利益者的权利，而在中国道路指引下建立的社会主义制度，始终代表和维护的是广大人民群众的权利和利益。在中国道路引领下，全面落实“五位一体”总体布局的目标指向，是实现人与社会的共同发展和共同进步，这是坚持社会主义制度的价值追求。

坚定地走中国道路，一定意义上为我国全面落实“五位一体”总体布局提供了行动指南和制度保障。一方面，“五位一体”总体布局就是开放的中国特色社会主义理论体系不断创新、不断发展形成的新成果，并且在这一理论体系的指导下，当代中国现存的实际问题都得到了关注和逐步解决。另一方面，中国特色社会主义制度为全面落实“五位一体”总体布局提供了根本保障，同时“五位一体”总体布局也是当前我国完善相关体制、机制建设，助推实现中国梦的必然选择。

2. “五位一体”总体布局是中国道路的深化、细化和拓展

中国特色社会主义是全面发展、全面进步的社会主义，习近平指出：“中国特色社会主义，既坚持了科学社会主义基本原则，又根据时代条件赋予了其鲜明的中国特色”①，中国特色社会主义与时俱进的理论品质决定了建设中国特色社会主义不仅需要在宏观上沿着正确的方向和道路前进，更需要根据不断变化的客观实际情况而制定涵盖全方位、全方面的发展战略，这就推动

---

① 习近平：《关于坚持和发展中国特色社会主义的几个问题》，《求是》2019 年第 7 期。

了“五位一体”总体布局的出场；而“五位一体”总体布局则是对发展战略内涵的持续深化。强调“五位一体”总体布局与建设全面发展的社会主义具有高度的一致性。

坚定走中国道路，内在地要求实现社会的全面发展。“五位一体”总体布局的出现成为坚定不移地走中国道路的内在要求。这一要求既根源于马克思主义社会有机体统一发展的理论，又根植于我国当前具体的社会历史条件。在一般语境中，社会往往包含经济、政治、文化这三大基本结构，但在中国特色社会主义道路的语境中，仅从这三大基本结构出发制定的发展路线、政策和方针已经不能适应时代的变迁，不能妥善解决我国经济社会发展过程中出现的一系列矛盾，时代变迁中的矛盾运动是总体布局发展的决定性力量。因此，需要从更广、更深的领域定义中国特色社会主义的发展模式，以期更好地解决具有全局性意义的矛盾和问题，这就是“五位一体”总体布局出场的内在要求。

事实上，“五位一体”总体布局不仅是中国道路的内在要求，同时也是中国道路的具体细化。这一点在学界已经基本达成共识，诸如“‘五位一体’总布局明确指出了我国经济社会发展的总体方向，并反映了中国不但要走经济富国之路、政治兴邦之路、文化强国之路、社会和谐之路，还要走美丽中国之路”①。“中国特色社会主义道路包括：中国特色社会主义经济发展道路……中国特色社会主义政治发展道路，……中国特色社会主义文化发展道路……中国特色社会主义社会发展道路……中国特色社会主义生态发展道路”②，这些观点实质上把“五位一体”总布局细化为五条具体发展道路。这一基本共识的形成彰显了中国道路与“五位一体”总体布局的内在逻辑关系，一方面：细化就是具体化到每一个细微环节，在这个意义上来说，中国道路与“五位一体”总体布局的内容是一致的，只不过在表现形式上前者是宏观呈现中国特色社会主义的总体要求，而后者则是对中国特色社会主义总体要求的微观表现；另一方面，可以细化的前提条件必须是两者具有共同的价值

① 唐强奎：《五位一体总布局与增强中国特色社会主义道路自信研究》，《中共南昌市委党校学报》2013 年第 2 期。

② 包心鉴：《坚定道路自信、理论自信、制度自信》，人民网，2012 年 12 月 7 日。

追求，在特定语境中，这一追求就是实现中华民族伟大复兴的中国梦。实现中国梦必须要走中国道路，而“五位一体”总体布局蕴含了经济、政治、文化、社会、生态五大发展道路，对于协调两大矛盾运动关系，促进社会主义建设全方位、全过程的协调发展，进而助推中国梦的早日成真具有更切合实际的积极意义。

3. 中国道路与“五位一体”总体布局重叠共生互融于中国梦

中国道路与“五位一体”总体布局享有共同的目标指向，这一目标就是实现“国家富强、民族振兴、人民幸福”的中国梦。中国道路与“五位一体”总体布局重叠共生互融于中国梦，其实质就是指两者根本任务和最终目标都是为实现中国梦而服务的。

中国道路是实现中国梦的必由之路。习近平指出：“实现伟大梦想，必须推进伟大事业……中国特色社会主义道路是实现社会主义现代化、创造人民美好生活的必由之路……全党要更加自觉地增强道路自信、理论自信、制度自信、文化自信，既不走封闭僵化的老路，也不走改旗易帜的邪路，保持政治定力，坚持实干兴邦，始终坚持和发展中国特色社会主义。”[①] 我国开辟中国道路的伟大实践过程就是不断追寻实现中国梦的过程。其一，坚持中国道路与坚持中国共产党的领导在本质上是一致的。历史证明：中国共产党始终坚持从本国国情出发，坚持走中国道路，不断解决中国在发展过程中出现的问题。其二，改革开放的伟大实践不断开辟和拓展了中国特色社会主义道路，而中国道路要求始终坚持以经济建设为中心，继续全面深化改革。全面深化改革的历史进程使我国各项制度的优越性不断彰显，促使我国发展步伐越来越坚实地朝着中国梦的宏伟目标迈进。

追寻中国梦，必须面对和解答当代中国发展中的现实问题，尤其是要应对日益严峻的生态危机与生产力发展之间的矛盾，“五位一体”总体布局则是解决当前发展问题的战略性布局。实现中国梦的历史进程与“五位一体”总体布局密不可分，将生态文明建设纳入其中，实际上是要实现一种现代化的生态发展模式，这种发展模式不仅仅是人与自然达到一种和谐共生的状态，

① 习近平：《决胜全面建成小康社会 夺取新时代中国特色社会主义伟大胜利——中国共产党第十九次全国代表大会上的报告》，人民出版社 2017 年版，第 16—17 页。

更强调的是一种生态理性的思维模式，并始终朝着生态理性所倡导的观念发展。习近平指出：“伟大斗争，伟大工程，伟大事业，伟大梦想，紧密联系、相互贯通、相互作用”①，两者本身就具有内在一致性，当社会各项建设放弃了工具理性的支配观念，转而选择创新发展、协调发展、开放发展、绿色发展和共享发展等理念时，一系列不和谐的问题都将迎刃而解，中华民族伟大复兴必将展现出更光明的前景。

综上所述，中国道路与“五位一体”总体布局具有内在的逻辑关系，中国道路是一条始终坚持中国共产党领导的道路，是一条能消解西方所宣称的资本主义制度普适性价值的道路，能有效抵御西方一切企图分裂我国的经济、政治、文化渗透。“五位一体”总体布局作为中国道路的内在要求和具体细化，是建设全面发展的社会主义的必然结果和重要指南。两者共同指向中国梦的实现。

三　“五位一体”总体布局提出的历史必然性

“五位一体”总体布局的出现，是一时偶然的、即时的存在，还是具有历史的必然性？这是对“五位一体”总体布局更为深刻的理论探索。“五位一体”总体布局既是应对各种发展过程中出现的新问题，统筹协调社会五大建设的重要理论成果，又是符合人类社会发展总趋势的战略布局，它的提出和实施具有历史必然性。

1. “五位一体”总体布局历史定位的方法论问题

强调“五位一体”总体布局的历史定位，是要打破以往就事论事的狭隘思维和局限眼光，而将“五位一体”总体布局置于历史长河中去考察其价值，这对于全面落实“五位一体”总体布局具有重要意义和价值。

对于生态文明建设的加入，学界普遍将眼光放在了当前我国发展过程中出现的一系列生态问题和矛盾上，从而认为“五位一体”总体布局的出现是应对日益严峻的生态危机的必然结果。习近平总书记指出：“生态环境保护是功在当代、利在千秋的事业。要清醒认识保护生态环境、治理环境污染的紧

① 习近平：《决胜全面建成小康社会 夺取新时代中国特色社会主义伟大胜利——中国共产党第十九次全国代表大会上的报告》，人民出版社2017年版，第17页。

迫性和艰巨性，清醒认识加强生态文明建设的重要性和必要性，以对人民群众、对子孙后代高度负责的态度和责任，真正下决心把环境污染治理好、把生态环境建设好，努力走向社会主义生态文明新时代，为人民创造良好生产生活环境。”① 生态文明建设的提出，是对日益严重的生态问题的逻辑应答。事实上，不仅仅是生态文明建设，当我们考察总体布局的历史沿革时会发现，人们总是将新的建设任务的出现归因于当时社会发展的突出问题，诸如“根据我国绝大多数人民还处于贫困状态的实际国情，我们党首先强调的必然是物质文明建设，但同时由于思想领域中拜金主义、享乐主义、利己主义等西方腐朽思想的蔓延，我们党逐渐认识到精神文明建设的重要性”② 从而形成“两大建设”；“弥漫全球的生态危机，中国经济社会发展中遭遇的生态瓶颈以及逐步富裕起来的人民群众对更高品质的生活环境的需求，都向我们党提出了如何尽快改善中国生态环境的历史课题”。③ 认为“五位一体”总体布局就是在这种问题域中形成的。

以现实问题为导向去理解“五位一体”总体布局的必要性，毫无疑问，是正确的，这种理解方式实质上表明了问题的逻辑应答是总体布局形成和发展的一般范式。任何理论的产生都是对于现实问题的追问和应答，在一定意义上，我们可以将生态文明建设的提出看作是全球性生态危机和我国当前严峻的生态形势等一系列问题倒逼所致，同时又在这一系列问题的解决中不断深化和发展。

但是，对于“五位一体”总体布局的探索和研究不能止步于此。因为单纯、片面地将中国共产党治国理政的一系列理论、路线、方针和政策都仅看作是应对问题所选择的一种即时的、被动适应性策略，简单来说就是社会发展出现了什么问题，党才去研究这些问题并形成相应的理论，这样绝对化、单一化的理解方式容易陷入就事论事的狭隘思维，在一定程度上只是把人视为一种应激性的生物，忽视了人类在实践活动和认识活动中的主观能动性，缺乏一定的历史感和人类的预测计划性和战略性。事实上，“五位一体”总体

① 《习近平谈治国理政》第1卷，外文出版社2018年版，第208页。

② 周杨：《“五位一体”总体布局的演进与当代价值》，《重庆社会科学》2013年第9期。

③ 原丽红、张荣华：《“五位一体”中国特色社会主义事业总体布局探析》，《山东社会科学》2009年第11期。

布局的出现是人们正确认识和运用自然规律、人类社会发展规律的必然结果，它的提出具有深刻的历史必然性。

2. 唯物辩证法视域中的“五位一体”总体布局

习近平总书记强调：“辩证唯物主义是中国共产党人的世界观和方法论。”① 在这一视域中考察“五位一体”总体布局，首先要对其进行概念解析，这是前提和基础。“五位一体”有两个主要概念，即“五位”和“一体”，前者指代五大建设；而后者则指这五大建设是相互联系、相互影响的统一体。基于这样的概念解析便可以推导出中国特色社会主义事业涵盖的五大建设是内在地联系在一起的有机整体。

诚然，如果我们依旧只是简单地把从“四位一体”总体布局到“五位一体”总体布局的变化看作是应对生态问题所选择的一种即时的、被动的适应性策略，即生态问题严重了就解决生态问题的逻辑思维，那么在事实上我们已经割裂了这五大建设的内在联系。生态文明建设的出场不是单纯因为生态领域出现了矛盾，而是因为全球性的生态危机已经影响和威胁到了我国方方面面的建设。如果说从“两位一体”到“四位一体”只是中国共产党着眼于人与人、人与社会的联系，在社会发展领域利用人类社会发展规律探索发展道路的话，那么“五位一体”总体布局的形成和发展则标志着我党开始运用自然规律反思人类的行为，反思人与自然、社会与自然的联系。恩格斯指出：“我们对自然界的整个支配作用，就在于我们比其他一切生物强，能够认识和正确运用自然规律。”② 正是因为人与自然存在着普遍的、多样的联系，才有认识和运用自然规律的可能性。在辩证唯物主义的视域中去考察“五位一体”总体布局这一理论成果，就不难发现这是人类思维再造的产物，是人类创造性地运用自然规律和社会发展规律的必然结果。当然这种认识和实践的进步必然要经历一个漫长的过程，这也是直到现在才提出“五位一体”总体布局的重要原因。

矛盾是人们研究“五位一体”总体布局惯常会提到的一个词语，如

① 习近平：《坚持运用辩证唯物主义世界观方法论，提高解决我国改革发展基本问题本领》，《人民日报》2015年1月25日。

② 《马克思恩格斯文集》第9卷，人民出版社2009年版，第560页。

“这一布局紧扣我国改革、发展、稳定中出现的突出矛盾和问题，体现了推动科学发展、促进社会和谐的内在要求”①。“处在各种矛盾交错的当下中国……这也正是我们强烈呼吁要尽快将生态建设放入中国特色社会主义事业总体布局的根本原因所在。”② 然而上述的这些矛盾实际上都蕴含着对抗性和冲突性，只强调了矛盾的对立面，并不是马克思主义唯物辩证法视域中的矛盾。

马克思主义强调：矛盾的统一属性是同一性，从矛盾的同一性出发，真正的矛盾是不能被消除的。因为矛盾双方处于一个由他们自身构成的矛盾统一体中，一旦其中的一方被消除，那么矛盾的另一方也就失去了存在的意义；对立属性是斗争性，这就决定了矛盾的解决不是矛盾双方对立和差异的根本解决，只是“解决两者的一种不合理关系”③。事物就在矛盾双方的对立统一中，即矛盾运动中向前发展，不断构建一种相对和谐的发展状态。整个人类历史的发展要求相对和谐的环境，这个和谐既是人与人、人与社会，也是人与自然的一种发展态势。可见，仅从对立属性出发去理解矛盾是不完整的，或者说这种意义上的矛盾是消极的，如同于问题，是可以被消除的；而唯物辩证法意义上的矛盾是积极的，它代表着事物发展的源泉和动力，它是我们正确认识世界和改造世界的关键。“五位一体”总体布局的提出是在我国社会主义初级阶段的主要矛盾的不断的运动过程中探索出的一条更好的国家发展道路。

3. 唯物史观视域中“五位一体”总体布局的历史必然性

唯物史观是揭示社会形态从低级向高级演进变化的社会规律的重大发现。共产主义社会作为最高级的社会形态，不仅指向社会的全面进步，更指向人的自由全面发展的联合时代。这“两大全面”符合社会发展的一般规律。因此，考察“五位一体”总体布局的历史必然性，实际上就是说明“五位一体”总体布局蕴含着社会形态从低级走向高级的历史趋势，蕴含着人的自由

① 周杨：《“五位一体”总体布局的演进与当代价值》，《重庆社会科学》2013 年第 9 期。

② 原丽红、张荣华：《“五位一体”中国特色社会主义事业总体布局探析》，《山东社会科学》2009 年第 11 期。

③ 陆树程、崔昆：《论构建社会主义和谐社会的历史必然性》，《马克思主义研究》2012 年第 7 期。

全面发展与社会的全面进步的发展态势。

对中国特色社会主义事业总体布局的探索而形成的理论成果实际上就是对“什么是中国特色社会主义，如何更好地建设中国特色社会主义”的理论应答。这就要求不但关注经济、政治、文化这三大社会基本形态的协调发展，同时关注社会、关注人与自然的和谐共生，这与共产主义所要达到的“人和自然界之间、人和人之间的矛盾的真正解决”① 的状态是一脉相承的，两者对理想社会基本内容的定义具有高度的一致性和契合性，全面落实“五位一体”总体布局的历史进程最终指向共产主义社会的实现。

可见，“五位一体”总体布局虽然不直接涉及社会形态的更替，但它更加明确地定义了中国特色社会主义的内涵。马克思曾指出：“无论哪一个社会形态，在它所能容纳的全部生产力发挥出来以前，是决不会灭亡的；而新的更高的生产关系，在它的物质存在条件在旧社会的胎胞里成熟以前，是决不会出现的。”② 也就是说，共产主义的生产关系只有当社会主义的生产力已经全部发挥或至少是几乎全部发挥时才会出现，因此，社会主义只有通过改革，不断解放和发展生产力，变革生产关系以更好地适应生产力，变革上层建筑以更好地适应经济基础，才能不断趋向共产主义社会。习近平指出：“中国要抓住机遇、迎接挑战，实现新的更大发展，从根本上还要靠改革开放。在激烈的国际竞争中前行，就如同逆水行舟，不进则退。”③“五位一体”总体布局科学揭示了社会有机体基本组成方面之间的相互关系，强调要将这五大建设置于一个系统之中，从整体性角度妥善处理好这五大建设的辩证关系，从而为我国全面深化各项建设事业的改革，大力发展生产力提供了战略性部署。在这个意义上，“五位一体”总体布局的提出，进一步推动了我国坚持走中国道路，集中力量发展好中国特色社会主义各项事业的历史进程，这一历史进程为共产主义社会的实现创造了条件。在唯物史观视域中，“五位一体”总体布局的出场符合社会历史发展的客观规律，具有历史必然性。

---

① 《马克思恩格斯文集》第1卷，人民出版社2009年版，第185页。

② 《马克思恩格斯文集》第2卷，人民出版社2009年版，第592页。

③ 《习近平谈治国理政》第1卷，外文出版社2018年版，第100页。

综上所述，“五位一体”总体布局的出场既是应对当前经济社会发展过程中出现的新问题、新矛盾的迫切需要，也是实现理论发展的客观需要，在唯物辩证法和唯物史观的视域中，“五位一体”总体布局的出场具有历史必然性。坚定不移地走中国道路与全面落实“五位一体”总体布局具有内在的逻辑关系，中国道路为总体布局提供方向引领，总体布局是中国道路的内在要求和细化，两者重叠共生互融于中国梦。

第十二章 “五位一体”总体布局的整体运行

“五位一体”总体布局是一个相互渗透、紧密相连的有机统一体，是破解当代中国在坚持走中国特色社会主义道路中所遇到的问题的战略性布局。“五位一体”总体布局的实现，为我们坚定不移地走中国道路保驾护航。习近平在党的十九大报告中指出，要“统筹推进‘五位一体’总体布局”[①]，这意味着要实现其整体运行。“五位一体”总体布局的整体运行，是指在中国特色社会主义建设的过程中经济、政治、文化、社会、生态间实现平衡、协调、融合、重叠和共生的有序发展和平衡运行，其整体运行是中国道路的内在要求，为社会主义事业建设锦上添花。其平衡运行既要求在五个方面的建设过程中突出重点，解决主要矛盾，又要求在关注重点的同时，决不能忽视“五位一体”总体布局的整体运行。深入思考“五位一体”总体布局，对实现其整体运行，一步一个脚印地走好中国道路，实现中国梦具有重要意义。

一 “五位一体”总体布局整体运行的问题缘起

“五位一体”总体布局，无论在理论上，还是在实践中，都需要实现整体运行。“从理论层面上看，……运用整体性思维方式在宏观上对中国特色社会主义建设事业构成要素及其相互关系的认识和把握；从实践层面上看，是对中国特色社会主义建设实践路径的顶层设计和战略规划。”[②] 只有竭尽全力地

---

① 习近平：《决胜全面建成小康社会 夺取新时代中国特色社会主义伟大胜利——中国共产党第十九次全国代表大会上的报告》，人民出版社 2017 年版，第 2 页。

② 韩振峰、孙尚斌：《五位一体总体布局的形成及其时代价值》，《人民论坛》2013 年第 5 期。

促进总体布局整体运行的实现，中国道路才能越走越宽广，越走越顺利；也只有总体布局实现整体运行，中国特色社会主义建设的事业才会蒸蒸日上。

1. 现实客观矛盾要求“五位一体”总体布局的整体运行

历史的发展与时代的进步，是一个“出现问题—认识问题—解决问题”循环往复的过程，在社会发展过程中现实客观矛盾的出现，决定了我们要不断地分析并解决客观矛盾。我们正是在认识客观矛盾并解决客观矛盾的循环往复中推动着时代的发展，促使着社会的进步。中国特色社会主义事业总体布局逐步形成的过程，是其逐步趋于完善的过程，也是我们针对不断变化的客观矛盾和具体情况，尝试着去认识矛盾并循序渐进地解决客观矛盾的过程。在这一过程中，我们逐步认识到“五位一体”总体布局是一个在发展变化过程中相互联系、相互制约、相互契合、相互渗透的有机整体，解决现实的客观矛盾，需要实现其整体运行。其中任何一个部分出现问题，都会影响现实客观矛盾的解决，进而影响其整体运行的效果和中国特色社会主义事业的开展。

在不同时代的不同发展阶段，我们解决重点问题的方案需要根据发展状况的变化而做出调整。但是把大多数精力投入在解决主要问题上面的同时，我们应站在不能忽略任何问题的解决这一高度上去认识和总体把握问题。因为，重视某一方面或某个方面的问题，而忽视了其他方面问题的解决，最后因所忽视的问题而影响到社会的总体发展的事例比比皆是，这些教训决定了我们必须实现“五位一体”总体布局的整体运行。习近平指出：“实践告诉我们，发展是一个不断变化的进程，发展环境不会一成不变，发展条件不会一成不变，发展理念自然也不会一成不变。”① 实事求是、与时俱进是我党一以贯之的思想原则。改革开放以来，我国的工作重心主要集中在经济建设上，这在特定的历史时期，对我国的发展起了决定性的作用，但是，片面重视经济发展又会引发新的问题，可以说，过度重视经济发展是以牺牲生态为代价的发展，一定意义上是忽视了各个层面总体平衡的发展。

具体而言，中国在注重经济发展过程中忽视了经济与政治、文化、社会

① 《习近平谈治国理政》第 2 卷，外文出版社 2017 年版，第 197 页。

以及生态之间的协调平衡而造成了环境污染、贫富差距加大等问题。众所周知，燃煤的相关生产对空气造成的污染是极大的，国家统计局的相关数据显示，“2014年煤炭消费量虽然下降，但煤炭消费量占能源消费总量的66.0%，能源结构仍然以煤为主……2014年，在规模以上工业中，六大高耗能行业能耗所占比重为79.6%”[①]。这说明我国在发展经济的同时，生态文明的建设在一定程度上被忽视，即没有实现“五位一体”总体布局的整体运行。我国近几年的贫富差距仍然较大。这一问题的出现，是我们未能使得经济社会整体平衡发展而造成的，这一问题的存在深刻影响着整体的进步。解决这些问题则需要实现各个层面的改革和整体发展。习近平指出：“改革越深入，越要注意协同，既抓改革方案协同，也抓改革落实协同，更抓改革效果协同”[②]，我们为了解决发展中不断出现的问题，必须在各个层面不断改革的基础上高度重视“五位一体”总体布局的整体运行。在发展中出现的这些现实的客观矛盾要求“五位一体”总体布局的整体运行，要求在“五位一体”总体布局整体运行的过程中，既突出重点，又在有侧重点的同时不忽视其他方面的建设。随着现实客观矛盾的解决，新的矛盾也会继续出现，这需要我们在认识上对总体布局内容进行不断丰富与更新，并不断根据现实客观矛盾的变化促进总体布局实现有序整体运行。解决新时代“人民日益增长的美好生活需要和不平衡不充分的发展之间的矛盾”[③]，必须实现“五位一体”总体布局的整体运行。

2. 理论研究相对不足呼唤“五位一体”总体布局整体运行

自“五位一体”总体布局提出以来，学界对相关问题进行了大量的研究，涌现出许多高水平、高质量的研究成果。诚然，在相关研究中，有对总体布局的正确理解，也有对总体布局的误读。对其误读，主要表现在忽视总体布局的整体运行，只强调某一时期某一方面的建设，在有重点的同时，忽视了其他方面的重要性。正是这些误读的存在，我们才更应该在对总体布局加以正确理解的基础上，分析总体布局的整体运行。在对总体布局的正确理解中，

---

① 《2014公报解读：单位GDP能耗下降4.8%意味着什么》，中华人民共和国国家统计局网站，2015年3月9日。

② 《习近平谈治国理政》第2卷，外文出版社2017年版，第109页。

③ 习近平：《决胜全面建成小康社会 夺取新时代中国特色社会主义伟大胜利——中国共产党第十九次全国代表大会上的报告》，人民出版社2017年版，第11页。

认识到了“五位一体”是一个不可分割、不容分离的整体，其作用的发挥需要从整体上加以运行，不同的学者也从不同角度出发，对该问题进行了分析与论证。

其一，学界对“五位一体”总体布局的某些误读，主要是忽视了总体布局的相互渗透性，不利于实现“五位一体”总体布局的整体运行。就目前学界的研究现状，误读主要表现在多数学者倾向于强调“五位一体”总体布局在某一方面建设的重要性，更多地注重从某一个方面的建设入手，而忽视了五个方面的协调发展。这一现象自生态文明建设被纳入总体布局之后更为明显。很多学者侧重研究生态文明在总体布局中的重要地位。这样的研究虽然有利于论证生态文明建设的重要性与合理性，有利于为更好地建设生态文明服务，但是学界过多地从单方面的角度出发研究“五位一体”总体布局，容易将研究方向误导至单一的角度，而忽视了“五位一体”总体布局的整体性，进而使得人们忽略了“五位一体”总体布局的整体运行。同样道理，单独强调经济、政治、文化以及社会任何一方面的建设都是片面的，“五位一体”总体布局只有在整体运行的过程中，才能充分显露其全局性、战略性意义。

其二，在学界对“五位一体”总体布局的比较全面、正确的理解中，认识到了总体布局的相互关联，但尚未提及“整体运行”，仍需要我们在这基础之上进行进一步的探索。以祝黄河等人为代表的学者认为总体布局是一个有机整体；苑芳江认为，总体布局是在不断地演变过程中，是我党对中国道路的认识逐步达到新境界的表现；以罗健等人为代表的学者，从哲学的视角出发，研究总体布局的各个组成部分，认为总体布局的结构性对总体布局整体运行起到重要作用。学者们的相关认识，对总体布局的整体运行有重要的参考价值。总体布局不是固定不变的，而是变化发展的，“五位一体”只是总体布局发展阶段中的一个不可忽视和不可替代的阶段，但并不是其最终阶段，其内容将随着具体的社会历史条件的变化而不断地更新和变化，“每一形态的总体布局都有一个时间或长或短的形成过程……思想根据是我们的观念和思维方式的变化。”① 以梁树发等人为代表的学者，分析了总体布局的历史演变，

① 梁树发：《中国特色社会主义事业总体布局演变的逻辑与意义》，《马克思主义研究》2014 年第 1 期。

但也没有提及“五位一体”总体布局的整体运行。

综合学者们对“五位一体”总体布局的研究，我们可以发现，学界对“五位一体”总体布局的整体运行尚缺乏系统的研究。学界的误读，忽视了总体布局的相互渗透性，过多地从单一角度研究“五位一体”总体布局，这需要我们迫切地从整体运行的研究角度出发，对其加以纠正。有些学者认识到了总体布局的相互关联，但并没有涉及“整体运行”，这正是需要我们进一步研究和探索的。

3. 中国道路拓展内在地要求“五位一体”总体布局整体运行

中国道路拓展内在地要求着“五位一体”总体布局实现协调的、平衡的整体运行，而不是单一的、某一方面失衡的运行。习近平总书记曾指出，“中华民族是具有非凡创造力的民族，我们创造了伟大的中华文明，我们也能继续拓展和走好适合中国国情的发展道路”①。中国特色社会主义进入新时代，“是全体中华儿女勠力同心、奋力实现中华民族伟大复兴中国梦的时代，是我国日益走近世界舞台中央、不断为人类做出更大贡献的时代”②，中国道路，是中国向前发展、屹立于世界民族之林的必然选择，其内涵要求实现“五位一体”总体布局实现整体运行。

其一，中国特色社会主义道路是以社会主义为发展方向的道路，我们需要通过“五位一体”总体布局整体运行的实现来走好这条路。这是中国人民历经千辛万苦探寻出的路。中国道路，不是某一个人或某一个团队所提出的，也不是到了现在的发展阶段才突然出现的，而是经过时间与历史的检验，我们总结经验与教训而提出的适合中国具体国情的道路。她是对历史发展经验的总结与继承，这条路是来之不易的，更是弥足珍贵的。新的历史发展时期，我们在继承这条道路时既要有科学的方法，又要有整体的思维。“五位一体”总体布局本身，就是我们在中国道路上奋勇前进时，对历史发展经验的传承，一方面，这决定了总体布局需要在整体运行的基础上，将先进经验发扬好、

① 中共中央文献研究室：《十八大以来重要文献选编》（上），中央文献出版社2014年版，第234页。

② 习近平：《决胜全面建成小康社会 夺取新时代中国特色社会主义伟大胜利——中国共产党第十九次全国代表大会上的报告》，人民出版社2017年版，第11页。

传承好；另一方面，让历史经验继续得以发扬，需要渗透到经济、政治、文化、社会、生态文明建设的方方面面，以实现其整体运行。

其二，中国特色社会主义道路是立足于我国基本国情、不断改革开放的道路，我们需要以“五位一体”总体布局的整体运行破解现实难题。“要在坚持全国一盘棋的前提下，确定好改革重点、路径、次序、方法，创造性落实好中央精神，使改革更加精准地对接发展所需、基层所盼、民心所向。”① 走中国特色社会主义道路，摆在眼前最明确的方向是全面建成小康社会，进而全面建设社会主义现代化强国。全面建成小康社会，重点在于“全面”的思想，这一思想与“五位一体”总体布局的整体运行思想不谋而合、密不可分，两者都是在思考现阶段我国基本国情的基础上，为破解现实难题而提出的战略。“这五方面的目标要求，是一个系统，一个整体，离开任何一个方面，都不是全面小康。”② 全面建成小康社会，是“五位一体”总体布局整体运行的动力，也是中国道路继续前行的阶段性方向。而后者的整体运行，将会带动不同层面、多个领域目标的实现，这将为全面建成小康社会提供必要的条件和源源不断的动力。

其三，中国特色社会主义道路是有长远目标的，我们需要以“五位一体”总体布局的整体运行促进长远目标的实现。中国道路，是中国特色社会主义事业上的一条长远的、需要持之以恒的道路，这条路贯穿于发展的始终，也指引着我们前进的方向。促进人的自由全面发展，逐步实现共同富裕，不断增强人民的获得感、幸福感和安全感，把我国建设成为富强民主文明和谐美丽的社会主义现代化强国，是中国人民的共同理想。随着社会的发展和我国综合国力的不断提高，中国道路会越走越远、越走越好。但是，我们需要明确的问题是，接下来的中国道路，需要我们根据具体的社会历史条件的变化，依据不同历史时段的发展要求去继续改革、创新、开拓。习近平指出：“改革是我们进行具有新的历史特点的伟大斗争的重要方面……要继续高举改革旗帜，站在更高起点谋划和推进改革，坚定改革定力，增强改革勇气，总结运

① 《习近平谈治国理政》第2卷，外文出版社2017年版，第108页。

② 梅燕京、张广昭：《对全面建成小康社会内涵、路径和挑战的思考》，《人民论坛》2015年第14期。

用好党的十八大以来形成的改革新经验，再接再厉，久久为功，坚定不移将改革进行到底。”① 在改革中不断创新、开拓中国特色社会主义道路，需要“五位一体”总体布局的整体运行与平衡发展，需要总体布局没有“短板”与缺陷，以“五位一体”总体布局在整体运行的基础上形成的合力，为中国道路的继续开拓奠定基础，为总体布局自身的丰富与发展打下基石。

二 五位一体”总体布局整体运行的理论基础与思想资源

“五位一体”总体布局的整体运行，有其深厚的理论基础和丰富的思想资源。从根本上而言，其整体运行的理论基础是马克思主义的相关原理。从马克思主义相关理论分析、指导总体布局的整体运行，有利于我们对总体布局的整体运行有科学的把握。同时，无论是纵观中国古代哲学思想，还是西方哲学思想，“五位一体”总体布局整体运行都有着丰富的思想资源，我们可以在前人浩瀚的哲学思想中，为总体布局的整体运行找到相关理论依据和思想资源的支撑。

（一）“五位一体”总体布局整体运行的理论基础

马克思主义相关理论是“五位一体”总体布局整体运行的理论基础。坚持和发展马克思主义是我国前进中的不二之选，是中国共产党带领中国人民在历经挫折之后总结出的基本经验，探索出的具有光明前景的道路。这是中国人民在实践中达成的广泛共识。马克思主义是中国道路的指导思想，更是“五位一体”总体布局整体运行的理论基础。其科学社会主义理论、系统整体观、社会有机体理论、关于阶级和国家理论，为总体布局的整体运行提供了坚不可破的理论保障。

1. 科学社会主义理论

科学社会主义是马克思主义三大重要组成部分之一，是指导当代中国发展的理论基础。习近平总书记指出：“中国特色社会主义是社会主义而不是其他什么主义，科学社会主义基本原则不能丢，丢了就不是社会主义。”② 科学社会主义引领着中国特色社会主义事业的发展，指引着中国道路的方向。坚

① 《习近平谈治国理政》第2卷，外文出版社2017年版，第107页。

② 习近平：《关于坚持和发展中国特色社会主义的几个问题》，《求是》2019年第7期。

定不移地走中国道路和实现"五位一体"总体布局的整体运行均需要以科学社会主义理论为基本指导，同时，实现中国梦也必须以科学社会主义为指导，因为"中国特色社会主义……是植根于中国大地、反映中国人民意愿、适应中国和时代发展进步要求的科学社会主义"①。科学社会主义理论是"五位一体"总体布局整体运行的重要保障。

"中国特色社会主义是科学社会主义的当代社会制度形态的代表。"② 科学社会主义，以社会的全面进步和人的自由全面发展为最终指向。毫无疑问，这也是中国特色社会主义的指向。人的自由全面发展的实现，是以经济、政治、社会、文化以及生态文明都得到良好发展和稳步建设为基础的；社会的全面进步也不是某一方面的进步，而是五个方面的协同进步。这在本质上成为"五位一体"总体布局整体运行的重要理论基础。从这一角度来看，总体布局的整体运行不仅有利于更好地走中国特色社会主义道路，而且在一定意义上，有利于在整体运行中丰富与发展科学社会主义理论。

从目前阶段而言，实现"两个一百年"的目标，是在走中国道路的必经阶段，这要求"五位一体"总体布局实现整体有序地运行，为实现这两个重大目标奠定基础。从长远来看，为实现共产主义的奋斗进程，离不开现阶段打下良好的基础，而现阶段的基础需要在"五位一体"总体布局的整体运行下夯实。总体布局以科学社会主义理论为最高指导，以中国道路为具体指引，以整体运行为基本的运行方式，在建设共产主义事业的进程中发挥重要作用。

2. 马克思主义系统整体观

马克思主义系统整体观为"五位一体"总体布局的整体运行提供了重要的理论依据。马克思主义系统整体观认为，考虑问题时，不能考虑问题的某一个方面，而是应当全面地考虑问题的每一个方面。由于众多个别物体之间的紧密联系，才构成了自然界有机整体、人类社会有机整体甚至我们的精神活动有机整体。树立系统整体观是我们生活在社会中、生存于自然之中的应然选择，恰到好处地认识和处理人与社会整体的关系是我们必

① 《习近平谈治国理政》，外文出版社2014年版，第21页。

② 闫志民：《关于中国特色社会主义与科学社会主义关系问题的再认识》，《教学与研究》2013年第6期。

须付诸的实际行动。

其一，处理好整体与部分的辩证关系。“五位一体”总体布局，是“一体”，是不可分割的，这要求我们用系统整体观对待“五位一体”总体布局，即树立总体布局整体运行的观点；同时是由 5 个重要部分构成，缺一不可，每个部分之间既相互联系又相互制约，这要求我们在处理好总体布局这一整体与各个重要组成部分之间关系的同时，也要在实现总体布局的整体运行的过程中将每个组成部分与总体布局这一整体的关系处理得恰到好处。总体布局是一个相互联系的统一整体，在进行某一方面的建设时，不能忽视该方面与整体之间以及与其他方面之间的联系，更不能忽视其对其他部分产生的影响。如果缺少对总体布局的整体把握，各方面的建设有可能失去合理的配合，进而使总体布局这一整体失去应有的平衡。只有在相对平衡中、在动态平衡中，才能使“五位一体”总体布局的整体运行得以协调推进，不至于顾此失彼。另一方面，总体布局作为一个整体是由各部分组成的，离开其中的任何一部分便不能称之为完整意义上的整体。如果不对其 5 个部分有清晰的认识和把握，也就无法全面地把握“五位一体”这一总体布局，更无法实现总体布局的整体运行。这便要求我们在全面落实总体布局整体运行的进程中，在总体布局全局思想和整体思想指导的基础上，分析具体情况，从部分的实际情况出发，把五个方面的建设都落实到位，为总体布局的整体运行提供源源不断的动力。

其二，处理好人、自然以及社会三者的关系。马克思指出：“人的本质……是一切社会关系的总和。”[①] 这既包括人与自然的关系又包括人与社会的关系，而处理好这些紧密相连的关系，必须树立系统整体观，从根本上来说，这些关系处理得是否得当，直接关系到总体布局能否实现整体运行。马克思主义系统整体观，是我们正确处理人与自然、人与社会关系的重要理论依据，也是我们促进“五位一体”总体布局整体运行的理论依据。一方面，人与自然是一个系统，是紧密相连的。想要恰到好处地处理人与自然的关系，首先需要树立人、自然都是整个自然系统这一大集体中的一分子，“过去由于生产力水平低，为了多产粮食不得不毁林开荒、毁草开荒、填湖造地，现在

① 《马克思恩格斯文集》第 1 卷，人民出版社 2009 年版，第 505 页。

温饱问题稳定解决了，保护生态环境就应该而且必须成为发展的题中应有之义”①，人与自然是相互依存的关系：前者离不开后者对其生存需求的基本满足，而后者（尤其是人工自然）更离不开前者的主观能动性的发挥。两者关系的正确处理过程，也是促进“五位一体”总体布局实现整体运行的过程。另一方面，人与社会是一个系统，是互不分离的。实现“五位一体”总体布局整体运行的过程，既体现了对人与自然关系的处理，又体现了对人与社会关系的处理，从本质上来看，这是人的社会性的显现，为实现人、自然以及社会的协同发展，树立系统整体观是必然选择。马克思主义系统整体观对“五位一体”总体布局的整体运行具有指导意义。

3. 马克思主义社会有机体理论

马克思、恩格斯提出了社会是一个有机整体的观点。“现在的社会不是坚实的结晶体，而是一个能够变化并且经常处于变化过程中的有机体。”② 这一有机整体有适合自身的运行方式。繁纷复杂的子系统构成了社会系统，各要素对社会有机体的发展发挥独一无二的作用。一方面，社会各组成部分的相互作用是社会整体变化的动力，这说明社会有机体是可以发生变化的；另一方面，这一可以发生变化的有机体是根据具体条件的变化而不断革新的。

总体布局作为一个整体，其内部构成是相互依存的。在“五位一体”总体布局中，我国发展的首要目标是经济建设，经济的发展，可以为其他建设提供物力支持与保障，反之则会直接威胁到另外四个方面建设工作的展开。政治建设直接关乎我党的执政合法性以及我国的民主进程。习近平指出：“人民民主是中国共产党始终高举的旗帜。在前进道路上，我们要坚定不移走中国特色社会主义政治发展道路”③，政治建设开展得好，可以为其他方面的建设提供良好的政治环境，反之，则直接影响甚至阻碍我国前进的步伐。习近平强调：“一个国家的政治制度决定于这个国家的经济社会基础，同时又反作用于这个国家的经济社会基础，乃至于起到决定性作用。”④ 显然，政治建设与经济建设是密不可分的。文化建设关乎我国优秀传统文化的发扬和我国在

---

① 《习近平谈治国理政》第 2 卷，外文出版社 2017 年版，第 392 页。

② 《马克思恩格斯文集》第 5 卷，人民出版社 2009 年版，第 10—13 页。

③ 《习近平谈治国理政》第 2 卷，外文出版社 2017 年版，第 285 页。

④ 同上书，第 288 页。

国际社会的形象，同时也对其他方面的建设起到润滑剂的作用，有中华文化的魂，各方面的建设在开展中可以更顺畅。社会建设关乎社会的公平与协调，是其他方面建设成果的反应，也是其他方面建设工作顺利开展的重要条件。生态文明建设直接关乎我们生存环境的好坏，更是其他方面的建设能够顺利进行的重要前提。正所谓“牵一发而动全身”，“五位一体”总体布局，只有在整体运行的前提下，才能够发挥出重要作用。

社会有机体理论，是“五位一体”总体布局整体运行的理论源头之一。该理论认为社会是不可分割的。总体布局的整体运行，一方面要求各方面构成合力，共同推动国家的发展，另一方面则力求每一方面作为不可替代的要素在推动总体向前发展的过程中发挥自身的作用。总体布局整体运行的过程，也是五个要素相互磨合的过程。在这个磨合的过程中，也许会有某一要素在某一时间段内出现速度较快的现象，也许会有新的要素不断出现、整个总体布局不断更新的现象发生。新要素为有机体注入新活力，其出现是该有机体在创造自身所缺乏器官的过程，是维持整体的生命力的反映，也是促进有机体发展趋于科学合理的表现。无论是哪种现象的出现，都是总体布局作为一个有机体，不断地发展的过程。

4. 马克思主义生态观

马克思主义生态观不仅揭示了问题产生的根源，而且提出了解决问题的出路，对当代中国社会主义建设具有十分重要的引领性、纲领性、启迪性作用。习近平总书记指出：“党的十八大以来，我们把生态文明建设作为统筹推进‘五位一体’总体布局和协调推进‘四个全面’战略布局的重要内容”①，将生态文明建设引入“五位一体”总体布局，以马克思主义生态观为直接的理论根源。

(1) 马克思认为，人与自然的关系是不可分割、内在统一的辩证关系。

其一，自然的先在性决定了人是自然存在物。人源于自然，是自然界长期分化的产物。马克思一方面强调了人源自自然界，是有欲望的自然存在物，对自然界有着天然的依赖性；另一方面强调人的能动作用再伟大，也是第二性的，自然界对人来说具有先在性，是不依赖于人、存在于人之外的“先在”。

---

① 习近平：《推动我国生态文明建设迈上新台阶》，《求是》2019年第3期。

其二，自然是人类实践的对象。马克思主义认为，人不同于自然中其他的物，人可以把自然作为“欲望的对象”，通过劳动改造自然。人对自然的改造活动是必然的和必要的，因为作为自然的存在物，人类为满足生存繁衍之需，与自然之间进行的物质变换唯有通过劳动才能实现。马克思形象地把自然比喻为人的无机身体，而人的劳动将无机身体部分变为有机身体，即人的血肉之躯。

其三，人与自然相互协调是人类生存与发展的重要保证。人通过劳动与自然之间发生物质代谢，以维持生存。人与自然相互协调，才能保持这种代谢长期持续地正常进行。自然界有维持自我的独立系统，有自己的内容和规律。自然规律不容违背，尊重自然、顺应自然规律是人们改造客观世界的前提。人类一旦自我意志膨胀，违背自然规律，恣意妄为，就一定会受到自然界的惩罚。人类在工业文明时期，对自然界的改造创造了辉煌成就，但也遇到了前所未有的生态危机。工业文明时代的价值观缺乏系统和整体性的思维。在这种价值观的支配下，人们只看到人对于自然的作用过程，狂喜于眼前的征服和胜利；看不到自然对于人类的相反的制约作用，导致自然界对人类违反自然规律行为进行报复后的生态悲剧。马克思恩格斯一百多年前就已指出，人类对自然界的改造活动要以整体性视野开展，要充分意识到并尊重自然的生态价值，实现人与自然同呼吸、共命运，共同进化、协调发展。习近平指出：“人类发展活动必须尊重自然、顺应自然、保护自然，否则就会遭到大自然的报复。”① 人类只有与自然和谐相处，才能真正实现人类自身的生存与发展。

（2）马克思揭示了异化劳动是生态问题的根源。

其一，与自然问题相关的人与人的关系是生态问题的实质。对于生态问题的根源，马克思主义生态观认为，人与自然的关系是生态问题的表象，隐藏在人与自然关系背后的，人与人的利益关系才是生态问题的实质。人除了是自然存在物，还是一种社会存在物。可见，人的本质更多地体现在他的社会属性上。因此，人与人、人与社会的关系变化必然会导致人与自然关系的变化，人与自然的关系也因此受到强有力的制约，它表现在一定社会的生产

① 《习近平谈治国理政》第2卷，外文出版社2017年版，第394页。

目的、生产关系、生产方式、生产过程等。可见，只有在把握人与人的生存方式、社会关系的基础上，在实现“人与自我和解”、共生共荣的基础上，才能真正彻底解决人与自然的内在矛盾。马克思主义正是根据这一逻辑，在资本主义社会人与人的关系分析后揭示出资本主义生产方式是导致生态问题的社会制度根源，这就涉及了“劳动异化”问题。

其二，资本主义生产方式导致了劳动的异化。“异化劳动”是马克思主义生态观的重要构成。“异化劳动”主要表现在两个方面：一方面，劳动者同自己生产的产品的异化；另一方面，劳动活动本身的异化。实际上，劳动者同自己产品之间的异化关系是劳动活动本身异化的结果。在这种异化劳动中，人的异化伴随而至，这从根本上扭曲了人与自然界的本真关系，完全地将自然界视为纯粹的物，视为满足人类生存的物质手段，疯狂地掠夺和占有自然导致自然的异化。

其三，以异化劳动为本质的资本主义生产方式造成物质变换断裂。马克思指出：“资本主义生产方式以人对自然的支配为前提。”① 这种生产方式更集中地表现在资本的支配，人与自然之间正常的物质变换则是处于断裂的状态中。

人与自然关系的恶化根源在于资本主义制度。因为资本主义生产方式以追逐剩余价值，获取利润最大化为中心，这种生产方式只可能导致人类对自然毫无敬畏地肆意攫取，进而导致生态系统平衡失调、自然界的自我净化功能衰弱，人与自然之间的矛盾加剧，最终威胁到人类本身。矛盾的最终解决只能靠对资本主义制度的扬弃，变革资本主义生产方式来实现。质而言之，唯有将社会革命与生态革命相关联，才能从根本上解决生态问题。

（3）马克思认为，逐步走向共产主义社会是解决生态问题的必由之路。

马克思和恩格斯深刻洞察生态问题的病因，进而指明了消除困境、实现人与自然和谐发展的根本出路。恩格斯指出：“需要对我们的直到目前为止的生产方式，以及同这种生产方式一起对我们的现今的整个社会制度实行完全的变革。”② 即用共产主义制度彻底取代资本主义制度，消灭资本主义生产方

① 《马克思恩格斯文集》第5卷，人民出版社2009年版，第587页。

② 《马克思恩格斯文集》第9卷，人民出版社2009年版，第561页。

式。马克思认为，只有在共产主义社会才能真正实现人与自然的和谐发展。主要有两个方面的原因：

其一，共产主义社会彻底消除了异化劳动，实现了人的本质的真正复归。共产主义社会终将消除各种危机包括生态危机、经济危机、社会危机，对生态环境保护将成为每个社会成员的第一生活需要。当进入共产主义社会高级阶段后，劳动不再是谋生的手段，实现了本质复归的每个社会成员都具有高度的服务他人、服务社会的觉悟。

其二，共产主义社会能合理调节人与自然的物质变换，实现人与自然、与社会关系的统一。马克思在《资本论》中指出，在共产主义社会中，“社会化的人，联合起来的生产者，将合理地调节他们和自然之间的物质变换，……在最无愧于和最适合于他们的人类本性的条件下来进行这种物质变换”。[①] 可见，在未来高级的和谐社会，能够使经济、社会发展和自然生态演变协调运动。

马克思恩格斯所设想的共产主义社会，是实现了人与自我“和解”的文明社会，是实现了人与自然“和解”的生态社会。随着人类内部之间的对立关系的终结，人与自然的对立也不复存在。到那时，人类正确认识和运用自然规律，真正实现由必然王国向自由王国的飞跃。

5. 马克思主义关于阶级和国家的理论

“五位一体”总体布局，是一幅中国发展的蓝图，是对社会主义建设和发展进行的新探索。在关于阶级的划分中，恩格斯曾指出无产阶级与资产阶级的根本区别：“资产阶级是指占有社会生产资料并使用雇用劳动的现代资本家阶级。无产阶级是指没有自己的生产资料、因而不得不靠出卖劳动力来维持生活的现代雇用工人阶级。”[②] 无产阶级被资产阶级剥削，使得无产阶级与资产阶级在本质属性上是对立的。“五位一体”总体布局的整体运行，是符合社会主义建设要求的，具有鲜明的阶级性，其整体运行符合人民的根本利益。这里需要特别强调的是，总体布局符合社会主义的建设要求，不是因为其某一方面的建设，而是因为其整体运行的价值追求。

总体布局的整体运行离不开以马克思主义为指导思想的政党的领导，“党

① 《马克思恩格斯文集》第7卷，人民出版社2009年版，第928—929页。

② 《马克思恩格斯文集》第2卷，人民出版社2009年版，第31页。

政军民学，东西南北中，党是领导一切的”[①]。作为中国特色社会主义事业建设的领导者，中国道路的领路人，我党根据中国的具体国情，提出“五位一体”的总体布局，是代表中国先进生产力发展要求的体现，也是代表先进阶级的整体利益的体现。中国共产党带领中国人民走上社会主义道路，与资本主义所走的道路是截然不同的。提出总体布局，是整体上的部署，也是对中国未来前途的战略规划。总体布局的整体运行，推动着中国特色社会主义事业更上一层楼。

马克思、恩格斯指出，“社会结构和国家总是从一定的个人的生活过程中产生的”[②]，“五位一体”总体布局的整体运行，是为实现无产阶级的共同利益服务的，同时也是为国家的发展、为国家的富强服务的，更是为实现中国梦服务的。总体布局的整体运行，与中国作为一个社会主义国家的国家安全是密不可分的，面对来自资本主义国家的多方威胁，中国为维护社会主义国家的利益，需要在政治、经济、文化、社会和生态文明方面做出部署，需要五个方面的相互配合与相互支撑。我国正处于全面建设和治理社会主义国家的时期，总结经验、吸取教训，提出“五位一体”总体布局，既是对马克思主义理论的丰富与发展，也是马克思主义中国化的具体体现，更是对中国道路方向的进一步明确，在中国的发展中具有里程碑式的意义。

（二）“五位一体”总体布局整体运行的思想资源

马克思主义是“五位一体”总体布局整体运行的理论之基，中西方哲学中蕴含的相关思想也为我们探索“五位一体”总体布局整体运行提供了重要思想资源。一方面，纵观我国古代的哲学思想，一直以来就有关于平衡、和谐及协调的相关论证，这些观点为“五位一体”总体布局的整体运行提供了重要的思想资源；另一方面，西方的相关哲学思想，如结构功能主义、过程哲学等也为总体布局的整体运行提供了重要的思想资源。中西方哲学中关于总体布局整体运行的思想资源，是值得我们在走中国特色社会主义道路的过程中去开发与利用的，对相关思想资源的开发与利用，可以为实现总体布局

① 习近平：《决胜全面建成小康社会 夺取新时代中国特色社会主义伟大胜利——中国共产党第十九次全国代表大会上的报告》，人民出版社 2017 年版，第 20 页。

② 《马克思恩格斯文集》第 1 卷，人民出版社 2009 年版，第 524 页。

的整体运行提供重要的文化支持。

1. 中国古代的平衡思想

中华文化源远流长，中国古代的各种思想可谓百花齐放、百家争鸣。在众家之言中，有很多学说体现了平衡的思想。平衡思想不仅强调事物之间的相互依存、相互联系与相互约束、相互制衡，而且强调事物在发展变化的过程中务必把握好“度”，以适度为基本原则，推动事物的良性发展，从而达到事物相互之间和事物内部的统一平衡。“五位一体”总体布局，只有在把握好“度”的前提下进行整体运行，才能达到相对平衡，从而成为协调、和谐的有机整体。

阴阳学说是古代平衡思想的杰出代表，它认为自然界的任何事物都是由阴阳两面组成的，这两个方面既对立又统一，它们不是静止的和不变的，而是处于不断革新之中的。阴和阳既是对同一种事物内部的对立双方的描述与概括，又是对不同事物间的相对属性的总结。“阴阳者，天地之道也，万物之纲纪”①，虽然阴阳有名无形，但是事物正是在它们彼此间的制衡过程中达到平衡、得以发展的。同时，阴阳思想也是对自然变化规律的概括与总结，是对人们在社会中应该明白和掌握的道理的阐释。而在对规律的认识与对道理的把握中，离不开对平衡思想的理解。阴阳的交互影响，有固有的规律，世间万事万物的革新，离不开两者的平衡。“五位一体”总体布局，各层面相互制衡，使总体布局在整体的运行中达到平衡。我们需要在总体布局的整体运行中，通过各方面的交互影响认识总体布局整体运行的规律，并通过对规律的把握实现总体布局间的平衡运行。

五行学说认为，木、火、土、金、水是构成一切事物的基本条件。五行学说以相生、相克关系来解释事物运行的规律，认为事物的本质是在互生互克的运动中维持平衡。总体布局的五个方面，就某一个方面而言，该方面既能够为其他方面的运转提供支持与保障，又可能因该方面的建设影响、制约甚至阻碍其他方面的建设。各方面绝不是孤立的、静止不变的，而是在相互支持、相互影响的运动中趋于平衡，总体布局是在这一平衡中实现整体运行的。因此，从这一角度而言，五行学说是总体布局整体运行的重要思想资源。

① 《国学典藏书系》丛书编委会：《黄帝内经》，吉林出版集团有限公司 2011 年版，第 17 页。

“五位一体”总体布局的整体运行，最终目的是实现五个方面的平衡，更是为了中国道路的稳步前行。在“五位一体”总体布局的整体运行中，既不能单一地重视某一方面的建设，又不能完全忽略某一方面的建设，而是要“不偏不倚”，把握好适度原则，最终使五个方面实现平衡运转。这种中庸思想，是我国古人的处世之道，正所谓：“中庸之为德也，其至矣乎!”[①] 这一追求中正、协调、和谐与平衡的处世思想，为实现总体布局的整体运行带来了重要启示。无论是单个人的安宁、祥和，还是天下万物的协调、和谐，其最终所要达到的都是一种平衡的状态，而这种平衡状态是有利于其本身的运动与发展的。因此，“五位一体”总体布局的整体运行，最终所追求的也是各个方面、各个层次间的协调运转、和谐建设，为走中国特色社会主义道路提供了发展动力和平稳环境。

2. 结构功能主义

在西方结构功能主义看来，社会作为一个系统有一定组织化的手段。其各组成部分以内部有序的规律彼此发生联系，按照其固有的规律来认识事物对社会起到重要作用。社会存在的状态是一种平衡，其中某一部分发生变化时会使之逐渐趋向于新的平衡。在很多方面，社会系统与生物有机体是相似的，其相似性主要表现在两个方面：一方面是结构的构成；另一方面则是各组成部分发挥功能的形式。社会中的各个系统经过交互影响，最后趋向于平衡与稳定，进而促进社会的运动与发展。同时，社会中的各个组成部分对维持社会的稳定都发挥着不可替代的功能。“而在社会领域中，单个的人‘这种基本单位’是靠社会关系网而结成为一个整体。”[②] 因此，功能主义认为，社会这一复杂的系统是由不同结构构成的，而每一结构因具有满足社会需要的功能，故通过功能运转维持社会稳定。

“五位一体”总体布局，在各个组成部分的相互作用之下趋向于平衡与稳定，而其相互作用，需要总体布局的整体运行。同时，五个组成部分的建设，对于维持总体布局整体运行的稳定发挥着重要的功能，各个组成部分的建设，能够在功能上满足总体布局这一整体的需要，从而维持其整体运行的稳定。

---

① 张燕婴译注：《论语》，中华书局 2007 年版，第 83 页。

② ［美］默顿：《社会理论和社会结构》，唐少杰等译，译林出版社 2008 年版，第 93 页。

有什么样的社会结构，就会发挥出相应的社会功能；同时，社会有怎样的功能要求，就应当建设相应的社会结构。五个组成部分都为总体布局的运行发挥着不可替代的作用，但是每个部分又都不是可以单独运行的，而是需要在携手共进中实现整体运行。

同时，总体布局作为一个有机的整体，其有序运行，对于党和国家的宏观政策而言，发挥着重要的功能；对于国家、社会整个系统而言，如果总体布局整体运行趋向于平衡与稳定，则国家、社会整个系统也可以逐步趋向于平衡与稳定。总体布局本身是一个整体，由各部分组成并通过部分功能的发挥维持运转，同时，总体布局自身是整体运行的，通过整体运行而成为社会系统的重要组成部分。其在整体运行中发挥的功能，既是宏观的也是微观的。宏观上，是党和国家政策得以落实的重要步骤。微观上，总体布局的整体运行，是各个组成部分在整体运行的过程中，充分发挥各组成部分的作用的需要，也正是各部分作用的发挥，促使总体布局在整体运行时的作用得以显现，也才使得总体布局的宏观功能在整体运行中逐步发挥出来，促使中国特色社会主义事业得以顺利开展。

3. 过程哲学思想

怀特海把宇宙的事物分为两个世界，即事件世界、永恒客体世界。他认为，在事件世界中的一切，都是处于变化过程之中的，“每一种实际存在物本身只能被描述为一种有机过程”①，从社会到人都是机体，这些机体的区别在于他们处于不同的等级。机体虽然有其自己的特性、结构以及自我创造的能力，但是机体的根本特征是活动，而活动表现为过程。过程本身就是机体内部各个因子之间所进行的不间断的创造性活动，这些因子通过一定的秩序发生联系。“由种种现实事物构成的共同体是某种有机体，但是，它不是一个稳定的有机体。它是某种处于产生过程之中的未完成物。”② 事物本身是一个变化的过程，并在连续不断的创造性活动之中，将自身表现为一个过程。而这个过程的背后，并不存在固定不变的物质实体，唯一的持续性便是活动。

---

① ［英］怀特海：《过程与实在：宇宙论研究》，杨富斌译，中国城市出版社2003年版，第392页。

② ［英］怀特海：《过程与实在：宇宙论研究》，杨富斌译，中国城市出版社 2003 年版，第391—392 页。

从过程哲学的思想来看，世间万物都是一个过程，并且处于发展创造的过程之中。正是因为这些过程的存在，才构成了整个世界。总体布局这一有机整体也是一个过程，其形成的进程，也是它作为一个过程在变化、活动着的表现。“五位一体”总体布局是作为一个机体，有着五个内在联系的因子，这些因子所进行的持续的创造活动，便是总体布局进行整体运行的活动，这些活动使得总体布局的整体运行成为一个过程。这个过程不是固定不变的，而是根据活动结构的变化而不断更新着的。

全面落实总体布局是一个客观的过程，并且是一个处于不断地变化发展中的过程。总体布局的整体运行，革新了这一过程内部的结构并使自身日新月异。“要按照十六大、十七大、十八大提出的全面建成小康社会的各项要求，紧扣我国社会主要矛盾变化，统筹推进经济建设、政治建设、文化建设、社会建设、生态文明建设”[①]，随着时代的发展与社会的进步，总体布局会根据客观的社会条件进行更新与调整，总体布局的整体运行也会随着总体布局内容的变化而变化。这些变化的过程，正是总体布局作为一个过程，因活动结构的变化而做出调整的过程。总体布局是一个变化与发展的过程，并在持续的创造活动中，将自身表现为一个过程。总体布局的整体运行，正是在总体布局的持续创造活动中得以实现的。“五位一体”总体布局会随着整体运行的过程而使得自身内部逐步丰富与完善，但我们仍需强调的是，无论总体布局的内容得到怎样的丰富，总体布局自身仍然是一个过程，该过程仍然是处于不断的活动中的，即总体布局的内容得以丰富之后也仍离不开自身的整体运行。

三 “五位一体”总体布局整体运行的路径选择

“五位一体”总体布局的整体运行，有其现实的客观原因，也有整体运行的内在动力和外在推力，更有其坚实的理论基础和丰富的思想资源。从根本上来看，总体布局终究要在实践中实现整体运行，也需要通过具体的实践路径达到整体运行的目标。习近平总书记指出：“真抓才能攻坚克难，实干才能

---

① 习近平：《决胜全面建成小康社会 夺取新时代中国特色社会主义伟大胜利——中国共产党第十九次全国代表大会上的报告》，人民出版社2017年版，第27页。

梦想成真”①，总体布局的整体运行，只有在具体的实践活动中才能够落地生根，也只有通过切实可行的实践路径，才能够为走好中国道路和实现中国梦提供动力。无论是在党和国家的战略决策中，还是在社会各阶层的角度，甚至是人民群众在具体的践行中，都需要思考如何实现总体布局的整体有序运行。

（一）党和国家在战略决策中推进“五位一体”总体布局的整体运行

“五位一体”总体布局本身是党和国家在走中国特色社会主义道路的历史进程中所提出的宏观决策，总体布局与其他党和国家的宏观政策有着密切的关系。总体布局本身是个有机体，把握“五位一体”总体布局，必须全面贯彻落实好相关部署。党的十八大以来，党和国家的宏观思想可以用“一个梦想、两个百年、四个自信、四个全面、五个新发展理念”来概括，而这些宏观思想的落实或实现都可以助推“五位一体”总体布局的整体运行。

其一，中国梦与总体布局的整体运行。习近平指出：“实现中华民族伟大复兴，就是中华民族近代以来最伟大的梦想”②，在追寻中国梦的过程中，我们需要有具体的路径，需要有详细的规划。实现中国梦的根本途径是走中国道路，而顺利走好这条道路，需要依据中国目前的具体国情进行战略性部署，总体布局是符合这一要求的部署。中国梦的实现是一个动态的、全方位实现的过程，正如马克思主义关于科学社会主义的理论、系统整体观、社会有机体理论、阶级与国家的理论以及过程哲学带给我们的启示一样，实现总体布局整体运行是符合社会主义的，整体运行的实现需要注重整体与部分的关系，需要在不断变化的过程中运行。因此，中国梦需要总体布局的整体运行，不是静态的规划，也不是某一方面的单独运行。

其二，“两个一百年”奋斗目标与总体布局的整体运行。在中国共产党建党一百年时，实现全面建成小康社会的阶段性目标；在建国一百年时，把我国建成富强民主文明和谐美丽的社会主义现代化强国。这两个宏伟的目标，是中国梦的具体表达，更是对总体布局实现整体运行的具体要求。全面建成小康社会，是经济、政治、文化、社会、生态文明各个方面都达到小康社会

① 《习近平谈治国理政》第1卷，外文出版社2018年版，第48页。

② 同上书，第36页。

的具体要求、符合小康社会具体标准的小康，而不是单方面的小康。这便意味着总体布局的各个方面都是要达到小康的相关指标，总体布局只有在整体运行中才能实现五个方面的小康。由此，建设富强民主文明和谐美丽的社会主义现代化强国，也是总体布局各个方面都实现现代化，而不是某一方面的现代化。综合来看，总体布局整体运行必然贯穿于两个百年目标实现的历史进程之中。

其三，“四个自信”与总体布局的整体运行。党的十八大报告指出，全党要坚定道路自信、理论自信、制度自信、文化自信。总体布局的整体运行，是中国道路保持平稳前进的需要；总体布局的提出以及总体布局整体运行的实现，是为中国特色社会主义理论体系相关内容增光添彩；更是坚持中国特色社会主义制度的表现，使中国的发展如虎添翼。总体布局的整体运行，可以为坚定“四个自信”提供动力，也只有在总体布局的整体运行中，才会有更多的人坚定四个自信，更多的人自觉地参与社会主义建设，推进中国特色社会主义事业稳步前进。

其四，“四个全面”战略布局与总体布局的整体运行。“四个全面”战略布局与“五位一体”总体布局的整体运行有着密不可分的联系。“在推进这‘四个全面’过程中，我们既要注重总体谋划，又要注重牵住‘牛鼻子’。”[①] 全面建成小康社会，是经济、政治、文化、社会和生态文明五个方面的小康标准，任何一个方面达不到小康，都不是小康；全面深化改革，也是这五个方面的整体改革，习近平总书记指出：“注重系统性、整体性、协同性是全面深化改革的内在要求，也是推进改革的重要方法。”[②] 全面依法治国，应使得各个方面都有法可依，总体布局的整体运行更不能脱离法治的轨道去运行；全面从严治党，党需要统领总体布局，总体布局的整体运行也需要党的驾驭。只有保持党的先进性、不断提升党的执政能力，才能够更好地统领全局、驾驭全局。同时，“五位一体”的整体运行也需要“四个全面”，“这个战略布局，既有战略目标，也有战略举措，每一个‘全面’都具有重大战略意

① 《习近平谈治国理政》第2卷，外文出版社2017年版，第23页。

② 同上书，第109页。

义”[①]，缺少任何一个“全面”，都不可能实现总体布局的整体运行。前者是后者产生的基础，后者对前者的整体运行有重要的反作用，二者互不分离。我们在走中国道路的进程中，必须毫不动摇地坚持“四个全面”战略布局对“五位一体”总体布局整体运行的指导作用。

其五，“五大发展理念”与总体布局的整体运行。“五大发展理念”与总体布局两者是相互联系又各有侧重的，是相互兼顾又互相支撑的。前者是关系到我国发展的全局，而在坚持这些理念的过程中，需要后者的整体运行。发展理念是发展行动的先导，其正确与否从根本上决定着我国发展的速度。总体布局的整体运行是具体的发展行动，其运行的好坏直接决定着发展的质量，也检验着发展理念的正确与否。如何统筹协调推进总体布局的整体运行是发展中应当解决的难题。用创新、协调、绿色、开放、共享的发展理念来指导整体运行这一发展行动，是逐步地破解这个难题的重要途径。习近平总书记指出：“理念是行动的先导，一定的发展实践都是由一定的发展理念来引领的。发展理念是否对头，从根本上决定着发展成效乃至成败。”[②] 新发展理念本身也是“一体”的，作为行动的指导，各发展理念是缺一不可、无可替代的，在总体布局的每一个领域，在每一个发展行动中，新发展理念都发挥着重要作用。同时，在总体布局的整体运行中需要运用这五大发展理念。在经济建设中，既需要创新发展，又需要协调、绿色、开放、共享发展，同样道理，绿色发展理念不仅仅对应着总体布局中的生态文明建设，也对应着政治、经济等其他方面的建设。因此，新发展理念需要渗透到总体布局的方方面面，指导总体布局的整体运行。

（二）社会各阶层尽心尽力协同推进“五位一体”总体布局的整体运行

总体布局的整体运行，需要在实践中得以落实，需要在具体的实践中落地生根。总体布局的整体运行，不仅仅需要党和国家宏观战略的推动，更需要社会各阶层的共同努力。社会各阶层对总体布局整体运行的认同与践行，是总体布局得以顺利实现的整体运行的重要途径。习近平指出：“要吃透中央制定的重点改革方案，同时完善落实机制，从实际出发、从具体问题入手，

---

① 《习近平谈治国理政》第2卷，外文出版社2017年版，第23页。

② 同上书，第197页。

见物见人，什么问题突出就着重解决什么问题，使改革落地生根。”① 在社会各阶层中，每个阶层都有其利益诉求，如何使社会各阶层在实现利益诉求的过程中认同“五位一体”总体布局的整体运行，如何在总体布局的整体运行中满足社会各阶层的正当利益诉求，是总体布局在整体运行中应该解决的问题。同时，总体布局的整体运行，需要相关法律体系的建设与完善，以使为之提供有力的支撑与保障。

调动一切可以调动的积极因素是毛泽东的重要战略思想，“五位一体”总体布局，是对中国特色社会主义事业建设的规划，是对如何走好中国特色社会主义道路的部署。在实现总体布局的整体运行的过程中，我们更需要调动一切可以调动的积极因素，为走中国特色社会主义道路服务。正如社会有机体理论和结构功能主义给我们带来的启示，社会各个阶层在社会这个有机体中发挥着不同的功能，在这个复杂的社会系统中，社会各阶层为实现总体布局的整体运行起到重要的作用。社会各阶层中，都有总体布局实现整体运行时可以调动的积极因素。调动其积极因素的重点在于，在总体布局整体运行中满足各阶层正当的利益诉求，使得其在实现正当利益诉求的过程中推动总体布局的整体运行。不同的利益诉求促使着不同的利益集团的形成，有些利益集团的存在，有利于总体布局的整体运行，而有些则会阻碍总体布局的整体运行。总体布局在整体运行中克服困难、迎接挑战，是必然的选择。从根本上而言，利益集团的存在与毁灭是随利益而动的。总体布局的整体运行本质上是符合各阶层的根本利益的，是为其利益的实现提供基本保障的。同时，只有社会各个阶层的共同努力，才能够促进总体布局实现整体运行。社会各阶层共同为中国特色社会主义事业建设做出贡献，推动总体布局实现整体运行。

法律与制度的建设，是总体布局在社会各阶层中实现整体运行的支撑与保障。习近平总书记指出：“全面推进依法治国，必须走对路。如果路走错了，南辕北辙了，那再提什么要求和举措也都没有意义了。”② 我国的法律是按照人民的共同意志与广泛共识制定的，“人民权益要靠法律保障，法律权威

① 《习近平谈治国理政》第2卷，外文出版社2017年版，第108页。

② 同上书，第113页。

要靠人民维护”①。实现总体布局的整体运行，在五个方面中都需要有法律法规为社会各阶层践行总体布局提供保障。社会各阶层为经济的发展做出巨大贡献，同时需要有相关的法律法规保障其经济利益的实现；社会各阶层对于实现政治民主化有重要的推动作用，而社会各阶层民主权利的实现，需要相关法律体系的保障；社会各阶层可以促进文化的繁荣与发展，而相关文化产业与文化事业的繁荣，需要法律的支持；社会各阶层的社会地位与发展程度不同，实现各阶层的公平，促进各阶层间的平等，需要相关法律法规的建设与完善；社会各阶层都在不同程度上破坏生态，同时也都可以通过自身的行动保护生态，为建设美丽中国贡献力量，而破坏生态的行为需要法律法规的惩戒，保护生态的行动需要相关的鼓励。在法律法规的建立与完善的进程中，社会各阶层尽心尽力推进总体布局的整体运行，是“五位一体”总体布局深入落实到社会各个层面的重要途径。

（三）人民群众是推进“五位一体”总体布局整体运行的决定性力量

人民群众是总体布局整体运行最根本的推动力。唯物史观认为，“人们自己创造自己的历史，……是在直接碰到的、既定的、从过去继承下来的条件下创造”②。总体布局的整体运行，要在人民群众的推动力量中得以实现。正如科学社会主义理论、平衡思想给我们的启示，实现人的自由而全面发展、社会的全面进步，是总体布局整体运行的最终目标指向，这一目标的实现，离不开每个人的自由全面发展，也离不了总体布局各方面的协调与平衡。人民群众在推进“五位一体”总体布局的整体运行中，可以将自身的自由全面发展与推进“五位一体”总体布局整体运行相结合，积极发挥主观能动性。同时，在这一过程中，应不断加速自身的觉醒，自觉参与到推进“五位一体”总体布局的整体运行之中。

其一，人民群众应积极树立主观能动性，将自身的自由全面发展与推进“五位一体”总体布局整体运行相结合。“只有首先从思想上、认识上明确‘五位’的辩证关系，才能在实践中自觉推动‘五位’走向‘一体’。”③ 在

① 《习近平谈治国理政》第2卷，外文出版社2017年版，第115页。

② 同上书，第470—471页。

③ 蒋斌：《中国特色社会主义事业总体布局的拓展》，《学术研究》2013年第1期。

“五位一体”总体布局的整体运行中，人民群众所树立的理念，对于其主观能动性的发挥有着重要的指导作用。在践行“五位一体”总体布局的过程中，先树立使之整体运行的理念，才能在行动中坚实地推进。树立该理念，应该明确什么是“五位一体”总体布局的整体运行，其整体运行的原因，以及人民群众在其整体运行中应当有怎样的行动。笔者认为，在其整体运行中，人民群众应树立的理念有二。一方面，树立积极发挥主观能动性以树立理念。人民群众只有树立发挥主观能动性的理念，认识到自身主观能动性的发挥对于实现总体布局整体运行起到决定性作用，才能够付诸行动。另一方面，人民群众应正确理解“五大发展理念”与“五位一体”总体布局整体运行的关系。两者是相互兼顾又互相支撑的，相互联系又各有侧重的。人民群众树立坚持新发展理念，可以为后者的整体运行打下基础，更可以为走中国道路，实现中华民族伟大复兴的中国梦提供动力。

其二，人民群众应不断加速自身的觉醒，自觉参与到推进“五位一体”总体布局整体运行的事业中来。人民群众践行“五位一体”总体布局整体运行的过程，应当以马克思主义为指导，加速自身的觉醒，自觉参与到推进“五位一体”总体布局整体运行的事业中来。这些指导思想既是人民群众行动中的指南，又是人民群众为“五位一体”总体布局的整体运行贡献力量的方向性指导。这些指导思想是为实现每个人的自由全面发展和促进社会的全面进步服务的。第一，在践行“五位一体”总体布局整体运行的过程中，人民群众应本着有效性原则。所谓有效性，即人民群众所做出的行动是对于“五位一体”总体布局的整体运行是有效的，而不是无用或阻碍“五位一体”总体布局整体运行的。第二，在践行“五位一体”总体布局整体运行的过程中，人民群众应本着助推性原则。正如中国俗语所言“众人拾柴火焰高”，人民群众在具体的行动中将总体布局整体运行的理念进行落实，便会推进其切实落实到社会之中，也会促进其运行取得良好的效果。第三，在践行“五位一体”总体布局整体运行的过程中，人民群众应本着长远性原则。一方面，总体布局的整体运行，是为顺利地走中国道路和实现中华民族伟大复兴的中国梦服务的，我们不能只为了践行“五位一体”总体布局整体运行本身而做出行动，更应该从长远的角度来考虑。另一方面，其本身是在整体运行的过程中不断地丰富与发展的，人民群众应随着其不断的丰富与发展，从长远的视角下践行“五位一体”总体布局的整体运行。

“五位一体”总体布局的整体运行，是在前人实践成果上的创新，是在深厚的理论基础和丰富的思想资源的基础上，有理、有据、有序地整体运行。其整体运行的提出打破了“头痛医头，脚痛医脚”的思维，有利于我们更好地走中国道路，有利于全面建成小康社会，更有利于中国梦的实现。走好中国道路，破解发展中难题，必须实现总体布局的整体运行。没有其整体运行，中国特色社会主义事业的建设进程，中国社会主义现代化的进程都将受到影响和阻碍。总体布局不是一成不变的，而是随着时代的进步而不断地改变的，其内涵会随着具体的社会历史条件的变化而革新和丰富，其变化的最终目的是更好地走中国道路，更好地建设中国特色社会主义事业，实现强国目标。

第十三章　总体布局发展态势

“五位一体”总体布局的发展是对新时代下如何坚持和发展中国特色社会主义总体布局的理论关切与实践应答，它对于提高我国的整体力量、实现中华民族伟大复兴具有重要推动作用。随着我国社会主义建设实践的逐渐深入以及具体社会历史条件的革新，解决好当代中国发展所面临的各种重大问题、缓解社会矛盾成为党和国家的重要任务。在这个意义上来说，中国特色社会主义事业总体布局必然会随着时代的发展而不断丰富，合规律地呈现出向“六位一体”扩充的发展态势。

一　总体布局形成和发展的一般规律

唯物辩证法认为，所谓的规律，就是事物内部本质的、必然的、稳定反复的联系。中国特色社会主义事业总体布局的形成和发展既有其历史进程的阶段性，又有其内在规律性。它是立足中国具体国情，遵循人类社会发展的客观规律，不断解决客观存在的社会矛盾和种种问题而形成的，涵盖经济、政治、文化、社会、生态文明诸多方面内容在内的有机统一体。

（一）总体布局形成和发展的历史进程

马克思指出：“人们自己创造自己的历史，但是他们并不是随心所欲地创造，并不是在他们自己选定的条件下创造，而是在直接碰到的、既定的、从过去继承下来的条件下创造。”[①] “五位一体”总体布局的形成同样无法离开

① 《马克思恩格斯文集》第2卷，人民出版社2009年版，第470—471页。

具体的社会历史条件，随着历史条件的革新，它必将向着逐步完善的进程迈进。

中华人民共和国成立初期，特殊的国情决定了发展生产力是这时期国家建设的重点工程。改革开放时期，我国社会生产力显著提高，物质资料得到不断丰富，人民的生活水平随之得到不断提升。与上述积极繁荣景象相反的是，社会上不良风气，如享乐主义、拜金主义等逐步蔓延，对社会的健康永续发展造成严重阻碍。因此，迫切需要通过文化道德培养等思想举措的实施来加以应对。

社会精神文明和物质文明的不断提高，人民物质文化需要更多转化并表达为对于权利尤其是民主权利的需要。民主权利作为政治制度建设的重要内容，人民对民主权利的需要程度浓墨重彩地反映着这一时期我国社会问题的转变，政治制度建设成为热点、焦点。党和政府也关注到这一社会问题的转变，将政治制度建设连同生产力发展和文化建设一道成为这一时期党和国家建设的重点工程。“三位一体”总体发展布局模式得以形成。

马克思主义哲学强调对事物发展的“度”的把握。伴随少数人对社会物质利益的过分追求，新的社会问题也相应产生：经济建设过分注重经济发展速度而忽视发展质量与环境保护；政治生活中个人权利的过度追求致使腐败行为频发；部分优秀传统文化基因并未能在新时代表达出新功能；社会人口结构失衡、老龄化危机日益严重。这些危机严重影响社会的协调、有序发展，因此，构建“中国特色和谐社会”以及社会各方面协调、平稳发展成为重中之重。这一战略的提出促进了“四位一体”总体布局的形成与确立。

“四位一体”总体布局确立后，在建设全面发展的社会主义事业这一理念的指导下，我国的整体力量不断提升。然而，经济发展成果的取得基于对自然环境的改造，生态环境危机逐渐成为影响社会全面发展的突出因素。为破解这一新时期社会发展的难题，党的十八大报告提出新时期环境保护与建设发展的历史目标，“五位一体”总体布局由此出场。

（二）问题的逻辑应答是总体布局形成和发展的一般范式

中国特色社会主义的发展和完善就是在正确分析新时代矛盾的基础上而不断完善的。总体布局作为中国特色社会主义事业发展的一部分，其不断发展和完善也同样遵循这样的规律。根据现实矛盾和问题，党和国家需要制定出相应的战略决策，从宏观上把握问题发展的整体态势和发展规律，进而在规律指导下逐个破解难题。从“两位一体”到“五位一体”总体布局的完善过程，正是这一规律的具体展现。

“中国特色社会主义基本原理是从中国特色社会主义建设实践的内在逻辑中提升、概括出来的，因而在中国特色社会主义基本原理中，蕴含着中国特色社会主义建设的内生逻辑。”① “五位一体”总体布局的内生性逻辑，即以现实问题为导向，逐步解决现实问题和矛盾，这种逻辑应答实质上就是各个问题之间内在关联在哲学层面高度系统性的呈现。

首先，对文化问题的认识和解决。由于我国发展的特殊性与阶段性，经济建设在我国的社会发展过程中历来备受关注。习近平总书记指出：“人民有信仰，民族有希望，国家有力量。实现中华民族伟大复兴的中国梦，物质财富要极大丰富，精神财富也要极大丰富。”② 我们不仅要追求物质富裕，更要追求精神富裕。随着我国改革开放的深入实施，经济领域各部分产能迅猛提升，经济增速水平迅速提高，这一举措成为我国经济社会的一个重大转折点。然而，正因为人们过分追求经济的增长和物质利益的获取，过分重视金钱和利益、过分追求享乐等不良风气成为阻碍社会文化发展、进步的重要障碍，阻碍了社会文明层次的提升，也阻碍了国家整体力量的提高，精神文化建设这一任务在此时开始付诸实践，并开始被称为国家发展战略的“两位一体”总体布局。

其次，对现实政治问题的认识和解决。随着物质文明和精神文明的不断提高，国家整体建设和人民生活面貌焕然一新。人们对人权和民主等精神层面的需求更加强烈，民主问题被人们拿到台面上来讨论，广大人民群众渴望得到更加真实的、全面的民主权利保障。基于这一社会背景，党和国家意识到提高民主权利能够给社会、给人民创造更加开放的、积极的生存环境，进而促进人民能够更大程度上发挥自己的主体创造力，为国家的发展注入新的

① 韩庆祥、张健、张艳涛：《中国特色社会主义基本原理——中国话语体系研究》，高等教育出版社2015年版，第310页。

② 《习近平谈治国理政》第2卷，外文出版社2017年版，第323页。

活力与动力。

再次，对现实社会问题的认识和解决。社会历史的发展是一种整体变换的动态发展过程。可以说，我国的整体力量是不断增强的，但细观我们社会发展的内部情况，社会公平与正义之间的失衡、社会诚信道德的缺失、社会人口结构的不平衡、老龄化等问题已然成为社会整体发展的障碍。因此，“社会更加和谐”成为全社会的共同诉求和愿望，随着社会呼声的逐渐高涨，“社会更加和谐”在党的十六大报告上首次提出，并成为今后国家事业建设的重点。

最后，对当下生态问题的认识。生态问题并非瞬时产生的，而是伴生于经济社会的发展过程，生态环境日益演变成为影响其他各个方面建设协调发展的主要矛盾，进而成为亟待破解的热点论题。《2016 年中国环境状况公报》指出：“全国地表水 1940 个评价、考核、排名断面中，Ⅰ类、Ⅱ类、Ⅲ类、Ⅳ类、Ⅴ类和劣Ⅴ类水质断面分别占 2.4%、37.5%、27.9%、16.8%、6.9%和 8.6%。以地下水含水系统为单元，潜水为主的浅层地下水和承压水为主的中深层地下水为对象的 6124 个地下水水质监测点中，水质为优良级、良好级、较好级、较差级和极差级的监测点分别占 10.1%、25.4%、4.4%、45.4%和 14.7%。”① 以水污染为代表的严重生态问题跃然纸上。在我国，自经济社会有了一定程度的发展以来，生态环境大多沦为经济发展的牺牲品，长此以往，生态环境将陷入无法弥补的困境。面对遭受严重破坏的生态环境，这就倒逼相应的措施出台来保证我们今后生存环境的和谐、稳定和可持续。“四位一体”总体布局向生态文明建设的延伸，从理论和实践两个维度为推动实现中华民族永续发展做出贡献。

综上所述，中国特色社会主义事业总体布局的形成和发展呈现为“矛盾冲突——问题呈现——问题的逻辑应答——新的矛盾冲突——新问题呈现——新的逻辑应答”之过程。同时，这个过程呈现出反复性，在对旧的社会矛盾和问题深入分析的基础上，新的矛盾和问题随着时代的发展而出现。准确把握这一过程的内在逻辑将有助于把握总体布局的发展态势，明晰总体

---

① 《环境保护部发布〈2016 中国环境状况公报〉》，中华人民共和国环境保护部网站，2017 年 6 月 7 日，（http：//www.zhb.gov.cn/gkml/hbb/qt/201706/t20170605_ 415442.htm）。

布局发展的根本动力。

（三）时代变迁中的矛盾运动是总体布局发展的根本动力

唯物史观认为，生产力和生产关系、经济基础和上层建筑的矛盾运动是人类社会发展的根本动力，而生产力的发展则是人类社会历史发展的决定性要素。根据生产力与生产关系、经济基础与上层建筑的辩证关系，马克思揭示了人类社会发展的基本规律：生产关系与生产力发展相适应规律；上层建筑与经济基础相适应规律。在生产力与生产关系、经济基础与上层建筑的矛盾运动中，生产力作为最终决定力量，对人类社会发展进步起着决定性作用。

“五位一体”总体布局就是在社会历史的不断发展过程中，逐步破解各种客观现实矛盾和问题中形成的。根据改革实践中出现的一系列问题，邓小平在反思社会问题和社会矛盾的基础上，鲜明地提出坚持“两个文明”一起抓，解决了发展中所面临的现实问题，有力地促进了经济、社会的协调稳定发展。“如果说物质文明建设表现了人们对客观世界的不懈追求，精神文明建设表现人们对主观世界的追求的话，政治文明则体现了人们对和谐的社会关系、理想的社会制度的追求。”① 在“两个文明”长足发展的基础上，我国经济发展水平逐步提高，思想更加解放，人民对民主权利的需求较之以往更加强烈，民主政治建设成为这一时期的主题和重点性工作。中国特色社会主义事业不断完善的过程伴随着新社会矛盾的不断生成，人口结构不合理、资源浪费以及环境污染等问题都对社会的稳定和谐造成影响，“构建社会主义和谐社会”迫在眉睫。和谐社会构建往往强调经济、政治和文化、社会的相协调，但尚未将重点放置于生态方面，生态环境的破坏程度和国家的发展程度呈现正相关的发展态势，生态文明是中华民族永续发展的千年大计，实现中华民族的伟大复兴，必须制定经济、政治、文化社会和生态协调发展策略。事实上，在新问题、新矛盾不断呈现的同时，原有的问题和矛盾并没有完全得到解决，新旧问题、矛盾的呈现和反复都在呼唤总体布局的进一步扩充发展。

二　“五位一体”总体布局到“六位一体”总体布局的发展态势

随着社会主义事业建设的不断深入，我国整体力量得到逐步增强。更加

① 夏东民等：《中国特色社会主义科学发展论》，人民出版社2010年版，第149页。

复杂的国内国际环境，更加严峻的各领域、各方面挑战，取得反腐败的压倒性胜利成为当前的重要任务。如何维护好国家全方位利益、加强国家安全能力建设、实现新时代的强军目标、推进祖国统一、推动构建人类命运共同体、全面从严治党等问题成为立足中国特色社会主义进入新时代这一历史方位下需着力思考的问题。将党的建设纳入中国特色社会主义总体布局，进而形成“六位一体”成为必然态势。

（一）“六位一体”何以可能？

习近平指出：“实践没有止境，理论创新也没有止境。世界每时每刻都在发生变化，中国也每时每刻都在发生变化，我们必须在理论上跟上时代，不断认识规律，不断推进理论创新、实践创新、制度创新、文化创新以及其他各方面创新。”[①]“六位一体”总体布局是“五位一体”总体布局统筹推进基础上的进一步扩充和发展。这一动态扩充过程是在中国特色社会主义进入新时代大背景下，以中国现实矛盾的呈现与应答为整体逻辑框架而形成、推进的。除此之外，决胜全面建成小康社会，开启全面建设社会主义现代化国家新征程的历史任务也为“六位一体”总体布局的出场提供了目标追求。

1. 复杂的国际局势

“正确认识和深刻把握世情和国情，是马克思主义政党一切实践活动的出发点。”[②] 纷繁复杂的国际局势背景，以及人们对和平发展时代主题的内在需求、相对稳定的国际环境的强烈愿望，为“六位一体”总体布局的出场提供了条件。“六位一体”内在回答了新时代下，如何更好地坚持总体国家安全观、坚持党对人民军队的绝对领导、坚持“一国两制”和推进祖国统一、坚持推动构建人类命运共同体等重大论题。

为了更好地满足人们对和平发展的追求以及相对稳定国际环境的内在需求，就需要在坚定中国特色社会主义事业道路、理论、制度、文化的基础上，强化党对一切工作的领导，从而为应对复杂的国际局势、全面建成小康社会、

① 习近平：《决胜全面建成小康社会 夺取新时代中国特色社会主义伟大胜利——中国共产党第十九次全国代表大会上的报告》，人民出版社2017年版，第26页。

② 赵曜：《时代问题是关系全局性、战略性的重大问题》，《中国浦东干部学院学报》2015年第4期。

进而全面建设社会主义现代化强国、实现中华民族伟大复兴注入一针强心剂。

2. 多重的国内矛盾

习近平总书记指出："中国特色社会主义进入新时代，我国社会主要矛盾已经转化为人民日益增长的美好生活需要和不平衡不充分的发展之间的矛盾。"①"六位一体"总体布局是在"五位一体"总体布局统筹推进的基础上，针对新时代出现的阶段性重大问题而提出来的前瞻性理论应答。

六位一体总布局是对社会发展决定性领导力量的深刻认识。中国共产党第十九次全国代表大会上，习近平总书记突出强调统筹推进中国特色社会主义事业经济建设、政治建设、文化建设、社会建设以及生态文明建设对于我国整体力量提升的重要性，强调在新时代下，要高度重视党对一切工作的领导。"党政军民学，东西南北中，党是领导一切的"②。这为"六位一体"总体布局的提出提供了可能。

现实的有关社会发展决定性领导力量的深刻认识为"六位一体"总体布局的形成和发展提供了精准指导。唯物辩证法三大规律的首要规律是对立统一规律。对立则是矛盾，是社会发展革新的内在动力和根本手段。中国特色社会主义事业"六位一体"总体布局的产生，就是在新矛盾、新问题的不断呈现、推动和解决下总结出的战略精华。

（二）"六位一体"总体布局的具体呈现

"六位一体"着重强调党对一切工作的领导，是新时代下党和国家对我国社会全面发展的高瞻远瞩。"六位一体"总体布局是国家发展的重要战略性部署，是为解决社会发展的重大阶段性任务而提出的，同时也在不断地完善。从现阶段我国发展的状况看，"五位一体"总体布局的主要任务总体上已呈现良好解决的态势，但对于社会发展决定性力量的深刻认识赋予了总体布局扩充发展的重要条件，"六位一体"总体布局较之"五位一体"总体布局新增新时期"党的建设"，引申出新时代中国特色社会主义六条发展道路，具体呈现为：中国特色社会主义经济发展道路、中国特色社会主义政治发展道路、

① 习近平：《决胜全面建成小康社会 夺取新时代中国特色社会主义伟大胜利——中国共产党第十九次全国代表大会上的报告》，人民出版社 2017 年版，第 11 页。

② 同上书，第 20 页。

中国特色社会主义文化发展道路、中国特色社会主义社会发展道路、中国特色社会主义生态发展道路以及在新时代形成的中国特色社会主义党建发展道路。把中国特色社会主义和中国道路结合，是中国特色社会主义进入新时代的要求，也是科学社会主义原则与中国特殊国情相结合的要求。

1. 中国特色社会主义经济发展道路

"中国特色社会主义经济发展道路就是在坚持社会主义的条件下，发展市场经济，不断解放和发展生产力；其科学内涵和基本特征是，坚持公有制为主体，多种所有制共同发展。"① 中国特色社会主义是科学社会原则与中国特殊国情相结合的产物，中国特色社会主义市场经济体制则是市场经济体制与中国特殊国情的产物，它有效地推动了我国经济的快速发展，但也显著增强了经济的不稳定性，市场和政府的相互关系问题日益凸显。

习近平指出："我国经济规模很大、但依然大而不强，我国经济增速很快、但依然快而不优。主要依靠资源等要素投入推动经济增长和规模扩张的粗放型发展方式是不可持续的。"② 我国是社会主义国家，长期的多种所有制混合发展给我国自然和社会两个层面的环境均造成了极大的冲击，如生态环境破坏，科技信息环境安全问题等，上述问题的逻辑应答内在要求发展必须是科学的发展。"五大发展理念"的提出，对破解生态环境困境、促进经济的持续和健康发展提供了科学发展理念的指导，就必须坚持社会主义。"不忘本来、吸收外来、面向未来"③是我国全方位发展的金科玉律，中国特色社会主义经济发展道路必然需要借鉴世界其他国家的文明成果，规避资本主义自由化、私有化的弊病，为中国特色社会主义经济的发展开辟道路，最终做到经济发展的健康、可持续。

2. 中国特色社会主义政治发展道路

"中国特色社会主义政治发展道路，就是坚持在中国共产党领导下更好地保障和发展人民民主；其科学内涵和基本特征是，坚持共产党领导、人民当

---

① 包心鉴：《坚持道路自信、理论自信、制度自信》，《人民日报》2012 年 12 月 7 日。

② 《习近平谈治国理政》，外文出版社 2014 年版，第 120 页。

③ 习近平：《决胜全面建成小康社会 夺取新时代中国特色社会主义伟大胜利——中国共产党第十九次全国代表大会上的报告》，人民出版社 2017 年版，第 23 页。

家作主、依法治国的有机统一。”① 因此，党和国家需要从更好地满足人民对民主权利的需求上着手，提高人民的积极性、主动性和创造性，从而保障人民的权利，坚持人民当家做主的地位。在人们的物质和精神层面需求不断满足的情况下，人们的需要朝向对于民主权利的追求，民主成为继经济和文化成为焦点之后人们关注的又一焦点问题。

在我国社会主义民主权利的完善过程中，民主权利的滥用成为突出的现实问题，必须着力从制度建设层面来加以解决。人民代表大会制度是我国的根本政治制度，代表人民行使国家权利，是我国宪法修改的主要机关，也是代表人民选举我国的国家主席、副主席的重要机构。因此，完善和加强我国的根本政治制度对于提高人民的政治参与性，坚定对中国特色社会主义道路自信、理论自信、制度自信、文化自信具有积极价值。除此之外，完善立法和营造法治环境成为改善和保障人民生活的又一重要路径选择。习近平指出：“坚持人民主体地位，必须坚持法治为了人民、依靠人民、造福人民、保护人民。”② 法治是民主的保障。人民民主权利的获得和保障必须通过法治来加以保障和实现。因此，中国特色社会主义政治发展道路应着力强调法治对民主的保障作用，更好地为人民服务。

3. 中国特色社会主义文化发展道路

习近平总书记指出：“我们要在全党全社会持续深入开展建设中国特色社会主义宣传教育，高扬主旋律，唱响正气歌，不断增强道路自信、理论自信、制度自信，让理想信念的明灯永远在全国各族人民心中闪亮。”③ 主旋律、正气歌隐含着文化自信，在理想信念的引领下，从道路、理论、制度三个自信走向道路、理论、制度、文化四个自信，对于中国特色社会主义文化发展道路具有特殊意义。“文化自信是一个国家、一个民族发展中更基本、更深沉、更持久的力量。”④ 党和国家必须坚持马克思主义、牢固树立中国特色社会主义共同理想，培育和践行社会主义核心价值观，加强中华优秀传统文化基因

① 包心鉴：《坚定道路自信、理论自信、制度自信》，《人民日报》2012 年 12 月 7 日。

② 《习近平谈治国理政》第 2 卷，外文出版社 2017 年版，第 115 页。

③ 同上书，第 323—324 页。

④ 习近平：《决胜全面建成小康社会 夺取新时代中国特色社会主义伟大胜利——中国共产党第十九次全国代表大会上的报告》，人民出版社 2017 年版，第 23 页。

的创造性转化，促使其在新时代发挥新功能。

社会主义核心价值观的凝练、提出是不忘中华优秀传统文化、吸收西方有益文明成果、面向人类社会未来发展的标志。因而培育和践行社会主义核心价值观肩负着特殊的价值地位。在经济全球化和政治多极化的影响下，在历史文化的传统受到影响下，保持中国文化的先进性和独特性，是中国特色社会主义事业发展的客观要求。社会主义核心价值观，主要凝聚三个层面的共识：国家、社会和个人。宣传社会主义核心价值观要强调三个层面的共同作用，凝聚社会共识。社会主义核心价值观强调各阶层应该自觉、积极主动学习社会主义核心价值观，把爱国守法放在自身发展的重要高度，把诚信敬业价值观看成自身发展的所必须遵循的重要原则，整个社会能够做到友善相处，等等。中国特色社会主义文化发展道路，旨在更好地构筑中国精神、中国价值、中国力量，为人民提供精神指引。

4. 中国特色社会主义和谐社会发展道路

中国特色社会主义和谐社会发展道路就是“在坚持‘以人为本’的核心立场基础上创新社会体制，实现社会和谐发展”。[①] 社会建设和发展的过程中的重点工程之一是对我国的社会体制的创新，并最终为社会的整体和谐发展而服务。不仅如此，和谐社会建设的最终目标是促进整个社会的全面、协调、稳定发展。因此，一切有利于构建社会主义和谐社会的因素都应该被考虑进来，从真正意义上促进社会和谐发展。

中国特色社会主义和谐社会的建设是一个长期的过程，它的建设经历了一个漫长的曲折过程。在经济、政治、文化发展等逐渐发展的基础上，社会上出现了过度追求经济建设而忽视环境建设进而导致环境破坏的情况，政治领域中过度追求民主权利，导致民主权利的滥用，社会发展处于不协调、不和谐的状态。党和国家在认识和深入分析这些问题产生的原因的基础上，提出要改变和创新社会发展模式，建设高度统一的、协调的整体平衡发展的社会，因此，“社会更加和谐”的口号被提出来，成为新时期国家建设的重点工程，并以坚持社会全面和谐建设为目标，这也是中国特色社会主义总体布局发展的要求。

---

① 包心鉴：《坚持道路自信、理论自信、制度自信》，人民网，2012 年 12 月 7 日。

5. 中国特色社会主义生态发展道路

"中国特色社会主义生态发展道路，就是在尊重自然、顺应自然、保护自然的理念下指导建设社会主义生态文明；其科学内涵和基本特征是，着力建设资源节约型、环境友好型社会，努力建设美丽中国，实现中华民族永续发展。"① 生态问题的强调始自社会主义社会全面建设时期，现阶段，环境问题已经成为亟待解决的重大问题。在"五位一体"总体布局协调推荐过程中，五大发展理念产生，绿色发展理念居于突出位置，对于全面建成小康社会、实现国家永续健康发展具有不可替代的积极价值。绿色发展理念的核心是促进人与自然和谐相处。

生态文明是中华民族发展的千年大计。要"努力实现经济社会发展和生态环境保护协同共进，为人民群众创造良好生产生活环境"②，为了实现中华民族永续发展，培养中国特色社会主义的"生态人"成为最佳选择。所谓的生态人，就是指在把握马克思主义生态观核心内涵的基础上，在坚持以人为本的前提下，在进行社会实践活动时应遵循或尊重自然规律、顺应自然生态规律来约束自己或影响他人的行为，使得社会的发展呈现出持续、健康、绿色发展的状态，并最终促进人与自然和谐相处的人。生态人是解决环境问题的重要力量。因此，生态人的发展应该成为国家发展战略的主要内容。并在坚持"绿色"发展的生态观的基础上，走出一条中国特色社会主义生态发展道路。

6. 中国特色社会主义党建发展道路

中国共产党是中国特色社会主义事业的领导核心，加强和改进党的建设是党在新时代背景下的重大理论课题。党的建设取得成就与否是中国特色社会主义事业发展能否取得长足进步的决定性因素。新时代党建发展道路的核心思想是加强党的长期执政能力建设、先进性和纯洁性建设，更好地践行为人民服务的宗旨。

反腐倡廉是加强党的长期执政能力建设、先进性和纯洁性建设的首要任务。"我们党把党风廉政建设和反腐败斗争提到关系党和国家生死存亡的高度

① 包心鉴：《坚持道路自信、理论自信、制度自信》，人民网，2012 年 12 月 7 日。

② 《习近平谈治国理政》第 2 卷，外文出版社 2017 年版，第 394 页。

来认识，是深刻总结了古今中外的历史教训的。”① 现实存在的问题告诉我们，腐败的滋生对党和国家、对人民的利益均造成了严重损害。习近平指出：“全党要更加自觉地坚定党性原则，勇于直面问题，敢于刮骨疗毒，消除一切损害党的先进性和纯洁性的因素，清除一切侵蚀党的健康肌体的病毒，不断增强党的政治领导力、思想引领力、群众组织力、社会号召力，确保我们党永葆旺盛生命力和强大战斗力。”② 这一方面反映了我们党自我反思和警醒，另一方面显示了我们党内在的自我完善能力。面对复杂的国际国内环境，中国共产党必须能够经受“四大考验”、化解“四大风险”，强化政治建设、思想建设、组织建设、纪律建设，把制度建设贯穿其中，始终保障党成为中国特色社会主义事业的坚强领导核心。

“六位一体”总体布局是新时代党和国家发展战略层面的重要论断，赋予中国特色社会主义事业全面发展、全面进步以明确的方向。总体布局的不断扩充、完善，是党在正确分析和深刻总结新时代出现的有关社会发展领导力量的矛盾和问题中形成的，“六位一体”总体布局的形成就是对新时代中国特色社会主义发展规律的深刻把握。

（三）“五位一体”总体布局到“六位一体”总体布局发展的内在动因

“中国特色社会主义事业总体布局，经历了一个不断探索、不断创新、日趋完善的过程，这是我们党在30多年改革开放的伟大实践中，对中国特色社会主义事业科学内涵认识不断深化的历史逻辑的必然。”③ “二位一体”总体布局以其背后隐藏着的历史动因和逻辑动因发展到“五位一体”总体布局，那么“五位一体”总体布局向“六位一体”总体布局的发展扩充同样可以在历史演进和逻辑推理中找到归宿。

1. 历史演进过程中客观问题的不断产生

总体布局的提出和完善也历经探索、实践、以及思想理论更新的过程，在社会主义建设的实践中得到了任务制定、问题应答、解决准确性层面的升华。

---

① 《习近平谈治国理政》，外文出版社2014年版，第390页。

② 习近平：《决胜全面建成小康社会 夺取新时代中国特色社会主义伟大胜利——中国共产党第十九次全国代表大会上的报告》，人民出版社2017年版，第16页。

③ 王忠祥、谢世诚：《中国特色社会主义事业总体布局考察》，《重庆社会科学》2013年第9期。

在总体布局由“两位一体”向“三位一体”扩充发展的历史时期，以毛泽东同志为代表的中国共产党人通过“一化三改”工程为新中国确立了社会主义制度，并为后期公有制前提下经济社会建设事业提供了保障。但社会主义制度确立的历史背景却是生产力水平低下，人民生活困苦。社会主义与资本主义相比所具有的优越性在当时的时代背景下未能明显体现，无论从马克思主义唯物史观还是从中国共产党执政理念出发，解放、发展生产力始终是摆在中国人民面前不可逾越的重大历史任务，这正是物质文明建设所承担的历史重任。正是因为迫切需要改变我们国家的落后面貌，改革开放的伟大决策在以邓小平同志的审时度势和不断探索创新中诞生，经济社会的落后面貌很快在解放思想的春风中焕发生机。但随着经济的发展、市场经济追求自身利益的最大化，人们内心信仰理念发生了变化，唯利是图，不讲求诚信等消极倦怠思潮开始腐化社会、腐化人心，邓小平适时提出了加强精神文明建设。随后在中国特色社会主义实践道路过程中，江泽民、胡锦涛根据我国具体社会历史条件下面临的问题，并以客观规律为指导将总体布局扩充完善的新发展探索带入又一个顶峰，并最终在党的十八大报告中提出经济、政治、文化、社会、生态五大领域整体建设的社会主义事业总体布局。然而在社会主义建设过程中遇到的矛盾问题在持续产生、出现。党的任务也会随着现实矛盾的产生而不断变得艰巨。

我国在发展的进程中已经逐步与世界各国形成紧密的命运共同体。习近平总书记指出：“世界格局正处在一个加快演变的历史性进程之中。”① 在追求自身发展和建设社会主义的过程中，我们所遇到的问题较之改革开放前只会更多、更大。“不能用改革开放后的历史时期否定改革开放前的历史时期，也不能用改革开放前的历史时期否定改革开放后的历史时期。”② 当前，我们处于“十三五”规划的关键时期、全面建成小康社会的决胜阶段，我们的目标是建成富强民主文明和谐美丽的社会主义现代化强国、实现伟大复兴的中国梦，促进社会全面进步与人的自由全面发展，然而，我国社会主要矛盾的变化对党和国家的工作提出了许多新要求：

① 《习近平谈治国理政》第 2 卷，外文出版社 2017 年版，第 522 页。

② 《习近平谈治国理政》，外文出版社 2014 年版，第 23 页。

其一，人们对国家安全层面的需求日益丰富，由于经济社会发展水平的提升，人们的生活品质也随之提高，这使得人们将越来越多的目光投向自身所处的安全环境。其中既包含宏观上的国家层面，也有微观上的个人层面，国家的发展与安全自然地成为题中应有之义，人民的需要就是党和政府不懈奋斗的动力源泉。习近平指出："要准确把握国家安全形势变化新特点新趋势，坚持总体国家安全观，走出一条中国特色国家安全道路。"① 国家安全是我国其他方面、不同层面建设的重要前提保障，没有国家安全任何文明的承继和延续都会变为一纸空话，毫无实践的可能性。无论在安全内涵、外延及时空领域方面，我国的安全都面临着史上最为复杂的局面，大到传统的地缘政治视域下的局部地区（如朝鲜半岛、中东地区等）军事威胁问题、经济发展的动荡与波折、西方反华势力的蓄谋的颜色革命等；小至人们的生存环境安全、衣食住行的安全性问题等。习近平总书记指出："要准确把握国家安全形势，牢固树立和认真贯彻总体国家安全观，以人民安全为宗旨，走中国特色国家安全道路，努力开创国家安全工作新局面，为中华民族伟大复兴中国梦提供坚实安全保障。"② 为此，迫切需要在满足人们对国家安全层面需要的基础上，探索出一条符合我国发展方向的道路。

其二，对推动构建人类命运共同体的美好愿景。和平与发展是世界发展的主流，但局部战争和冲突日益加剧。中华民族历来是爱好和平，厌恶战争的友善民族。习近平总书记指出："人类正处于大发展大变革大调整时期……同时，人类也正处在一个挑战层出不穷、风险日益增多的时代。"③ 早在21世纪初期，党和政府就先后提出有关社会主义和谐社会的构想以及深层次提升与此关联的党的执政能力建设等内容，此类理论的提出和相关措施的施行无不体现在党的领导下促使马克思主义科学理论进一步中国化并最终催生助推和谐世界论，中国的发展过程中坚持走和平发展道路绝不以他国的利益为代价、践行霸权主义，与其他国家一道珍惜来之不易的和平，创造良好的国际环境。努力建设命运共同体，共同维护世界和平、稳定。

---

① 《习近平谈治国理政》，外文出版社2014年版，第200页。

② 《习近平谈治国理政》第2卷，外文出版社2017年版，第381页。

③ 同上书，第538页。

其三，党内腐败问题的层出不穷。中国共产党的正确领导与部分党员干部违纪违法并存，一定程度上弱化了党的人民性、先进性和权威性。作为执政党，中国共产党的领导地位及决定性作用不言自明，但少数党的领导干部不重视自身思想建设，身入党而心未入党，缺乏促进自身成长进步的钙——理想信念，不能践行全心全意为人民服务的宗旨，对人马克思主义、对己利己主义，毫不利人，专门利己。习近平总书记指出："'打铁还需自身硬'是我们党的庄严承诺，全面从严治党是我们立下的军令状……同时，我们也要清醒看到，党风廉政建设和反腐败斗争形势依然严峻复杂。"① 从客观实际情况看，"2016 年，全国纪检监察机关共接受信访举报 253. 8 万件次，处置问题线索 73. 4 万件，谈话函询 14. 1 万件次，立案 41. 3 万件，处分 41. 5 万人（其中党纪处分 34. 7 万人）。处分省部级干部 76 人，厅局级干部 2700 余人，县处级干部 1. 8 万人，乡科级干部 6. 1 万人，一般干部 7. 6 万人，农村、企业等其他人员 25. 6 万人"。② "2017 年，全国纪检监察机关共接受信访举报 273. 3 万件次，处置问题线索 125. 1 万件，谈话函询 28. 4 万件次，立案 52. 7 万件，处分 52. 7 万人（其中党纪处分 44. 3 万人）。处分省部级及以上干部 58 人，厅局级干部 3300 余人，县处级干部 2. 1 万人，乡科级干部 7. 8 万人，一般干部 9. 7 万人，农村、企业等其他人员 32. 7 万人。"③ "2018 年上半年，全国纪检监察机关共接受信访举报 168. 3 万件次，处置问题线索 74 万件，谈话函询 15. 4 万件次，立案 30. 2 万件，处分 24 万人（其中党纪处分 20. 1 万人）。处分省部级及以上干部 28 人，厅局级干部 1500 余人，县处级干部 1 万人，乡科级干部 3. 7 万人，一般干部 4. 5 万人，农村、企业等其他人员 14. 6 万人。"④ 党内腐败现象丛生，党的先进性、纯洁性受到影响，由此引发了人民群众对党的执政能力的怀疑与顾虑，进而影响了党的执政形象。习近平总书记指出：

---

① 《习近平谈治国理政》第 2 卷，外文出版社 2017 年版，第 161 页。

② 《中央纪委通报 2016 年全国纪检监察机关纪律审查情况》，《中国纪检监察报》2017 年 1 月 5 日。

③ 《中央纪委通报 2017 年全国纪检监察机关纪律审查情况》，中央纪委监察部网站，http：//www. ccdi. gov. cn/toutiao/201801/t20180110_ 161529. html，2018 年 1 月 11 日。

④ 《中央纪委通报 2017 年全国纪检监察机关纪律审查情况》，中央纪委监察部网站，http：//www. ccdi. gov. cn/toutiao/201807/t20180719_ 175926. html，2018 年 7 月 19 日。

“公权力姓公，也必须为公。只要公权力存在，就必须有制约和监督。”[①] 把权力关进制度的笼子里是加强权力监督的有效举措。截止到2018年上半年数据表明，反腐败斗争压倒性态势已经形成并巩固发展。“历史已经并将继续证明，没有中国共产党的领导，民族复兴必然是空想。”[②]因此必须审视时下诸如官员腐败、公务人员职能考核等问题，进而着力推进党的建设，走中国特色社会主义党建道路，维护党的先进性、纯洁性，加强党的长期执政能力建设。

总而言之，在特定的历史发展阶段党的历史任务是会不断调整变化的，当然这并非将前面的经济、政治、文化、社会、生态问题全部推倒而置之不理，问题的逻辑应答始终是总体布局形成和发展的一般范式，新问题自产生到解决再到更严峻的问题产生，无论中国特色社会主义实践过程中的旧问题还是新问题的逻辑应答与解决均一道作为中国道路的重要支撑而存在。

2. 中国特色社会主义事业全面建设的逻辑推理

中国特色社会主义并非如资本主义盲目追求个人利益至上，它是追求全面均衡发展的，致力于建成共产主义社会，实现“两个全面”。总体布局的扩充完善正是对于此理想追求的理论回应和路径选择。马克思主义认为客观事物若想取得进步与发展无法逾越矛盾这一哲学范畴。在总体布局由“四位一体”向“五位一体”扩充发展的历史时期，正是由于出现了生态环境与经济、政治、文化、社会建设之间不可规避的矛盾才最终落实了生态文明建设与其他四方面建设的同步发展、重叠共生互融。

和总体布局由“四位一体”向“五位一体”扩充发展一样，“五位一体”向“六位一体”的扩充发展也因阻碍发展的新生矛盾的存在而势在必行。在我国社会主义事业建设的数十载光阴中，经济层面的建设与发展一直占据着极其重要的位置。马克思、恩格斯阐明了生产力的发展对于社会历史发展的决定性作用，但政治层面、文化软实力层面、社会和谐层面、生态建设层面等作为经济建设过程中不可或缺、相互支持、重叠共生互融

---

① 习近平：《在新的起点上深化国家监察体制改革》，《求是》2019年第5期，第6页。

② 习近平：《决胜全面建成小康社会 夺取新时代中国特色社会主义伟大胜利——中国共产党第十九次全国代表大会上的报告》，人民出版社2017年版，第16页。

的因素同样无法忽视。

随着“五位一体”总体布局的统筹推进，我国的社会主要矛盾发生了变化。在国家安全方面人们有了更丰富的需求，我国面临着史上最为严峻的国家安全形势，外有传统的军事威胁，西方分化势力的思想渗透之危，内有市场经济体制改革后遗症。总而言之，在政治、经济、文化、社会、生态等方方面都面临着安全威胁，倘若不能满足人们日益丰富的国家安全层面需求、解决国家安全问题，便使得社会主义建设事业地动山摇，这何尝不是影响“五位一体”总体布局协调运行的因素之一，如若不认真解决，总体布局建设将一盘散沙。国家安全建设离不开中国共产党强有力的领导。

五位一体总体布局推动构建人类命运共同体的美好愿景。爱好和平长久以来都是中华民族的传统美德，营造良好的国际环境即能满足自身发展需要，也可保证人民之所需。坚持多边主义，促进国际体系柔和化、打造命运共同体助力世界多赢局面生成。中国作为世界上最大的发展中国家，在国际社会具备与国家地位相匹配的责任与义务。长久以来，发展都是我国宏观战略中居于首要方面的内容，推动和谐世界的建设更好地为我们的发展提供了稳固平和的大环境，符合我们的根本利益，同时我们也在自身发展践行的过程中时刻坚持以自身的发展来推动世界的稳定与和平。

五位一体总体布局推动党内腐败问题严惩。中国共产党是我国社会主义事业的领导者，同时也是这项事业建设的决定性力量。自党的十八大以来，中央雷厉风行贯彻落实党内反腐败工作，坚持老虎苍蝇一起打，多位高官先后落马。此举正是体现了中央对党建的高度重视，唯有如此才能提升党的先进性与纯洁性，更好地巩固执政之基，带领人民群众更好地走中国特色社会主义道路，实现中华民族伟大复兴中国梦。

马克思主义经典作家认为，社会存在决定社会意识，同时社会意识也可以能动地反作用于社会存在。总体布局从“五位一体”到“六位一体”的扩充发展彰显于我国社会主义事业实践之中，也将反过来给中国的发展、社会主义事业的发展以理论上的指导。总体布局的扩充、发展和完善不会戛然而止，必然在解决新问题、新矛盾、新冲突的过程中不断拓宽，在动态的协调平衡中不断完善。

三 总体布局态势中的协调平衡

关于“五位一体”总体布局各部分之间的关系，梁树发教授认为：“在现实生活中，它们的关系表现为某种辩证性。以经济建设为中心，是党的基本路线的规定，它的首要地位是不变的。在实际生活和实际工作中，政治建设、文化建设、社会建设、生态文明建设之间的关系，则要按照实际生活过程中社会矛盾运动的具体状况来理解和处理，而不能严格地按照它们之间的逻辑关系和它们被提出的时间先后来理解和处理。哪一方面的矛盾和问题是主要的，哪一个问题的解决就是首先的。当然，在一般情况下，它们中的每一个方面都是不可忽略的。”[①] 对“六位一体”总体布局各部分相互关系的认识同样如此，总体布局中的各项建设并非各自独立的模块，而是具备一荣俱荣，一损俱损的本质属性的共同体，是实现两个百年目标的有力抓手，同时也是实现民族复兴的路径选择。因此务必重视各模块之间的协调发展，重视其辩证统一性、历史阶段性的特征，在具体社会历史条件下对新问题、新矛盾、新冲突进行具体分析，最终达到“六位一体”总体布局重叠互生共融。

（一）总体布局的辩证统一性

总体布局作为开创中国特色社会主义事业新局面的重要力量，随着物质生产力水平的不断提升而不断拓宽。从早期两个文明建设并重开始逐步扩充完善到较为全面的“五位一体”总体布局。但随着我国社会主义事业实践的不断深入，更多新问题、新矛盾待破解的必要性与及时性遭致放大，总体布局的扩充、完善与发展成为促进社会主义事业的全面发展的必然。这种必然的拓宽既可得到历史演进的保障，亦可得到逻辑推理的印证。落实党建发展成为今后一段时期的新目标、新任务。

“六位一体”总体布局中的“六位”指的是在目前成熟的“五位一体”基础上，从人们日益丰富的国家安全层面需求、推动构建人类命运共同体的美好愿景等宏观视角出发，新增党的建设。“六位”的辩证统一最终归结于“一体”之中，为一个整体服务，为建设中国特色社会主义建设助力，一个整

① 梁树发：《中国特色社会主义事业总体布局演变的逻辑与意义》，《马克思主义研究》2014 年第 1 期，第 41 页。

体在一定程度上又决定了“六位”中各方面的建设过程，位与位之间相互联系，相互依靠，统一为一个整体服务，不可离开整体而孤立地存在和发展。但必须说明的是“六位”中的每一位都有不同的作用与地位。

经济建设是基础意蕴。即便在不同的时空环境下，其必将长久地发挥着前提性、基础性的作用。“物质生活的生产方式制约着整个社会生活、政治生活和精神生活的过程。不是人们的意识决定人们的社会存在，相反是人们的社会存在决定人们的意识。”① 促使上层建筑与经济基础相匹配、生产关系与生产力发展相适应成为当下发展中需着力解决的重要方面。重视社会主义经济建设有助于夯实社会主义建设根基，促进政治、文化等社会意识的变化，使其在符合社会发展运动规律的条件下健康发展。

政治建设是保障。“中国特色社会主义是亿万人民自己的事业”②。一方面为了保障人民有充分的外部条件坚持这份特殊的事业；另一方面为使广大人民增强自信，抵御西方渗透势力影响，必然要通过政治文明建设来保障并提升人民民主水平。正如前文所述，上层建筑也可以积极主动地反作用于经济基础，发挥好政治层面的上层建筑建设对于加固基础稳定性具有重要意义。落实政治建设、深化政治体制改革，着力提高政治领域的民主程度对于其他几方面的建设提供制度上的保证，也为进行经济、文化等建设提供大环境保证。

文化建设是灵魂。作为拥有五千年文明的泱泱大国，我们在文化层面拥有绝对的自信。习近平总书记指出：“文化是一个国家、一个民族的灵魂。”③ 我们在坚持优秀传统文化的基础上积极建设落实社会主义核心价值观，促进社会主义核心价值观落地生根。加强社会主义文化建设有助于提高国家文化软实力；有利于在西方发达国家仍旧处于相对优势的国际环境中提升我国的话语权和影响力、向全世界展示良好的风范；同时加强文化建设从上层建筑层面促进经济社会的全面发展。

---

① 《马克思恩格斯文集》第2卷，人民出版社2009年版，第591页。

② 中共中央文献研究室编：《十八大以来重要文献选编》（上），中央文献出版社2014年版，第11页。

③ 习近平：《决胜全面建成小康社会 夺取新时代中国特色社会主义伟大胜利——中国共产党第十九次全国代表大会上的报告》，人民出版社2017年版，第40页。

社会建设是条件。“要把维护社会大局稳定作为基本任务，把促进社会公平公正作为核心价值追求，把保障人民安居乐业作为根本目标”[①]，良好的社会环境在微观层面上有助于人们生产生活的平稳有序、安居乐业；在宏观层面上对于同步协调经济、政治、文化的发展有益，最终促进这四方面建设相统一、相一致。

生态文明建设是事关中华民族永续发展的千年大计。“生态环境保护是功在当代、利在千秋的事业。要清醒认识保护生态环境、治理环境污染的紧迫性和艰巨性，清醒认识加强生态文明建设的重要性和必要性”[②]，生态一旦遭遇困境，经济进步将失去发展之源，政治、文化、社会等方方面面的建设也将毫无意义，我们在推进社会主义事业的进程中务必加强生态文明建设，做到先要绿水青山再要金山银山。

党的建设是中国特色社会主义进入新时代的核心保证。自改革开放以来，全党上下面临着四大危险和四大考验，党的执政能力、执政地位遭到挑战，党与人民群众鱼水情关系受到损害，更有部分领导干部不作为、助长贪污腐败之风更是削弱了人民群众对于执政党的信任。习近平总书记认为，党员同志们“一定要不断反省自己，以殷为鉴，远离危险，严守纪律和规矩，谨小慎微”[③]，全体党员严格遵循以党章为核心的党内法规和以宪法为核心的法律法规，才能不断增强党的凝聚力、号召力和领导力。从战略发展出发，习近平强调：“坚持和加强党的全面领导，坚持党要管党、全面从严治党，以加强党的长期执政能力建设、以先进性和纯洁性建设为主线，以党的政治建设为统领，以坚定理想信念宗旨为根基，以调动全党积极性、主动性、创造性为着力点，全面推进党的政治建设、思想建设、组织建设、作风建设、纪律建设，把制度建设贯穿其中，深入推进反腐败斗争，不断提高党的建设质量，把党建设成为始终走在时代前列、人民衷心拥护、勇于自我革命、经得起各种风浪考验、朝气蓬勃的马克思主义执政党。”[④]只有全面从严治党，加强党

---

① 《习近平谈治国理政》，外文出版社 2014 年版，第 147 页。

② 同上书，第 208 页。

③ 《习近平谈治国理政》第 2 卷，外文出版社 2017 年版，第 193 页。

④ 习近平：《决胜全面建成小康社会 夺取新时代中国特色社会主义伟大胜利——中国共产党第十九次全国代表大会上的报告》，人民出版社 2017 年版，第 61—62 页。

的建设才能去除歪风邪气，恢复党风廉政，实现党风正，国风正，民风淳。

我国社会生产力在改革开放以来得到了迅猛地发展与提升，各项问题也在逐渐暴露。为了解决建设过程中出现的新问题、新矛盾、新冲突，这就需要我们将“六位一体”总体布局之中各大建设统一于中国特色社会主义事业的伟大实践之中，辩证地看待每一项建设的目的与意义，既不能单枪匹马搞建设，也不能顾此失彼。

（二）总体布局的历史阶段性

在总体布局每一个阶段上，都有相应的因生产力发展，物质文明程度提高所带来的新问题、新矛盾，不断解决新问题、新矛盾变成总体布局每个历史阶段的重点。回顾近几十年的中国特色社会主义建设历程，总体布局形成发展主要分为以下几个阶段：

其一，物质文明与精神文明发展并重阶段。践行马克思主义科学原理的邓小平审时度势，在思索、把握客观规律的基础上，高度凝练了社会主义本质。当时时代背景下最重要的问题是人们的经济社会发展水平较低，社会生产关系落后。较之国外在如工资、生活标准方面我们均严重落后。由于改革开放伟大决策的制定与落实，在社会主义国家同样施行市场经济，西方先进科学技术、资本大量涌入我国，在一定程度上我国生产力低下的局面就此被打破。人们的生产生活水平逐渐提升，但是精神文明问题日益显露。归根结底，深层原因还是资本在场的困境体现，“资本过度扩张形成人的异化和工具理性的泛滥与僭越，导致社会浮躁短视、急功近利之风盛行”①。针对上述的乱象，党中央适时作出宏观调整，明确社会主义精神文明的概念和建设社会主义精神文明的要求。最终明确了物质文明、精神文明协调同步建设的方针。这是总体布局形成的第一个阶段的过程，解决了精神文明在理论层面的缺失。

其二，政治、经济、精神文明协调发展时期。面对政治体制改革不断出现的新问题、新矛盾，政治建设日益受到中央的关注。党的十二届六中全会上首次提出社会主义建设总体布局的核心含义，明确总体布局以经济建设为中心，经济、政治体制改革和精神文明建设的协调统一，并促使各方面互补

---

①　孙庆民：《论资本的出场、在场和退场》，《马克思主义研究》2013 年第 11 期。

整合，协同发力。之后江泽民进一步概括总结为经济、政治、文化三方面全面协调建设的总体布局。在原有的物质文明、精神文明基础上新增了政治文明，深化了精神文明到文化层面，着意强调了社会主义现代化建设要进一步重点解决政治文明建设问题。

其三，“四位一体”总体布局形成的历史时期。21 世纪以来，党和人民面临的社会文明建设困境突出、相关问题更加复杂多变，“随着中国社会主义市场经济的发展，社会经济成分、组织形式、就业方式、利益关系和分配方式的多样化，各种非政府组织、群众团体和社区基层单位不断涌现，对党和政府社会建设和社会管理的能力提出了更高的要求”①。为更好地解决各组织团体之间利益关系和财富分配问题，社会建设呼之欲出，社会和谐的概念也开始进入人们的视野之中。建设社会主义和谐社会的内涵、意义、方式方法逐渐为人们所认识、认同和接受。

其四，“五位一体”总体布局形成阶段。改革开放以来我国的经济、政治、文化建设都取得了利国利民的巨大成绩，但同时出现了以牺牲环境为代价的不良现象。是否能规避西方发达国家“先污染后治理”的老路成为摆在党和政府面前的一项无法逾越的任务。人们为了追寻更高的生活质量，保证人类文明的延续性和永存性，选择与自然发生必要的联系，从自然处获得发展的原料，进而改造着生态环境。但自然的过度改造使得人们难以维持全面、繁荣、可持续的经济发展模式，构建中国特色生态伦理成为破解生态困境的关键。

其五，总体布局由“五位一体”向“六位一体”扩充、完善、发展的历史时期。国际环境方面，我国在国际关系中的大国地位不断确立、在推动世界发展上发挥着无可取代的作用；国内方面，在推进两个百年目标的实践过程中再次迎来新阻力、新矛盾：如何满足人们日益丰富的国家安全层面需求、如何推动构建人类命运共同体、是否需要提升党的建设问题这三大方面问题日益凸显。无论是在国际关系方面持续提高国际地位的需要还是在国内方面实现社会主义的发展目标，拓宽、充实总体布局的内容势在必行。

---

① 朱炳元，仇良芳：《唯物史观与五位一体总体布局——兼论中国特色社会主义的制度特色、实践特色、理论特色和民族特色》，《毛泽东邓小平理论研究》2012 年第 12 期。

总体布局发展的历史阶段性在时空上显现了中国特色社会主义在发展中重点要解决什么问题，从哲学高度看即抓主要矛盾、主要矛盾的主要方面。“中国特色社会主义事业是不断发展的伟大事业，中国共产党人对中国特色社会主义事业的认识和实践是随着不同阶段的形势和任务变化，通过不断正视存在着的主要矛盾和重大问题，不断主动探索和遵循社会发展客观规律而逐渐深化和发展的。”① 从总体布局整体运行的角度来看，总体布局历史阶段性重点问题归根结底要回归至各项建设之间的平衡问题，只有坚持特定时空条件下既有侧重发展，又有整体协调平衡发展，才能更好地促进总体布局的运行。

（三）总体布局特定时空的决定性环节

“六位一体”总体布局中的六方面的建设之间为相互联系、相互促进、相互支持的辩证统一体。明确各历史阶段上的每一项建设重点，目的在于提升中国共产党的执政水平进而稳固执政地位；发挥经济层面的前提性、基础性作用；发挥党建的决定性力量，保障全面协调发展之局面。

因时间空间的不同，中国特色社会主义建设总体布局的理念与重点也存在差异。在总体布局协调发展视域下，要格外重视因时间与空间上的差异而导致的不同区域在不同时间点上对于总体布局实施发展过程中的先后问题。我国东部地区经济发达而西部地区经济落后，南部地区水资源丰富、煤炭资源匮乏而北部地区煤炭资源丰富、水资源缺乏。资源分布的不平衡性加之在其他众多自然、人文因素的影响下，导致了各地区各区域的差异。与东部地区相比较而言，西部地区迫切需要发展经济来改变贫穷落后面貌而东部地区则刚好相反，在经济发展稍有成就的基础上产生了一系列生态环境破坏的问题，改善生态环境成为东部地区较之经济发展更为重要的方面。我们着重强调经济发展的同时也要保障总体布局在区域发展中的协调性。与此同时，我们需要依据各区域的实际情况来明确其发展过程中的理念。另外也需明确的一点是：各区域需形成合力，携手营造国家富强、人民富裕、生态美丽的美好局面。

---

① 方世南：《深刻认识生态文明建设在五位一体总体布局中的重要地位》，《学习论坛》2013 年第 1 期。

总体布局实施过程中，我们既要考虑全局又要考虑区域。中国特色社会主义建设“六位一体”总体布局在各区域的实施发展过程中，会因为时空差异导致战略布局的要求、理念与重点产生差异。如何协调发展，则需根据自身实际情况做好把控方为上策，其基本原则是坚持中国共产党的领导，不断针对时代发展出现的新问题做出逻辑应答。

（四）“六位一体”总体布局的重叠共生互融

“六位一体”总体布局是相互联系、相辅相成的辩证统一体。在不同的历史阶段因时间空间的变化和转移使得解决的问题各有侧重。一元主导多元并存的局面将会长期彰显于中国道路的实践发展之中。“六位一体”总体布局中的六个方面协调并进，不可分割，相互联系，相互促进，相互支撑，其中经济发展是建设中国特色社会主义的前提，党的建设则是决定性环节，其他四方面也均在各自领域发挥着不可替代的价值。最终，孕育于中国道路实践之中的六个方面建设，合力反向推动中国道路稳步前进。

新时代、新背景下的新思想、新理论均会给处于不断变化发展之中的总体布局事业提供新思维、新角度。“四个全面”战略布局和五大发展理念的诞生给“六位一体”总体布局带来了重要的决策层面引领及细致科学的发展理念。“六位一体”总体布局与上述两项新思想、新理论的价值旨归在于中国道路。“六位一体”总体布局为全面建成小康社会服务，这与协调发展理念相契合、相统一；“六位一体”总体布局的力量之源为全面深化改革，与开放发展理念契合；全面依法治国是实现“六位一体”总体布局的重要保障；全面从严治党是实现“六位一体”总体布局的政治保障，与中国共产党的建设相迎合；绿色发展理念与生态文明建设相吻合；而创新发展理念则贯穿于“六位一体”总体布局各个方面，即经济、政治、文化、社会、生态文明、党建都需要创新发展理念。因此“六位一体”总体布局与四个全面战略布局和五大发展理念之间也是相互促进、相互支持、不可分割的辩证统一体，共同指向全面建成小康社会实现中华民族伟大复兴的中国梦。

在历史发展视域和逻辑推理视角下，原有的、科学的、较为完善的总体布局向党建这个层面扩充发展，进而最终生成更为全面、完善的“六位一体”总体布局建设。它是重叠共生互融的整体，是在四个全面战略布局指导下的具体战略布局，最终为发展中国特色社会主义服务；融入创新、协调、绿色、开放、共享的发展理念成为中国道路实践过程中的有力抓手，为圆梦民族复兴服务，为最终进入共产主义社会注入理论与实践的新思维。

从历史分析和逻辑推理看，中国道路与“五位一体”总体布局具有内在的逻辑关联，中国道路为“五位一体”总体布局提供方向引领，“五位一体”总体布局则是中国道路的内在要求和细化，两者重叠共生互融于中国梦。在历史唯物主义视域中，“五位一体”总体布局的出场具有逻辑必然性，它符合社会全面进步、人的自由全面发展的人类社会发展总趋势。“五位一体”总体布局是突破当代中国在坚持走中国特色社会主义道路过程中所遭遇困境的战略性筹划安排，不断对发展中出现的新问题进行逻辑应答是“五位一体”总体布局的显著特征。“五位一体”总体布局各位之间相互联系、相互渗透、密不可分。“五位一体”总体布局的运行决不是单向度的，而是整体运行，只有在整体运行过程中，才能全面落实和完成中国道路的总任务，才能真正完成中国特色社会主义建设事业。“五位一体”总体布局的形成和发展有其内在的规律性，问题的逻辑应答是总体布局形成和发展的一般范式，时空更迭中的有关特殊矛盾运动是总体布局发展的实质力量，随着经济社会条件的革新，现今较为系统完善的“五位一体”总体布局呈现出向党建层面这一方向、角度扩充完善的动态趋势。在一定意义上，党的建设在六大建设中，是最具决定性的一环。这种总体布局的发展态势与中国特色社会主义道路相统一、相交融。

第五篇　中国道路的个性与特色

中国道路即改革开放40年来在党中央领导下，团结带领全党全国各族人民，坚持马克思主义与当代世界与中国现实相结合，以问题为导向、以改善民生和振兴民族为目标，不断探索、发展、丰富和完善的一条中国特色社会主义道路。特别是党的十八大以来，以习近平同志为核心的党中央，团结带领全党全国各族人民，全面审视国际国内新的形势，通过总结实践、展望未来，深刻回答了新时代坚持和发展什么样的中国特色社会主义、怎样坚持和发展中国特色社会主义这个重大时代课题，形成了新时代中国特色社会主义思想，坚持统筹推进“五位一体”总体布局、协调推进“四个全面”战略布局，坚持稳中求进工作总基调，对党和国家各方面工作提出一系列新理念、新思想、新战略，推动党和国家事业发生历史性变革、取得历史性成就，把中国特色社会主义推进到了新时代。中国40年来走过的道路与传统的社会主义道路及西方正在走的现代化道路相比，具有什么样的个性与特色呢？研究和弄清这个问题，不仅关乎中国人民和中华民族对自己所走道路的自信，关乎对西方资本主义道路的弊端的清醒认识和坚决摈弃，也关乎全世界人民对中华民族在人类文明中的地位和贡献的正确认知。

中国道路有两层最基本的含义：一是社会主义的，它体现的是科学社会主义的基本原理和基本精神；二是中国特色的，它是科学社会主义基本原理和精神在中国的运用和发展，体现着中华民族的历史文化传统和现实国情特点。“中国道路”一词陈述着中国人民和中华民族对探索人类发展之路的智慧贡献，也是民族自豪感和底气充足的体现。

现代化是不可抗拒的世界潮流，而每个国家走向现代化的道路则是千差万别、各具特色的。这其中的原因主要是各个国家都有其特殊的历史传统和现实国情，现代化的基础和环境不同。中国作为世界四大文明古国之一，也是唯一一个几千年文明没有中断过，一直绵延至今、受传统力量影响非常大的国家。这样，传统社会里的自然经济和集权政治留下的痕迹，家族化的社会组织和礼俗化的社会治理方式造成的影响以及中国人基于阴阳对立统一的世界观形成的整体辩证思维方式，等等，都是中国走向现代化的底色。而近代被西方侵略者撞开国门、被迫离开传统轨道的特殊背景以及以革命手段推动社会变革的方式，都使得中国在走向现代化的过程中，无论是理论基础、制度设计和具体路径都呈现出和西方发达国家迥异的色彩。

如开头所述，继开辟了充满特色的中国革命新道路后，中国共产党人经过一系列艰难曲折，又开创了一条中国特色的社会主义建设道路，以习近平为核心的党中央又带领全国人民将这条道路推进到了新时代。在理论和学术界，对这条道路的特色的表达和概括见仁见智。本文认为，中国道路的特色主要体现在以下三个方面：首先是内涵方面的，主要表现为：政府主导下的市场经济，以共产党一党领导和执政为核心的民主政治制度设计，先进性引领多样性的强意识形态功效，阶层分化与利益整合相统一的和谐稳定；其次是方法论方面的，主要表现为：马克思主义的辩证唯物主义与中国传统文化契合的实践第一原则，统筹兼顾的整体思维，对立统一、相辅相成的辩证思维；最后是价值取向方面的，主要表现为：民族复兴的整体主义原则，共同富裕的社会主义追求，民主法治的现代性诉求与和平发展这一秩序建构的理性主义原则。

特别需要说明的是，我们今天谈论中国道路的特色时，指的是整个中国政治、经济、文化、社会等各方面急剧转型所走的道路所表现出来的特点。这与近代中国各个历史时期反对社会变革的保守力量鼓吹的“特殊国情论”是两个本质迥异的概念。自从鸦片战争以后，无论是洋务运动还是北伐战争，无论是戊戌变法还是辛亥革命，总有一股强大的保守势力借口中国国情特殊而反对改革或革命。这种“特殊国情论”曾经被延安时期的中国共产党人进行过系统的批判和清理。所以，“特殊国情”是“特色道路”的依据之一，而不是拒绝社会变革和转型的借口。

目前关于中国道路研究的文章和著作不在少数，中国特色虽然都是其中不可或缺的内容，但所占分量都很轻，且泛泛概括的多，详细展开论述的少。本篇将把目前有关中国道路特色研究中的抽象和具象、事实与价值、方法与目的进行区分，分别从内涵、方法和价值取向等几个方面对中国道路的特色展开论述。

第十四章　中国道路的内涵特色

本书第二章围绕着“总依据”“总布局”和“总任务”三个方面对中国道路的内涵进行了全面、系统和详细的概括与论述。对中国道路的内涵特色的研究，无疑将从这些概括和论述中特别是从“五位一体”的核心内涵中去分析和抽象。但本文的研究不打算从政治、经济、文化、社会和生态文明等方面的内容去逐一立论和分析，而是以这五方面的内容为基本材料，分别从自主性、一主多元特色和多维统一的现代性诉求三个方面进行研究和概括。

一　中国道路的自主性

独立自主原则或者叫自主性是毛泽东时代的中国共产党人留给后世的一笔巨大的精神财富。新时期中国共产党领导人带领全国人民开创的中国特色社会主义道路正是对这一遗产的继承和发展。可以说，没有独立自主原则，就没有中国特色社会主义。所以，自主性是中国道路的题中应有之义，也是中国道路的最大特色。当然，这里所用的“自主性”概念和“独立性”“独立自主”概念都是可以互相替代的，沿袭的是传统的思维方式和习惯。这里暂不考虑有些学者按照以科斯代表的新制度主义理论分析框架推导出来的“独立性”和“自主性”的差异及其不同的排列组合方式。

1. 共产党人的独立自主传统

独立自主原则是毛泽东思想活的灵魂的重要组成部分之一，是共产党人在长期的革命和建设、改革过程中经过长期艰苦的探索总结出来的宝贵经验和思想精华，是中国共产党人要始终继承和发展的一笔巨大的精神财富。

中国共产党的成立和早期革命活动的开展虽然不乏基于国情的独立思考和探索，但基本是在苏联和共产国际的指导下进行的，中国共产党本身的国际色彩和革命活动的教条主义方式曾经造成过严重后果。大革命后期的失败和土地革命战争时期的严重挫折虽然由种种复杂的因素造成，但是，中国革命的主体和所走的道路缺乏自主性无疑是重要原因之一。

在大革命失败的危机关头，一部分共产党人在困难和挫折面前开始反思。洞悉中国国情特别是中国国民性的毛泽东，审时度势，率先把攻打城市失败的部队转移到农村，开辟了井冈山根据地。他继而通过《井冈山的斗争》《中国的红色政权为什么能够存在》《星星之火，可以燎原》等著作从理论上解决把农村作为中国革命大本营的必要性和可能性。1930 年 5 月，毛泽东在《反对本本主义》一文中明确指出："中国革命斗争的胜利要靠中国同志了解中国情况。"① 随后，一系列独立自主的探索逐见成效，"城市中心论"被突破，农村游击战争凸显战略意义。同时，思想建党、支部建在连上、党指挥枪、土地革命路线等，对马克思主义的革命理论进行创造性地运用，一系列关乎中国革命前途和命运的思想原则被确立起来，中国共产党人也随之走出了大革命失败的低谷。

土地革命战争后期，党内教条主义思想的盛行再次把中国革命推进低谷，被迫离开根据地的红军遭受重创。而成功扭转党的命运的遵义会议把中国共产党的自主性提升到一个新的高度。随着共产党国际七大决定不再直接干预各国革命，特别是中国共产党经历了之前的成功与失败的经验教训后，延安整风开始了对教条主义的清算。整风前后，马克思主义中国化、中国共产党民族化、中国革命的道路自主化，逐渐被全党认识和接受，并在付诸实践的过程中取得了丰收成果，其标志就是中国化马克思主义——毛泽东思想的形成并被确立为全党的指导思想。毛泽东在《新民主主义论》中论及新民主主义文化的民族性特点时，首先强调的是新民主主义文化的自主性——"这种新民主主义文化是民族的，它是反对帝国主义压迫，主张中华民族的独立和尊严的。它是我们这个民族的，带有我们这个民族的特性"②。

---

① 《毛泽东选集》第 1 卷，人民出版社 1991 年版，第 115 页。

② 《毛泽东选集》第 2 卷，人民出版社 1991 年版，第 706 页。

中国共产党的自主性还表现在国内统一战线的建立及内部关系的处理方面，其中最重要的是同国民党的关系。在反帝反封建的民主革命斗争中，中国共产党曾经与国民党进行过两次合作。第一次是处在幼年时期，在共产国际干预下采取了党内合作的方式。而合作后由于对独立自主性的忽视最后遭到了国民党的屠杀和清理，付出了巨大的牺牲，革命事业遭到严重摧残。吸取了教训的共产党人，在面对日本进攻需要再次和国民党携手御侮时，则保持了高度的自主意识，无论是根据地还是军队和党自身，都奉行独立自主的原则，并坚决反对“一切经过统一战线”和“一切服从统一战线”的口号。整个抗战时期，虽然为了民族大义，中国共产党始终与国民党保持着统一战线的关系，但在统一战线中一直坚持独立自主地发展壮大自己，并独立自主地处理自己内部的问题，排除国民党的一切干扰，谋划着抗战胜利后中国的前途。

中华人民共和国成立前后，中国共产党人开始把自主性原则运用到国际关系方面，提出了独立自主的和平外交方针。之后的整个毛泽东时代，中国不仅坚决反对和抵抗西方资本主义国家的侵略、干涉，而且对社会主义阵营内处于老党、大党地位的苏联共产党及其苏联的大国沙文主义也始终保持着自主性的姿态，坚决反对对任何有损中华民族国家和党的利益及尊严的思想和行为妥协。中国之所以在 20 世纪 80 年代末期社会主义阵营的巨变中屹立不倒，很大程度上是因为我们当年没有受苏联摆布，没有像东欧那些社会主义国家那样允许苏联在其领土上驻军，工业体系和国民经济体系严重依赖苏联，且各国的执政党都奉苏联共产党为“老子党”。过分依附的地位决定了苏联倒下的那一刻他们也无一能幸免。

中国在社会主义阵营内是较早独立自主探索自己特色社会主义建设道路的。《论十大关系》《论无产阶级专政的历史经验》《关于正确处理人们内部矛盾问题的讲话》、中国共产党第八次全国代表大会的报告及其政治决议都是中国共产党走自己路的决心和勇气的体现。进入 20 世纪 60 年代初期，面对大跃进造成的一些消极结果，中国共产党人开始在调查研究的基础上重读马列经典，对社会主义两种所有制的关系问题、关于社会主义发展阶段、社会主义向共产主义过渡的条件问题及中国现代化的内容和时间等问题进行了一系列的反思。这些独立自主地走自己道路的闪光文献和身体力行的实验所得出的一些理论原则和经验总结对今天的现实仍然具有重要的指导意义。虽然在 1957 年以后的探索中发生了错误偏向，走了弯路，经历了挫折，造成了一些灾难，但其不惧外在压力和封锁，打破迷信和教条，立足实践进行探索，依靠自己的力量使中华民族自立于世界民族之林的指导思想、立场原则和信心勇气无疑都具有超越时空的意义。

当然，中国共产党人的独立自主性并不意味着画地为牢的排他性和封闭性。民族革命时期，毛泽东始终认为：中国革命的胜利主要取决于中国内部阶级关系和力量对比的变化，需要中国同志了解中国自己的国情并制定相应的路线、方针和政策，但也离不开外国同志的帮助。他只是从内因是变化的依据出发，要求“自力更生为主，争取外援为辅”。在中华人民共和国成立后的社会主义革命和建设过程中，毛泽东多次指出：不仅要向苏联学习，而且要向一切民族、一切国家学习；不仅要学习外国先进的科学技术、管理经验，而且可以吸取和借鉴西方民主政治的某些形式。即使在 1958 年“左”的思想泛滥的大跃进时期，毛泽东在号召人们打倒迷信、蔑视权威时，仍然没有忘记学习和借鉴外国经验的重要性。他在对第二个五年计划指标所作的批示中说：“自力更生为主，争取外援为辅，破除迷信，独立自主地干工业和农业，干技术革命和文化革命，打倒奴隶主义，埋葬教条主义，认真学习外国的好经验，也一定研究外国的坏经验，引以为戒，这就是我们的路线。”① 20 世纪 70 年代末之后，开放更是被上升为中国基本路线中的一个基本点，向一切民族的长处学习、继承人类文明的优秀成果，已经是中国道路的题中应有之义。

总之，之所以把独立自主原则上升到毛泽东思想的灵魂的高度，是因为自主性本身就是现代性的核心内容。代表着中国历史发展方向的中国共产党人在登上中国历史舞台的那一刻起，就肩负着争取民族独立自由和强大的使命。五四启蒙运动中，陈独秀的《敬告青年》就为塑造自主的国民特别是青年提出了六条原则，列于首条的就是“自主的而非奴隶的”。自主的国民、自主的政党，然后才有自主的民族。自主性是流淌在中国共产党人血液中的基因，被各个历史时期和历史阶段的共产党人所传承。在 2017 年 10 月刚刚闭

---

① 《建国以来毛泽东文稿》第 7 册，中央文献出版社 1992 年版，第 273 页。

幕的中国共产党的第十九次全国代表大会上，习近平总书记还在呼吁构建人类命运共同体时指出："中国坚定奉行独立自主的和平外交政策，尊重各国人民自主选择发展道路的权利，维护国际公平正义，反对把自己的意志强加于人，反对干涉别国内政，反对以强凌弱。"①

2. 中国道路自主性的体现

正是中国共产党人拥有上述独立自主的基因和传统，当结束了"文化大革命"的挫折、将以阶级斗争为纲转向以经济建设为中心时，邓小平同志就在全面开创现代化建设新局面的党的第十二次全国代表大会上庄重表达了自主建设现代化的决心："把马克思主义的普遍真理同我国的具体实际结合起来，走自己的道路，建设有中国特色的社会主义……中国的事情要按照中国的情况来办，要依靠中国人自己的力量来办，独立自主，自力更生，无论过去、现在和将来，都是我们的立足点。"② 而走自己道路的决心体现在中国共产党人关于新时期国家内政和外交的各个领域和一切方面。

新时期中国共产党的基本路线是经过 1978 年之后的思考和摸索逐步提出并在 1987 年党的第十三次全国代表大会上被正式确定下来的。中共十三大提出的新时期党的基本路线的最根本的立足点和出发点是社会主义初级阶段理论，即"中国正处于并将长期处于社会主义初级阶段"。这就是说，中国的社会性质是社会主义的，但发展程度和水平还处在初级阶段。这是对中国国情最基本、最核心的把握和判断。正是从中国的这一最大实际出发，中国共产党人提出了"一个中心，两个基本点"的基本路线。"以经济建设为中心"，坚定不移地为社会主义提供和奠定坚实的物质基础，以不断提升广大人民群众的物质文化水平体现社会主义的优越性和巩固社会主义制度；坚持"四项基本原则"特别是坚持社会主义道路和中国共产党的领导，这是中国立国的基础和根本；坚持"改革开放"，就是主动打开国门，"走出去""拿进来"，批判地吸收和借鉴西方发达国家和世界一切民族的长处和优点，且随着中国现代化建设事业的推进，中国改革和开放的范围、领域、程度、力度等在不

① 习近平：《决胜全面建成小康社会 夺取新时代中国特色社会主义伟大胜利——中国共产党第十九次全国代表大会上的报告》，《人民日报》2017 年 10 月 28 日。

② 《邓小平文选》第 3 卷，人民出版社 1993 年版，第 3 页。

断扩大和加深。同时，在立足实际、学习国外先进经验、积极融入世界的过程中，中华民族的传统也不断地被提起和重视，国学热掀起阵阵浪潮。“立足实际、继承传统、借鉴世界先进水平”，是国人在中国经验方面的基本共识，也是中国道路自主性的表达。40 年来，中国不断扩大和加深改革开放，在政治、经济、文化、社会、党建、环境、国防、外交等所有领域内推动着中国从量到质的变化，并不断地实现着鸦片战争开启的从传统社会向现代社会转型的艰巨目标，实现着中华民族民富国强的、重新振兴的梦想。正如习近平总书记所说：“今天，我们比历史上任何时期都更接近、更有信心和能力实现中华民族伟大复兴的目标。”① 这正是坚持基本路线不动摇的结果，也是对中华民族自主努力的最高奖赏。

做自己的主、走自己的路，看似理所当然，实则困难重重。国内外的复杂环境和众多因素总是以这样那样的方式干扰着中国前进的步伐。中国共产党人在推进自己民族振兴事业的过程中，始终在坚持不懈地和来自各方面的干扰进行斗争，以保证沿着正确的方向前行。20 世纪 80 年代，西化和资产阶级自由化的思潮一浪高过一浪。中国共产党人坚定地坚持“四项基本原则”，以近代中国的半殖民地地位和走资本主义道路失败的结果教育国人、批判西化的种种言论；90 年代初期，在苏联和东欧剧变、中国也发生了大规模学潮之后，中国的处境一度非常困难：一方面是世界范围内马克思主义和社会主义陷入低谷以后中国坚持的社会主义目标被质疑和否定；另一方面是党内部分人出于对国内外环境和局势的担忧而质疑改革开放和有中国特色的社会主义道路。在举步维艰的环境中，邓小平的南方谈话为中国重新杀出一条血路，以巨大的理论勇气对马克思主义经典理论中的一些具体论述结合中国实际进行了创新，在社会主义的本质、计划和市场的关系、检验政策对错的标准、如何看待和评价“左”和“右”的倾向等影响全局和长远关系的重大问题上提出了闪耀着时代光辉的崭新解释，并提出对社会主义初级阶段的基本路线要“坚持一百年不动摇”；从 90 年代后期开始，国企改革和所有制领域内的深刻变革特别是多种所有制在市场经济中的平等地位的确立，“德国模式”和

---

① 习近平：《决胜全面建成小康社会 夺取新时代中国特色社会主义伟大胜利——中国共产党第十九次全国代表大会上的报告》，《人民日报》2017 年 10 月 28 日。

"瑞典模式"在中国被部分人推崇，民主社会主义的呼声高涨起来。中国共产党在思想战线上高举中国特色社会主义道路的旗帜，从民主社会主义的起源、发展和本质入手，揭示了民主社会主义的"混合经济、民主政治、福利国家"目标的资本主义本质；进入21世纪以后，随着中国国内的改革进入深水区，困难越来越大，同时发展中出现的贫富分化、环境污染、资源难以为继、党内腐败蔓延等问题，党内外都出现了对中国道路不认同的声音，一部分人质疑中国改革开放的社会主义本质，要求重新回到传统社会主义的老路上去，另外一部分人则把中国出现的所有问题都归结为改革不彻底，国家权力干预过多，要求推行自由化和彻底私有化，走新自由主义的道路。中国共产党的十七大和十八大，都在排除"左"右干扰、凝聚改革共识。特别是在十八大上，胡锦涛代表全党旗帜鲜明地向国内外表达了中国共产党人走自主创新道路的决心："我们坚定不移高举中国特色社会主义伟大旗帜，既不走封闭僵化的老路、也不走改旗易帜的邪路。"①

独立自主无疑也是贯穿于习近平外交战略论述中最鲜明的一条主线。他指出"坚持独立自主，就要坚持中国的事情必须由中国人民自己作主张、自己来处理"；"坚持独立自主，就要坚定不移走中国特色社会主义道路，既不走封闭僵化的老路，也不走改旗易帜的邪路"；"坚持独立自主，就要坚持独立自主的和平外交政策，坚定不移走和平发展道路"②。在以上三方面内容中间，习近平总书记特别强调中国走自己发展道路的重要性："独特的文化传统，独特的历史命运，独特的基本国情，注定了我们必然要走适合自己特点的发展道路。"③ 在党的十九大报告中，他再次强调："中国特色社会主义是改革开放以来党的全部理论和实践的主题，是党和人民历尽千辛万苦、付出巨大代价取得的根本成就。中国特色社会主义道路是实现社会主义现代化、创造人民美好生活的必由之路，中国特色社会主义理论体系是指导党和人民实现中华民族伟大复兴的正确理论，中国特色社会主义制度是当代中国发展进步的根本制度保障，中国特色社会主义文化是激励全党全国各族人民奋勇

---

① 中共中共中央文献研究室：《十八大以来重要文献选编》（上），中央文献出版社2014年版，第9页。

② 《习近平谈治国理政》，外文出版社2014年版，第29—30页。

③ 同上书，第156页。

前进的强大精神力量。全党要更加自觉地增强道路自信、理论自信、制度自信、文化自信，既不走封闭僵化的老路，也不走改旗易帜的邪路，保持政治定力，坚持实干兴邦，始终坚持和发展中国特色社会主义。”①

当然，最能直观、鲜明体现中国道路自主性的还有外交政策和处理国际关系问题中的国家安全意识。独立自主和和平共处一直是中国对外政策的基本原则。新时期，中国在外交方面一直坚持不结盟、不当头、反对霸权主义、反对干涉别国内政。西方发达国家在看到中国的改革开放决不走西化道路以后，不断地给中国制造麻烦。他们除了或明或暗地和平演变和分裂中国外，还不断地制造干扰中国的舆论。“中国崩溃论”“中国威胁论”“大国责任论”等，目的都是为了动摇中国自主发展的信心和干扰中国快速前进的节奏。面对西方的不断挑衅，中国除了舆论上坚决反击以外，在实践上积极参与国际合作和竞争，加强与各国的沟通和交流，并以实际行动展示中国的强大对世界的积极意义，在理论上提出“和平发展”的战略方针，阐释中国和西方世界崛起的不同路径和中国文化“贵和尚中”的灵魂，解除世界对中国强大的戒心。习近平总书记近年来多次在对外场合从中国历史文化与现实的角度阐释中国的和平发展方针。2014 年 3 月，他在访问德国时发表的演说中指出：“中国自古就提出了‘国虽大，好战必亡’的箴言。‘以和为贵’、‘和而不同’、‘化干戈为玉帛’、‘国泰民安’、‘睦邻友邦’、‘天下太平’、‘天下大同’等理念世代相传。中国历史上曾经长期是世界上最强大的国家之一，但没有留下殖民和侵略他国的记录。我们坚持走和平发展道路，是对几千年来中华民族热爱和平的文化传统的继承和发展。中国已经确定了未来发展目标……到本世纪中叶建成富强民主文明和谐的社会主义现代化国家……中国要聚精会神搞建设，需要两个基本条件：一个是和谐稳定的国内环境，一个是和平安宁的国际环境。”②2014 年 5 月，习近平总书记在中国人民对外友好协会成立 60 周年纪念活动上的讲话中，又从文化、历史、民族基因和现实等多角度阐释了中国走和平发展道路的坚定决心，并承诺中国将负起主持公道和

① 习近平：《决胜全面建成小康社会 夺取新时代中国特色社会主义伟大胜利——中国共产党第十九次全国代表大会上的报告》，《人民日报》2017 年 10 月 28 日。

② 《习近平谈治国理政》，外文出版社 2014 年版，第 265—266 页。

正义的责任。他还倡导世界各国 要“共谋和平、共护和平、共享和平”。

习近平总书记在反复强调中国独立自主的外交道路的同时，又特别将之与中国国家安全结合起来。他指出：“中国始终坚持独立自主的和平外交政策……反对各种形式的霸权主义和强权政治，不干涉别国内政，永远不称霸，永远不搞扩张……当然，中国将坚定不移维护自己的主权、安全、发展利益，任何国家都不要指望我们会吞下损害中国主权、安全、发展利益的苦果。”①

3. 中国道路中国家自主性的变迁

自十八届三中全会提出“国家治理体系和治理能力的现代化”的改革目标以来，理论界和学术界开始热议国家自主性，特别是中国发展过程中的国家意志和国家能力问题（能力的强弱、主导和干预的效果、未来改革的方向等）备受关注。实际上，提到改革开放以后中国的快速发展及其所取得的成就，恐怕无法不使人想到中国共产党的领导作用和国家权力的主导和推动作用。2004 年出现的、引起国内外学者讨论的与“华盛顿共识”相提并论的“北京共识”或者叫“中国模式”，最引人关注的地方也就是所谓的“国家主导”或者叫“强政府模式”。对于中国政府在与市场、社会关系中的强势地位的前因后果、是非功过及未来改革的走向，国内外的学者们是众说纷纭，莫衷一是。关于这些问题，本文也不多做评论，仅就中国在探索自己发展道路过程中国家自主性发生的一些新变化略作说明。

国家自主性指国家作为一个组织拥有自己的利益、想法和追求，并拥有排除其他国内和国际社会力量干扰和压力而去实现自己目标的能力。这一概念是伴随着现代民族国家的构建而产生的，其前提是国家与社会的分离。众所周知，马克思主义的国家观是工具性的，认为国家是阶级统治的暴力工具，但这个观点不能机械地理解，马克思从来没有否认过国家的管理职能，即国家权力超越社会的公共性。在传统社会主义体制下，国家暴力专政的职能凸显，且国家权力膨胀，渗透到社会的一切领域，有人称其为“全能国家”。中国改革开放伊始，邓小平在《党和国家制度的改革》一文中，就对既有的国家制度中的弊端进行了分析和批评，指出权力过分集中、党政不分和官僚主

① 《习近平谈治国理政》，外文出版社 2014 年版，第 267 页。

义等现象必须改革①。随后逐步启动的各领域的改革在一定程度上讲就是一个简政放权、激发活力的问题。从国家自主性的理论角度分析，就是国家治理体系和治理能力的现代化变迁过程。这一变迁及其特点表现在以下几个方面：

首先是由强调国家意志到重视国家能力的变迁。按照现代民族国家建构的理论，国家现代化的过程就是公共权力下沉和公民权利释放的过程。西方资本主义政治学基于“国家是必要的恶”的理念，一直以公民权利限制和监督国家权力，保证个人的自由。中国在现代国家起步时，所处的是主权被帝国主义践踏的背景。所以，无论是内部发展还是外部争取独立自由，国家权力都是被放在公民权利之上的，牺牲个人、成全国家是绝大多数人的共识。1949 年以后，由于历史惯性作用和中国现代化建设任务的艰巨性，中国共产党在建设现代国家的过程中，非常重视国家的权威和强制力，建立了一个国家权力无所不在的高度整合的政治社会。改革开放后，这个现象在不断变化：经济领域内，市场的能力被不断重视，由基础性地位被提到了决定性地位；社会领域内，国家控制放松，开始重视社会组织的培育和提升社会自治的能力；政治领域内，管理和控制的方式开始改变，党的领导方式和执政方式不断优化，探索以民主和法治的方法进行治理；……2013 年的十八届三中全会及其之后，国家治理体系和治理能力的现代化作为一个需要深化改革的目标被提出，并对国家治理现代化的指导思想、原则、内涵、路径等进行了一系列的初步阐释。党的十九大更是把“完善党委领导、政府负责、社会协同、公众参与、法治保障的社会治理体系”② 作为国家治理能力的体制目标提了出来。

其次是在强调执政党的能力的同时开始关注国家的能力。由于中国近代是先有政党后开始现代国家建设的，所以国家的党建、党治色彩十分突出。加上苏联模式中“党的一元化领导”体制的影响、战争年代里集权习惯的作用，长期以来，体制中党政不分、以党代政的现象十分突出。从现实来看，中国宪法和政体中对中国共产党的领导核心地位的设置和规定，使国人在内

---

① 《邓小平文选》第 2 卷，人民出版社 1994 年版，第 321、327 页。

② 习近平：《决胜全面建成小康社会 夺取新时代中国特色社会主义伟大胜利——中国共产党第十九次全国代表大会上的报告》，《人民日报》2017 年 10 月 28 日。

政领域内习惯于从地位而不是从功能区分和判断政党和国家的关系。由于中国执政党在政治生活中的地位极其重要，全国上下对执政党自身建设的成效十分关注并寄予厚望。进入21世纪后，中国共产党秉承“党要管党、从严治党”的理念，围绕着先进性建设、执政能力建设、作风建设等方面出重拳治理，也取得了让人称道的效果。特别是关于执政能力的提升问题，2004年9月十六届四中全会通过的《中共中央关于加强党的执政能力建设的决定》提出了“科学执政、民主执政、依法执政”的目标，要求执政党不断提高驾驭社会主义市场经济的能力、发展社会主义民主政治的能力、建设社会主义先进文化的能力、构建社会主义和谐社会的能力、应对国际局势和处理国际事务的能力。由此也展开了大规模的党的执政能力建设的实践。中国执政党能力的建设无疑是必要和重要的，但根本上讲，政党毕竟不是国家，国家才是形成全民族认同的最大共同体。所以随着社会的分化和治理情况的日益复杂，国家的治理体系和治理能力的现代化问题就被提上了日程。十八届三中全会在此方面完成了破题的任务之后，如何按照现代国家的思路提升国家能力成为理论界、思想界、学术界的重大前沿问题。其中依法治国、建设法治国家成为执政党提升执政能力的核心内容。“全面依法治国”成为“四个全面”战略的内容之一。党的十九大报告还把“全面依法治国”定位为“国家治理的一场深刻革命”，要求“科学立法、严格执法、公正司法，全民守法”。①

最后是国家自主性对内对外的侧重点发生了转变。近代中国国家主权不完整的半殖民地地位决定了中华民族在国家自主性方面的外向性——把争取国家主权、利益和尊严摆在至高无上的地位。近代中国的半殖民地地位也造成了国人一种共同的敏感心理，在国际关系中，在关乎国家权利和国家利益的问题上，涉外方面的争端最能激发国人的爱国情感和民族主义思潮。毛泽东时代，由于历史条件的特殊性和国人心理的历史惯性，中国在国际事务中一直表现得非常强硬和有骨气，且国内的各项建设也总是在“争气”的心理中去赶超西方。新时期到来后，基于和平与发展的世界主题的判断，中国放弃以阶级斗争为纲，转向以经济建设为中心，同时对中国的内政外交政策进

① 习近平：《决胜全面建成小康社会 夺取新时代中国特色社会主义伟大胜利——中国共产党第十九次全国代表大会上的报告》，《人民日报》2017年10月28日。

行了一系列调整，把重心放在国内，一心一意搞建设、谋发展。而且，立足于社会主义初级阶段的国情判断，制定了适合中国国情的发展目标、步骤和方法。中国的国家自主性关注的重心转向国内的执政党和政府的能力提升问题。在国际方面，随着中国的发展壮大和综合国力的提升，中国的国家自主性重心不仅是关注国家意志即国家独立完整的主权问题，而且开始关注自己对国际制度的影响力即对国际社会的渗透能力。开放以来的“引进来”和“走出去”战略，特别是加入 WTO 以后，中国积极地融入世界，参与国际合作与竞争，在国际事务的处理、在国际规则的制定和新秩序的建构方面，中国站在客观公正的立场上不断地发出自己的声音。

二　一主多元的制度设计

在制度和价值的关系中，制度是价值的外化和价值实现的保证。一定的社会和群体，总是为一定的价值目标的实现而追求和奋斗的，那就离不开制度这一载体和工具。中国自古以来的价值系统就是一主多元的，在一元主导下，多元价值和而不同，求同存异，互不排斥，和谐相处。中华人民共和国成立以后的新民主主义社会，从价值体系到制度设计，都是一主多元的，这曾经保证了国民经济恢复工作和国家建设事业在短期内取得了巨大成就。社会主义改造完成后，由于理论认识的误区及各种复杂的国内外因素相互作用的影响，社会主义建设目标和措施的设定日益脱离实际，社会各领域变得日益单一、刻板和固化，逐渐丧失了活力。在改革开放新时期探索中国道路的过程中，从调动一切积极因素入手，逐渐承认一元主导下的多元共存。体现在制度上，无论是政治、经济制度还是文化、社会制度，一主多元的制度设计成为中国道路中一个非常突出的特点。

1. 一主多元的经济制度

一主多元的经济制度主要包括所有制、经营制度和分配制度三个方面。这里，将主要论述所有制和分配制度两个方面。在所有制方面，是以公有制为主体、多种所有制经济共同发展。公有制经济不仅包括国有经济和集体经济，还包括混合所有制经济中的国有成分和集体成分。非公有制经济是我国社会主义市场经济的重要组成部分，非公有制经济包括私有经济、个体经济和外资经济。在分配制度方面，是坚持按劳分配为主体，把按劳分配和按要素分配结合起来。坚持效率与公平兼顾的原则。

在传统社会主义体制下，经济制度的主要内容是单一的公有制、产品经济和平均主义的分配方式。不仅私有经济没有丝毫存在余地，个体经济残存的尾巴也始终被当作可能复活资本主义的余烬被铲除，就是公有制中的集体所有制也被视为低级公有制，并一直存在着将其过渡到全民所有制经济的冲动。按劳分配的原则在过度强调公平的背景下走向了平均主义的大锅饭。这样的经济制度设计曾经因超越了中国社会整体的发展阶段而严重束缚了生产力的发展，共同富裕的追求结果出现的是共同贫困。改革开放开始后，经济体制的改革首当其冲。单纯的公有制经济体制和平均主义的分配方式逐渐被瓦解，并逐渐被上述一主多元的制度取代。

当然，这种一主多元的经济制度的形成也经历了一个长期的探索，并处在不停的调适过程中。从农村土地承包制度改革的副产品——乡镇企业的崛起，到为解决就业问题允许个体经商，再到 1982 年宪法承认了个体经济的合法性；从 1984 年《中共中央关于经济体制改革的决定》中承认了外资经济的合法性到 1987 年党的十三大为私有经济正名；从各种非公经济的存在和发展是社会主义公有制的附属和补充形式，到 1997 年党的十五大承认了非公经济和公有制经济的平等地位，被共同视作社会主义市场经济的组成部分。经历了 20 年的时间，非公有制经济终于被看成了体制内的经济成分，拥有了和公有制经济平起平坐的法律地位。党的十五大之后，中央凡是在肯定公有制经济的重要地位时，始终强调公有制和非公有制的平等性和非公经济的重要作用，强调“两个毫不动摇”，并将之写进了党的十九大文件，作为党的重大方针政策被确认。

但在党的十八大之后，面对国际国内环境的变化，社会上有的人发表了一些否定、怀疑民营经济的言论。比如，有的人提出所谓“民营经济离场论”，说民营经济已经完成使命，要退出历史舞台；有的人提出所谓“新公私合营论”，把现在的混合所有制改革曲解为新一轮“公私合营”；有的人说加强企业党建和工会工作是要对民营企业进行控制，等等。对于这些言论，习近平总书记在 2018 年 11 月 1 日召开的全国民营企业座谈会上给予了坚决否定和批评。他说："这些说法是完全错误的，不符合党的大政方针。在这里，我要再次强调，非公有制经济在我国经济社会发展中的地位和作用没有变！我们毫不动摇鼓励、支持、引导非公有制经济发展的方针政策没有变！我们致力于为非公有制经济发展营造良好环境和提供更多机会的方针政策没有变！我国基本经济制度写入了宪法、党章，这是不会变的，也是不能变的。任何否定、怀疑、动摇我国基本经济制度的言行都不符合党和国家方针政策，都不要听、不要信！所有民营企业和民营企业家完全可以吃下定心丸、安心谋发展！"① 他在这次座谈会上，还就民营企业税费减负、融资、公平竞争、政府亲商、政策落实及企业家人身和财产保护等方面提出了指导性的意见。

所有制决定分配方式，随着新时期所有制结构的变化和调整，分配制度也在不断地变迁：从改革之初要求反对平均主义、打破大锅饭、切实落实按劳分配原则，到 1984 年党的十二届三中全会允许一部分人、一部分地区靠辛勤劳动和合法经营先富起来；从中国共产党的十三大决定"按劳分配为主体，其他分配形式为补充"，到中国共产党的十五大形成"坚持按劳分配为主体，把按劳分配和按要素分配结合起来"、坚持"效率优先，兼顾公平"原则；从党的十六大决定"缩小收入差距，初次分配注重效率，再分配注重公平""扩大中等收入者的比重、提高低收入者收入水平"，到党十七大、十八大强调深化分配制度改革、让人民共享发展成果、扩大初次分配中按劳分配的比重。而新近召开的中国共产党的第十九次全国代表大会进一步强调了民生和共同富裕问题，报告指出：坚持按劳分配原则，完善按要素分配的体制机制，促进收入分配更合理、更有序。鼓励勤劳守法致富，扩大中等收入群体，增加低收入者收入，调节过高收入，取缔非法收入。坚持在经济增长的同时实现居民收入同步增长、在劳动生产率提高的同时实现劳动报酬同步提高。拓宽居民劳动收入和财产性收入渠道。履行好政府再分配调节职能，加快推进基本公共服务均等化，缩小收入分配差距。②由此可见，以按劳分配为主体、多种分配方式共存的一主多元分配制度，围绕着公平与效率这两大杠杆在不断

---

① 习近平：《在民营企业座谈会上的讲话》，《人民日报》2018 年 11 月 2 日。

② 习近平：《决胜全面建成小康社会 夺取新时代中国特色社会主义伟大胜利——中国共产党第十九次全国代表大会上的报告》，《人民日报》2017 年 10 月 28 日。

地调适。

一主多元的经济制度是从立足中国现实，扬弃了传统社会主义体制下的所有制形式，并汲取了世界各国经济发展过程中所有制的构成方式而形成的，是与中国当前的经济发展水平相适应的。公有制的主体地位和按劳分配的主体地位体现着中国社会主义的性质和共同富裕的社会主义本质；各种非公有制经济和中国多层次的生产力发展水平相适应，是马克思主义历史唯物主义思想的体现。这种从中国经济社会发展实际出发的经济制度设计被十五大以来每次党的代表大会所肯定和坚持，它在中国的存在将是长期的。

需要指出的是，一主多元的经济制度设计形式在新民主主义阶段就曾经存在过，但它和今天的一主多元经济制度的性质不同。改革开放之初，当经济体制改革突破单一的公有制形式时，理论界就曾经出现过一种“早知今日，何必当初”的观点。这种观点认为，新民主主义本来就允许个体经济和私有经济的存在和发展，所有制方面存在着国有经济领导下的五种形式。重新允许多种经济成分存在和发展，就是重新回到了新民主主义，可见当年放弃新民主主义走向社会主义是错误的选择，是冒进了。就在党的十八大前就中国改革问题出现的一些争议中，仍然有观点认为中国是新民主主义或者是后新民主主义。这种观点的实质是只看到了现象而忽视了本质。新民主主义时期，中国是一个私有制为基础的社会，汪洋大海般存在的个体经济是中国经济成分中的主体，国有经济只起导向作用。而中国特色社会主义社会的性质是以公有制支撑的，公有制经济占有主体和主导地位，决定着中国社会的性质和发展方向。看不到这一点，就无法对当今社会的性质做出正确判断。

同样，中国道路中一主多元的所有制也和西方民主社会主义的混合所有制不同。曾经有人认为中国现在的道路就是民主社会主义的道路或者是即将走向民主社会主义社会的道路。实质上，西方民主社会主义的经济基础仍然是资本主义的私有制，虽然也拥有非私有制的成分，但并没改变其制度的本质。世界上很多国家的经济所有制都是形式多样的，区别在于哪种形式占主体，很难找到单一的、纯粹的所有制形式。

2. 一主多元的政党制度

20 世纪世界政治中的最大特色是政党成为不可或缺的要素，由政党运作政权是绝大多数国家政治中的普遍现象。迄今为止，除了极个别个人独裁制或者部落酋长制的国家外，绝大部分国家和地区的政治系统都是围绕着政党展开的。在西方，议会、政党和选举被称为现代民主政治的“三驾马车”：议会是政党活动的舞台，政党是架起国家与社会之间的桥梁，选举是执政合法性的来源。社会、政党和国家之间的联系和互动构成了西方现代民主政治的过程。

在西方政治的框架和诸制度中，政党制度是政治制度的核心。政党制度的划分方式多种多样，我们一般除了在性质上进行资本主义政党制度和社会主义政党制度区分之外，就是习惯从数量上划分，区分出一党制（包括一党独裁制、一党权威制和一党多元制）、两党制和多党制。一党制是被西方批评和否定的，普遍认同的现代政党制度就是两党制和多党制。两党制是存在多党的状态下，只有两个党有机会执政，并且实行轮换的方式。多党制下，一个党获得多数选票而单独执政是有难度的，一般会和其他党联合组织政府。

各国采用什么样的政党制度，是由其特殊的历史文化传统、现实国情、政治力量对比等众多要素互动的结果，不由任何个人和集团的主观愿望和意志决定。正是因为各国情况不同，所形成的政党制度也各具特色。这些特色在政党起源、政党组织结构和体制、政党意识形态、政党功能、政党活动方式、政党夺取权力和运作权力的方式、政党与社会关系、政党与政权关系、政党与其他政党的关系等方面都会得到体现。

无论何种政党制度，在西方发达国家都有其共同的方面。这些共同点主要表现为：政党在资本主义制度确立之后、在社会群体利益分化的基础上产生，先有现代国家，后有政党；西方政党的活动舞台在议会里，靠争取多数选票上台执政，都是竞争性的政党制度；不执政的政党是在野党或者反对党，采取合理、合法反对原则；西方政党执政是在三权分立的国家政治权力框架内运作的，只执掌行政权。

中国由于经济发展程度、政治力量对比和历史制度文化等因素的影响，制度化水平不高，国民制度化意识不强，从民主革命时期和共产党一同走进新中国并参加了新政权的各民主党派，在很长的时期内是被当作统战的对象看待的。1989 年，中国第一次提出了“参政党”的概念，强调各民主党派在中国政党制度中的重要地位；1993 年，中国共产党领导的多党合作和政治协商制度被写进了宪法，以国家大法形式加以肯定；1997 年，中国共产党的第十五次全国代表大会把中国的政党制度上升为人民代表大会制度这一根本制度前提下的一项基本制度，与民族区域自治制度、基层民主自治制度一同构成中国政治制度的基本框架。

2007 年 11 月，中国国务院新闻办第一次就中国的政党制度发表白皮书，系统阐述了一主多元这一中国特色的政党制度：（1）中国的政党制度是共产党领导的多党合作和政治协商制，和世界上既有的一党制和多党制有本质的区别，且各参政党和执政党之间是合作而非竞争关系。（2）在中国政党制度中，共产党和各民主党派的关系是执政与参政关系、领导与合作关系，即共产党执政，多党派参政；共产党领导，多党派合作。（3）中国的多党合作制度具有历史必然性、独特创造性和巨大优越性。近代中国政治的发展呼唤适应中国国情的新的政党制度。这一历史责任由中国共产党和各民主党派共同承担了起来。中国共产党在领导新民主主义革命走向胜利的伟大斗争中，确立了在中国各种革命力量中的核心领导地位。各民主党派、无党派民主人士在长期实践中经过比较，自觉地选择了中国共产党的领导。（4）与西方政党主要关注选举和政治录用不同，中国多党合作制度的价值和功能是多方面的——政治参与、利益表达、社会整合、民主监督和维护稳定。（5）参政党在中国特色社会主义建设中的作用：参政党的参政包括参加国家政权、参与国家大政方针和国家领导人选的协商、参加国家事务的管理、参与国家方针政策法律法规的制定与执行。除了参政议政外，各参政党还要发挥民主监督的职能[①]。

除了以上关于执政党和参政党的关系方面的中国特色外，中国的政党和政党制度因在半封建、半殖民的社会历史背景下产生，和西方政党及其制度相比，还有许多特色：体制外产生、严密的组织纪律、艰苦环境中形成的不屈不挠精神、救国使命造成的舍我其谁心态、暴力夺权形成的强烈阶级斗争思维、下层动员成功形成的群众运动式治理方式、长期一元化领导形成的党

① 中华人民共和国国务院新闻办公室：《中国的政党制度白皮书》，《人民日报》2007 年 11 月 15 日。

政不分、先党后国建立顺序带来的既要领导国家转型又要实现自身转型的双重任务，等等。这些特点，无论过去、现在和将来都决定或者影响中国现代政治的结构。而未来中国政治制度中的最大特色无疑就是上述一主多元的政党制度中中国共产党的核心地位——不仅在政党制度中是领导和核心，而且在整个中国的政治系统中都是核心，处于执政地位，并起领导作用。

关于中国共产党的领导地位和作用作为中国特色社会主义政治制度的特色这一点，十九大上有特别明确的强调和突出："明确中国特色社会主义最本质的特征是中国共产党领导，中国特色社会主义制度的最大优势是中国共产党领导，党是最高政治领导力量，提出新时代党的建设总要求，突出政治建设在党的建设中的重要地位。"① 在2018年12月18日召开的庆祝改革开放40周年纪念大会上，习近平总书记在谈到改革开放40年的宝贵经验和精神财富时，第一条就是中国共产党的领导。他说："改革开放40年的实践启示我们：中国共产党领导是中国特色社会主义最本质的特征，是中国特色社会主义制度的最大优势。党政军民学，东西南北中，党是领导一切的。正是因为始终坚持党的集中统一领导，我们才能实现伟大历史转折、开启改革开放新时期和中华民族伟大复兴新征程，才能成功应对一系列重大风险挑战、克服无数艰难险阻，才能有力应变局、平风波、战洪水、防'非典'、抗地震、化危机，才能既不走封闭僵化的老路也不走改旗易帜的邪路，而是坚定不移走中国特色社会主义道路。"②

3. 一主多元的文化格局

"文化是一个国家、一个民族的灵魂。""文化自信是一个国家、一个民族发展中更基本、更深沉、更持久的力量。""文化兴国运兴，文化强民族强。没有高度的文化自信，没有文化的繁荣兴盛，就没有中华民族伟大复兴。要坚持中国特色社会主义文化发展道路，激发全民族文化创新创造活力，建设社会主义文化强国。"③这些是中国共产党的第十九次全国代表大会报告中关于

---

① 习近平：《决胜全面建成小康社会 夺取新时代中国特色社会主义伟大胜利——中国共产党第十九次全国代表大会上的报告》，《人民日报》2017年10月28日。

② 习近平：《在庆祝改革开放40周年大会上的讲话》，《人民日报》2018年12月19日。

③ 习近平：《决胜全面建成小康社会 夺取新时代中国特色社会主义伟大胜利——中国共产党第十九次全国代表大会上的报告》，《人民日报》2017年10月28日。

文化问题的论述。

这就是说：文化是一个民族的根基和灵魂，是一个民族的精神动力和精神家园，体现着民族的生命力和创造力，营造着民族的认同感和归宿感，是一个国家的软实力，更是综合国力的重要组成部分。那么，“文化”和“中国特色社会主义文化”制度及其特点是什么样的呢?

“文化”本身就是个非常复杂的概念，大不列颠百科全书中有两百多种界定，加上近代以来中国文化的一次次大规模论争往往与国家出路的政治问题联系在一起，所以讨论中国的文化问题首先要界定一下所论的界域。这里采用删繁就简的办法，把文化界定为与经济、政治等客观存在相对应的意识系统。存在决定意识，当代中国社会在改革开放以来发生的巨大变化——社会经济成分、组织形式、就业方式、利益关系和分配方式日益多样化，反映到上层建筑的意识形态及人们的思想观念上，就必然有相应的多元文化和思想观念：

从文化形态层面看，有多种文化形态同时并存。不仅存在着中国传统文化、西方文化、以马克思主义为指导的社会主义文化之分，而且还存在民族文化、地区文化和社区文化、城镇文化、企业文化、校园文化等之间的差异性问题。一句话，大众文化与精英文化、高雅文化与通俗文化、主流文化与非主流文化多元共存的特点非常明显。

从意识形态层面看，存在马克思主义和反马克思主义、社会主义和反社会主义的思想斗争。在中国社会主义建设和改革的过程中，这种性质的争论和斗争一直没有停止过，只是根据国际和国内的斗争态势有时缓和、有时激烈。应该承认，改革开放以来的40年，中国共产党与资产阶级自由化的较量就属于这种性质的斗争。就目前来说，这方面的思想动向仍值得注意。各种各样的反对马克思主义、反对社会主义、否定中国革命的成就、丑化和污蔑无产阶级领袖人物的言论在报刊杂志、图书出版物中时有所见。虽然不是主流，但其危害性是不容忽视的。

从世俗层面即从群众的思想观念层面看，显然存在先进和落后的区别。特别是由于经济成分和经济利益多样化，社会生活方式多样化，社会组织形式多样化，就业岗位和就业方式多样化，群众中思想状况更趋复杂。在世界观、人生观和价值观方面，个人主义、拜金主义、享乐主义以及其他腐朽思想的冲击力还是比较大的。所谓道德滑坡，所谓理想、信仰、信念危机都属于这个领域。这个领域涉及群众、涉及日常生活和个人行为，是一个非常宽大而重要的领域。

那么，如何处理这种复杂的文化现象呢？回顾改革开放以来的历史，会发现在文化领域内中国共产党探索建设思路的演变：1997 年党的十五大召开之前，中国共产党一直以“社会主义精神文明建设”为主体，着眼于精神和物质的关系角度，努力以精神文明推动物质文明，并于 1986 年和 1996 年通过两次党的全会专门研究和推动精神文明建设；进入 20 世纪 90 年代之后，“中国特色社会主义文化”的概念提出并逐渐把文化与政治、经济并列为中国特色社会主义建设的重要方面和主要内容之一。党的十五大把初级阶段的基本路线具体化，提出了社会主义初级阶段的基本纲领，阐述了发展中国特色社会主义文化的指导思想、任务、目标、方针、价值取向等，特别是强调了马克思主义的主导和引领地位——“建设中国特色社会主义文化，就是以马克思主义为指导……坚持用邓小平理论和三个代表的重要思想武装全党和教育人民。”[①]党的十五大以后，随着社会分化程度加深，文化多元化背景下价值观的某些混乱，中国共产党开始加强先进文化建设和社会主义核心价值观的倡导，努力加强主流意识形态在多元文化中的引领作用。

从中国社会发展阶段出发，特别是面对与多层次生产力水平相适应的多种所有制和分配方式造成的社会多样化，中国共产党承认并尊重多元文化并存的事实。但同时基于公有制的主体地位和共产党的领导地位决定的中国社会性质的社会主义本质，党决定文化的指导思想必须一元化，即以马克思主义为指导。以马克思主义引领多元文化，建设繁荣的中国特色社会主义文化。因为“坚持马克思列宁主义、毛泽东思想的指导地位，是我们立党立国的根本”[②]，“如果放弃马克思主义的指导地位，在指导思想上搞多元化，势必导致人心大乱，天下大乱，给党和国家带来灾难”[③]。中国共产党人以马克思主

① 中共中央文献研究室：《十五大以来重要文献选编》（上），人民出版社 2000 年版，第 19 页。
② 《江泽民论有中国特色社会主义（专题摘编）》，中央文献出版社 2002 年版，第 384 页。
③ 《江泽民文选》第 3 卷，人民出版社 2006 年版，第 282 页。

义引领多元文化思想正是对马克思主义的坚持——“统治阶级的思想在每一个时代都是占统治地位的思想。这就是说，一个阶级是社会上占统治地位的物质力量，同时也是社会上占统治地位的精神力量。支配着物质生产资料的阶级，同时也支配着精神生产的资料……”① 历史上，任何一个统治阶级在思想文化领域，如果不坚持以本阶级的思想作为统治思想，它在经济、政治等领域的统治地位也坚持不住。所以，在意识形态领域，中国共产党必须坚持以马克思主义为指导，坚决反对文化建设指导思想的多元化。

指导思想的一元化和多元化是互相排斥的，但文化的多样化与文化指导思想的一元化则是相互补充的。中国自古以来都是一个文化包容性很强的民族，一主多元也是中国文化格局的主要形态。“百花齐放、百家争鸣”也是中国共产党一贯倡导的文化建设方针。坚持指导思想一元化的原则，并不是反对和排斥“百花齐放、百家争鸣”的方针。坚持“双百方针”，就是遵循、尊重艺术和科学发展的规律，在坚持“四项基本原则”的前提下，鼓励不同学术观点、不同艺术流派的争鸣和讨论，提倡同志式的批评和反批评，努力创造勇于探索、勇于创新的良好氛围。要坚持弘扬主旋律，提倡多样化。

任何事物都是共性与个性、整体与部分、一元性与多样性的统一。任何一个统一的整体都是由多种多样、丰富多彩的内容构成的，愈加多种多样，愈加丰富多彩。社会主义文化不能只有马克思主义的指导思想而没有个体的生动的百花齐放的内容，社会主义文化要求有比资本主义更加多姿多彩的内容。要做到这点，就离不开认真贯彻“双百”方针。没有百花齐放、百家争鸣，就会声音单调、色彩灰暗、观念僵化、思想停滞，这样的文化不是社会主义建设所需要的，不是广大人民群众所欢迎的。

关于新时代中国特色社会主义文化制度和体制，党的十九大报告在总结和创新既往经验的基础上，做出了如下陈述：“必须坚持马克思主义，牢固树立共产主义远大理想和中国特色社会主义共同理想，培育和践行社会主义核心价值观，不断增强意识形态领域主导权和话语权，推动中华优秀传统文化创造性转化、创新性发展，继承革命文化，发展社会主义先进文化，不忘本来、吸收外来、面向未来，更好构筑中国精神、中国价值、中国力量，为人

① 《马克思恩格斯选集》第1卷，人民出版社1995年版，第98页。

民提供精神指引。"① 在纪念和庆祝改革开放 40 周年的大会上，习近平总书记讲到中国特色社会主义文化时又指出："40 年来，我们始终坚持发展社会主义先进文化，加强社会主义精神文明建设，培育和践行社会主义核心价值观，传承和弘扬中华优秀传统文化，坚持以科学理论引路指向，以正确舆论凝心聚力，以先进文化塑造灵魂，以优秀作品鼓舞斗志，爱国主义、集体主义、社会主义精神广为弘扬，时代楷模、英雄模范不断涌现，文化艺术日益繁荣，网信事业快速发展，全民族理想信念和文化自信不断增强，国家文化软实力和中华文化影响力大幅提升。改革开放铸就的伟大改革开放精神，极大丰富了民族精神内涵，成为当代中国人民最鲜明的精神标识！"② 在中国的文化发展模式中，他特别强调马克思主义的指导地位："必须坚持马克思主义指导地位，不断推进实践基础上的理论创新。改革开放 40 年的实践启示我们：创新是改革开放的生命。实践发展永无止境，解放思想永无止境。恩格斯说：'一切社会变迁和政治变革的终极原因，不应当到人们的头脑中，到人们对永恒的真理和正义的日益增进的认识中去寻找，而应当到生产方式和交换方式的变更中去寻找'。我们坚持理论联系实际，及时回答时代之问、人民之问，廓清困扰和束缚实践发展的思想迷雾，不断推进马克思主义中国化时代化大众化，不断开辟马克思主义发展新境界。"③

4. 一主多元的社会治理体系

近代中国因各种因素造成的社会秩序失范，使得人们特别是官方对狭义上的"社会"一词较少正面评价，甚至是充满警惕。中华人民共和国成立后，中国的政治整合度极高，国家与社会一体化，民间意义上的社会是被遮蔽的。但改革开放以来，在放权、让利、松绑、开放的政策鼓励下，社会日益分化和多元化，矛盾冲突加剧，风险不断扩大。继韦伯的"阶层分析"理论代替了马克思的"阶级分析"理论（近年来随着资本力量的扩张和工人阶级地位的变化，在主张合作意义上的阶级之说有回归之势）之后，贝克的"风险社

---

① 习近平：《决胜全面建成小康社会 夺取新时代中国特色社会主义伟大胜利——中国共产党第十九次全国代表大会上的报告》，《人民日报》2017 年 10 月 28 日。

② 习近平：《在庆祝改革开放 40 周年大会上的讲话》，《人民日报》2018 年 12 月 19 日。

③ 同上。

会”理论也被理论界和学术界广泛采用。那么，中国共产党人如何立足中国国情建构中国特色的社会主义社会及其理论呢?

自党的十六大提出“和谐社会”这一概念之后，2003 年非典疫情对中国社会建设滞后和社会发展不协调的矛盾的充分暴露，使得党中央开始高度关注中国社会建设的短腿现象，并在 2004 年 9 月召开的党的十六届四中全会上把构建社会主义和谐社会作为重大战略任务提出。经过两年的调查研究和思考，2006 年 10 月召开的十六届六中全会通过了《关于构建社会主义和谐社会若干重大问题的决定》，明确提出到 2020 年构建社会主义和谐社会的指导思想、目标任务、工作原则，而且第一次将“和谐”的内容写入建设社会主义现代化国家的总体目标。认为和谐社会生活是中国特色社会主义社会的本质属性。中央认为，和谐社会建设不仅要着眼于经济、政治、文化、社会、党的建设等各领域和部门的协调，又要以解决人民群众最关心、最直接、最现实的利益问题为重点。随后在教育、就业、收入分配、社会保障、医疗卫生和社会管理等方面出台了一系列重要举措，把改善民生作为中国和谐社会构建的中心内容。2007 年召开的党的十七大，从实践上做出了加快推进以改善民生为重点的社会建设的重大部署，强调“必须在经济发展的基础上，更加注重社会建设，着力保障和改善民生……努力使全体人民学有所教、劳有所得、病有所医、老有所养、住有所居，推动建设和谐社会”①。

促进社会和谐，既离不开改善民生，更离不开一定的社会管理。即十七大提出了加强社会管理的概念后，2011 年 2 月，中央专门举办省部级主要领导干部社会管理及其创新专题研讨班，做出加强和创新社会管理的重大决策。党的十八大报告提出了“要加快形成党委领导、政府负责、社会协同、公众参与、法治保障的社会管理体制”②。报告还特别强调了社会管理中法治的保障作用、政府的责任以及公平正义的价值观的落实。2013 年，以全面深化改革为主题的党的十八届三中全会，再次强调社会建设的重要性，并以“社会治理”概念取代了“社会管理”的概念，提出要通过创新社会治理体制，实

---

① 中共中央文献研究室:《十七大以来重要文献选编》（上），中央文献出版社 2009 年版，第 29 页。

② 同上书，第27 页。

现国家治理体系和治理能力的现代化。

中国共产党的第十九次全国代表大会，在继承既往探索成就的基础上，在报告的第八部分从“提高保障和改善民生水平，加强和创新社会治理”为题，从“优先发展教育事业”“提高就业质量和人民收入”“加强社会保障体系建设”“坚决打赢脱贫攻坚战”“实施健康中国战略”“打造共建共治共享的社会治理格局”这六个方面详细勾画了民生与社会治理的蓝图，并再次强调“加强社会治理制度建设，完善党委领导、政府负责、社会协同、公众参与、法治保障的社会治理体制，提高社会治理社会化、法治化、智能化、专业化水平”的治理体制，体现了执政当局从改善和提高民生水平入手、打造一主多元的社会治理格局的构思。

以上通过对中国共产党社会建设思想产生、发展过程的简要回顾，可以看出共产党从实际出发、与时俱进的能力：针对社会矛盾，提出了“和谐社会”理论；从风险社会的现实出发，提出了加强社会管理；尊重社会多元化的事实和国外的新公共管理及治理和善治的理论，很快又将国家治理体系和治理能力的现代化作为中国特色社会主义建设的重要构成部分提上了日程。治理概念的提出，标志着传统的一元管理和控制思路发生了根本变化，形成了一主多元的社会治理主体。这种格局既吸收了西方社会治理的经验，又与其三权分立指导思想下的政府、市场、社会分工合作的体制根本不同。

根据相关文件分析，社会治理主体的“一主”就是党委领导下的政府，即中央说的“党委领导，政府负责”。党委和政府的“主”的地位，既体现中国传统社会的治理特点，又尊重了中国当今社会发展的现实状况，也是中国经济、政治、文化诸领域内的一主多元体制的逻辑延续。那么怎样发挥好党和政府“一主”的功能定位呢？根据中央一系列指示精神，眼下迫切要做的事情有三件：首先是要实现思路和理念的转变。特别是政府要有服务意识和责任意识，要从管理和控制的理念转向疏导和服务理念。实际上，关于转变政府职能、建设服务型政府的任务已经提出很多年了（之前主要是从政府与市场关系而非与社会关系的角度提的，但对政府的要求是一样的——作者注），由于传统惯性的思维和行为，政府职能转换方面的任务依然艰巨。对于政府来讲，管理、控制是常态，而服务则是新命题。其次是在行动主体上，党委领导和政府负责必须落实到位。社会治理虽然要求党和政府要转变管理和控制的思路，摆脱绝对一元的思维，但改变方式并不是削弱地位，毕竟党和政府还是“主”，这是中国超大型社会、发展水平、社会性质及传统因素决定的；最后是在行为作风上要由专断转向合作协商。习近平总书记指出：“治理与管理一字之差，体现的是系统治理，依法治理，源头治理，综合施策。”① 所以，这就要求政府要学会并养成与参与社会治理的其他主体平等沟通、协商、合作的习惯。同时提高其他治理主体的能力。党委和政府要逐渐摆脱自己发号施令，要求别人绝对服从的垂直领导习惯。

与“一主”并存的“多元”，按照现有文件的解释，主要包括企事业单位、基层自治组织、人民团体、社会组织等。据有关方面的统计，中国目前有数以千万计的企业、130 万家事业单位、60 多万个村（居）委会等基层自治组织，要实现自我治理功能的真正回归。700 万家人民团体及其外围组织，近 50 万个社会组织。要真正地发挥它们在社会治理中的作用。中央也认识到要做的工作还很多：首先与转变政府观念同等重要的是转变其他社会治理主体的观念，并提升它们的治理能力。中国除政府以外的各种经济、社会组织长期以来也适应了被管理和服从的状态，让其负起治理主体的责任并发挥自己的功能，需要一个角色转换和调适的过程，也非短期内能做到位的。其次是多元的治理主体要在一元的主导下根据实际情况进行职能和定位的分工。要认真研究中央关于建构“党委领导、政府负责、社会协同、公众参与、法治保障”的社会治理体系的含义，弄清各种主体之间的关系及发挥作用的方式方法。特别是各主体要保证在位而不越位，帮忙而不添乱，形成良性互动。最后是完善并理顺多元主体发挥作用的法律、法规、体制、机制等，并在人力、物力、财力、技术支撑等方面尽快保证到位，使多元主体能在党和政府的一元领导、主导下真正发挥作用。

三　多维统一的现代性诉求

现有的关于中国道路特色的各种表述，虽有差异，但基本一致，最权威

① 习近平：《在参加十二届全国人大二次会议上海代表团审议时的讲话》，《人民日版》2014 年 3 月 6 日。

的表达体现在党的十八大、十九大报告中。党的十八大报告指出“我们一定要毫不动摇坚持、与时俱进发展中国特色社会主义，不断丰富中国特色社会主义的实践特色、理论特色、民族特色、时代特色。”[①]党的十九大在做出“中国特色社会主义进入新时代”这一重大判断的前提下，在继续阐述中国特色社会主义特点的基础上，着重强调了中国特色的政治维度特别是中国共产党的地位：“中国特色社会主义最本质的特征是中国共产党领导，中国特色社会主义制度最大优势是中国共产党领导，党是最高政治领导力量。”[②] 中国有些学者会在以上所谈特点的基础上加上“人民性”“整体性”等表述。这些表述无疑都是正确的，但本文不准备重述既有的表述方式，试图从现代性的角度进行分析，把业已提出的特点都纳入现代性的框架下陈述，因为中国道路的开辟归根结底承载的是中华民族自鸦片战争以来追求的现代化梦想。

1. 传统与现代统一的民族性

民族性或者民族特点无疑是中国道路的标签。由于近代中国在国际上受侵略和凌辱的地位，过去中国人的自我民族性思维和表述至少存在三大特点：其一是封闭特色——对民族性这一概念的最惯常性运用是将其与时代性、世界性、现代性相对待；其二是民间特色——认为越是民间的，越有民族特色，特别是最纯正的民族特色存在于农业生产方式中；其三是防御特色——从近代抵御外来侵略到后来反对和平演变，中国不发达的地位使其民族性带着明显的防御性。

中国人的以上思维方式和表达方式的特点由来已久。究其具体原因，主要也有三个方面与以上特点相对应：落后和封闭特色取决于中国在世界上的地位。一方面，近代中国引进西方的民族、民族主义和民族性这一组概念来重构自己的历史并推动传统帝国向现代转型的努力，是在遭受西方侵略、面临亡国灭种危机的情况下被动进行的。中国和西方的关系被解读为“落后—先进”“传统—现代”“边缘—中心”的关系。所以，在整个中国近代史上，

① 中共中央文献研究室：《十八大以来重要文献选编》（上），中央文献出版社 2014 年版，第 11 页。

② 习近平：《决胜全面建成小康社会 夺取新时代中国特色社会主义伟大胜利——中国共产党第十九次全国代表大会上的报告》，《人民日报》2017 年 10 月 28 日。

民族性很大程度上意味着传统和落后，且民族性和现代性几乎是一种悖论：推进现代化和实现现代性时，民族性就被削弱和消解；民族危机中需要提倡民族性以形成共识和凝聚力时，就意味着对传统的回归和对现代性的背离；民间性特色的主要原因之一是中国革命自下而上的道路。中国反帝反封建的革命是依靠广泛的下层动员完成的，中国的启蒙和反传统思想表现出强烈的反正统特点，即使是五四时期激进的反传统者也并非全盘否定传统，只是反对儒家思想的专制地位。在反正统的同时，民间性被提倡和重视，成为反专制思想的本土资源。这从中国的民俗学伴随新文化运动而产生可以得到证明。抗战时期，为唤醒民族意识和动员民众，文学的“民间形式”一度被当作民族形式而提倡和实践；防御特色来源于抵抗侵略、维护独立的需要以及中华人民共和国成立后反对和平演变的需要。中国在近代任人宰割的地位，使我们必须时刻警惕帝国主义亡我之心。由于要警惕和应对西方的和平演变战略，中国始终把主权守护、制度维护和内部团结作为维护民族性的首要任务。

但在今天，经过近代以来 100 多年特别是改革开放以来 40 年的努力，中国的现代化建设取得了巨大成就。特别是新时期以来，依靠对外开放和体制创新创造了经济上的奇迹，中国以独立自主的姿态屹立于世界民族之林，中国的民族性和世界性、现代性已经不再对立而是一致和统一的。当我们说到中国道路的民族性时，它一方面指的是中国特色社会主义要体现中华民族的意志，要为实现中华民族伟大复兴而奋斗，要体现中华民族的风格习俗和气派，要有符合国情的制度的特点、话语的特色；另一方面，中国的民族性是现代性和世界性的民族性，要强调中国特色社会主义必须是适应经济全球化、世界多极化、科技进步日新月异、国际格局大发展大变革大调整和综合国力竞争日益激烈的新形势，要与时俱进地创新科学社会主义的内容和形态，使社会主义呈现出新的特色即时代特色。中国希望自己在总结发展经验过程中提出自己的中国道路、理论及制度和西方的文明对话，在世界上发出中国声音。所以在意识形态领域内，针对西方意识和价值的渗透，中国强烈反对以西方模式和价值统一世界，主张各民族都有权利自主选择自己的道路。中国道路是充满中国民族特色的，同时也是现代的，是面向世界和现代化的。民族性和世界性、时代性必须是统一的。民族文化是一个民族区别于其他民族的独特标识。要加强对中华优秀传统文化的挖掘和阐发，努力实现中华传统美德的创造性转化、创新性发展，把跨越时空、超越国度、富有永恒魅力、具有当代价值的文化精神弘扬起来，把继承优秀传统文化又弘扬时代精神、立足本国又面向世界的当代中国文化创新成果传播出去。

要正确理解和运用中国民族性这一概念，我们还应该了解以下几点：首先，中国的民族性与西方话语里的民族性表述是有差异的——西方的民族和民族国家建构是在没有外在力量干扰的环境中进行的，主要是一个公共权力下沉和公民权利释放的过程，那里的民族性可以和国民性等同。但中国在遭受外来侵略的情况下，可以作为单数使用的国民性承载了太多文化反思者的批评，中国是将民族性和国民性区别开来的，通过对“民族性”这一集体名词的正面建构、对全民族进行整合、凝聚和鼓励，以保证民族独立和国家的现代转型。其次，民族、民族性和民族主义是一组伴随着西方现代民族国家的建构而出现的现代性的话语，民族性本身就是现代的，我们不能将它和现代性、世界性相对立，用民族性仅仅指涉传统。再次，西方以殖民扩张完成其现代性的那个时代早已成为历史，西方中心主义的话语霸权已经衰落并逐渐被摈弃，多元主义和文化相对主义日益被认同，任何一个民族的文化都是世界文明的一个组成部分，自卑大可不必，自大也没人买账。最后，任何一个民族的文化都是由精英文化和大众文化或者官方文化和民间文化共同构成的，大小传统是互相影响和渗透的。在中国革命的过程中，因反对专制而对官方文化中的精华重视不够，其实民间文化照样有糟粕。中国文化是一个整体，任何具有民族性的价值都是官方和民间共同认同的，而且也是活在当下的传统。

关于传统与现代统一的民族性，在党的十九大提出的习近平新时代中国特色社会主义思想中得到了充分的体现。可以说，习近平新时代中国特色社会主义思想，既是立足中国大地、继承中华优秀传统文化、蕴含着丰富的民族价值和民族智慧，又以宽广的马克思主义世界眼光洞察世界、吸收人类文明有益成果、关怀人类前途命运重大问题、为应对当今世界面临的问题提供了中国智慧和中国方案。这一思想，既是民族的，又是世界的，既继承了中华民族的传统价值和智慧，又吸收了全人类文明的优秀成果，并与现代世界的潮流保持了一致。

2. 理论与实践统一的科学性

西方的现代性是以工具理性、个人权利和民族国家为其基本概念的。虽然现在人们都认为现代性是多元的，但无论如何多元，科学理性都是现代性不可或缺的核心内容。马克思主义的现代性表征之一就在于它的科学性。以实践为基础、坚持实践第一性的辩证唯物主义和历史唯物主义的世界观和方法论以及随实践发展而不断调整的与时俱进的理论品格，夯实了马克思主义的科学性基础。基于唯物史观和剩余价值理论对资本主义必然灭亡、社会主义必然胜利的历史趋势的判断至今仍然被证明是科学真理。尽管资本主义制度进行了种种自我调节、缓和了自身的危机，尽管世界社会主义事业在20世纪末期出现了危机并陷入了低谷，但资本主义制度的本质没有改变。这是因为：第一，私人占有与社会化生产之间的基本矛盾没有变。尽管国家干预一定程度上缓解了其生产的自发性、盲目性，但发生资本主义的周期性危机的土壤依然存在。七年前发生的至今仍在持续的国际金融危机再次证明这一点。第二，资本主宰一切的剥削制度没有变。尽管福利政策在一定程度上改善了工人阶级的生存状况，但却改变不了贫富悬殊、两极分化日益严重的现实。全世界每三个工人中就有一个处于失业状态或生活在贫困线以下，以及“占领华尔街”的抗议浪潮再次证明这一点。第三，对外扩张的帝国主义本性没有变。二战之后，尽管大规模世界性战争没有发生，但以美国为首的西方资本主义国家从未停止过对别国主权的侵犯。无论是朝鲜战争、越南战争还是伊拉克战争、科索沃战争和阿富汗战争，都再次证明这一点。所以，资本主义社会矛盾的有所缓和并不等于已从根本消除，其一定的自我调节能力并不等于可以完全克服，其一时的风光并不等于历史发展的总趋势有了改变。同样，苏联、东欧社会主义模式的失败不等于社会主义的失败，世界社会主义运动的低谷不等于历史的终结，社会主义事业的挫折更不等于马克思主义是错误的。

中国共产党人在克服对马克思主义的教条化理解和摆脱苏联社会主义模式的影响的同时，旗帜鲜明地高举马克思主义的伟大旗帜，坚定不移地奉行这一人类社会科学发展的最高成果。同时，在新时期开端之时，中国共产党就发动了真理标准问题的大讨论，重新回归了马克思主义关于“理论来源于实践，接受实践的检验，又随实践发展而发展”的科学认识论和真理观。从此，在立足中国实际的基础上，不断修正过去对马克思主义的教条化理解，在科学认识中国社会发展阶段、基本矛盾、主要任务的基础上，制定了社会主义初级阶段的基本路线和基本纲领、发展战略、发展步骤等，并随着中国改革发展中不断出现的问题随时调整政策和方针，使中国的现代化之路呈现出明显的问题导向，所谓“摸着石头过河”和“倒逼式改革”便是中国道路鲜明的实践性表述方式。正是这种突出的实践特色，有人将中国的改革称为“增量改革”或“调适性改革”。

立足于实践、在实践中发现问题和解决问题并不等于忽视理论的重要性。中国道路既有鲜明的实践特色，又充满了理论色彩。从实践出发的探索和改革开放，从来都不是盲目的。早在拨乱反正时期，邓小平就率领全党对中国化的马克思主义——毛泽东思想进行了扬弃，使其继续作为指导全党行动的理论。在改革开放开始后，邓小平从社会主义所有制的形式、计划与市场的关系、分配方式、姓资姓社、社会主义的本质等方面，在坚持马克思主义基本原理的基础上，根据中国发展的阶段和水平，提出了一系列符合中国实际的理论、原则和方法。这初步解决了什么是社会主义以及在经济文化落后国家怎么建设社会主义的重大理论问题，提出了中国特色社会主义的理论命题。此后，以理论创新驱动实践发展的步伐在加快。进入21世纪后，随之中国经济发展与社会分化的加剧，特别是世界范围内全球化、多极化、科技信息化、执政党变化等方面复杂多变的局势，加强执政党建设的命题被提上日程，于是以“建设什么样的执政党、如何建设执政党”为核心的“三个代表”理论成为继邓小平理论之后马克思主义中国化的又一大理论界成果，对马克思主义的党的建设理论进行了中国化的创造，为执政党的先进性建设和执政能力建设提供了强大的理论基础。党的十六大以后，由于发展过程中贫富分化、环境污染、资源浪费、党内腐败等问题的凸显，基于解决实际问题的科学发展观和和谐社会理论应运而生，为科学解决中国特色社会主义的发展问题提供了马克思主义的世界观、方法论和具体的理论指导。党的十九大提出的新时代中国特色社会主义思想，“是对马克思列宁主义、毛泽东思想、邓小平理论、“三个代表”重要思想、科学发展观的继承和发展，是马克思主义中国化最新成果，是党和人民实践经验和集体智慧的结晶，是中国特色社会主义理论体系的重要组成部分，是全党全国人民为实现中华民族伟大复兴而奋斗的行动指南”①，它引领着新时代中国特色社会主义伟大实践的航向。

中国道路的科学性就体现在上面阐述的理论与实践的有机统一之上。党的十八大报告在阐述中国特色社会主义时，不仅指出它有民族特色、实践特色、理论特色和时代特色，而且强调其在实践基础上的统一性：“中国特色社会主义道路是实现途径，中国特色社会主义理论体系是行动指南，中国特色社会主义制度是根本保障，三者统一于中国特色社会主义伟大实践，这是党领导人民在建设社会主义长期实践中形成的最鲜明特色。”②

习近平新时代中国特色社会主义思想坚持贯彻了马克思主义的科学精神，坚持了马克思主义的思想方法，提供了科学的思维方式和工作方法。其本身不仅包含了中国特色社会主义建设的总目标、总任务、总体布局、战略布局和发展方向、发展方式、发展动力、战略步骤、外部条件、政治保证等基本问题，而且根据新的实践对经济、政治、法治、科技、文化、教育、民生、民族、宗教、社会、生态文明、国家安全、国防和军队、“一国两制”和祖国统一、统一战线、外交、党的建设等各方面做出了科学的理论分析和正确的政策指导，不仅体现了对中国特色社会主义建设实际问题的科学判断和科学把握，而且构成严整的有逻辑的科学理论体系。

所以，理论与实践统一的科学性是理解和把握中国特色社会主义道路的一个重要维度。关于中国道路科学性的表述，概括地说就是：中国特色社会主义理论体系形成于改革开放的伟大实践，又是党领导改革开放的行动指南。中国特色社会主义道路，就是坚持一切从实际出发，用发展着的马克思主义指导新的实践，同时在生动丰富的实践中赋予马克思主义新的内涵，体现理论创新和实践创新相统一的科学性。

---

① 习近平：《决胜全面建成小康社会 夺取新时代中国特色社会主义伟大胜利——中国共产党第十九次全国代表大会上的报告》，《人民日报》2017 年 10 月 28 日。

② 中共中央文献研究室：《十八大以来重要文献选编》（上），中央文献出版社 2014 年版，第 10 页。

3. 工具与目的统一的大众性

根据指导共产党人各项事业的理论基础的唯物主义历史观的解释："人的本质不是单个人所固有的抽象物，在其现实性上，它是一切社会关系的总和。"① 而人类的一切社会关系都是在实践活动中生成的，社会实践是人类存在的方式。人们从事社会实践活动是有目的性的——"动物仅仅利用外部自然界，简单地通过自己的存在在自然界引起变化；而人则通过所做出的改变来使自然界为自己的目的服务，来支配自然界，这便是人同其他动物最终的本质的差别。"② 可见，人的存在是一种具有目的性的生命活动。人的目的就是指人在从事实践活动时所具有认识和改造世界的目标和方向，包括对客观世界（自然界和社会）和主观世界的认识活动和改造活动时的方向。人的目的是一切社会实践活动的动力源，人的一切实践活动都具有目的性。但同时，人的实践活动又具有工具性，人们为了能够"创造历史"，必须能够生活。但是为了生活，首先就需要吃喝住穿以及其他一些东西。因此第一个历史活动就是生产满足这些需要的资料，即生产物质生活本身，而且正是这样的历史活动，成为 切历史的一种基本条件。可见，物质资料的生产活动，体现着人自身所具有的工具性，现实中的个人是实现自身目的的手段和工具，人自身的生存和发展需要在很大程度上靠自己的努力来获得和满足。从唯物史观中关于人的社会实践是为了人、同时又要依靠人的两个方面的论述可以看出，马克思主义是主张人是目的和手段的统一。

中国共产党从产生之日开始，就肩负着民族独立和人民解放的使命，并将此看作国家富强和人民富裕的前提。为人民利益而存在和奋斗，是中国共产党人的核心价值观，并以此为党的宗旨正式写进了七大的党章中。从此，"人民是国家的主人""为人民服务"一直是中国共产党的核心政治伦理和最高道德追求。毛泽东时代，共产党人在社会主义建设过程中取得的巨大成就和所犯的严重错误，都有对为人民服务的不懈追求直接相关，对与错都只是方法和手段问题；邓小平在扬弃了毛泽东时代特别是"文化大革命"的错误做法后，把抽象、理想化的社会主义具体和世俗化，将其变得更具操作性，

① 《马克思恩格斯选集》第1卷，人民出版社1995年版，第56页。

② 《马克思恩格斯选集》第4卷，人民出版社1995年版，第383页。

目的是既要坚持理想，又要让人民能得到具体的、现实的利益。于是，“温饱”“一部分人先富起来”“小康”等符合中国实际的、逐步升级的目标被设定出来；江泽民时代，面对中国改革开放后取得的成绩和存在的问题，提出了“全面建设小康社会”的目标，希望改变中国小康社会的低水平、不全面、不平衡状态，兼顾社会效率与公平问题，目标是要实现为人民服务的宗旨，“代表最广大人民群 众的根本利益”，让广大人民群众共享改革成果；因为问题的出现和解决总是需要一个过程，胡锦涛更加注意发展中出现的一些方面结果，提出了和谐社会建设和科学发展观，把社会建设、特别是其中的民生问题的解决摆在了党和国家工作的重要位置上，使民生问题成了舆论的焦点和工作的抓手。习近平总书记更是在党的十八届一中全会结束后的记者见面会上，九次提到“人民”一词，指出“人民对美好生活的向往，就是我们的奋斗目标”①。他还表示要高度关注民生问题，下大力气整顿党风，保证党为人民服务的宗旨。这一切都体现了中国共产党人始终把人作为目的的思想，把自己的奋斗与整个民族的强大和人民过上幸福生活的目标联系起来。

在坚持人民群众是改革发展的目的性的同时，中国共产党人也始终坚持人民群众主体地位的另一层含义，认为人民群众才是历史进步的动力和源泉，坚持把调动人民的积极性作为革命、建设和改革成功的根本手段。中国共产党领导的新民主主义革命是依靠广泛的下层动员、依靠统一战线的不断巩固和扩大取得成功的。统一战线被当作中国革命克敌制胜的法宝之一。中华人民共和国成立后，为了迅速医治战争创伤并恢复国民经济，中国共产党与各民主党派结成同盟，建立了包括工人、农民、小资产阶级和民族资产阶级在内的广泛的统一战线，在短时间内完成了由新民主主义革命向社会主义革命、新民主主义社会向社会主义社会的过渡。在中国迈入社会主义大门之时，从《论十大关系》到《关于正确处理人民内部矛盾问题的讲话》，再到党的八大通过的关于社会主义建设的路线及一系列方针、政策，目的都是为了正确处理中国面临的内外矛盾，从而调动一切积极因素，发挥人的主观能动性，为建设强大的社会主义国家而奋斗。后来造成严重后果的“大跃进”运动，就

① 中共中央文献研究室：《十八大以来重要文献选编》（上），中央文献出版社 2014 年版，第 70 页。

是把人的工具作用强调到极致的一个结果。而“文化大革命”则是对人的观念进行革命，目的是通过人的革命性保证社会主义不改变颜色，从而依靠社会主义制度的优越性保证中国迅速发展和强大。在不断强化人的工具性的过程中，人的目的性一度被严重淡化，从而又影响了人的工具性的发挥。于是，社会发展中人的地位被虚化和扭曲了。新时期到来后，中国共产党人拨正了历史的方向，始终坚持“发展为了人，发展依靠人”的目的与工具的统一性，依靠最广大人民群众利益的实现来调动人民群众的积极性和创造性，依靠人民群众的积极性和创造性保证又好又快的发展，从而在更大程度上造福人民。

从解决温饱的小康社会的目标到保证最广大人民群众的根本利益的实现的‘三个代表’，从“以人为本”的科学发展观到“八项规定”“三严三实”“两学一做”的整党建党活动，从中国特色社会主义理论的人民性到习近平新时代中国特色社会主义思想对新时代社会主要矛盾的判断及社会发展阶段、战略、措施等内容的提出，无不体现着中国共产党人始终在目的与价值的统一中践行着人民性原则。中国共产党的十九大报告有一个鲜明的主题，开宗明义就是“不忘初心，牢记使命”，并指出“为人民谋幸福、为民族谋复兴，是我们党的初心和使命”。报告中“人民”一词出现了202次，强调的是“人民是历史的创造者，是决定党和国家前途命运的根本力量”“新时代中国特色社会主义思想，必须坚持以人民为中心的发展思想”“使人民获得感、幸福感、安全感更加充实、更有保障、更可持续”。人民性原则已经渗透到了报告的各个部分和各项内容中。

在纪念和庆祝改革开放40周年的大会上，习近平总书记在总结既往的经验时指出：“必须坚持以人民为中心，不断实现人民对美好生活的向往。改革开放40年的实践启示我们：为中国人民谋幸福，为中华民族谋复兴，是中国共产党人的初心和使命，也是改革开放的初心和使命。我们党来自人民、扎根人民、造福人民，全心全意为人民服务是党的根本宗旨，必须以最广大人民根本利益为我们一切工作的根本出发点和落脚点，坚持把人民拥护不拥护、赞成不赞成、高兴不高兴作为制定政策的依据，顺应民心、尊重民意、关注民情、致力民生，既通过提出并贯彻正确的理论和路线方针政策带领人民前进，又从人民实践创造和发展要求中获得前进动力，让人民共享改革开放成果，激励人民更加自觉地投身改革开放和社会主义现代化建设事业。”他还强调，在今后前进的道路上，“我们必须始终把人民对美好生活的向往作为我们的奋斗目标，践行党的根本宗旨，贯彻党的群众路线，尊重人民主体地位，尊重人民群众在实践活动中所表达的意愿、所创造的经验、所拥有的权利、所发挥的作用，充分激发蕴藏在人民群众中的创造伟力。我们要健全民主制度、拓宽民主渠道、丰富民主形式、完善法治保障，确保人民依法享有广泛充分、真实具体、有效管用的民主权利。我们要着力解决人民群众所需所急所盼，让人民共享经济、政治、文化、社会、生态等各方面发展成果，有更多、更直接、更实在的获得感、幸福感、安全感，不断促进人的全面发展、全体人民共同富裕”①。

总之，改革开放以来的40年，是中国共产党在工具与目的统一的过程中把人民群众的物质利益和社会政治文化权利发展、落实和保证的最好的历史时期，当然也是人民群众的积极性和创造性发挥得最好的时期。

以上是从自主性、制度设计和现代性诉求几个方面对中国道路内涵特点的梳理和论述，没有从当下惯常的道路、制度和理论三位一体的逻辑内容去展开，表面看来似乎文中的三个方面也没有什么逻辑关系，特别是第一个问题中的自主性也应该被包含在第三个问题所论述的现代性诉求中。但是，由于整编内容在谋篇布局和设章立目方面的特点，我们把内涵特色的中心放在了制度设计上，因为它是观念和价值的体现和保证。现代化和现代性的赋予是近代以来中国社会转型的主题和主线，所以内涵方面着力突出现代性，甚至把现代性中的自主性单独列出来进行了论述。

---

① 习近平：《在庆祝改革开放40周年大会上的讲话》，《人民日报》2018年12月19日。

第十五章　中国道路的方法论特色

党的十八大之后的党中央高度重视中国特色社会主义建设道路的方法论。为落实建设学习型政党的目标，中共中央政治局率先垂范，在任期间，共举行了40多次集体学习活动。在学习内容的选择方面，习近平总书记把对马克思主义哲学的学习放在重要的位置上。2013年12月，第十一次集体学习的内容是历史唯物主义基本原理和方法论。2015年1月，第二十次集体学习的内容又选择了辩证唯物主义基本原理和方法论。习近平总书记在主持学习时讲到：安排这两次学习，目的是推动我们对马克思主义哲学有更全面、更完整的了解。马克思主义的世界观和方法论是有机统一的。学习和掌握正确的世界观和正确的方法论，始终是马克思主义政党思想建设的重大任务。习近平总书记要求全党一定要学会用马克思主义哲学武装自己的头脑，特别是要运用唯物论、矛盾论、辩证法等方法分析和解决中国改革过程中遇到的问题和困难。此外，习近平总书记还在多种场合的许多次讲话中，要求全党从方法论的高度和角度认识和理解中国道路。十九大报告中，更是处处闪耀着马克思主义整体辩证的思维方式。

一　马克思唯物主义思想路线的中国化

马克思之前的哲学家都在以不同的方法解释和认识世界，而马克思强调认识世界的目的是为了改造世界。因此，基于实践的思维是马克思主义思维方式的鲜明特征。中国共产党人将马克思的这一思维方式进行了中国化的表达和运用，并取得了重大的理论和实践成就。

1. 中国共产党人思想方法的实践特征

中国共产党是马克思主义政党，马克思主义哲学的唯物主义思想是其思想的灵魂。中国共产党进行的革命、建设和改革事业取得的成就都是在历史唯物主义思想路线和中国实践相结合形成的中国化思想路线的指引下取得的。

作为世界观和方法论统一的马克思主义哲学，其最鲜明的特色是实践性，正如马克思墓碑上的两行字："以往的哲学家只是解释世界，而问题在于改造世界。"马克思还说："任何真正的哲学都是自己时代精神的精华，……哲学不仅从内部即就其内容来说，而且从外部即就其表现来说，都要和自己时代的现实世界接触并相互作用。"① 马克思主义哲学思想方法的实践性主要体现在三个方面：

一是马克思主义思考问题的视角和切入点是主体的实践。研读马克思主义的著作会发现，马克思主义哲学不是现实世界之外的遐想和脱离时代和人民的纯粹思想体系，而是与现实世界紧密相联的，是自己时代、自己人民的产物。马克思主义认为：世界是受实践规定、在实践中生成和发展的主体对象化的世界、人化世界、属人世界或人类世界；主体是受实践规定、在实践中生成和发展的社会化的人、实践的人；人类世界中的人的社会是受实践规定、在实践中生成和发展的实践的社会、人类社会或社会化了的人类。马克思主义哲学思想路线的实践转向，为人类哲学的发展开拓出前所未有的新视野和新境界。

二是马克思主义把主体的实践作为思考问题的立足点、出发点和归宿点。哲学思想的出发点、归宿点受其立足点规定，哲学思想的立足点不同，对相关哲学问题的理解、把握和评价也不同。马克思主义哲学思想方式的立足点是受实践规定、在实践中生成和发展的人类社会或社会化的人类，那么其归宿点也是实践，即在实践中生成和发展的人类社会的必然趋势——人的解放和人的自由而全面的发展。

三是理解哲学问题的规则、途径和方法是主体实践的内在本性和规律。主体的实践是人的生成方式、存在方式和发展方式，它规定怎样做人的本质。

① 《马克思恩格斯全集》第1卷，人民出版社1956年版，第121页。

人的存在方式即人的生存和发展方式亦即主体的实践方式，规定着人思考、把握、理解、评价属人存在的思维方式。马克思的实践思维方式，实际上自觉地把实践的内在本性和规律，内化为思考、理解、评价和解决一切相关哲学问题的思维方式的内在的规则、规律、途径和方法。

中国共产党人在领导中国革命的过程中，拥有了成功和失败两个方面的经验之后，开始了马克思主义中国化的伟大工程，用马克思主义的哲学方式和思维方式及思想路线作为认识和理解中国革命问题的基本方法。

毛泽东从大革命失败和农村革命根据地兴起的实践中开始研究中国半殖民地半封建社会的基本国情、政治经济发展不平衡的特点以及阶级力量对比的状况，突出农村和农民、根据地和游击战、暴力性与长期性等特点在中国革命道路中的特色地位。1929 年 12 月，毛泽东在给红四军第九次党代会写的决议中指出：因为对于政治形势的主观主义分析和对于工作的主观主义指导，其必然的结果，不是机会主义，就是盲动主义。他要求“教育党员用马克思主义的方法去做政治形势的分析和阶级势力的估量，以代替主观主义的分析和估量”，“使党员注意社会经济的调查和研究，由此来决定斗争的策略和工作的方法”①。1930 年 5 月，毛泽东写了《反对本本主义》一文，批判唯书唯上的本本主义、照搬照转的形式主义以及安于现状、不思进取的保守思想，指出没有调查，没有发言权，中国革命斗争的胜利要靠中国同志了解中国情况，大力倡导“共产党人从斗争中创造新局面的思想路线”。②

土地革命后期，毛泽东开始系统地阅读马克思主义哲学，并结合中国革命的经验撰写了一系列著作，形成了中国化的马克思主义。在马克思主义哲学著作的研读和撰写方面，始终坚持和强调实践第一的原则和从实际出发的认识论和方法论。在著名的《实践论》中，毛泽东以马克思主义的实践观为根据，从实践是认识的源泉、实践是认识发展的动力、实践是认识的目的、实践是检验真理的唯一标准等方面，科学阐述了实践在认识过程中的基础地位和重要作用，并对认识的两次飞跃和真理产生的规律性问题进行了深刻的研究。毛泽东认为离开实践观点必然犯大的错误，政治路线错误是其他一切

① 《毛泽东选集》第 1 卷，人民出版社 1991 年版，第 92 页。

② 同上书，第 116 页。

错误的根源，因为方法论出了错误、一切大的政治错误都是离开辩证唯物论的。在延安整风中《改造我们的学习》《整顿党的作风》《反对党八股》等报告和演说以及一系列学习文件，直接把包括教条主义和经验主义的主观主义作为批判和清理的对象，最终把实事求是确立为马克思主义思想路线中国化的表达方式。

中华人民共和国成立后，共产党人更是立足于中国的基本国情开展国民经济的恢复和社会主义的改造工作，并取得了重大的成就。展开社会主义建设伊始，毛泽东就提出“以苏为鉴”，独立自主地探讨中国式的社会主义建设道路，并提出了一系列立足于中国实践的路线、方针和政策。当社会主义建设出现挫折之时，毛泽东又大力提倡调查研究的重要性，要求从中国的实际出发认识社会主义发展阶段及中国社会主义建设的长期性，使20世纪60年代初期的党内形成了大规模调查研究之风。每当社会主义建设的实践出现问题和挫折之时，党内就会兴起马克思主义理论学习和大规模调查研究之风，呈现出理论自觉和重视实践的鲜明特点。可惜的是，在此过程中形成的一些关于社会主义建设的正确和比较正确的理论原则和经验总结总是由于各种复杂的原因难于付诸实施。

改革开放的新时期是从“真理标准问题”的大讨论开始的。在总结十年“文化大革命”严重脱离中国实际的基础上，中国共产党重新确立了马克思主义的实践观点，恢复了正确的世界观和方法论。从此，共产党人牢牢把握实践准则和方法，立足国情谋发展。“摸着石头过河”“黑猫白猫论”“倒逼方式”等，都是实践方法的具体体现和中国化表达。社会主义初级阶段论、社会主义市场经济论、三步走战略、小康社会论、和谐社会论、先进政党论等都是从中国社会主义建设实践出发提出的关乎中国特色社会主义命运的重要理论和思想，承载着这些内容的邓小平理论、“三个代表”重要思想、科学发展观和习近平新时代中国特色社会主义思想都是马克思主义实践第一观点和方法的结晶。习近平总书记指出：“必须坚持辩证唯物主义和历史唯物主义世界观和方法论，正确处理改革发展稳定关系。”他指出：“改革开放40年的实践启示我们：我国是一个大国，决不能在根本性问题上出现颠覆性错误。我们坚持加强党的领导和尊重人民首创精神相结合，坚持‘摸着石头过河’和顶层设计相结合，坚持问题导向和目标导向相统一，坚持试点先行和全面推进相促进，既鼓励大胆试、大胆闯，又坚持实事求是、善作善成，确保了改革开放行稳致远。前进道路上，我们要增强战略思维、辩证思维、创新思维、法治思维、底线思维，加强宏观思考和顶层设计，坚持问题导向，聚焦我国发展面临的突出矛盾和问题，深入调查研究，鼓励基层大胆探索，坚持改革决策和立法决策相衔接，不断提高改革决策的科学性。”①

2. 理论与实践结合的方法

马克思主义坚持实践第一的观点，但并不否认理论的威力，而是认为理论对实践有巨大的指导作用。马克思在《〈黑格尔法哲学批判〉导言》中指出：“批判的武器当然不能代替武器的批判，物质力量只能用物质力量来摧毁；但是理论一经掌握群众，也会变成物质力量。”② 这就是说，主张理论与实践的结合是马克思主义的一个基本观点和方法。

中国共产党在坚持、运用和创新马克思主义哲学方法的过程中，把理论与实践结合的方法的创新和运用提升到了新的高度和境界。毛泽东借用中国古代文献《后汉书》中的“实事求是”一词来高度概括马克思主义的历史唯物主义和辩证唯物主义的观点和方法。而实事求是的方法内在地包括“理论与实践相结合”的重要思想。“理论与实践相结合”，就是要坚持理论以实践为基础，实践以理论为指导，达到理论与实践、知和行具体的历史的统一。具体到中国革命的实践来讲，理论联系实际，就是指要用马克思主义的基本理论指导中国革命的实际，把马克思主义的基本立场、观点和方法与中国的实际结合起来，创造出适合中国国情的、带有浓郁民族特点的理论和方法来，不断把马克思主义推向新阶段、新境界。毛泽东带领共产党人在马克思主义中国化、大众化的潮流中，创建了新民主主义理论和社会主义改造理论，并就中国的社会主义建设实践进行探索，提出了许多宝贵的理论原则和经验总结，以中国经验为马克思主义的理论宝库增添了新的武器。

同样，新时期到来后，中国共产党人在坚持实践第一的基础上，继承中国化马克思主义——毛泽东思想的伟大成果，根据新的世情、国情和党情，

---

① 习近平：《在庆祝改革开放40周年大会上的讲话》，《人民日报》2018年12月19日。

② 《马克思恩格斯选集》第1卷，人民出版社1995年版，第9页。

以解放思想、与时俱进丰富和发展实事求是的思想路线，先后形成了邓小平理论、“三个代表”重要思想、科学发展观和习近平新时代中国特色社会主义思想四大中国化的马克思主义理论成果。作为马克思主义中国化的第二个重大理论成果，邓小平理论是在新的历史条件下对毛泽东思想的继承和发展，是马克思主义中国化发展的新阶段，它初步系统地回答了“什么是社会主义，怎样建设社会主义”这个根本问题，开创了中国特色社会主义道路，开拓了马克思主义中国化的新境界；“三个代表”重要思想是马克思主义中国化的第三个重大理论成果，是同马克思列宁主义、毛泽东思想、邓小平理论一脉相承而又与时俱进的科学体系，它进一步回答了“什么是社会主义，怎样建设社会主义”这个问题，创造性地回答了“建设什么样的党，怎样建设党”的问题，是对马克思主义建党学说的创造性贡献；科学发展观是在中国改革、发展和转型的关键时期马克思主义中国化的又一大理论创新，它与之前的一切理论成果是继承与发展的关系，解决的是“什么是发展，怎样发展”等关乎中国进一步改革和发展需要解决的重大理论和方法问题。对中国实现经济社会全面协调可持续发展提供了指导思想和方法。胡锦涛在党的十七大报告中指出：“中国特色社会主义道路之所以完全正确、之所以能够引领中国发展进步，关键在于我们既坚持了科学社会主义的基本原则，又根据我国实际和时代特征赋予其鲜明的中国特色。”①指的是理论与实践结合的观点。党的十九大对中国发展的历史方位进行了新判断——中国特色社会主义进入了新时代。基于这一判断，提出了习近平新时代中国特色社会主义思想，主要回答了“坚持和发展什么样的中国特色社会主义，怎样坚持和发展中国特色社会主义”的重大理论和实践问题，把马克思主义和中国实践相结合的理论推向了新阶段。

概括来讲，中国道路，就是马克思主义基本原理和中国当代实践以及时代特征相结合的产物。中国特色社会主义之所以取得成功，之所以能够不断向前发展，最根本的在于把马克思主义基本原理与中国实际结合起来，通过伟大理论和伟大实践的互动，使马克思主义获得了鲜明的民族性、时代性、

① 中共中央文献研究室：《十七大以来重要文献选编》（上），中央文献出版社2009年版，第9页。

实践性，推动着实践持续深入发展，并赋予中国特色社会主义伟大实践现实的合理性和历史的必然性。

高度重视马克思主义观点和方法，注重从哲学高度研究和解决中国面临的改革发展等重大任务的习近平总书记，早在担任中共中央政治局常委、中央书记处书记、中共中央党校校长时，就分别在 2011 年 11 月 16 日和 2012 年 5 月 16 日的两次中共中央党校开学典礼上，发表了题为《谈谈调查研究》和《坚持实事求是的思想路线》的重要讲话，精辟阐释了坚持实事求是观点和方法的重大现实意义，强调调查研究工作的极端重要性以及调查的方式方法及基本要求等。在中国初级阶段的基本国情基本没有变，但 30 多年的巨大成就和世界局势的深刻变化又使中国面临着一系列的新情况、新问题的情况下，他特别强调领导干部要做实事求是的表率，并要求他们“一定要打牢马克思主义理论功底，这是坚持实事求是的理论基础。道理很清楚，没有科学理论功底，不掌握科学的世界观和方法论，就不能透过事物的现象看本质，就不能把握事物的内在联系，就容易陷于盲目性、片面性、被动性，也就很难做到实事求是。因此，领导干部必须努力学习马克思主义理论，在学习中国特色社会主义理论体系特别是在学习实践科学发展观上下功夫，牢牢掌握认识世界、认识客观规律的思想武器。要弘扬理论联系实际的学风，善于运用马克思主义立场、观点、方法分析和解决面临的实际问题，借鉴历史经验和总结新鲜经验，不断增强工作的原则性、系统性、预见性、创造性”①。2015 年 6 月 12 日，在纪念陈云同志诞辰 110 周年的纪念会上，习近平总书记再次强调要学习陈云同志实事求是的精神。他指出：“对实事求是，陈云同志践行了一生，依靠调查研究做决策是陈云同志坚持实事求是的思想方法和工作方法。他脚踏实地，反对虚夸浮躁、急功近利。全党同志一定要把实事求是贯穿到各项工作中去，经常、广泛、深入开展调查研究，努力把真实情况掌握得更多一些、把客观规律认识得更透一些，为协调推进‘四个全面’战略布局打下扎实的工作基础。”② 缅怀先人旨在启迪今人，强调理论原则和方法，目的是指导现实问题的解决，习近平总书记在理论与实践的结合方面一以贯之地

① 习近平：《坚持实事求是的思想路线》，《学习时报》2012 年 5 月 27 日。

② 习近平：《学习陈云同志五种精神》，《人民日报》（海外版）2015 年 6 月 13 日。

继承了中国共产党人的传家宝，并继续赋予其时代特色、理论特色和民族特色。党的十九大报告更是理论与实践结合的典范，实践基础上的理论飞跃和理论指导下的实践蓝图，必将把中国特色社会主义和中华民族的伟大复兴推向崭新的阶段和历史的新高度。党的十九大之后，在领导新时代中国特色社会主义伟大事业的建设中，习近平总书记一方面强调理论对实践的指导，一方面又不断推动实践中的经验总结和理论创新。他告诫全党："创新是改革开放的生命。实践发展永无止境，解放思想永无止境。恩格斯说'一切社会变迁和政治变革的终极原因，不应当到人们的头脑中，到人们对永恒的真理和正义的日益增进的认识中去寻找，而应当到生产方式和交换方式的变更中去寻找'。我们坚持理论联系实际，及时回答时代之问、人民之问，廓清困扰和束缚实践发展的思想迷雾，不断推进马克思主义中国化、时代化、大众化，不断开辟马克思主义发展新境界。"①

3. 按客观规律办事的方法

1883 年 3 月 17 日，恩格斯在马克思墓前的讲话中指出："正像达尔文发现有机界的发展规律一样，马克思发现了人类历史的发展规律，即历来为繁芜丛杂的意识形态所掩盖着的一个简单事实：人们首先必须吃、喝、住、穿，然后才能从事政治、科学、艺术、宗教等；所以，直接的物质的生活资料的生产，从而一个民族或一个时代的一定的经济发展阶段，便构成基础，人们的国家设施、法的观点、艺术以至宗教观念，就是从这个基础上发展起来的，因而，也必须由这个基础来解释，而不是像过去那样做得相反。不仅如此。马克思还发现了现代资本主义生产方式和它所产生的资产阶级社会的特殊的运动规律。由于剩余价值的发现，这里就豁然开朗了，而先前无论资产阶级经济学家或者社会主义批评家所做的一切研究都只是在黑暗中摸索。"② 众所周知，规律是事物内部的必然联系，规定着事物发展的必然趋向，具有客观性、普遍性和永恒性，人们只能认识和运用规律而不能随意改变规律。马克思发现了人类社会和资本主义制度的规律，为人类指明了未来的方向。作为代表先进生产力发展要求和无产阶级利益的共产党人，始终是按照马克思发

① 习近平：《在庆祝改革开放 40 周年大会上的讲话》，《人民日报》2018 年 12 月 19 日。

② 《马克思恩格斯选集》第 3 卷，人民出版社 1995 年版，第 776 页。

现的规律推动社会发展进步的。

遵循客观规律、按照规律办事，是中国共产党人90多年奋斗史中孜孜以求的态度和方法。中国共产党的“实事求是”思想路线本身就包含着对规律的探索。毛泽东同志说：“‘实事’就是客观存在着的一切事物，‘是’就是客观事物的内部联系，即规律性，‘求’就是我们去研究。”① 这就是说，坚持实事求是，就要深入实际了解事物的本来面貌，要透过现象看本质，从零乱的现象中发现事物内部存在的必然联系，从客观事物存在和发展的规律出发，在实践中按照客观规律办事。

毛泽东同志在把马克思主义基本原理和方法中国化的过程中，不断寻求中国革命的规律。在正确分析国情的基础上，探索出了新民主主义革命的道路，其中包含着农村包围城市武装夺取政权、工人阶级领导的以工农联盟为基础的广泛的革命统一战线、党指挥枪的原则、思想建党及支部建在连上等符合中国实际的规律性的理论、原则和方法。正是遵循了这些规律，中国革命才一步步走向了胜利。在民主革命成功和社会主义改造胜利的基础上，毛泽东也对社会主义建设规律和执政党自身建设和执政规律进行了艰苦探索，提出了许多合乎规律的理论原则和经验总结及方法。在20世纪60年代初发生大跃进的挫折时，毛泽东率领全党调查研究和研读马列经典。他指出：“在社会主义建设上，我们还有很大的盲目性。社会主义经济，对于我们来说，还有许多未被认识的必然王国。”他号召全党：“我们应当在今后一段时间内，积累经验，努力学习，在实践中间逐步地加深对它的认识，弄清楚它的规律。”②

邓小平在经历了传统社会主义建设的成败得失之后，首先强调的是要回到马克思主义正确的思想路线上来，从反对“两个凡是”到党的十一届三中全会主题——“解放思想，实事求是，团结一致向前看”的确立，从要求“经济工作要按经济规律办事，不能弄虚作假，不能空喊口号，要有一套科学的办法”③ 到1992年南方谈话中反复强调“实事求是是马克思主义的精髓”。

---

① 《毛泽东选集》第3卷，人民出版社1991年版，第801页。

② 《毛泽东著作选读》（下），人民出版社1986年版，第829页。

③ 《邓小平文选》第2卷，人民出版社1984年版，第196页。

邓小平始终带领全党在探索中国特色社会主义建设的规律问题。邓小平理论就是在回答"什么是社会主义，怎样建设社会主义"这一最根本的规律，希望全党能按照规律办事。

进入21世纪后，世情、国情和党情的深刻变化，使执政党面临的国内外环境日益复杂。中国共产党的先进性建设和执政能力建设问题也被提上日程。随后，新时期马克思主义中国化的第二大成果——"三个代表"重要思想问世，在十六大被写进党章。同时，在党的十六大上提出要"不断深化对共产党执政规律、社会主义建设规律和人类社会发展规律的认识，不断丰富和发展马克思主义"①。探索三大规律任务的明确提出，把中国共产党对按规律办事的思维和思想方法的认识提高到了一个新的高度和境界。改变党的领导方式和执政方式，提高党的执政能力，党要学会民主执政、科学执政和依法执政，等等。所有的关于党的建设的理论和方法都指向一个执政规律问题。所有的成果实质上都在解决执政的合法性问题、执政党运作权力的方式方法及其权力如何监督的问题。

在遵循人类社会发展规律、坚持社会主义方向、对中国特色社会主义和中国共产党执政规律探索的基础上，"科学发展观"是针对中国改革发展中存在的具体问题对马克思主义发展理论和方法的创新和超越。解决的是"实现什么样的发展，怎样发展"等基本问题。它把对人类社会发展规律的认识引向深入，体现了中国共产党人把发展的合规律性与合目的性融为一体的政治智慧。从世界局势、中国国情和时代特征出发，科学发展观把尊重自然规律与尊重社会规律统一起来，对建立一种更为合理的人与人、人与社会、人与自然的关系作了新探索，对人类社会发展的目标和道路作了新思考，对人类文明发展的方向作了新回答，对人类社会发展规律的认识达到了新的理论高度。这是中国共产党人自觉按规律办事的态度和方法的最高体现。

习近平总书记还从历史发展的大趋势角度去分析社会发展规律的客观性。2012年11月17日，十八届中共中央政治局举行第一次集体学习。习近平总书记在讲话中说，党的十八大提出了在新的历史条件下夺取中国特色社会主义新胜利必须牢牢把握的基本要求。这些基本要求，"是体现共产党执政规

① 《江泽民文选》第3卷，人民出版社2006年版，第569页。

律、社会主义建设规律、人类社会发展规律的东西，表明我们党对中国特色社会主义规律的认识达到了新水平"①。他在2013年1月5日新进中央委员会委员、候补委员学习党的十八大精神研讨班上的讲话中指出："事实一再告诉我们，马克思、恩格斯关于资本主义社会基本矛盾的分析没有过时，关于资本主义必然消亡、社会主义必然胜利的历史唯物主义观点也没有过时。"②2013年7月在西柏坡考察工作时，习近平总书记提出了历史治乱规律的思想。他说："在中国革命即将取得全国胜利之际，毛泽东同志在党的七届二中全会上向全党郑重提出'两个务必'，是经过了深入思考的。这里面，包含着对我国几千年历史上治乱规律的深刻借鉴，包含着对我们党艰苦奋斗历程的深刻总结，包含着对胜利了的政党永葆先进性和纯洁性、对即将诞生的人民政权实现长治久安的深刻忧思，也包含着对我们党坚持全心全意为人民服务根本宗旨的深刻认识，思想意义和历史意义十分深远。"而他在2014年以来提出的"四个全面"战略布局思想则是党探索三大规律的最新成果，是要求全党按规律办事的最新指导思想。党的十九大报告在阐述新时代中国特色社会主义思想时指出："我们党坚持以马克思列宁主义、毛泽东思想、邓小平理论、'三个代表'重要思想、科学发展观为指导，坚持解放思想、实事求是、与时俱进、求真务实，坚持辩证唯物主义和历史唯物主义，紧密结合新的时代条件和实践要求，以全新的视野深化对共产党执政规律、社会主义建设规律、人类社会发展规律的认识，进行艰辛理论探索，取得重大理论创新成果，形成了新时代中国特色社会主义思想。"③

在2018年12月召开的纪念和庆祝十一届三中全会40周年的大会上，他又特别强调：我们要积极探索共产党执政规律、社会主义建设规律、人类社会发展规律，不断开辟马克思主义中国化的新境界。

总之，一部中国共产党的执政史，也是一部上下求索中国特色社会主义道路的历史。中国特色社会主义是当代中国发展进步的旗帜，在这面旗帜上，

---

① 中共中央文献研究室：《十八大以来重要文献选编》（上），中央文献出版社2014年版，第78页。

② 同上书，第117页。

③ 习近平：《决胜全面建成小康社会 夺取新时代中国特色社会主义伟大胜利——中国共产党第十九次全国代表大会上的报告》，《人民日报》2017年10月28日。

书写了党对执政规律、社会主义建设规律、人类社会发展规律探索的一次又一次飞跃。

二　整体辩证的系统思维方式

真正的哲学是时代精神的精华，而一个时代的思维方式就正是这一精华的源泉。因为任何思想观念都是一定思维方式的产物，从而也就只有在与之相匹配的思维方式中才能得到恰当的把握。中华民族的传统思维方式主要具有整体性、模糊性、联系性、类比性等特点，这和西方的分析性、二元对立性、逻辑性等思维方式有着重大差别。但西方思想文化的多元性也造就了马克思主义的唯物辩证思维方式。近代以来，由于历史向世界历史的转变，各民族间的交往与冲突成为普遍现象。在打开国门走向世界的过程中，西方文化及背后的思维方式也开始影响中国，特别是中国共产党人在把马克思主义中国化的过程中，用马克思主义的唯物辩证思维方式改造中国传统思维，形成了带有浓厚民族风格和气派的中国化马克思主义思维方式。这在中国共产党改革开放的过程中，也不断地变化和创新，形成了中国道路思维方式的特色。

1. 中国道路的整体系统性思维

马克思主义是包含着鲜明的世界观、方法论和价值观的思想理论体系，具有逻辑的严密性和体系的整体性。它反映了对于自然界、人类社会发展中所存在问题的思考，各部分之间又不是彼此隔离、互不相关的，而是有着不可隔离的紧密联系。马克思主义的基本特征之一表现为其理论内容、层次结构、精神实质、研究表述和历史发展等方面严密的整体性意涵。这也反映着其背后思维方式的整体性。中华民族思维方式的最大特点是综合的、整体的，甚至是只见整体不见局部的。中国共产党在运用马克思主义改造中国传统文化的过程中，形成的思维方式带有鲜明的整体系统性特征。就拿中国的革命来讲，毛泽东心中的革命和之前中国发生过的农民造反及资产阶级领导的旧民主主义革命的不同，就在于其革命理念的整体性——不仅是夺取政权的新民主主义革命，还包括改造社会的社会主义革命和改造人的思想观念和社会习俗的文化革命。毛泽东的著名的“全国一盘棋”思想以及他对社会主义集体主义的极端重视都是这种思维方式的产物。

改革开放的新时期到来之后，为了解决全国人们迫切的温饱问题，中央把“一个中心、两个基本点”作为基本路线，以改革开放大力促进经济发展，同时保证在社会主义的道路上前进，“发展是硬道理”包含着政治上的正确性。即使是发展经济的任务异常艰巨，中央也没有放弃整体性原则。党的整体性思维方式体现在当时的一系列“两手抓 ”战略方针中：一手抓物质文明，一手抓精神文明；一手抓建设，一手抓法制；一手抓改革开放，一手抓惩治腐败。“两手抓”的理论，是邓小平同志建设有中国特色社会主义理论的重要内容，是指导社会主义现代化建设的强大思想武器。特别是在物质文明和精神文明的关系、改革开放和惩治腐败方面，从20世纪80年代到90年代，中央下了很大的力气进行两手抓。因为邓小平认为只抓一手，不仅社会主义的性质无法保证，而且改革最终也会走向失败。

“两手抓”思想在1997年9月召开的中国共产党第十五次全国代表大会上发展为政治、经济和文化建设三个方面的内容。社会主义初级阶段的基本纲领规定：“建设有中国特色社会主义的经济，就是在社会主义条件下发展市场经济，不断解放和发展生产力；建设有中国特色社会主义的政治，就是在中国共产党领导下，在人民当家作主的基础上，依法治国，发展社会主义民主政治；建设有中国特色社会主义的文化，就是以马克思主义为指导，以培育有理想、有道德、有文化、有纪律的公民为目标，发展面向现代化、面向世界、面向未来的，民族的科学的大众的社会主义文化。”① 这个纲领，是邓小平理论的重要内容。从此，中国特色的社会主义建设内容进一步整体化了。到了2002年的党的第十六次代表大会，进一步提出了建设中国特色社会主义物质文明、政治文明和精神文明的概念。三个文明协调发展的思想形成，也是不断扩大对外开放中中国走向世界、汲取人类文明发展营养的结果。

随着中国社会的迅速发展和转型，社会分化和多样化的样态出现，社会矛盾多发，治理的难度也不断加大。所以2007年党的第十七次代表大会总结思想理论创新的成果，将经济、政治、文化、社会建设“四位一体”的中国特色社会主义事业总体布局，写入党的章程。之后，随着环境污染和治理问

① 《江泽民文选》第2卷，人民出版社2006年版，第17—18页。

题的突出、人与自然关系的紧张，党的十八大报告又把生态文明建设提升为中国特色社会主义建设的战略重点，形成了“五位一体”的中国特色社会主义建设的整体布局。同时，从系统思维出发，党不断强调系统内部的关联性和协调性，如一系列统筹兼顾原则的提出以及城乡一体化战略等，都是整体系统思维的体现。

仅仅从方法论的视角看，这种不断丰富和发展的整体系统性发展观是当今中国社会发展的重要的认识方法、实践方法和思维方式。反映了共产党人从系统的整体性视角来把握、分析、评价和解决发展问题的思维。这种审视发展现实、解决发展问题、重塑发展未来等方面的整体性思维方法，是中国谋划和解决发展实践的重要的方法论武器。党的十八大之后，这种整体系统思维方式的运用日益自觉和成熟。“中国梦”战略和“四个全面”战略布局都是整体性思维的鲜明体现。习近平总书记的系列讲话中处处闪耀着整体性思维的民族特色：在改革开放方面，他指出：“改革开放是一个系统工程，必须坚持全面改革，在各项改革协同配合中推进。改革开放是一场深刻而全面的社会变革，每一项改革都会对其他改革产生重要影响，每一项改革又都需要其他改革协同配合。要更加注重各项改革的相互促进、良性互动，整体推进，重点突破，形成推进改革开放的强大合力。”在生态环境方面，他指出：“我们要认识到，山水林田湖是一个生命共同体，人的命脉在田，田的命脉在水，水的命脉在山，山的命脉在土，土的命脉在树。用途管制和生态修复必须遵循自然规律，如果种树的只管种树、治水的只管治水、护田的单纯护田，很容易顾此失彼，最终造成生态的系统性破坏。”①在国家安全方面，他要求：“坚持总体国家安全观，走出一条中国特色国家安全道路……构建集政治安全、国土安全、军事安全、经济安全、文化安全、社会安全、科技安全、信息安全、生态安全、资源安全、核安全等于一体的安全体系。”② 在国际关系方面，他认为“各国相互联系、相互依存的程度空前加深，人类生活在同一个地球村里，生活在历史和现实交汇的同一个时空里，越来越成为你中有我、

① 中共中央文献研究室：《十八大以来重要文献选编》（上），中央文献出版社 2014 年版，第 507 页。

② 习近平：《坚持总体国家安全观 走中国特色国家安全道路》，《人民日报》2014 年 4 月 16 日。

我中有你的命运共同体”[①]。

中国共产党的十九大报告通篇都贯穿着整体辩证的思维方式。报告把“着力增强改革系统性、整体性、协同性”作为全面深化改革取得重大突破的一项重要经验，把“更加注重改革的系统性、整体性、协同性”写入了党章，对之后围绕决胜全面建成小康社会和全面建设社会主义现代化强国来全面深化改革做出新的部署。习近平总书记指出：“全面深化改革，全面者，就是要统筹推进各领域改革，就需要有管总的目标，也要回答推进各领域改革最终是为了什么、要取得什么样的整体效果这个问题。”“改革开放是一个系统工程，必须坚持全面改革，在各项改革协同配合中推进。”在谈到加强党的执政能力建设时，十九大报告还特别强调全党养成科学的思维方式的重要性，要求“增强政治领导本领，坚持战略思维、创新思维、辩证思维、法治思维、底线思维，科学制定和坚决执行党的路线方针政策，把党总揽全局、协调各方落到实处”[②]。

2. 中国道路思维方式的辩证性

唯物辩证法是马克思主义哲学的核心方法，被集中概括为量变质变规律、对立统一规律和否定之否定规律。唯物辩证法认为：世界是普遍联系、永恒发展的，内在的矛盾运动是事物发展的根本动力，必须坚持用全面、联系和发展的眼光看问题。纵观中国道路探索、开辟和发展过程，其中充满了共产党人辩证思维的特点。这些辩证思维的特色主要体现在以下三个方面：

首先是历史和逻辑统一的辩证思维。历史的主体是人，人在历史进程中形成的思维及能力就是逻辑，逻辑来自历史，历史是逻辑的实践体现与现实展开。历史和逻辑的统一，是辩证唯物主义和历史唯物主义的活的灵魂，是认识事物的主要方法。恩格斯曾经指出“对经济学的批判，即使按照已经得到的方法，也可以采用两种方式：按照历史或者按照逻辑。既然在历史上也像在它的文献的反映上一样，大体说来，发展也是从最简单的关系进到比较复杂的关系，那么，政治经济学文献的历史发展就提供了批判所能遵循的自

① 《习近平谈治国理政》，外文出版社 2014 年版，第 272 页。

② 习近平：《决胜全面建成小康社会 夺取新时代中国特色社会主义伟大胜利——中国共产党第十九次全国代表大会上的报告》，《人民日报》2017 年 10 月 28 日。

然线索，而且，大体说来，经济范畴出现的顺序同它们在逻辑发展中的顺序也是一样的”①。他还说“历史从哪里开始，思想进程也应当从哪里开始，而思想进程的进一步发展不过是历史过程在抽象的、理论上前后一贯的形式上的反映；这种反映是经过修正的，然而是按照现实的历史过程本身的规律修正的，这时，每一个要素可以在它完全成熟而具有典型性的发展点上加以考察”②。从中国历史的纵深观察和思考，意涵着中华民族复兴的中国道路的探索实际上从鸦片战争就开始了，那个时期各阶级、阶层都纷纷登台表演，拿出了自己的救国方案，但是中国共产党领导人民而不是别的阶级最终实现了中国人的百年梦想。共产党的领导地位和中国走上社会主义道路是百年中国艰辛探索、不断试错的结果。世界进入和平发展新阶段之后，在改革开放中形成的中国特色社会主义道路“是科学社会主义理论逻辑和中国社会发展历史逻辑的辩证统一，是根植于中国大地、反映中国人民意愿、适应中国和时代发展进步要求的科学社会主义，是全面建成小康社会、加快推进社会主义现代化、实现中华民族伟大复兴的必由之路”③。特别是在社会主义运动整体遭遇危机、陷入低谷的背景下，统一于道路、理论和制度的中国特色社会主义旗帜屹立不倒且创造了惊人成绩的事实，体现的就是历史与逻辑的辩证统一，也就是决定论和选择论的辩证统一、时代主题变化与自身发展需要的辩证统一、普遍原理与具体实践的辩证统一、一般进程与特殊条件的辩证统一、生产力发展要求与广大人民利益的辩证统一、可能性和现实性的辩证统一。

其次是改革、发展与稳定的辩证统一思维。辩证法的基本内容是认为事物都是出于发展变化过程中的，人类社会也是不断地由低级向高级发展的，由量变积累质量，新事物取代旧事物、高级形态的社会取代低级形态的社会是自然界和人类社会发展的基本规律。与自然界的变化发展不同，人类社会发展中人的积极选择和推动作用至关重要，但人的作用不能超越历史条件。中国共产党人在把马克思主义中国化的过程中，将马克思主义的辩证法与中国传统的辩证思维结合，在革命、建设和改革的各个历史时期不断以革命或

---

① 《马克思恩格斯文集》第 2 卷，人民出版社 2009 年版，第 603 页。

② 同上。

③ 习近平：《毫不动摇坚持和发展中国特色社会主义，在实践中不断有所发现有所创造有所前进》，《人民日报》2013 年 1 月 6 日。

者改革的方法在推动中国历史的进步。但是，特别是在新时期中国特色社会主义道路的开辟过程中，中国共产党始终坚持辩证思维处理继承与创新、改革与稳定的关系。邓小平提出的初级阶段基本路线中的两个“中心点”的统一——坚持四项基本原则与坚持改革开放的统一，江泽民关于“改革力度、发展速度和人们能够承受程度”的论述，胡锦涛提倡科学发展、反对唯 GDP 论等、强调社会公平原则，等等，都是辩证思维的体现。习近平总书记非常重视辩证思维，要求干部提高辩证思维能力。2012 年 12 月，他在广东考察时指出：“改革也要辩证施治，既要养血润燥、化瘀行血，又要固本培元、壮筋续骨，使各项改革发挥最大效能。”[①] 党的十八届三中全会第二次全体会议上他又指出：“在推进改革中，要坚持正确的思想方法，坚持辩证法”，在之后召开的中央经济工作会议上，习近平总书记再次强调：“‘稳’也好，‘改’也好，是辩证统一、互为条件的。一静一动，静要有定力，动要有秩序，关键是要把握好这两者之间的度。”[②] 这些重要论述，充分显示习近平总书记对辩证思维的高度重视。习近平总书记的辩证思维，还有一个重要的体现，就是他关于改革开放前后两个三十年关系的论述，要求把两者统一于中国社会主义建设实践的过程中，坚决反对对立和割裂两个三十年。

最后是关于科学思维与价值思维的辩证统一。马克思主义是主张科学性和价值性相统一的。他明确声称自己的理论是为无产阶级服务的，同时又是能经得起实践检验的。在对资本主义的私有制和社会分工造成的人的异化现象和奴役地位进行无情揭露和批判后，马克思宣布：“代替那存在着阶级和阶级对立的资产阶级旧社会的，将是这样一个联合体，在那里，每个人的自由发展是一切人的自由发展的条件。”[③] 中国共产党的第一代领导人在运用马克思主义指导中国革命的过程中，就注意将马克思主义的价值思维和中国的民本思想结合，将解放中国人民和中华民族与解放全人类的事业结合起来，并提出了自己的最低纲领、最高纲领，并把“为人民服务”作为中国共产党的宗旨写进了党纲。新时期到来后，邓小平在批评和扬弃传统社会主义模式弊

---

① 中共中央文献研究室：《习近平关于全面深化改革论述摘编》，中央文献出版社 2014 年版，第 32 页。

② 《习近平在全国经济工作会议上发表重要讲话》，《人民日报》2013 年 12 月 14 日。

③ 《马克思恩格斯选集》第 1 卷，人民出版社 1995 年版，第 294 页。

端的同时，引进了西方的资金、技术、管理方式和市场经济的运行模式，甚至要求全党学会理性、科学的思维方式，但从来没有忽视甚至是轻视共产党人的价值追求和价值思维。他允许一部分人先富起来目的是实现共同富裕；他引进市场经济模式是为了发展社会主义的生产力并增加社会主义财富的总量；他重视经济效益但从不放松对社会效益的关注；他要求民主法制但从不放松中国德治和思想教化的传统。“三个代表”重要思想在强调共产党人对先进生产力和先进文化的代表的最终目的还是代表最广大人民的根本利益，它是从价值与工具的辩证统一中推进中国特色社会主义事业的。科学发展观更是在中国面临发展中的许多问题的关键时刻，强调共产党人价值思维的理论，因为它运用主体性思维强调人的核心地位和社会本位，又从价值主体与价值客体之间的关系入手提出建设和谐社会，最终目的是为了人的自由。

习近平总书记特别重视马克思主义的辩证法思想。他在领导新时代中国特色社会主义事业的过程中，不断地就物质与精神、理论与实践、改革与稳定、继承与发展、局部与整体、眼前与长远、经济与环境、压力与动力等关系进行辩证分析和科学指导。新时代中国特色社会主义就是价值理性和科学理性思维方式统一的体现。他在坚持马克思主义唯物辩证法基本原则的前提下，始终高扬中国特色社会主义旗帜，强调发展的科学性和社会主义核心价值观，强调中国传统文化中价值理性的重要性，强调科学思维与价值思维的统一。

除了以上三个主要方面外，中国共产党人的辩证思维方式贯穿其理论和实践的全部过程和所有环节中。可以说，中国特色社会主义，不仅是中国道路、理论和制度的统一，更是马克思主义世界观、价值观和方法论的统一。

三　唯物辩证的工作方法

“政治路线确定之后，干部就是决定因素。”那么干部如何把路线付诸实践并取得预期的成效，工作方法至关重要。中国共产党十分重视对工作方法的探讨和总结，毛泽东还把“密切联系群众”的方法与理论联系实际、批评和自我批评一起作为党的三大优良作风，视为党的工作方法的传家宝。20 世纪 50 年代后期大规模的社会主义建设运动中，毛泽东还专门撰写了《工作方法六十条》，具体入微地指导干部正确地开展工作。邓小平之后的历届领导人也都非常强调党的路线、方针、政策贯彻的有效性和干部的执行力问题，强调掌握正确工作方法的必要性和重要性。行之有效的工作方法千差万别，在各个领域和各项工作中又具体细微。我们这里仅仅从唯物辩证法的哲学高度来总结中国道路中最根本的、最常用的工作方法。

1. 走群众路线的工作方法

群众路线是中国共产党领导人民进行革命、建设和改革的根本路线和方法。这其中体现的是马克思主义的历史观和认识论：历史活动是群众的事业，决定历史结局的是人民群众，人民群众是历史的创造者，人民群众的实践活动是一切物质和精神财富的源泉。中国共产党是中国工人阶级的先锋队，同时是中国人民和中华民族的先锋队。从党成立的那天起，就把马克思主义的这一基本原理创造性地运用于党的全部活动中，形成了体现中国共产党性质和宗旨的根本工作路线——群众路线。

群众路线在各个历史时期和党领导的各项工作中都是一个最根本的方法。就在2011年4月25日，中央还指示中宣部理论局组织编写和出版了《论党的群众工作——重要论述摘编》一书，从“做关于群众工作的重要性”“牢固树立群众观念”“自觉贯彻群众路线”“始终站稳群众立场”“群众工作的主要任务”和“提高群众工作的本领”等六个方面总结和论述了从毛泽东到胡锦涛各个时期党的最高领袖关于群众路线的思想和观点，目的是提醒全党在推进中国特色社会主义伟大事业过程中要牢记群众路线的传统。中国道路蕴含的马克思主义的群众观点被中国共产党化为一种总的工作方法时，概括为“一切为了群众，一切依靠群众，从群众中来，到群众中去”四句话。

“一切为了群众，一切依靠群众”，体现的是马克思主义关于人是目的和手段统一的观点。根据中国共产党的历届领导人的阐释，这两句话包含着四个方面的内容：（1）全心全意为人民服务的观点。有无群众观点是中国共产党与其他政治力量的一个根本区别。中国共产党的奋斗史就是代表和实现人民利益的历史，党的利益和人民的利益是完全一致的。每一个共产党员和党的干部，不管他的职务有多高，都必须正确处理个人同群众的关系，真正做到人民群众的利益高于一切，将为人民服务作为自己思想和行动的最高准则。

党自身建设与领导人民奋斗的历史就是践行为人民服务宗旨的历史。在共产党内，无论官有多大、地位有多高，都没有脱离群众和损害群众利益的权力。(2) 一切向人民群众负责的观点。在中国共产党内，各级工作人员向上级负责和向人民负责原则上是一致的，但归根结底是要向人民负责的。党所从事的一切事业和开展的一切工作都是为人民谋利益的。所以在开辟中国特色社会主义道路过程中，邓小平始终把“群众满意不满意、高兴不高兴、答应不答应”作为判断党的政策成败得失的唯一标准。胡锦涛同志则告诫全党，始终牢记“权为民所用、情为民所系、利为民所谋”。习近平总书记的“八项规定”及以此为内容开展的群众路线教育活动更是向群众负责的态度的体现。(3) 相信群众自己解放自己的观点。人民群众是历史的主人，共产党只是人民群众的领路人不是代替群众当家作主的人。共产党全部力量的源泉就在于密切地依靠最广大的人民群众，通过宣传群众、组织群众、依靠群众的智慧和力量去实现人民群众自身的解放，谋取人民群众自身的利益，任何包办代替的做法，任何命令主义、尾巴主义，都是违背群众观点的。(4) 向人民群众学习的观点。作为历史的主人，群众是最有智慧和创造力的。毛泽东在《〈农村调查〉的序言和跋》中曾说过：“群众是真正的英雄，而我们自己则往往是幼稚可笑的，不了解这一点，就不能得到起码的知识。”[①] 他还教导全党：“要做群众的先生，先做群众的学生”[②]，必须要放下架子，甘当小学生，多同群众交朋友，多向群众请教。要在全党形成坚决相信群众，紧紧依靠群众，老老实实向人民群众学习的良好风尚，真正把人民群众当主人、当亲人、当老师。中国特色社会主义事业是党领导亿万人民开创的事业，无论是小岗村的包产到户还是乡镇企业的异军突起，无论是经济特区的创办还是滚滚民工潮的出现，中国道路每一项创新都凝聚着群众的智慧和贡献。所以，执政的共产党人要始终保持谦虚的态度，拜群众为师，坚持“问政于民、问需于民、问计于民”[③]。

“从群众中来，到群众中去”则是马克思主义认识论的体现。1943 年，

---

① 《毛泽东选集》第 3 卷，人民出版社 1991 年版，第 790 页。

② 《毛泽东文集》第 8 卷，人民出版社 1999 年版，第 324 页。

③ 中共中央文献研究室：《十七大以来重要文献选编》（下），中央文献出版社 2013 年版，第 441 页。

毛泽东在《关于领导方法的若干问题》中指出："在我党的一切实际工作中，凡属正确的领导，必须是从群众中来，到群众中去。这就是说，将群众的意见（分散的无系统的意见）集中起来（经过研究，化为集中的系统的意见），又到群众中去作宣传解释，化为群众的意见，使群众坚持下去，见之于行动，并在群众行动中考验这些意见是否正确。然后再从群众中集中起来。再到群众中坚持下去。如此无限循环，一次比一次地更正确、更生动、更丰富。这就是马克思主义的认识论。"① 认识来源于实践，而实践的主体是人民群众。只有千百万人民群众的实践，才是检验真理的唯一标准，才是检验党的领导正确与否的唯一尺度。邓小平曾说："毛泽东同志倡导的作风，群众路线和实事求是这两条是最根本的东西。"② 所以，他始终强调从实际而不是本本出发，从群众的需要和要求去丰富和发展理论而不是用既有的理论来剪裁现实。

中国道路的探索进入21世纪后，国内外情况日益复杂、中国改革的难度不断加大，中央把是否坚持群众路线摆在了决定党和人民事业成败得失的高度看待，不再仅仅从方法论的角度去认识。从江泽民同志大量关于密切联系群众的讲话到胡锦涛同志关于以人为本、高度关注民生的思想，再到习近平总书记以铁腕反腐、取信于民的举措，无不体现着党对群众观点认识的新境界和新高度。在践行群众路线过程中，调查研究方法向来被党看作攻坚克难的法宝。习近平总书记一向注重调查研究，他曾在中央党校对省部级干部的讲话中要求党的干部们要继承毛泽东同志重视并力行调查研究的做法，要从"文山会海"中走出来，深入实际中去，始终坚持和不断加强调查研究，并将之制度化。因为调查研究关乎领导干部决策判断的能力，关乎党和人民事业的得失成败。他特别要求领导干部要掌握调查研究方法，提高调查研究的水平和成效。他还指出："搞好调查研究，一定要从群众中来、到群众中去，广泛听取群众意见。人民群众的社会实践，是获得正确认识的源泉，也是检验和深化我们认识的根本所在。调查研究成果的质量如何，形成的意见正确与

① 《毛泽东选集》第3卷，人民出版社1991年版，第899页。
② 《邓小平文选》第2卷，人民出版社1994年版，第45页。

否，最终都要由人民群众的实践来检验。”[①]“一个政党，一个政权，其前途命运最终取决于人心向背。”这是2012年习近平总书记在党的十八大上当选总书记时发出的铿锵之声；“人民是历史的创造者，是决定党和国家前途命运的根本力量”，这是五年后在中国共产党第十九次全国代表大会的开幕式上，习近平代表第十八届中央委员会发出的谆谆教导。他指示全党：必须始终把人民对美好生活的向往作为我们的奋斗目标，践行党的根本宗旨，贯彻党的群众路线，尊重人民主体地位，尊重人民群众在实践活动中所表达的意愿、所创造的经验、所拥有的权利、所发挥的作用，充分激发蕴藏在人民群众中的创造伟力。他反复强调：群众路线是我们党的生命线，在中国特色社会主义现代化建设事业中发挥着重要作用。中国特色社会主义进入新时代，群众需求的结构、层次、内容、形式等发生了很大变化，这无疑对党的群众工作提出了新的要求[②]。

针对世界科技发展和网络时代的特征，习近平总书记还提出了“网络群众路线”的概念。在2016年4月19日召开的网络安全和信息化工作座谈会上，他指出：“古人说：‘知屋漏者在宇下，知政失者在草野。’很多网民称自己为‘草根’，那网络就是现在的一个‘草野’。网民来自老百姓，老百姓上了网，民意也就上了网。群众在哪儿，我们的领导干部就要到哪儿去，不然怎么联系群众呢？各级党政机关和领导干部要学会通过网络走群众路线，经常上网看看，潜潜水、聊聊天、发发声，了解群众所思所愿，收集好想法好建议，积极回应网民关切、解疑释惑。善于运用网络了解民意、开展工作，是新形势下领导干部做好工作的基本功。各级干部特别是领导干部一定要不断提高这项本领。网民大多数是普通群众，来自四面八方，各自经历不同，观点和想法肯定是五花八门的，不能要求他们对所有问题都看得那么准、说得那么对。要多一些包容和耐心，对建设性意见要及时吸纳，对困难要及时帮助，对不了解情况的要及时宣介，对模糊认识要及时廓清，对怨气怨言要及时化解，对错误看法要及时引导和纠正，让互联网成为我们同群众交流沟通的新平台，成为了解群众、贴近群众、为群众排忧解难的新途径，成为发

① 习近平：《谈谈调查研究》，《学习时报》2011年11月21日。

② 习近平：《在庆祝改革开放40周年大会上的讲话》，《人民日报》2018年12月19日。

扬人民民主、接受人民监督的新渠道。”①

2. 抓主要矛盾的工作方法

唯物辩证法告诉我们，任何一个社会都充满各种矛盾，其中起领导和支配作用的是主要矛盾，它规定和影响着其他次要矛盾的存在和发展。只有找到主要矛盾，才能掌握解决复杂问题的金钥匙。集中精力解决主要矛盾，突出重点、兼顾一般，历来是中国共产党人世界观和方法论的体现。

关于主要矛盾和次要矛盾及其关系理论的主要内容是：任何事物都是由诸多矛盾构成的复杂有机体，各种矛盾和每一矛盾的两个方面，其地位和作用也是不相同的，从而形成主要矛盾和非主要矛盾、主要的矛盾方面和非主要的矛盾方面的区别。主要矛盾在矛盾体系中居于支配地位，起着主导的、决定的作用，其存在和发展规定或影响着其他矛盾的存在和发展。次要矛盾处于次要和服从地位。主要矛盾影响着非主要矛盾的性质和作用，规定着事物发展的方向和趋势。只有抓住主要矛盾，才能正确确定工作中心，从而制定科学的路线方针政策。善于抓住和集中力量解决主要矛盾是中国共产党科学的领导方法和工作方法的重要原则。新民主主义革命的成功，是中国共产党正确判断近代中国社会主要矛盾和中心任务以及各个历史时期阶级矛盾和民族矛盾主次地位互相转化并制定正确路线、政策和策略的结果。在社会主义改造结束后的社会主义建设开端时，中国共产党的第八次全国代表大会曾经正确地判断了中国社会主义社会的主要矛盾和党的中心任务——社会主义改造完成后，大规模的、疾风暴雨式的阶级斗争基本结束，社会主要矛盾是人民群众日益增长的物质文化需要和当前物质文化发展水平不能满足人们需要之间的矛盾，所以党的中心任务是大力发展生产力。这一判断被认为是党的八大最主要的功绩。但是，由于中国社会主义建设事业的复杂性和党缺乏经验，由于社会主义体制的集权弊端，由于国际国内意识形态认识方面的分歧，党的八大关于主要矛盾的判断很快被修改，阶级矛盾和阶级斗争被放在了中心地位，使中国的社会主义建设经历了严重挫折。

---

① 习近平：《在网络安全和信息化工作座谈会上的讲话》，《人民日报》2016 年 4 月 26 日。

新时期到来后，中央吸取既往的教训，实事求是地定位中国社会的性质和主要矛盾，提出了社会主义初级阶段理论，重新回到党的八大对社会主义主要矛盾的判断上，把发展生产力作为中心任务，是最大的政治。在“八九政治风波”过后改革受到质疑时，邓小平力排众议，在对社会主义本质做了“大力发展生产力”和“共同富裕”的界定后，要求全党要坚持社会主义初级阶段的总路线（即一个中心，两个基本点）一百年不动摇。邓小平同志强调：“发展才是硬道理”，“中国解决所有问题的关键是要靠自己的发展”①。在全面加强和改进党的建设的“三个代表”重要思想中，第一个代表就是“代表先进生产力的发展要求”，把发展作为全部工作的“第一要务”。江泽民同志强调：“能不能解决好发展问题，直接关系人心向背、事业兴衰。”“离开发展，坚持党的先进性、发挥社会主义制度的优越性和实现民富国强都无从谈起。”②当中国的改革发展取得了巨大成就时，问题也随之而来，环境污染、资源浪费、贫富分化、党风腐败、道德失范……在主要矛盾和中心任务的判断遭到某些质疑的情况下，中央坚持发展的主题不变，以科学发展观解决发展中遇到的问题，并强调科学发展观的第一要义仍然是发展。胡锦涛同志强调：“发展是解决中国一切问题的‘总钥匙’，发展对于全面建设小康社会、加快推进社会主义现代化，对于开创中国特色社会主义事业新局面、实现中华民族伟大复兴，具有决定性意义。”③ 科学发展观强调以人为本、全面协调可持续的发展，但发展的中心仍然是经济建设。这是因为，物质生产是人类社会生存和发展的基础，生产力是人类社会发展的最终决定力量；社会主义必须建立在发达的生产力基础上。我国仍处于并将长期处于社会主义初级阶段。社会主义初级阶段的主要矛盾，始终是人民日益增长的物质文化需要同落后的社会生产之间的矛盾，解放和发展社会生产力始终是我们党的中心任务。坚持以经济建设为中心，不仅坚持了马克思主义基本原理，而且抓住了我国现阶段的社会主要矛盾，符合历史进步和我国经济社会发展的客观要求，符合人民群众的新期待。

---

① 《邓小平文选》第3卷，人民出版社1993年版，第265页。

② 同上书，第538页。

③ 同上书，第95页。

中国特色社会主义是靠发展来不断巩固和前进的。坚持以发展为主题，用发展的眼光、发展的思路、发展的办法解决前进中的问题，是改革开放以来我们的一条重要经验。这条经验的哲学基础就是抓主要矛盾理论。

对于矛盾的主要方面的判断和重视，除了经济方面的例子，共产党自身建设的理论和实践也很能说明问题。在中国政治系统内的各种关系中，中国共产党无疑是各种力量和关系中的中心和核心。虽然说社会主义社会内部的各种力量不具有对抗性，大家的根本利益都是一致的，但在当前与长远、局部与整体、中心与边缘等关系中，暂时的、局部的、人民内部的矛盾还是客观存在的。比如执政党与参政党之间、党与非党之间、干部与群众之间、党和政府之间、党与各种社会组织之间……，难免有关系不融洽的时候。鉴于中国共产党在中国政治中的核心地位，在处理各种关系时，党总是从自身这一矛盾的主要方面出发来考虑和解决问题，认为中国共产党有多大的权力，就有多大的责任和义务。所以，党内的教育和整顿活动伴随着中国道路探索的始终。党中央始终以零容忍的态度对待党内的腐败和其他违纪现象，以强有力的手段整党建党，以先进性和执政能力的提升为中心，将自身的现代化与中国特色社会主义事业融为一体，以强大的政党带领民族复兴，实现“中国梦”。

抓主要矛盾和矛盾的主要方面，并不是不重视次要矛盾和矛盾的次要方面。中国共产党向来的方法是以中心带动全局，决不是抓主放次。在处理主要矛盾和矛盾的主要方面的关系以及主要矛盾和次要矛盾的关系方面，毛泽东曾经就“重点论”和“两点论”的关系做过精辟的分析，并有“十个指头弹钢琴”的比喻。邓小平在坚持经济建设为中心的基础上，并没有忘记“两点论”，而是提出并论述了一系列“两手抓”的内容和方法。纵观中国特色社会主义道路的开创和发展过程，正是中国共产党始终坚持了“重点论”和“两点论”相统一的正确方法，把以经济建设为中心与全面发展、全面进步相结合，才有了中国道路的辉煌成就。

习近平总书记善于从哲学的高度判断形势，全局谋划，进而分出轻重缓急，正确解决主要矛盾和次要矛盾的关系、矛盾的主要方面和次要方面的关系。他在2015年初政治局集体学哲学时还指出：面对复杂形势和繁重任务，首先要有全局观，对各种矛盾做到心中有数，同时又要优先解决主要矛盾和矛盾的主要方面，以此带动其他矛盾的解决。既要注重总体谋划，又要注重牵住“牛鼻子”。在任何工作中，我们既要讲两点论，又要讲重点论，没有主次，不加区别，眉毛胡子一把抓，是做不好工作的。这一哲学方法论，正是他系统论思维和“四个全面”战略布局的基础。正是由于对矛盾问题理论的熟练掌握和精准运用，中国共产党的十九大审时度势，才做出了“中国特色社会主义进入新时代”的判断，进而做出了“我国社会主要矛盾已经转化为人民日益增长的美好生活需要和不平衡不充分的发展之间的矛盾”①的重大判断，并依此对新时代各领域的改革发展任务做出了新的部署。

3. 渐进性改革方法

社会的演进一般通过两种方法实现：革命和改良。凡是稍有中国近代史常识的人对这两种方式都不会陌生。时至今日，史学界还在为中国近代是否一定要用暴力的方法完成变革进行着争论，所谓的“告别革命论”就很有影响。历史没有“如果”，既往的一切事实都由其特定的环境决定，当然这不是制度变迁的路径依赖。与中国近代暴风雨般的革命变革社会方式不同，20 世纪 70 年代末之后的中国社会现代转型采用了渐进性改革的方式，这与苏联等社会主义国家采用的“休克式疗法”也有本质区别。无论国内外的论者对中国道路持什么态度和评价，在渐进性改革这一方式的认识上是没有差异的。需要指出的是，中国和苏联采取的改革路径，不仅仅是方法上的差异，主要是改革的性质不同：中国的改革是为了完善和巩固社会主义制度，是在社会主义宪法框架内进行的变革；而苏联东欧的改革则是抛弃了社会主义制度，改弦易辙地回归了资本主义制度的宪法框架。

立足于巩固和完善社会主义制度的中国式改革，小心翼翼地处理着改革、发展和稳定的关系，在“发展是硬道理”和“稳定压倒一切”的两大原则间寻找平衡、进行博弈。渐进性的方法在经济领域内体现的最为明显：在扬弃传统社会主义经济体制、实现计划到市场转轨的过程中，中国采取了先易后

① 习近平：《决胜全面建成小康社会 夺取新时代中国特色社会主义伟大胜利——中国共产党第十九次全国代表大会上的报告》，《人民日报》2017 年 10 月 28 日。

难，先突破薄弱环节、再啃“硬骨头”的做法。其具体的表现在于：改革从旧体制下利益受损最大的农村起步，逐步向相对获利较多的城市推进，再一次演绎了农村包围城市的道路；价格改革由一段时期的“双轨制”，逐步并轨，最终实行市场价格；在对国有经济进行战略调整的同时，不是从计划体制的堡垒——国企入手，而是大力发展非公有制经济，以非公经济的活力映照国企体制的弊端；国有企业改革从主要依靠政府和政策，逐步转向主要依靠市场和法律，推进建立现代企业制度；对外开放从东南沿海逐步推向沿海、沿边和内陆地区；以经济体制改革为主线先行，逐步推进其他方面的改革。改革的渐进性不仅表现在时间方面，还表现在空间方面：1984 年前改革重心在农村；1984 年到 1992 年在城市进行计划到市场的转型；1992 年到 2002 年主要是所有制结构的改革；党的十六大以后进入全面改革；开放也经历了从沿海到内陆、由点到面的过程。中国采取的渐进式改革，把改革带来的利益关系调整限制在社会和公众可以承受的范围内，避免了过大的社会震动，比较平稳地实现了经济体制的转轨。

在经济改革取得巨大成效，人们由解决了温饱进而解决了小康的背景下，随着改革中矛盾的暴露和各领域间的不协调，党和国家又在坚持以经济建设为中心、深化经济体制改革、推动经济总量不断增长的基础上，开始关注社会领域内的改革。于是，社会保障问题、政府和市场的关系问题、社会组织培育问题、社会治理问题，特别是科学发展观提出后的民生问题，成为各方关注的焦点，目前，医疗卫生、教育、就业、住房等是民众呼声最高也是中央集中改革的领域。当然，社会领域内的改革也有个轻重缓急，先后主次的问题，其中建立和完善社会保障体系、为进一步的全面改革提供稳定的环境无疑是重中之重。

旧体制最难改革的是政治领域。有不少人认为，中国的改革主要是经济改革，政治方面少有建树。其实这种言论的依据是以西方式民主制度来衡量和评价中国的政治改革。总有人拿西方的两党制和多党制及三权分立体制来对比中国的政治，得出中国政治体制止步不前的结论。甚至有人将一人一票的民主选举作为中国政体改革目标和是否实质性变革的衡量标准。在中国不能照搬西方民主模式方面，我想国人不会有太大的认识分歧。中国有几千年文明史，有自己的政治文化传统和历史积淀，有近代制度变迁的经验教训，有中国共产党红色革命遗产及传统社会主义体制的影响，更重要的是现实中的中国是一个人口基数非常大的超大型社会，又处在社会主义的初级阶段。不要说一人一票不是西式民主的全部或者本质，即使如此，中国各方面的因素都制约着其不会走这条路。按照现代国家建设的理论，在民族国家和民主国家的二维时空中，中国完成了中华民族的独立和国家主权的垄断任务后，国内的各项权力架构和制度建设的现代化任务还在进行中，当务之急是国家治理体系和治理能力的现代化，而不是单一地盯着民选问题。回顾 40 年的改革，中国政治领域内的变化也是非常大的，从政府简政放权到执政党领导方式和执政方式的变革，从四大政治制度的完善到基层民主和党内民主的推进，从政治文明概念的提出到依法治国被提上战略地位，……。广义上的社会是个大系统，如果没有政治领域内相应配套的改革，经济社会领域内的改革也难有今天的成效。当然，政治领域内还有许多问题亟待改革，且这些改革会对中国产生全局性的影响。但事关权力和利益再分配的核心领域内的改革，政治体制的现代性变迁更应该采取渐进的方法和审慎的态度。

中国道路所采用的渐进性改革方法除了上面所讲的是为了完善社会主义制度而不是破坏放弃社会主义制度之外，从学理上分析也有制度变迁的理论依据。1968 年，哈佛大学教授亨廷顿出版了对发展中国家影响很大的《变化社会中的政治秩序》一书，提出了著名的“亨廷顿悖论”——“现代化是近代以来世界历史发展的潮流和趋势，是一个世界性的历史进程”，但“现代性孕育着稳定，而现代化过程却滋生着动乱。产生秩序混乱的原因，不在于缺乏现代性，而在于为实现现代性所进行的努力”。“如果一个国家出现动乱，那并非因为他们贫穷，而是因为他们想致富。”① 中国目前所处的发展阶段和为现代化进行的努力，遭遇的最大问题就是怎样维持稳定的秩序问题。如何克服“亨廷顿悖论”，是中国必须审慎探讨的问题，这也是渐进式改革方式的理由所在。另外，根据制度成长渐进性的理论，制度变迁的渐进性由三方面

① ［美］塞缪尔·亨廷顿：《变化社会中的政治秩序》，王冠华译，上海人民出版社 2008 年版，第 31 页。

因素决定：一是路径依赖和制度多样性是制度成长的重要特征。因此制度成长不是一个激进式简单照搬的过程，而是一个在社会有机体中自然演进的适应性渐进过程。二是制度成长不仅涉及利益冲突，更重要的是它要受到历史、文化传统和认知模式等许多重要因素的严重制约。而文化认知模式的改变不是一朝一夕的事情，而是一个渐进的过程。三是制度就是人类惯例化的行为模式，在很多情况下每个社会成员对其行为是不假思索的，甚至是无意识的，因而是习以为常的，而这种行为模式又是长期日常交往所发展的社会行为技巧。所以，制度变迁很难靠激进的方式完成。

当然，渐进性不等于时间越漫长越好，也不排斥局部的、水到渠成的激进。根据量变到质变的理论，量的积累达到一定程度就会引起质的变化。而且能动性的人也要创造条件加快量的积累。这就是邓小平为什么总是强调要大胆、步子要快、要上台阶的原因。习近平总书记在十八大后也一再强调，现在我国改革已经进入攻坚期和深水区，我们必须以更大的政治勇气和智慧，不失时机深化重要领域改革。停顿和倒退没有出路，我们要坚持改革开放正确方向，敢于啃硬骨头，敢于涉险滩，既勇于冲破思想观念的障碍，又勇于突破利益固化的樊篱。“我们在改革开放上决不能有丝毫动摇，改革开放的旗帜必须继续高高举起，中国特色社会主义道路的正确方向必须牢牢坚持。全党要坚定改革信心，以更大的政治勇气和智慧、更有力的措施和办法推进改革……提出改革举措当然要慎重，要反复研究、反复论证，但也不能因此就谨小慎微、裹足不前，什么也不敢干、不敢试。搞改革，现有的工作格局和体制运行不可能一点都不打破，不可能都是四平八稳、没有任何风险。只要经过了充分论证和评估，只要是符合实际、必须做的，该干的还是要大胆干。”① 党的十八大到十九大之间的五年内，习近平强调各个领域内的全面改革。党的十九大报告更是将改革的思路贯穿始终，并在新时代中国特色社会主义的基本方略的第三条专门讲了“坚持全面深化改革”——“只有社会主义才能救中国，只有改革开放才能发展中国、发展社会主义、发展马克思主义。必须坚持和完善中国特色社会主义制度，不断推进国家治理体系和治理

① 中共中央文献研究室：《十八大以来重要文献选编》（上），中央文献出版社 2014 年版，第 508—509 页。

能力现代化，坚决破除一切不合时宜的思想观念和体制机制弊端，突破利益固化的樊篱，吸收人类文明有益成果，构建系统完备、科学规范、运行有效的制度体系，充分发挥我国社会主义制度优越性。”① 在纪念改革开放 40 周年时，他高度评价改革开放：“改革开放是我们党的一次伟大觉醒，正是这个伟大觉醒孕育了我们党从理论到实践的伟大创造。改革开放是中国人民和中华民族发展史上一次伟大革命，正是这个伟大革命推动了中国特色社会主义事业的伟大飞跃!”②

---

① 习近平：《决胜全面建成小康社会 夺取新时代中国特色社会主义伟大胜利——中国共产党第十九次全国代表大会上的报告》，《人民日报》2017 年 10 月 28 日。

② 习近平：《在庆祝改革开放 40 周年大会上的讲话》，《人民日报》2018 年 12 月 19 日。

第十六章　中国道路的价值取向特色

道路决定命运，观念引领方向。价值理念是发展道路的内核。研究中国道路的特色，不能忽略价值维度，因为价值特色是道路特色的标识。中国共产党在探索中国特色社会主义道路的过程中，也不断地对支撑这条道路的价值精神进行总结和提炼，并从国家、社会和个人三个层面将中国道路的核心价值观凝练为24个字。这一核心价值观扎根于五千多年的中华文明土壤，体现的是中华民族“天人合一”的整体思维、民为邦本的政治伦理、贵和尚中的处世态度、生生不息的变易思想、刚健有为的进取精神以及重视秩序和教化的传统，更体现着现实中13亿多中国人所追求的中国特色社会主义的本质属性、发展要求和奋斗目标，也汲取了人类精神文明中的优秀价值。当然，在当前世界范围内各种思想文化相互激荡、交流交融交锋纷繁复杂、西方发达国家积极进行价值渗透的背景下，中国道路的价值取向还蕴含着主权守护和制度维护的政治意义。

一　对西方“普世价值”的批判

中国道路的开辟和成长过程，始终伴随的是对来自西方的价值观念和制度的干扰。所以，意识形态领域内对西化和自由化的斗争也从没有停止过。特别是自2008年开始，中国意识形态领域内围绕着“普世价值”的争论掀起一阵阵高潮。争论的主要问题是：人类社会有没有普世价值、普世价值包括哪些基本内涵、谁来界定普世价值、普世价值的实质与动机，等等。争论中，不同立场、观点和结论众说纷纭，莫衷一是，甚至形成了针锋相对、不可调和的局面。从 2013 年开始，中央媒体开始集中发文批判“普世价值”思潮，指出世界上没有超越历史、超越时空的抽象的、无条件的价值，西方宣传的“普世价值”是建立在抽象的人性论基础上的理论，目的是为了以资本主义制度和平演变和取代社会主义制度。马克思主义承认有普遍真理而反对有普世价值，因为前者是主体对客体的客观判断，而后者则是主体对事物有效性、有用性的判断。中国共产党反对普世价值，但承认有价值共识，后者是对各民族文化实际贡献中有积极意义的基本价值的认可。

1. 普世价值争论的由来及本质

中国的改革开放进入全面深化阶段之后，特别是随着“以人为本”的科学发展观的提出，党和国家对人民的权益和幸福的关注度越来越高。

胡锦涛 2006 年 4 月在耶鲁大学的演讲中说：“保障人民的生存权和发展权仍是中国的首要任务。我们将大力推动经济社会发展，依法保障人民享有自由、民主和人权，实现社会公平和正义，使 13 亿中国人民过上幸福生活。”[①] 他在 2008 年的新年贺词中又说：“我们衷心希望各国人民自由、平等、和谐、幸福地生活在同一个蓝天之下，共享人类和平与发展的成果。”[②] 温家宝在 2006 年 9 月接受五家海外媒体采访时说：“民主是人类共同追求的价值观和共同创造的文明成果，只是在不同的历史阶段、不同的国家，它的实现形式和途径各不相同，没有统一的模式。”[③] 2007 年 2 月 26 日，他发表《关于社会主义初级阶段的历史任务和我国对外政策的几个问题》一文，其中写道：“科学、民主、法制、自由、人权，并非资本主义所独有，而是人类在漫长的历史进程中共同追求的价值观和共同创造的文明成果。”[④] 在同年 3 月 16 日全国人大会上答记者问时，他又一次重申：“民主、法制、自由、人权、平等、博爱，这不是资本主义所特有的，这是整个世界在漫长的历史过程中共同形成的文明成果，也是人类共同追求的价值观。”

党和国家最高领导人对民主、自由、平等、人权等价值的肯定，引起了

① 《胡锦涛文选》第 2 卷，人民出版社 2016 年版，第 438 页。
② 胡锦涛：《共同推进人类和平与发展的崇高事业》，《光明日报》2008 年 1 月 1 日。
③ 杨志钢：《构建具有普世性的新型美德观》，《人民论坛》2010 年第 14 期。
④ 《中华人民共和国国务院公报》2007 年第 10 期，第 6—9 页。

舆论界的关注。5 月 12 日四川汶川大地震后，一向被认为有自由主义倾向的《南方周末》于 5 月 22 日发表题为《汶川震痛，痛出一个新中国》的文章。文章歌颂中国执政党和政府“以国民的生命危机为国家的最高危机，以国民的生命尊严为国家的最高尊严，以整个国家的力量去拯救一个一个具体的生命，一个一个普通国民的生命”，并说“国家正以这样切实的行动，向自己的人民，向全世界兑现自己对于普世价值的承诺”。

5 月 25 日，司马南在网上发表《冷看〈南方周末〉裸体冲锋》一文，认为中国人举国上下救灾精神体现的是“一方有难，八方支援”和“为人民服务”的传统，不是什么西方的普世价值。如果有普世价值的话，中国有自己的普世价值。《南方周末》的文章鼓吹西方的普世价值，是在消解中国的民族意识。司马南在 2008 年 6 月发表于《经济观察报》的一篇访谈中又说：“现在，普世价值还停留在神话阶段，它所具有的价值是神话价值、理想价值。”“普世价值也许不错，像巧克力，或咖啡，或卷烟。这玩意儿，摆着玩可以，尝尝鲜儿，也成。当饭吃，不靠谱了”。

司马南的文章和访谈很快引来了鄢烈山、邵建、斯文汉等人撰文反驳，在网上和报刊上出现了双方争论的热潮。在很短时间内，有关争论文章达几十篇之多。支持普世价值的文章占多数。但这种观点和言论很快也遭到了来自官方报刊和权威人物的批判：

2008 年 6 月 16 日，《北京日报》刊出甄言《关于“普世价值”的几个认识问题》一文。文章指出，“普世性是相对的，而不是绝对的”；“不能把西方的价值观等同于普世价值”。此文还被《人民日报》转载，说明文章的观点得到了官方的认同。

7 月 26 日，全国政协副主席、中国社会科学院院长陈奎元在社科院改革座谈会上发表讲话：“过去基督教宣扬其教义是普世价值，现在西方话语权的声音高，把他们主张的‘民主观’‘人权观’以及利伯维尔场经济理论也宣称为普世价值。我国也有一些人如影随形，大讲要与普世价值接轨。我们研究重大现实问题，涉及党的路线方针策，在这样重大理论战略问题上要清醒。”“我们要树立民族自尊心和自信心，不搞任何盲目崇拜，不能将西方的价值观念尊奉为所谓的普世价值，也就是不把我们党和国家的价值观贬低为另类价值。”这个讲话刊登在了9月2日中国社会科学院院报上。

9月10日，《人民日报》转载了清华大学人文学院教授冯虞章的文章——《怎样认识所谓“普世价值”》。文中称“近几年来，宣扬‘普世价值’的舆论比较集中在民主、自由、人权和私有化等问题上，这不是偶然的。在我们坚持通过改革完善、发展社会主义制度的过程中，这是国内外某些势力打着‘普世’旗号，把他们那一套全盘西化的主张和要求塞给我们，企图改变我国社会主义制度的一种手段”。

9月16日，《光明日报》刊登了中国人民大学马克思主义学院教授周新城的文章——《一些人鼓吹的普世价值实际就是西方的价值》。文中指出："他们鼓吹的‘普世价值’并不是人人所固有的，或上帝赋予的，而是由资本主义的社会经济关系决定的。看一看他们‘普世价值’的具体内容，就可以明白这一点。他们正是把西方发达资本主义国家里的民主、自由、人权、公平等称为‘普世价值’的，而这些价值观念的内涵不就是反映了资本主义的政治经济关系吗?”周新城引用毛泽东同志的阶级斗争说指出“实际上，世界上只有具体的自由，具体的民主，没有抽象的自由，抽象的民主。在阶级斗争的社会里，有了剥削阶级的剥削劳动人民的自由，就没有劳动人民不受剥削的自由。有了资产阶级的民主，就没有无产阶级和劳动人民的民主”。

2008年11月17日，中国社会科学院马克思主义研究院副院长侯惠勤发表《“普世价值”的理论误区和实践危害》一文。文章指出：“把资本主义文明看作是不可超越的终极存在，是‘普世价值’热播者的意识形态前提；把当代中国的改革开放纳入资本主义世界文明的轨道，是他们热衷传播‘普世价值’的根本目的。”“通过‘普世价值’干预我国的民主政治建设，以期终结共产党领导的国家权力结构，是这一讨论的核心，因而其在本质上是当代西方话语霸权及其价值渗透方式的表达。”“今天我国某些人大谈‘普世价值’，既表明了其挑战社会主义主流意识形态而又信心不足的虚弱本质，又表明了其臣服于当代西方强势话语而又极力加以掩饰的矛盾心态。”

2008年11月，教育部“邓小平理论和‘三个代表’重要思想研究中心”也在《求是》杂志发表文章，以“阶级斗争理论”批判普世价值。《关于“普世价值”的若干问题》宣扬“普世价值”并不是什么纯粹的学术问题，而是有着鲜明的政治目的。改革开放以来，意识形态领域始终存在着尖锐的斗争，而且这种斗争将长期存在。宣传“普世价值”，把西方发达资本主义国家的民主、自由、平等、人权等封为“普世价值”，然后用这个标准来衡量中国特色社会主义的实践，指责这也不行，那也不行，要求按照西方的战略意图改造中国，把西方发达资本主义国家的多党制当作普世的、唯一的民主制度，攻击中国共产党领导下的多党合作、共同协商的制度，说这是“另搞一套”，要求进行“宪政改革”；把资产阶级的民主、自由、平等、博爱宣布为人类共同的核心价值，要求放弃以马克思主义为指导的社会主义核心价值体系；最可笑的是，居然把在中国共产党坚强领导下发挥社会主义制度优越性取得的抗震救灾的伟大胜利，说成是实施“普世价值”的结果，宣布中国走到了拐点，即放弃中国特色社会主义，拐到西方的“主流”社会去。这样的观点，不是讨论学术问题，而是要求彻底西化。

通过对整个争论过程的梳理和有关文章的阅读可以发现，和近代以来中国历史上一场又一场激烈的文化价值论争一样，其实质都是中国走什么道路的政治问题。中国在改革进入关键和攻坚阶段后，随着困难和问题的增多，政治上走什么路的分歧也日益严重。新自由主义者竭力鼓吹“自由化”和“私有化”，倡导“普世价值”实质上主张中国西化；反对普世价值的阵营内思想也很复杂，有的是为捍卫中国特色社会主义道路，也有的是主张回到传统社会主义模式去。也正如此，党的十八大报告中才立场坚定、掷地有声地宣布：“我们坚定不移高举中国特色社会主义伟大旗帜，既不走僵化封闭的老路，也不走改弦易帜的邪路。中国特色社会主义道路，中国特色社会主义理论体系，中国特色社会主义制度，是党和人民九十多年奋斗、创造、积累的根本成就，必须倍加珍惜、始终坚持、不断发展。”① 党的十九大报告中则进一步指出：“中国特色社会主义道路是实现社会主义现代化、创造人民美好生活的必由之路，中国特色社会主义理论体系是指导党和人民实现中华民族伟大复兴的正确理论，中国特色社会主义制度是当代中国发展进步的根本制度保障，中国特色社会主义文化是激励全党全国各族人民奋勇前进的强大精神

---

① 中共中央文献研究室：《十八大以来重要文献选编》（上），中央文献出版社 2014 年版，第 9 页。

力量。全党要更加自觉地增强道路自信、理论自信、制度自信、文化自信，既不走封闭僵化的老路，也不走改旗易帜的邪路，保持政治定力，坚持实干兴邦，始终坚持和发展中国特色社会主义。”① 所以，普世价值之争，本质上并非仅仅是价值之争而更重要的是制度之争。正如主流媒体总结的：“自由、民主、人权是人类共同的价值追求，也是人类在长期奋斗中共同创造的文明成果，这是毫无疑义的。问题在于，不同的阶级、不同社会地位的人们，对自由、民主、人权的理解和要求是不同的；不同的国家、不同的历史发展阶段，自由、民主、人权的实现形式和途径也各不相同，没有统一的模式。”②

2. 中国特色社会主义核心价值观的提炼、传播及特色

改革开放之后，随着思想解放和市场经济体制的逐步运行，社会分化加剧，思想文化和意识形态领域内的状况日益复杂，社会的诚信和道德水平也表现出了不少不尽如人意的地方。中央在“两手抓”的思想指导下，从精神文明建设到先进文化建设，其中的核心部分其实都在倡导一种中国特色的社会主义核心价值观。党的十六大之后，为消解市场经济在思想道德和价值判断方面造成的负面影响，为了凝聚全国人民在改革开放和中国特色社会主义建设方面的共识和打造中国特色社会主义的精神标识，也是为了抵制西方发达国家价值观对中国的影响和渗透，中央把核心价值观的培育和践行摆在了重要的日程上。

2006 年 3 月，第十届全国人民政治协商会议提出了“八荣八耻”的社会主义荣辱观，旨在赋予中国传统丰富的知耻文化资源以时代的内容和要求，作为中国特色社会主义的道德内容和准则。同年 10 月，中国共产党的十六届六中全会第一次明确提出了“建设社会主义核心价值体系”的重大命题和战略任务，明确提出以“坚持马克思主义的指导地位、坚持中国特色社会主义的共同理想、坚持以爱国主义为核心和改革创新为核心的时代精神、坚持社会主义的荣辱观”为社会主义核心价值体系的主要内容。在 2011 年 10 月召开的党的十七届六中全会上，社会主义核心价值体系被提到“兴国之魂”的

---

① 习近平：《决胜全面建成小康社会 夺取新时代中国特色社会主义伟大胜利——中国共产党第十九次全国代表大会上的报告》，《人民日报》2017 年 10 月 28 日。

② 文平：《普世价值辨析》，《红旗文稿》2009 年第 10 期。

高度来认识，并认为建设社会主义核心价值体系是推动文化大发展大繁荣的根本任务。会议还提出要对社会主义核心价值观进行提炼和概括，使其简明扼要、便于传播践行。在此基础上，党的中共十八大报告明确提出了“三个倡导”，即“倡导富强、民主、文明、和谐，倡导自由、平等、公正、法治，倡导爱国、敬业、诚信、友善，积极培育社会主义核心价值观”。这是社会主义核心价值观提炼成熟的标志。

社会主义核心价值观形成后，关键的是传播与融入社会的问题。

在 2013 年 12 月，中共中央办公厅印发《关于培育和践行社会主义核心价值观的意见》一文，明确提出，将党的十八大提出的“三个倡导”的内容作为社会主义核心价值观的基本内容，在社会上进行广泛宣传，并从培育和践行社会主义核心价值观的重要意义和指导思想，把培育和践行社会主义核心价值观融入国民教育全过程，加强对培育和践行社会主义核心价值观的组织领导等六个主要方面，对社会主义核心价值观融入社会发展各方面做出了总体部署。

2014 年 2 月 24 日，中央政治局举行第十三次集体学习，内容就是关于社会主义核心价值观的。习近平总书记在主持学习的过程中，对社会主义核心价值观的思想渊源、重要作用和践行方式等进行了系统阐述。并要求利用各种时机和场合，形成有利于培育和弘扬社会主义核心价值观的生活情景和社会氛围，使核心价值观的影响像空气一样无所不在、无时不有。

2016 年 12 月，中共中央办公厅、国务院办公厅又印发了《关于进一步把社会主义核心价值观融入法治建设的指导意见》，明确提出社会主义核心价值观是社会主义法治建设的灵魂，把社会主义核心价值观融入法治国家、法治政府、法治社会建设全过程，融入科学立法、严格执法、公正司法、全民守法等各环节，以法治体现道德理念、强化法律对道德建设的促进作用，真正实现依法治国和以德治国的同向发力。

2018 年 5 月，中共中央又印发了《社会主义核心价值观融入法治建设立法修法规划》，明确要求把社会主义核心价值观融入法律法规的立改废释全过程，提出力争用 5 至 10 年时间，推动社会主义核心价值观全面融入中国特色社会主义法律体系，筑牢全国各族人民团结奋斗的共同思想道德基础，为决胜全面建成小康社会、夺取新时代中国特色社会主义伟大胜利、实现中华民族伟大复兴的中国梦、实现人民对美好生活的向往，提供坚实的制度保障。

从此，媒体、大街小巷、各种建筑物、课堂讲座，社会主义核心价值观的字眼无所不在，各种践行社会主义核心价值观的活动也搞得轰轰烈烈。中国在取得巨大的物质发展成就的同时，希望自己的精神家园也能枝繁叶茂，中国的精神品牌正在形成。

中国的社会主义核心价值观是对中华传统价值观的继承与超越。中国传统文化是儒家思想占统治地位、儒释道合一的文化。儒家思想的主要内容是道德修养、伦理秩序、民为邦本、德治教化、重义轻利、理想主义等。同时，儒家轻视法制、轻视物质利益、轻视平等思想、轻视人的目的性等内容阻碍着中国社会的发展和向现代转型。社会主义核心价值观在继承其优秀内容的基础上对其落后于时代的内容进行克服和超越，使自己既扎根于民族文化的土壤，又充满时代气息。就拿新时期构建和谐社会的理论与古代儒家大同社会理性追求的异同来讲，从儒家的“大同社会”到康有为的“太平盛世”甚至再到孙中山的“天下为公”，和谐社会是中国先哲们不懈的追求。儒家描绘的“大同社会”主要包括“天下为公”“选贤与能”“讲信修睦”“亲其所非亲”“子其所非子”“老有所终，壮有所用，幼有所长，鳏寡孤独废疾者皆有所养”，社会主义和谐社会也继承了儒家“和”的思想，也讲“学有所教、劳有所得、病有所医、老有所养、住有所居”，但社会主义和谐社会更讲“民主法治、公平正义、诚信友爱、充满活力、安定有序、人与自然和谐相处”。而且，社会主义和谐社会之和谐，不仅包括社会关系的和谐，也包括人与自然的和谐。可见社会主义核心价值体系构建在和谐社会层面是对儒家伦理价值观的批判继承与本质超越。

社会主义核心价值观也是对传统社会主义核心价值观的继承和超越。社会主义核心价值观也是个历史概念，不同的历史条件下内涵和要求不同。共产党人在民主革命时期就确立了“全心全意为人民服务”的价值观。在社会主义改造和社会主义建设时期，马克思主义、毛泽东思想得到广泛深入的传播，实现“四个现代化”、建设强大国家的理想成为全民族共识，集体主义和为人民服务的精神高扬，特别是集体主义成为社会主义核心价值观中最具凝聚力的精神内核。1978 年以来，马克思主义结合时代和中国国情不断得到丰富和发展，中国特色的社会主义理论体系不断成熟，传统社会主义时期一些具有时代特色的精神标识被与时俱进地进行了转换，对马克思主义教条化的理解也不断被克服。与传统社会主义价值观比较，党的十八大提出的“三个倡导”的社会主义核心价值观更具有逻辑上的层次性（从国家、社会、个人三个层面涵盖了主要价值观主体的价值追求——作者注）和内容上的包容性（三个倡导既体现了国家意志，又不排斥个人价值，既弘扬了中华优秀传统文化，又借鉴了人类共有的基本价值准则——作者注）。

社会主义核心价值观产生的背景之一是反对西方的价值渗透和和平演变的，但在强调社会主义核心价值观与西方价值观本质不同的同时，并没有拒绝吸收人类文明创造的先进成果。仅仅从字面上看，中国提倡的核心价值观和西方的价值观并没有太多区别，都承认自由、平等、民主、法治、公平、正义等概念，以至于有人认为中国一方面批普世价值，一方面又在倡导普世价值，这不是自相矛盾吗？其实，仔细地研究和分析就会明白，这些相同的概念背后含义是不同的，因为中西方价值观的基础不同。西方的价值观建立在个人主义的基础上，以实用主义和功利主义为特征；中国以集体主义为价值观的基础，追求的是社会整体的福祉和利益。马克思把每个人的自由而全面发展当作是一切人自由而全面发展的条件，而西方资产阶级自由主义者追求的是个人自由的神圣性。这一基础的区别，造成了西方资产阶级只能把核心价值观的那些字眼停留在宣传的层面上。所以，社会主义核心价值观是对资本主义核心价值的借鉴和超越。

在对以上三个方面继承、吸收和超越的基础上，社会主义核心价值观具有鲜明的特点：一是实现了国家意志与个人价值的统一——三个层面的倡导，既彰显了国家社会的目标，又张扬了人的主体性和个人利益；二是实现了先进性与广泛性的统一——社会主义核心价值观无疑是超越一切社会形态的核心价值观的，具有先进性，但先进性并不拒绝广泛性，其倡导的是代表大众利益、面向全民的普遍的价值取向；三是实现了中国个性与人类共性的统一——社会主义核心价值观具有鲜明的中国实践特色、民族特色和理论特色，但中国是人类文明大家庭的一员，其倡导的价值观不可能离开人类文明价值的共识，所以中国自信地宣布："民主、自由、平等"等非西方独有、属人类共有、也是马克思主义政党不断追求的基本价值准则。

3. 反对"普世价值"与坚持人类文明的共同成果

上文曾经就中国关于"普世价值"的论争进行过梳理和评价，指出这场争论的实质是政治问题而非学术问题。其实，自第一次全球化即近代资本在全球扩张开始，"它（资产阶级）迫使一切民族都在唯恐灭亡的忧惧之下采用资产阶级的生产方式，在自己那里推行所谓文明制度，就是说变成资产者。简短些说，它按照自己的形象，为自己创造出一个世界"。[①] 配合资产阶级扩张而进行的宣传，中心并边缘的世界框架就被广泛运用，西方的文明被认为是先进文明，终将征服整个世界。迄今为止的中国近代史还被自觉不自觉地用这种模式进行着解释。

在当前又一次经济全球化的浪潮中，随着世界统一大市场的逐渐形成，西方发达国家特别是美国认为，只有获得话语霸权的国家才能在全球一体化背景下居于主导地位，成为规则的制定者，并为美国式的民主政治在全球的推广提供便利条件，最终实现政治全球化。因此，美国在继续强化军事、经济竞争的前提下，又把意识形态、文化以至核心价值观的竞争提到了重要的战略高度，将美国式的自由、民主和人权作为"普世价值"向全球推广，把世界多元文明和价值观一元化，特别是以人权为借口不断干涉各国内政。从根本上讲，"普世价值"的宣传和推广，是美国在意识形态方面独占话语霸权的表现，是美国推行文化帝国主义的工具，是美国想颠覆和自己不同社会性质的国家政权的手段。一句话，美国的本质目的是促使世界各国的社会制度趋同于资本主义制度。

美国对文化、价值观的重视和推广具有浓厚的学术色彩，因而更具迷惑性和影响力。全世界的学者可能很少有人不知道福山和亨廷顿的。早在20世纪80年代末冷战结束和苏联刚刚解体时，日裔美籍学者福山就在1992年出版的《历史之终结及最后的人》一书中阐述了"历史终结论"。他提出，人类社会的发展历史就是一部以自由民主为方向的人类普遍史。自由民主制度

① 《马克思恩格斯选集》第1卷，人民出版社1995年版，第276页。

是人类意识形态发展的终点和“人类最后一种统治形式”，是“普世性的人类政府的最终形式”。福山的学术著作实质上是站在美国国家利益的立场上在推销美国式的“普世价值”。在美国颇有声望的政治学家、美国哈佛大学国际和地区问题研究所所长塞缪尔·亨廷顿于 1991 年就从地缘政治的角度把中国的崛起和当时德、日的崛起类比，认为中国是对美国全球安全利益的潜在威胁。两年后，他又提出了著名的“文明冲突论”，把“中国威胁论”提升到一个理论的高度。他在 1996 年出版的《文明的冲突与世界秩序的重建》一书中，将其理论做了更系统的阐述，核心内容是：冷战后，世界冲突的基本根源不再是意识形态，而是文化方面的差异，主宰全球的将是“文明的冲突”。目前世界上有 7 种或 8 种文明，即中华文明（起初亨廷顿称之为“儒教文明”）、日本文明、印度文明、伊斯兰文明、西方的基督教文明、东正教文明、拉美文明，还有可能存在的非洲文明。在亨廷顿看来，中华文明（实际上指中国）和伊斯兰文明（主要指阿拉伯人和波斯人）同西方的基督教文明有很大的差异性，而未来世界的冲突将是由中华文明与西方文明间的冲突以及伊斯兰文明与西方文明间的冲突引起的。只有建立在多文明基础上的国际秩序才能保证世界的稳定和安宁。

需要指出的是，亨廷顿自己是不承认西方价值的普世性的，他本人指出《文明的冲突与世界秩序的重建》一书的中心主题是分析西方普世价值论的错误，认为推行这种错误的观念是不道德的，对世界和西方都有危险的后果。他认为现代化不等于西方化，因西方在现代化方面领先世界而把现代文明等同于西方文明，是错误的。西方区别于非西方世界的文化远在西方现代化之前就出现了。亨廷顿详细列举了西方价值观的七个方面——民主、代议制、多元、个人主义、希腊罗马文化、基督教、法治，认为这些是西方古代以来的传统，并非现代化的产物。现代化不等于西方化，对非西方国家来说西方化比现代化更困难。现代化加强了非西方地区的实力，减少了西方影响。世界越是现代化，就越是非西方化。他认为西方的价值在于其独特性，而不是普世性。认为真正的普世价值不会来自一种文明，而是来自各种文明的共同点，这些共同点成长为普世价值需要长期的对话与交流，在此之前，世界应该接受多种文明的共存。这种观点看似公允的，但背后的西方文化优越论也是一目了然的。

由于“普世价值”一词饱含了西方中心主义的文化意向和西方特别是美国颠覆中国、称霸世界的政治意图，必需予以批判。但是，我们批判西方推行的“普世价值”，并不因此而否定人类文明的共同成果，不否定在价值观上存在着人类共同的诉求。生活在同一个地球上的人类，在处理人与自然、人与社会、人与人关系中不可避免地会碰到相同或相似的问题，从而产生一些共同的需要，形成一些共同的价值关系、价值追求和价值观念。看不到价值领域存在共同性，就无法解释人类文明纵向上的继承关系和横向上的借鉴关系。这本是一个近乎常识、无须争论的问题。自由、民主、人权是人类共同的追求，也是人类在长期奋斗中共同创造的文明成果。问题在于，不同的阶级、不同社会地位的人们，对自由、民主、人权的理解和要求是不同的；不同的国家、不同的历史发展阶段，自由、民主、人权的实现形式和途径也各不相同，没有统一的模式。习近平总书记也讲过：“和平、发展、公平、正义、民主、自由，是全人类的共同价值。”“如果否认了辩证法共性和个性的普遍原理，就摈弃了和谐世界的理论基础。”共产主义者的理想恰恰是“一个以个人自由发展为一切人自由发展的条件的联合体”，这个理想是属于全人类的。

所谓价值，本质上是显示人同满足其某种需要的客体属性之间的一种关系，它首先是客体属性的反映，具有客观性；但又与人从需要出发对客体属性的评价和应用有关，因而又有主观性，是人的目的性和客体的实在性的交接点。价值是人的特定社会历史实践的产物，由于迄今为止的社会还是分化为阶级和不同的利益集团的，它们从自己的特定社会历史地位出发，有不同的甚至是对立的需求目标，因而有各自不同的价值取向。但是，人类受着共同的自然规律和社会规律的支配，在认识客观世界的必然性、寻求人的自由、保护自然环境、正确合理地发展和利用科学技术进步、维护人的基本权利、提高人的素质、促进文明进步等方面，是可以取得价值共识并形成利益共同体的。中国从来不否认这一点，否则我们倡导的“和平发展、合作共赢、共建共享”的和谐世界秩序和命运共同体岂不失去了价值基础了吗？中国一再重申：自由、民主、人权等价值是历史的产物，是人类文明的共同成果，且要和各民族的具体国情结合表现出不同的形态，而西方将这些作为“普世价值”宣传的用意是要把承载这些价值的西方制度复制到非西方国家，建立一个美国主导的一元世界。中国不否认价值共识的存在，而是认为价值和世界上一切事物一样，也是个性和共性的统一。共性寓于个性之中，没有脱离了个性而独立存在的共性；反过来，个性中包含着共性，在各种特殊存在中贯穿着共同的本质。中国道路蕴含的价值是独特的，但并没有特殊到人类文明进程之外，其独特性恰恰是人类文明共性的反映。正如习近平总书记在第70届联合国大会一般性辩论的讲话中所说：“‘大道之行也，天下为公。’和平、发展、公平、正义、民主、自由，是全人类的共同价值，也是联合国的崇高目标。目标远未完成，我们仍须努力。当今世界，各国相互依存、休戚与共。我们要继承和弘扬联合国宪章的宗旨和原则，构建以合作共赢为核心的新型国际关系，打造人类命运共同体。”①

二　中国道路的价值取向特色

价值观是指主体对客体的行为结果的意义、作用、效果和重要性的总体评价和总看法，是精神层面的内容。价值取向则是一定主体基于自己的价值观在面对或处理各种问题时所持的基本价值立场和价值态度，具有实践品格。价值观决定价值取向，前者为体，后者为用。通过前文关于社会主义核心价值观的介绍可知，作为整体的一套核心价值观念，国家正在大力提倡、培育，并要求人们积极践行。社会主义核心价值观无疑是中国道路的灵魂，但统一于中国特色社会主义伟大实践的中国道路、制度和理论的价值取向是如何具体体现社会主义的核心价值观呢？下面试图就最能体现中国道路的价值特色并将之与其他道路区别开来的主要精神标识做些探讨。

1. 以人民为中心

认真研究社会主义核心价值观就会发现，社会主义核心价值观与为人民服务的根本宗旨具有高度的契合性。人民性体现在社会主义核心价值观的三个层面上：在国家层面上，“民主”是排在第一位的，体现在人民在国家政权

① 习近平：《在第七十届联合国大会一般性辩论时的讲话》，《人民日报》2015年9月29日。

中当家作主的地位；在社会层面上，“自由”又被列在第一，体现的是马克思主义关于“人的自由而全面发展”的社会终极目标；在个人层面上，“友善”体现为与人为善的价值追求。中国道路就是以实现好、维护好、发展好最广大人民的根本利益为核心价值取向的，发展社会生产力、增强综合国力和提高人民生活水平是其基本的发展目标和检验标准。

以上价值理想有其深厚的理论基础。根据指导共产党人各项事业的理论基础的马克思主义唯物主义历史观的解释：“人的本质不是单个人所固有的抽象物，在其现实性上，它是一切社会关系的总和。”① 而人类的一切社会关系都是在实践活动中生成的，社会实践是人类存在的方式。人们从事社会实践活动是有目的性的——“动物仅仅利用外部自然界，简单地通过自己的存在在自然界引起变化；而人则通过所做出的改变来使自然界为自己的目的服务，来支配自然界，这便是人同其他动物最终的本质的差别”②。可见，人的存在是一种具有目的性的生命活动。人的目的就是指人在从事实践活动时所具有认识和改造世界的目标和方向，包括对客观世界（自然界和社会）和主观世界的认识活动和改造活动时的方向。人的目的是一切社会实践活动的动力源，人的一切实践活动都具有目的性。但同时人的实践活动又具有工具性——“人们为了能够‘创造历史’，必须能够生活。但是为了生活，首先就需要吃喝住穿以及其他一些东西。因此第一个历史活动就是生产满足这些需要的资料，即生产物质生活本身，而且，这是人们从几千年前直到今天单是为了维持生活就必须每日每时从事的历史活动，是一切历史的基本条件。”③ 可见，物质资料的生产活动，体现着人自身所具有的工具性，现实中的个人是实现自身目的的手段和工具，人自身的生存和发展需要在很大程度上靠自己的努力来获得和满足。从唯物史观中关于人的社会实践是为了人、同时又要依靠人的两个方面的论述可以看出，马克思主义是主张人是目的和手段的统一。这也是中国共产党“一切依靠群众，一切为了群众”的群众路线的理论基础。

中国共产党从诞生之日开始，就肩负着民族独立和人民解放的使命，并

---

① 《马克思恩格斯选集》第4卷，人民出版社1995年版，第383页。

② 谭培文、陈新夏、吕世荣：《马克思主义经典著作选编与导读》，人民出版社2005年版，第58页。

③ 《马克思恩格斯选集》第1卷，人民出版社1995年版，第79页。

将此看作国家富强和人民富裕的前提。为人民利益而存在和奋斗，是中国共产党人的核心价值观，并以此为党的宗旨正式写进了七大的党章中。从此，“人民是国家的主人”“为人民服务”一直是中国共产党的核心政治伦理和最高道德追求。邓小平扬弃了“文化大革命”的错误做法，把抽象、理想化的社会主义具体化，将其变得更具操作性，目的是既要坚持理想，又要让人民能得到具体的、现实的利益。于是，“温饱”“一部分人先富起来”“小康”等符合中国实际的、逐步升级的目标被设定出来。面对中国改革开放后取得的成绩和存在的问题，提出了“全面建设小康社会”的目标，希望改变中国小康社会的低水平、不全面、不平衡状态，兼顾社会效率与公平问题，目标是要实现为人民服务的宗旨，“代表最广大人民群众的根本利益”，让广大人民群众共享改革成果；因为问题的出现和解决总是需要一个过程的。党的十六大以后更加注意发展过程中出现的一些问题，提出了和谐社会建设和科学发展观，把社会建设、特别是其中的民生问题的解决摆在了党和国家工作的重要位置上，使民生问题成了舆论的焦点和工作的抓手。习近平总书记是在党的十八届一中全会结束后的记者见面会上，九次提到“人民”一词，指出“人民对美好生活的向往，就是我们的奋斗目标”。[①] 党的十八大之后，他高度关注民生问题、大力提倡社会建设、强调精准扶贫，并下大力气整顿党风，开展群众路线教育活动，保证党为人民服务的宗旨。这一切都体现了中国共产党人始终把人作为目的的思想，把自己的奋斗与整个民族的强大和人民过上幸福生活的目标联系起来。党的十九大更是以人民对美好生活的向往作为新时代社会主要矛盾变化的关键词，把新的“三步走”战略与满足人民幸福生活的需要紧密结合起来。报告的每一个部分都是围绕着人民的利益和人民的需要展开，真正体现了中国共产党为人民服务、为人民执政的根本宗旨。

在坚持人民群众是改革发展的目的性的同时，中国共产党人也始终坚持人民群众主体地位的另一层含义，认为人民群众才是历史进步的动力和源泉，坚持把调动人民的积极性作为革命、建设和改革成功的根本手段。中国共产党领导的新民主主义革命是依靠广泛的下层动员、依靠统一战线的不断巩固

---

① 中共中央文献研究室：《十八大以来重要文献选编》（上），中央文献出版社 2014 年版，第 70 页。

和扩大取得成功的。统一战线被当作中国革命克敌制胜的法宝之一。中华人民共和国成立后，为了迅速医治战争创伤并恢复国民经济，中国共产党与各民主党派结成同盟，建立了包括工人、农民、小资产阶级和民族资产阶级在内的广泛的统一战线，在短时间内完成了由新民主主义革命向社会主义革命、新民主主义社会向社会主义社会的过渡。在中国迈入社会主义大门之时，从《论十大关系》到《关于正确处理人民内部矛盾问题的讲话》，再到党的八大通过的关于社会主义建设的路线及一系列方针、政策，目的都是为了正确处理中国面临的内外矛盾，从而调动一切积极因素，发挥人的主观能动性，为建设强大的社会国家而奋斗。后来造成严重后果的大跃进运动，就是把人的工具作用强调到极致的一个结果。而“文化大革命”则是对人的观念进行革命，目的是通过人的革命性保证社会主义不改变颜色，从而依靠社会主义制度的优越性保证中国迅速发展和强大。在不断强化人的工具性的过程中，人的目的性一度被严重淡化，从而又影响了人的工具性的发挥。于是，社会发展中人的地位被虚化和扭曲了。新时期到来后，中国共产党人拨正了历史的方向，始终坚持“发展为了人，发展依靠人”的目的与工具的统一性，依靠最广大人民群众利益的实现来调动人民群众的积极性和创造性，依靠人民群众的积极性和创造性保证又好又快的发展从而更大程度上造福人民。

从解决温饱的小康社会的目标到保证最广大人民群众的根本利益的实现的“三个代表”，从“以人为本”的科学发展观到“八项规定”“群众路线教育”“三严三实”“两学一做”等整党建党的活动，中国共产党人始终在目的与价值的统一中践行着改革发展的人民性原则。从人民群众物质文化生活水平的提高到民主法治制度的建立，从国家四大政治制度的完善到党内民主路径的探索，从人权状况的不断改进到民生问题的逐步解决，中国共产党在根本利益和现实利益的统一中不断落实和扩大着人民的权益。从“人民”概念的阶级性界定到“人民”概念向“公民”概念靠近，从党的阶级基础的巩固到党的群众基础的扩大，从人民利益的代表到中华民族的先锋队，中国共产党成为最广大人民群众的谋利者。

习近平总书记从党的十八届一中全会结束后的记者见面会开始，所有的讲话及行为，从国内到国际，从理念到实践，治国理政的每一项内容、每一个环节、每一个举动无不体现着人民利益的价值依归，这是共产党人的初心，也是中国梦和人类命运共同体的价值支撑。

总之，改革开放40年，是把人民群众的物质利益和政治社会文化权利发展、落实和保证的最好的历史时期，当然也是人民群众的积极性和创造性发挥得最好的时期。

2. 集体主义

中西方价值观的最大差异是两者的基础不同——西方崇尚个人主义，而中国则以集体主义为最高原则。

西方的个体主义思想和价值观源远流长，无论是古希腊哲学还是中世纪的基督教神学，都在心物二元论的基础之上形成了它们的个体人格观念。到了文艺复兴和资产阶级启蒙运动时期，个体主义又以一种新的方式得到了发展，文艺复兴时期的人文主义者强调的就是个人的权利和尊严，主张把属于人的生理、心理上的正常要求归还于人，认为人是由个人自身的感受、幸福、尊严等组成的一个独立个体。启蒙思想家们强调天赋人权论，认为个人自由是人的内在固有本质，合理的社会应当保证个人的独立性、自由权的实现。他们认为个人是社会的基础，个人先于社会，个人为了保护自己的利益才组成了社会，个人把自己的一部分自然权利让渡给国家，那是以国家更好地保护他们的利益为前提的。

中国的传统文化不是突出自我或个体，在“三纲五常”的伦理原则中，人是关系中的人，地位是不平等的，是强调义务而忽视权利的，为整体利益做出牺牲是对人的基本要求。在近代，随着西方文化作为世界主流文化地位的确立及其对中国的入侵，中西两种绝然不同的价值观发生了冲突和融合。近代中国特殊的历史背景和任务注定了西方的以个人主义为基础的价值观在中国难有市场。

在改革开放之前，马克思主义是强调社会共同富裕、反对两极分化、反对少数人占有社会财富的。它之所以被中国人接受、迅速扩大影响并最终取得胜利，从价值观的层面上讲，是因为它整合和超越了整体主义和个体主义的对立，在坚持集体利益第一的原则下，主张保护个人的权益。其倡导的以“阶级为本位”的集体主义价值观，很好地契合了中国几千年传统中始终提倡的集体主义原则——具体的表现形式是对公与私、义与利、大我与小我的辨析与争论中对公、义、大我的肯定和崇尚。这也是当年中国顺利走向社会主义道路的传统文化根基。但 1949 年之后的社会主义建设中，由于中国所处环境和发展阶段的特殊性，虽然主观上中央也强调国家、集体和个人利益的兼顾，但客观上马克思主义的集体主义是被扭曲的，对集体主义原则的过于僵化的理解，将个人利益和集体利益对立起来，在一定程度上回到了中国传统的整体主义价值判断中，使传统社会主义模式没有充分表现出其优越性。

在开辟中国道路的过程中，随着简政放权和开放搞活，经济形式和生活方式日益多元化，人们评价事物的标准也越来越多元。但中国共产党始终以“一元主导、多元共存”的原则整合整个社会的价值观。在主导性的价值观中，始终以社会主义的集体主义原则作为核心的价值取向：中国的改革开放是为了把中国建设成一个强大的社会主义国家，为了让中国崛起，自立于世界民族之林。这从邓小平的“三步走”基本实现现代化、使中国达到世界中等发达国家水平的战略，可以看出他虽然改变了建国初期的“赶超战略”，但并没有放弃近代以来以中华民族的整体复兴强大为第一任务的历史主题，而是把民族复兴的重任建立在了更加现实的基础上——通过个体的温饱、小康和富裕来实现。新时期弘扬社会主义集体主义的最大的特点是矫正了过去单方面强调“大河有水小河满”的认识，承认了“小河有水大河满”，承认了集体和个体是相辅相成的互动关系，且在社会发展中，人既是目的也是手段，是谋求民族的繁荣富强的重要手段。习近平总书记提出的“中国梦”则更是对民族复兴这一主题的凸显。

强调民族复兴和国家强大的集体主义价值，并不否认个体的利益。新时期中国道路的探索是从承认个体对物质利益的正当追求开始的。邓小平的“让一部分人、一部分地区，通过诚实劳动和合法经营先富起来”的思想发挥了极大的解放思想的作用，经济体制改革起初是为了搞活经济、调动人的积极性从而体现社会主义制度的高效率的优越性的。很快，随着全党对社会主义社会认识的深化，开始逐步按照人民物质文化生活水平的不断提高来制定社会的发展战略和步骤。党的十四届六中全会决议提出，在社会主义初级阶段，在发展社会主义市场经济的过程中，应当“形成把国家和人民利益放在首位而又充分尊重公民个人合法利益的社会主义义利观”①。这意味着在全社会确立了义利统一的价值导向。党的十五大报告一方面强调深入持久地开展以为人民服务为核心、集体主义为原则的社会主义道德教育，保证人民共享经济繁荣成果，一方面重申允许和鼓励一部分人通过诚实劳动和合法经营先富起来，依法保护个人合法收入。这也显示出在价值导向上体现义利结合。习近平非常辩证地看待人民的幸福和中国梦的关系，认为“实现全面建成小康社会、建成富强民主文明和谐的社会主义现代化国家的奋斗目标，实现中华民族伟大复兴的中国梦，就是要实现国家富强、民族振兴、人民幸福……中国梦归根到底是人民的梦，必须紧紧依靠人民来实现，必须不断为人民造福”。② 习近平始终要求在发展经济的基础上不断改善民生工作，“人民对美好生活的向往，就是我们的奋斗目标”。“民生工作没有最好，只有更好。”

由于集体主义价值在中国有根深蒂固的影响，新时期最大的问题是个体权益如何保护和个人价值被尊重的问题。在这方面，国家通过政策和立法对个人价值和个体权力做了大量的规范和保证。2007 年 3 月 16 日，经全国人大十届五次会议表决通过的《中华人民共和国物权法》，就是在承认人们追求正当物质利益的基础上，将将私有财产和国家财产、集体财产置于平等保护地位。

在保障中国人物质利益追求的基础上，中国政府还不遗余力地改善和发展中国的人权和公民权。中国政府提出了“生存权和发展权是首要的基本人权”等一系列重要观点。自 1978 年以来，中国在人权保障方面共制定了近 160 多个法律法规，已参加 27 项国际人权条约。自 1991 年以来，关于中国的人权状况，政府发布了 12 部综合性的白皮书，展示中国的人权状况，并在 2004 年 3 月的第十届全国人民代表大会第二次会议上把“尊重和保护人权”写入宪法。2015 年 6 月，中国国务院新闻办发布的白皮书中，以大量数据和事实，从发展权利、人身权利、民主权利、公正审判权、少数民族权利、妇

---

① 《江泽民文选》第 3 卷，人民出版社 2006 年版，第 92 页。

② 中共中央文献研究室：《十八大以来重要文献选编》（上），中央文献出版社 2014 年版，第 234—235 页。

女儿童和老年人权利、残疾人权利、环境权利、对外交流与合作等 9 个方面介绍了中国人权事业取得的成就。特别值得一提的是，2012 年，中国政府还制定了《国家人权行动计划（2012—2015 年）》，有步骤地发展和落实中国的人权问题。可以说，中国道路开辟了中国个体价值被尊重的新时代，虽然和西方一些发达国家存在着不同，但中国人民从来没有像今天这样享有如此多的权益。

总之，社会主义的集体主义价值观是中国道路的核心灵魂。新时期为了刺激经济社会发展、解决传统社会主义体制下的效率低下问题，个人奋斗、个人发家致富的追求合法化，分配时也纠正了“大锅饭”“铁饭碗”的平均主义做法，强调多劳多得和效率优先。但“共同富裕”和“公平正义”始终是中国特色社会主义的题中应有之义。从纠正低效弊端时的效率第一，到 21 世纪初发展不平衡出现时的“效率优先，兼顾公平”①，再到党的十七大报告强调：“初次分配和再分配都要处理好效率和公平的问题，再分配要更加注重公平。”② 实现社会公平的问题日益凸显。2012 年召开的十八大则强调要“调整国民收入分配格局，加大再分配调节力度，着力解决收入分配差距较大问题，使发展成果更多更公平惠及全体人民，朝着共同富裕方向稳步前进”③。党的十九大在强调加大政府调节力度，构建合理的收入分配格局、缩小收入分配差距的同时，还专门论述了扶贫问题，要求“坚决打赢扶贫攻坚战。让贫困人口和贫困地区同全国一道进入全面小康社会”④，以实现共同富裕的目标，体现了社会主义的集体主义原则。就这样，新时期的分配制度和原则始终在公平和效率之间调适，努力使经济社会的发展在保持活力和速度的同时，又能坚持社会主义共同富裕的集体主义价值观。

3. 新现代性

“现代性”是在启蒙运动和法国大革命以来新的世界体系生成的时代的一种持续进步的、合目的性的、不可逆转的发展的时间观念。对此概念，历来

---

① 《江泽民文选》第 3 卷，人民出版社 2006 年版，第 22 页。

② 中共中央文献研究室：《十七大以来重要文献选编》（上），中央文献出版社 2009 年版，第 30 页。

③ 同上书，第 28 页。

④ 习近平：《决胜全面建成小康社会 夺取新时代中国特色社会主义伟大胜利——中国共产党第十九次全国代表大会上的报告》，《人民日报》2017 年 10 月 28 日。

存在诸多争议。但梳理一些大家对此概念的解释，会发现对其内涵的界定在以下几方面存在着共识：一是“理性化”。所谓理性化就是条理化、系统化、专业化和科学化。历史学家黄仁宇在批评中国传统在中国的困境时指出：它无法实现“数目上的管理”，中国的皇权官僚政治一向以道德教化和意识形态甚至人海战术来弥补治理手段上的捉襟见肘，而整个社会的运转也以大而化之、将错就错、得过且过为特征，是故循环往复，难有突破。讲的正是中国传统社会的非理性。二是“世俗化”。韦伯曾用“祛魅”一词概括世俗化的现代世界，主要指的是那些终极的、最高贵的价值陨落了，上帝已死去，人代替超越之物成为自己精神的主宰。三是分化和专业化。社会分化成政治、经济、文化、法律等不同领域，各自都有明确的边界和内涵。国家与社会、社会与个人等都出现了分化。四是主体性原则的确立。主体性原则的内涵包括个体主义、普遍主义、自我决定和自我实现，任何一个人都要受到所有其他人的同等尊重，同时，他又是判断所有人各自幸福要求的源泉和终极权威。近代欧洲的宗教改革、启蒙运动和法国大革命成为展现主体性原则的历史标志。

按照以上标准来观照中国近代以来特别是 1978 年以来的历史，可以清晰地看出中国从传统社会向现代社会的转型过程，即不断地追求现代化和现代性价值的过程。1840 的鸦片战争是西方资本主义工业文明开始入侵中国传统的农业文明的开始，在西方的影响下中国开始走出传统轨道；1911 封建帝制被推翻，民主、共和的理念逐渐深入人心；1915—1919 年，从以西方个人主义为基础的人权启蒙运动到追求民族整体利益的“五四”爱国运动，中国的现代性发生了分歧，自由主义阵营内分化出了批判和反对西方资本主义现代性的马克思主义者，作为现代性组成部分的中国革命发生了新民主主义的转向；1949 年中华人民共和国的成立，意味着中华民族主体性的确立。但民族主体性的确立不等于每个社会成员的个体主体性的确立。所以，在追求“把落后的农业国转变为先进的工业国”的物质现代化目标的同时，还面临着制度和人的现代化的艰巨任务。

从 1978 年开始，随着真理标准问题大讨论开始，中国社会开始了现代化的征程和对现代性的追求。回首改革开放以来的历史会发现，这四十年的改革发展过程就是不断赋予中国社会现代性的过程：首先是精神层面的祛魅化。

真理标准问题大讨论打破了“文革时期”形成的严重的偶像崇拜，精神层面逐渐的“祛魅”与世俗化，空想浪漫的革命运动和全民族的乌托邦式的纯粹社会主义追求逐渐退出了历史舞台，柴米油盐的世俗事务占据了个人生活的大部分空间，人们开始脚踏实地追求着衣食住行的改善。其次是物质和社会层面的理性化。无论是经济还是政治，无论外交还是内政，中国人在决策方面日益理性化，都不再是只算政治账而不算经济账。随着生产方式的变迁，人与人之间的交往也逐渐从“熟人社会”走向“半陌生人社会”和“陌生人社会”，形成了以确定规则为基础的可预期的合理化互动模式。再次告别了一元化的政治全能主义时代。政治与经济相分离，且经济领域内的政治意识形态逐渐淡化。社会与国家相分离，为公民的自由生存与发展提供了广阔的空间，出现了相对独立的经济系统、文化系统，初步形成现代意义的市民阶层，利益多元、价值多元的社会结构亦初具规模。最后是人本主义、人文主义、个人主义思想终于获得了合法性。“五四”运动以来的启蒙价值观和主体性原则终于得以真正的实现和确立。人的自由和尊严，这些传统中国价值观念中最为稀缺的元素，开始得到越来越多的尊崇和追求。改革开放四十年的成就，在很大程度上源于思想的解放、人性的解放和创造力的迸发，这也是现代性价值不断被重视和践行的过程。

新时期是从重新开启现代化征程开始的。以明确的现代化历史背景和现代化诉求再思考中国的发展问题，是中国共产党人在历史转折关头的自觉。邓小平同志在对中国国情进行深刻分析的基础上，在认识到社会主义初级阶段是没有实现现代化的阶段这一关键后，重新鲜明地提出了实现现代化的问题。他在 1979 年 3 月 30 日党的理论工作务虚会上的讲话中指出：“我们当前以及今后相当一个历史时期的主要任务是什么？一句话，就是搞现代化建设。能否实现四个现代化，决定着我们国家的命运、民族的命运。”① 在新的历史起点上，邓小平更深刻、自觉地反思了中国社会发展的价值追求问题，更清晰地把中国国情、社会主义和现代化联系起来思考。在“什么是社会主义，如何建设社会主义”的问题上，他结合对世界现代化历史进程的认识和反思，

① 《邓小平文选》第 2 卷，人民出版社 1994 年版，第 162 页。

决定一定“要适合中国的情况，走出一条中国式的现代化道路”。①

中国式的现代化道路就是中国特色社会主义道路，是新型现代化道路，即在继承中国优秀传统价值、学习借鉴西方发达国家既有文明成果的基础上，以马克思主义与中国实际相结合的中国化马克思主义为指导，走一条和既往一切国家的现代化道路不同的新型道路。所谓的“新”，是指观念更新、体制革新、技术创新和文化复新，是新型工业化、区域城镇化、社会信息化和农业现代化的生态发育过程；所谓的“型”指转型，包括产业经济、城市交通、建设用地等方面的转型，环境保护也要从末端治理向“污染防治－清洁生产－生态产业－生态基础设施－生态政区”五同步的生态文明建设转型。

这条道路沿着马克思当年对资本主义现代性的无情批判，克服工具理性的泛滥和对人的物化、异化现象，以人类解放为终极目标。这一批判和超越，使我们要实现的现代化、现代性获得了一种新的内容、新的规定性，是在扬弃既有现代性弊端的基础上重塑的现代性，使中国的现代性价值取向最大限度地减少了自身的悖论和张力。这可以说是“中国道路”的最大价值和世界历史性意义。

从以上关于中国道路的现代性价值追求过程也可以证明，马克思主义之所以能够在中国获得如此影响，归根到底是因为它对资本主义现代性进行了扬弃和超越，适应了中国现代化实践及其进程的需要。马克思主义中国化的过程，是中华文化赋予马克思主义以民族性的过程；同时，也是马克思主义推动中华文化进行现代性转换的过程。马克思主义中国化和现代性是密切相连、不可分割的，二者统一于中国革命和建设的伟大实践中。中国的现代性之路，也只有高举马克思主义中国化的旗帜才能真正得以实现。正因为中国道路的展开过程就是马克思主义中国化的过程，所以超越了资本主义现代性的新现代性是中国道路的根本性价值取向。

4. 和谐精神

中国传统的价值系统是由儒家为主、法释道等多家共同构成的。各家的价值体系和价值观之间固然存在差异，但“和合”的观念则是普适的，无论

---

① 《邓小平文选》第2卷，人民出版社1994年版，第163页。

是儒家的“天人合一”“孝悌忠恕”，还是道家的“道法自然”，抑或佛家的“众生平等”，其中都包含着对人与人、人与自然、人与社会等各种关系和谐的价值追求。“相反相成”“和而不同”“和实生物”等词语都是中国传统中源远流长、认同广泛的和谐价值内涵。在近代中国的革命过程中，由于各种原因的作用，暴力革命成为历史变革的必然选择，“革命”也由此成为被普遍认同的价值且被置于道德的制高点。这种思维和价值追求一直延续到了20世纪70年代末期。

中国特色社会主义建设道路与之前的中国革命道路的一个重大区别在于社会主要矛盾和党的工作重心的转变。党的十一届三中全会后，中国共产党经过拨乱反正，否定了“以阶级斗争为纲”的指导思想，把工作重心转移到了社会主义现代化建设上来。经过20多年的改革开放和社会主义现代化建设的实践，中国社会的转型到了关键时期，一些深层次问题开始显现。如城乡、区域经济社会发展不平衡以及就业、社会保障、收入分配、教育、医疗、住房等，这些都牵涉决策体制、政府体制以及已经形成的利益格局，特别是强势群体的利益格局。而改革开放的不可逆转性，把在此进程中形成的一个相对利益受损群体和社会底层（城乡贫困人口和低收入人口）的利益凸显出来。如果不采取果断措施解决这些矛盾，就会影响实现全面建设小康社会的奋斗目标。在这一背景下，中国共产党把提高构建和谐社会的能力确定为加强党的执政能力建设的重要内容。继党的十六大及其之后的不断阐发，和谐社会的价值追求日益清晰。党的十六届四中全会通过的《中共中央关于加强党的执政能力建设的决定》指出：要“构建社会主义和谐社会”，并将其正式列为中国共产党全面提高执政能力的五大内容之一；党的十六届六中全会又明确将“社会和谐”界定为“中国特色社会主义的本质属性”，并对和谐社会的内涵、指导思想、构建目标和途径等进行了系统阐述。

和谐社会的价值追求不是为了回避矛盾和冲突，而是要用协调、共荣的方式解决新时期我国社会大量涌现的人民内部矛盾。如上面所述，和谐社会的概念产生于中国社会转型期大量矛盾涌现和存在的背景下。但面对大量矛盾，党中央做出了两大正确的判断：一是从社会主义初级阶段的国情出发，仍然将人民日益增长的物质文化需要同落后的生产力之间的矛盾看作主要矛盾并反复强调，这保证了发展仍然是中国社会的主要任务，其他一切矛盾和任务都要服从于这一中心；二是判断我国当前存在的大量矛盾都属于人民内部矛盾。毛泽东早在 1957 年就系统地论述过人民内部矛盾的问题，认为矛盾的性质不同解决的方法就不同，人民内部矛盾只能用团结、批评、教育的方式解决。新时期的共产党人继承和发展毛泽东的思想，认为除了思想认识问题，现实中的大量矛盾主要是利益问题引起的。这种利益矛盾主要表现为两个方面：一方面是社会变革过程中的利益失衡，一部分人因为社会变革成为受益者，一部分人则为此付出了代价，成为利益受损者；另一方面是利益主体的多元化，这是由所有制形式的多样化和就业方式以及分配方式的日益多样化催发的。[①] 正是在这样的认识基础上，中国共产党着眼于矛盾双方的共存和统一而不是对立和斗争，从矛盾双方的统一、协调的角度去化解矛盾和消除矛盾。以共存、共赢、合作、和谐的态度，通过政策的不断调适来形成“全体人民各尽其能、各得其所而又和谐共处的社会”。和谐社会是“民主法治、公平正义、诚信友爱、充满活力、安定有序，人与自然和谐相处”的社会，它和科学发展观追求的“以人为本，全面协调可持续发展”有着密不可分的联系，都以社会的现代性转型为指向，超越了中国传统的专制制度下的和谐和资本主义制度异化状态下的和谐。

中国道路的和谐价值追求无疑也体现在对外关系和外交政策中。在一如既往地坚持和平共处五项原则的前提下，中国人发展了和的思想、明确对和谐的价值追求。在 2002 年 10 月江泽民访美期间的演讲中就说：“两千多年前，中国先秦思想家孔子就提出了‘君子和而不同’的思想。和谐而又不千篇一律，不同而又不相互冲突。和谐以共生共长，不同以相辅相成。和而不同，是社会事务和社会关系发展的一条重要规律，也是人们处世行事应该遵循的准则，是人类各种文明协调发展的真谛。”[②]随着世界对中国崛起的关注和担忧的增加，2005 年和 2006 年，胡锦涛在各种外交场合阐述了中国建设“和谐地区”和“和谐世界”的构想。2005 年 12 月 22 日，国务院新闻办公室发布了《中国的和平发展道路》白皮书，第一次使用了“中华文化是一种和平

① 王葵：《转型期人民内部矛盾的特点及化解》，《理论学刊》2005 年第 2 期。
② 《江泽民文选》第 3 卷，人民出版社 2006 年版，第 522 页。

的文化"[①]的说法，强调中国坚定不移地走和平发展道路，是基于中国历史文化传统的必然选择。2007 年 10 月，胡锦涛在党的十七大报告中系统阐述了和谐世界理念的深刻内涵：政治上相互尊重、平等协商，共同推进国际关系民主化；经济上相互合作、优势互补，共同推动经济全球化朝着均衡、普惠、共赢方向发展；文化上相互借鉴、求同存异，尊重世界多样性，共同促进人类文明繁荣进步；安全上相互信任、加强合作，坚持用和平方式而不是战争手段解决国际争端，共同维护世界和平稳定；环保上相互帮助、协力推进，共同呵护人类赖以生存的地球家园[②]。

党的十八大之后，习近平总书记在系列讲话中，对中国的外交政策中的价值观进行了系统论述，其核心内容就是"和平""发展""合作""共赢"八个字。特别是"和平发展"与"和谐世界"两个概念，是习近平在一切外交场合反复强调的内容。他指出："中国走和平发展道路，不是权宜之计，更不是外交辞令，而是从历史、现实、未来的客观判断中得出的结论，是思想自信和实践自觉的有机统一。"[③]但追求和平的价值观，决不是一味忍让，甚至牺牲国家利益。他指出："我们要坚持走和平发展道路，但决不能放弃我们的正当权益，决不能牺牲国家核心利益。任何外国不要指望我们会拿自己的核心利益做交易，不要指望我们会吞下损害我国主权、安全、发展利益的苦果。"[④]这体现了和平价值在国际利益和国家利益关系上的辩证法。党的十九大报告的第十二部分以"坚持和平发展道路，推动构建人类文明共同体"为题，再次详细阐述了中国的外交政策的和平宗旨："中国将高举和平、发展、合作、共赢的旗帜，恪守维护世界和平、促进共同发展的外交政策宗旨，坚定不移在和平共处五项原则基础上发展同各国的友好合作，推动建设相互尊重、公平正义、合作共赢的新型国际关系。"

---

① 国务院新闻办公室：《中国的和平发展道路》，《人民日报》2005 年 12 月 22 日。

② 中共中央文献研究室：《十七大以来重要文献选编》（上），中央文献出版社 2009 年版，第 36 页。

③ 《习近平谈治国理政》，外文出版社 2014 年版，第 267 页。

④ 同上书，第 249 页。

第六篇　中国道路的经验与价值

中国道路始终坚持科学社会主义理论逻辑和中国社会发展历史逻辑的辩证统一，不仅是现代化道路、经济社会发展道路，而且更是中国特色社会主义现代化道路、中国特色社会主义经济社会发展道路。中国人民不是通过资本主义，而是通过社会主义来建设现代化、实现中华民族伟大复兴中国梦的。通过总结中国道路的基本经验，更好地说明中国道路来之不易，她是中国共产党率领中国人民走出的一条发展新路，从而鼓舞全党全国各族人民坚定走中国道路的信心，增强对中国特色社会主义的道路自信、理论自信、制度自信、文化自信。习近平指出："中国特色社会主义是适合中国国情、符合中国特点、顺应时代发展要求的理论和实践，所以才能取得成功，并将继续取得成功。"[①] 党的十八大以来，以习近平同志为核心的党中央接过历史的接力棒，坚持以马克思主义为指导，带领全党和全国人民坚定不移走中国道路，与时俱进拓展中国道路，续写了中国特色社会主义这篇大文章。中国道路发展成就斐然，现实意义重大。当代中国不仅需要进一步总结中国道路的基本经验，以上升到科学理论的高度，更好地指导和推进当代中国乃至当今世界现代化的实践发展，而且需要系统阐明中国道路具有怎样的当代价值，又具有怎样的推广示范效应，进一步深化对共产党的执政规律、社会主义建设规律和人类社会发展规律的认识，为全面建成小康社会、加快社会主义现代化建设、实现中华民族伟大复兴中国梦而提供坚实基础和强大保障。

---

① 《习近平谈治国理政》第二卷，外文出版社 2017 年版，第 12 页。

第十七章　中国道路的基本经验

无论干革命、搞建设、抓改革、谋发展，道路问题始终是关系党的事业兴衰成败的首要问题。可以说，道路关乎党和国家的前途命运，关乎最广大人民的根本利益。党领导人民经过长期奋斗，使当代中国前所未有地走向了世界舞台的中央，前所未有地接近实现中华民族伟大复兴的目标，前所未有地具有实现这个目标的能力和信心。习近平总书记指出："中华人民共和国成立以来特别是改革开放以来，中国发生了深刻变革，置身这一历史巨变之中的中国人更有资格、更有能力揭示这其中所蕴含的历史经验和发展规律，为发展马克思主义作出中国的原创性贡献。"① 中国道路是亿万中国人民在中国共产党的领导下，在改革开放和发展社会主义市场经济过程中，为摆脱贫困，消除不公而开辟的一条独特的、与中国国情相适应的发展道路。从理论上深入总结中国经验，准确诠释中国道路，揭示中国特色社会主义发展规律，更好地开拓新时代中国特色社会主义新境界、新水平，是目前我国理论界面临的一项十分重大而紧要的任务。

一　何谓中国道路的基本经验

一般而言，经验是人们在社会实践中产生的，是客观事物及其相互联系在人们头脑中的主观映像和特定反映，它是人们通过反思与总结获得的关于客观事物的现象和外部联系的认识。而基本经验则是指人们从已发生的社会

① 习近平：《深刻认识马克思主义时代意义和现实意义 继续推进马克思主义中国化时代化大众化》，《人民日报》2017 年 9 月 30 日。

历史变迁中经过系统的总结和归纳，获取的理性认识，也就是对经济、政治、文化、社会、生态和党的建设等领域已经形成的一整套思路、做法和制度安排的概括与凝炼，它既包括在实践中形成与积累的系统性、引领性、示范性的历史经验，也指有待在实践中不断充实、更新、发展的新鲜经验。概括地说，中国道路的基本经验，就是中国共产党领导全国各族人民，在建设和发展中国特色社会主义过程中积累的、对于决胜全面建成小康社会、夺取新时代中国特色社会主义伟大胜利、实现中华民族伟大复兴中国梦的最为重要、最可珍贵的经验。

诠释中国道路必须十分重视中国道路的基本经验，因为这是党和人民在实践中形成的巨大而珍贵的思想财富、政治财富和发展财富的结晶。道路不仅事关执政党治国理政的重大命脉，而且事关国家前途、民族命运、人民幸福。当代中国为什么要选择中国特色社会主义道路？为什么能够在这条道路上走得稳、走得好？关键在于中国道路立足于中国的独特国情。独特国情集中体现在我国正处于并将长期处于社会主义初级阶段这一基本国情，也包括当代中国是在中国共产党领导下，坚持以马克思主义理论为指导，坚定不移走中国特色社会主义道路，还包括我们独特的文明传承、独特的历史底蕴、独特的奋斗历程，这些都注定了我们只能而且必须走适合自己特点的道路。邓小平明确指出："特别是像我们这样第三世界的发展中国家，没有民族自尊心，不珍惜自己民族的独立，国家是立不起来的。"① 我们的国权，我们的国格，我们的民族自尊心，我们的民族独立，关键是道路、理论、制度、文化的独立。在走什么样的道路问题上，我们当然要虚心学习借鉴人类社会创造的一切文明成果，包括资本主义国家发展市场经济、实现现代化的实践举措和有益经验，但绝不能照搬照抄别国的发展模式，更不能指望跟在他人后面亦步亦趋就能够实现中国的现代化发展。

从中国的具体实践看，中国道路是被历史和实践证明了的当代中国发展进步唯一正确的道路，是实现我国社会主义现代化的必由之路，是创造人民美好生活的必由之路，也是我们党带领亿万中国人民历经千辛万苦找到的实现中国梦的正确道路。中国道路既然是坚持社会主义，那就不论怎么改革、

① 《邓小平文选》第 3 卷，人民出版社 1993 年版，第 331 页。

怎么开放，我们都必须始终坚持走中国特色社会主义道路。“中国特色社会主义道路之所以完全正确、之所以能够引领中国发展进步，关键在于我们既坚持了科学社会主义的基本原则，又根据我国实际和时代特征赋予其鲜明的中国特色。”① 尽管国际社会对中国道路的理解和评价，有这样或那样的分歧和争论，但一个不容置疑的事实是，当代中国已经从站在地球的边缘，正大踏步走向世界舞台的中央，走出了一条不同于西方国家的现代化之路。中国只用了短短几十年的时间就走完了西方发达国家几百年走过的发展历程。今天，中国政治社会稳定，经济高速发展，人民生活不断改善，综合国力大幅度提升，这种局面，不仅在中国近代以来的历史上难得，在世界范围内也不多见。党的十九大报告明确指出：“改革开放之初，我们党发出了走自己的路、建设中国特色社会主义的伟大号召。从那时以来，我们党团结带领全国各族人民不懈奋斗，推动我国经济实力、科技实力、国防实力、综合国力进入世界前列，推动我国国际地位实现前所未有的提升，党的面貌、国家的面貌、人民的面貌、军队的面貌、中华民族的面貌发生了前所未有的变化，中华民族正以崭新姿态屹立于世界的东方。”② 在中国道路形成的历史过程中，在这个发展过程的各个阶段、各个环节和各个方面，都有无数的因素影响着中国道路的发展走向与兴衰成败。由于中国共产党的正确领导，中国道路具有鲜明的内涵和独特的指向，能够永立时代潮头，有效地调动一切积极因素，化解各种消极因素，引领全国人民聚精会神搞建设，一心一意谋发展，所以能够解决过去长期想解决而没有解决的难题，办成许多过去想办而没有办成的大事，取得了经济建设和社会发展一个又一个辉煌成就。

从全球发展的视野看，中国道路的基本经验已经引起了国际社会的强烈反响与高度重视。中国道路的鲜明特点在于不固执、不守旧，既不妄自菲薄，也不妄自尊大，而是自觉融入世界现代化发展的历史进程，积极参与国际经济和科学技术的交流与合作，在汲取别人一切先进技术、先进经验、先进管理方式的同时，又不盲从，更不迷失自我。换言之，中国道路是一条在全球

---

① 胡锦涛：《高举中国特色社会主义伟大旗帜 为夺取全面建设小康社会新胜利而奋斗》，人民出版社 2007 年版，第 11 页。

② 习近平：《决胜全面建成小康社会 夺取新时代中国特色社会主义伟大胜利——中国共产党第十九次全国代表大会上的报告》，人民出版社 2017 年版，第 10 页。

化进程中把世界的机遇转变为中国的机遇，又把中国的机遇转变为世界的机遇的和平发展、合作发展、共赢发展之路。也就是在参与全球化的过程中，中国既分享了全球现代化发展带来的机遇和红利，又对全球现代化发展做出了独特的创造和贡献。可以说，走上这条道路就能使中国与世界发达国家的距离在越走越近的同时，也使中国的发展与繁荣越来越深刻地影响着当今世界的发展潮流，并极大地改变着整个世界发展的治理格局。对中国道路的基本经验的正确总结和科学阐释，就是要从人类社会历史活动的规律性上去回答中国道路为什么能推进，又为什么能取得成功。当代中国的历史性变革和历史性成就，都无可争辩地证明，中国特色社会主义这条道路走得通、走得对、走得好。我们走自己的路，具有无比广阔的舞台，具有无比深厚的历史底蕴，更具有无比强大的前进定力。“对中国道路成功的必然性的揭示和阐释，能够从根本上积极回应国际社会对中国经验的关切，使中国发展道路获得更加广泛的理解和认同。”①

二　中国道路基本经验的生成

中国特色社会主义不是从天上掉下来的，也不是简单模仿其他国家现代化发展模式的结果，而是党和人民历经千辛万苦、付出各种代价后才做出的重大抉择与历史选择，是经过长期探索才找到的一条实现国家富强、民族振兴和人民幸福的正确道路。当代中国的现代化道路不是简单延续我国历史文化的母版，不是简单套用马克思主义经典作家设想的模板，不是其他国家社会主义实践的再版，也不是国外现代化发展的翻版，她的形成与发展不可能找到现成的教科书。我们必须牢记历史的经验教训，十分珍惜已经取得的、来之不易的伟大历史成就，更好地总结中国道路形成的基本经验，更自觉地推进新时代中国特色社会主义事业新的发展。

1. 对中国道路取得成功的经验总结

中国道路之所以非常独特，基本经验之所以难能可贵，是因为在一个经济文化落后、人口众多的大国全面建设社会主义现代化国家是史无前例的，

---

① 宁骚：《用马克思主义历史观评估中国道路的世界意义》，《光明日报》2014 年 3 月 31 日。

既没有现成的答案可循，也没有现成的道路可走，只能根据自身的情况在实践中寻找、探索与不断开拓。从中华人民共和国成立后的发展情况看，我们经过70年的曲折探索，摆脱了一穷二白的物质匮乏，冲破了围追堵截的外部封锁，在取得巨大发展成就的同时，也曾出现过一系列的严重失误和全局性错误，才终于找到了一条顺应时代要求、符合本国国情、代表最广大人民根本利益的中国特色社会主义道路。实现国家富强、民族复兴、人民幸福，这是中国共产党建党立党、治国理政的历史任务与责任担当，也是全国各族人民的共同愿景和奋斗目标。总结我国改革开放以来形成的中国特色社会主义道路的实践成就，最根本的就是要概括与形成中国道路的基本经验。"只有走中国人民自己选择的道路，走适合中国国情的道路，最终才能走得通、走得好。"[①] 这是总结我国社会主义现代化建设历史经验所得出的一个基本结论。

中国道路作为一条成功的发展之路，是中国人民在中国共产党的领导下，根据中国的实际创造了从站起来到富起来再到强起来的中国发展奇迹，打破了所谓"现代化就是西方化"的认识偏见，体现着中国共产党和中国人民对人类文明未来发展的重大使命与自觉担当。中国道路,即中国特色社会主义道路，是中国在全球化背景下实现社会主义现代化的一系列战略策略。"中国特色社会主义的形成和发展，既是一个马克思主义中国化和当代化的过程，也是一个社会主义中国化和当代化的过程。它不仅极大地改变了中国历史的发展进程，也在相当程度上改变了世界历史的进程，是一个具有世界历史意义的重大事件。"[②] 从全世界范围来讲，没有一条放之四海而皆准的发展道路，也没有一个适合一切民族、一切国家的一成不变的现代化发展道路。中国道路更多地学习世界，更好地融入世界，更强地发展世界，不仅深刻改变了中国人民和中华民族的命运，而且实际地影响了全球发展的格局和世界现代化的进程与走向。因此，对中国道路基本经验进行科学总结，对人类实现现代化的发展实践具有重大的现实意义。

2. 对中国道路面临挑战的深刻反思

邓小平曾说过："过去我们讲先发展起来。现在看，发展起来以后的问题

---

① 《习近平接受金砖国家媒体联合采访》，《人民日报》，2013 年 3 月 20 日。

② 俞可平：《中国特色社会主义的世界历史意义》，《人民论坛》2008 年第 24 期。

不比不发展时少。"① 快速发展的中国面临着诸多新的问题。比如，经济转型升级中的高质量发展问题、全面深化改革中的利益格局重新调整问题、解决生态环境中的瓶颈制约问题、追求共同富裕中的缩小贫富差距问题、重视民生保障和改善中的发展成果共享问题、全面从严治党中的遏制权力腐败问题，等，这些问题都是人民群众反映强烈、迫切需要解决的现实问题。而每个大问题中又包含着许多小问题，每个问题都需要解决但又都不容易解决。人们普遍感到，今天的中国确实到了一个问题丛生的复杂阶段，迫切需要增强问题意识、坚持问题导向，迫切需要正确对待与有效解决发展过程中出现的各种新情况、新矛盾和新问题。当然，这些都是发展中的问题、前进中的问题，也都是"过程中的问题"。承认中国道路的成功，并不意味着它已经完美无缺，更不是说不再需要变革。中国道路虽然还存在着这样那样的问题，有的问题虽然很大甚至很严重，但都不是不能解决的问题。我们既要充分肯定中国道路在发展中已经取得的巨大成就，又要客观地直面前进道路上存在的诸多问题、面临的诸多挑战。承认中国道路在发展中存在着各种问题，实事求是地指出中国道路面临着严峻挑战，绝不意味着要否定中华人民共和国成立以来70年的历史发展，也不意味着要否定改革开放40年的巨大成就，更不意味着把中国道路看成一无是处，已经陷入了什么困境，甚至要以别的什么发展道路来取而代之。

从我国目前经济发展的情况看，中国正处在增长速度换档期、结构调整阵痛期、前期刺激政策消化期"三期叠加"的现实坐标上，正经历新旧动能转化，支撑过去高速增长的条件正在发生深刻变化，经济结构和发展方式正在经历深刻调整，经济下行压力仍然较大，面临的困难和挑战依然不少。工业结构调整的阵痛已经来临，制造业面临产能过剩、需求疲软、资源约束和劳动力成本上升等实际困难，我国发展中不平衡、不充分、不协调、不可持续问题还很突出，科技创新能力不强，产业结构不合理，农业基础依然薄弱，劳动年龄人口比重和数量开始下降，人口老龄化状态提前到来，经济后发优势相对减弱，加上经济总量规模明显扩大，这些都决定了我国经济潜在增长率和实际增速会有所放缓。如何破解经济新常态带来的现实挑战，现代金融

① 《邓小平年谱（1975—1997）》（下），中央文献出版社2004年版，第1364页。

业如何更好地服务于实体经济，如何有效推进大众创业、万众创新，真正带动经济结构调整，又如何实施人才强国战略、依靠创新驱动提升中国经济整体实力，为国家新兴战略产业更上一层楼提供更多更优质的服务，如何推进我国高质量发展，进一步深化“放管服”改革，更好满足人民日益增长的美好生活需要，如何在决胜全面建成小康社会的关键时刻，建立长效内生机制，坚决打好打赢防范化解重大风险、精准脱贫、污染防治“三大攻坚战”，等等，这些都是我们在总结中国道路基本经验时，必须认真对待和有待解决的问题。中国特色社会主义进入新时代以来，我国经济总量大幅提升，人均国民收入快速增长。目前中国已处在中高等收入发展阶段，既面临前所未有的向高收入国家行列跃升的机遇，也面临落入‘中高收入陷阱’的危险。”① 能否在中等收入阶段成功转换增长动力机制、调整产业发展结构，实现从高速增长向高质量发展转变，是一个国家能否跨越“中等收入陷阱”的关键。在中国道路的行进中，我们面临的机遇前所未有，面临的困难和挑战也前所未有。改革由问题倒逼而产生，又在不断解决问题中得以深化，更好地解决前进中遇到的各种难题，破除影响和制约发展的各种弊端与障碍，需要全面深化改革，进一步推进理论创新和实践创新，走出一条具有中国特色经济社会发展的新路子。

从我国面临的国际环境来说，目前中国的发展正遭遇“西方中心论”的挑战。“西方中心论”不仅在学术界颇有市场，而且实际影响着我国广大社会公众对世界文明发展史的认知。“西方中心论”不是空穴来风的，它的形成与发展对我国的影响主要有三个方面：“首先，现代西方历史哲学孕育了进步论、阶段论、目的论以及普遍主义等理论，它们在人文社会科学研究尤其是世界历史叙事的实践中都曾盛行一时。西方历史哲学的影响使非西方世界的学术研究或者陷入思维上的‘集体无意识’境地，或者‘削足适履’地将非西方的史料装填进西方历史哲学的框架。其次，西方现代殖民主义‘塑造’和‘建构’了包括非西方世界在内的世界历史图景。殖民主义对人类和世界历史发展进程最重要的影响是歪曲和贬低了非西方世界的成就与贡献。为了抵消殖民主义不客观的恶劣影响，非西方世界通常采取民族主义理论视角来

---

① 金立群：《中国如何跨越“中等收入陷阱”》，《人民日报》2015 年 8 月 11 日。

书写自身历史以及与外部世界关系的历史，结果在全球范围内形成了对世界历史大相径庭的解释。再次，文化传播主义造成了西方主导的人文社会科学研究的强势。文化传播主义既是殖民主义的产物，又是'西方中心论'在文化上的一种抽象。"① "西方中心论"思想在我国还颇有市场，对实现中国式现代化有着消极的影响和很大的危害。

我国发展面临的国际环境风云变幻，错综复杂，世界经济结构正在调整分化，大国关系正在调整重组，周边关系也出现了新的变化，发展中面临诸多不稳定、不确定、不安全性因素。尤其是当下出现了西方某些大国对中国的围堵与遏制问题。西方发达国家在中国发展的关键阶段，肆意制造中国"崩溃论"、中国"威胁论"、中国"搭便车论"、中国"不守规则论"、中国"战略意图不定论"、中国"经济前景不明论"、中国"强硬论"、中国"傲慢论"、中国"掠夺论"、中国"不负责任论"等种种舆论，放大中国问题，做空中国经济，一些抹黑中国、怀疑中国、唱衰中国的言论在国际社会不断升温与蔓延。"中国改革开放以来，美国的中国政治研究的一个倾向是，受教条的自由民主学说影响，不是从中国的国情、制度、发展道路的角度思考和研究中国，而是按照美国的政治标准研究中国、引导中国，从而频繁产生学术失望和政策挫折情绪。"② 这些负面的污名化中国的国际舆论和曲解、妖魔化中国的话语霸权，构成了中国道路发展中面临的现实挑战。现实中国的发展正面临着一个高度敏感期和矛盾多发期，应努力化解以下九大矛盾："一是中国特色社会主义同西方意识形态的矛盾；二是中国崛起与西方遏制的矛盾；三是中国快速发展与世界各类国家日益增多的利益摩擦的矛盾；四是中国发展的实际水平与国际社会赋予更高期待的矛盾；五是同周边国家'疑华'、'借美制华'的矛盾；六是同新兴大国关系利益调适磨合出现的矛盾；七是有效化解所谓大国崛起必然引发国际战略格局剧烈动荡的矛盾；八是大国崛起应避免与当下的霸权国家和世界政治体系发生正面对抗的矛盾；九是国内问

---

① 任东波：《摆脱西方思维定势和认知模式的束缚，构建超越"西方中心论"的话语体系》，《人民日报》2015年8月21日。

② 苏长和：《"必有我师"的胸怀遇到"我必为师"的自负 西方为何一再曲解中国——以美国为例》，《人民日报》2015年4月29日。

题中的国际因素、国际因素中的中国因素双向互动的矛盾。”① 这些矛盾是客观存在的，也是必须认真对待和积极破解的。中国不仅需要探索在巨大经济总量下如何跨越中等收入陷阱、先富之后如何向共富转变、资源环境约束下如何承受转型压力、从人民群众日益增长的物质文化需要如何向人民群众日益增长的美好生活需要转变等国内问题，并且需要在全球经济低迷时期继续成为世界经济发展的主要引擎、努力推进世界各国互利互惠、合作共赢、共商共建共享、构建人类命运共同体等全球治理问题的有效解决。

3. 对中国道路未来发展的预判

当代中国正处在中国特色社会主义新时代的新的历史起点上，中国经济将经历从高速增长向高质量发展的转变，中国道路也将在新时代、新起点上不断开拓与延伸。“全面客观地看中国，需要‘莫为浮云遮望眼’‘风物长宜放眼量’的大视角、大气度。判断中国的未来前景，要看主流、看总体趋势，不能只看次要问题、看个别现象。越是快速发展，问题与矛盾就越多。但是，一个国家总体发展趋势上升，短期问题就不能左右大局，因为那都只是暂时的。”② 历史已经证明，中国特色社会主义道路是适合中国国情的唯一正确道路，历史还将证明，新时代中国特色社会主义道路有着无比光明灿烂的前景。

我国将从高速度发展转向高质量发展。中国共产党人富有远见卓识，能够制定适合中国国情的、代表最广大人民根本利益的中长期发展战略，中国经济基本面依然呈现稳中趋好、稳中求进的态势，正在结合自身的发展定位，努力寻找新的增长点，推动经济社会又好又快发展。世界银行首席经济师兼高级副总裁考什克·巴苏认为，四十年来年均经济增速达到10%左右的国家只有中国。目前中国处于经济结构调整期，能保持6.5%—7%的经济增长率已经非常不错，这是很少有国家能够做到的。目前经济增速放缓是中国提高其经济增长质量的重要机遇。即便如此，中国依然是世界经济增长速度最快的经济体之一。从短期来看，中国经济发展面临一些问题，但从中长期来看，

---

① 孔根红：《国际政治格局的新变化及我国的应对策略》，《红旗文稿》2011年第3期。

② 郭万超：《怎样才能读懂当代中国》，《光明日报》2014年3月31日。

中国依然是推动世界经济发展的重要力量。[①] 只要坚定坚持中国特色社会主义发展方向，以“创新、协调、绿色、开放、共享”新发展理念为引领，深刻总结发展中的经验教训，统筹推进“五位一体”总体布局，协调推进“四个全面”战略布局，中国就一定能实现从高速增长阶段到高质量发展的转变，跨越“中等收入陷阱”，成功跻身高收入国家行列，更好地造福中国人民。

我国的国际影响力将进一步增强。在国际经济政治舞台上，中国扮演了越来越重要的角色。国际社会积极评价中国经济形势，看好中国经济增长前景，认为中国依然是世界经济发展的重要推动力量。作为全球第二大经济体，中国对全球经济和世界市场的影响力发生了根本性的转变，中国积极倡导“丝绸之路经济带”和“21 世纪海上丝绸之路”，提出“共商、共建、共享”的全球治理观，把东亚、东南亚、南亚、中亚、欧洲南部、非洲东部的广大地区联系在一起，将给沿线国家的经济转型升级和可持续发展创造巨大机遇。我国倡导的“一带一路”建设，有三大重要国际价值：一是在国际关系上，有助于相关参与各国各方通过协商合作，有效管控分歧和争端，增进共同安全，推动各国关系协调与和谐，从而使沿线国家走上和平发展之路。“一带一路”分别从陆上和海上推进互联互通，拓展开放通道，能够充分发挥上合组织、东盟“10＋1”、中阿合作论坛等现有机制作用，能够为和谐世界的建设发挥独特作用。二是在经济合作上，有助于相关国家在平等互利的基础上深化区域合作，促进区域内经济要素的自由流动和优化配置，带动沿线国家经济转型和发展，尤其是加强人员、货物、资金、技术的交流，节约时间和空间成本，在高科技、交通和基础设施等领域积极拓展互联互通的合作。“一带一路”倡议提供了一个包容性巨大的发展平台，能够把快速发展的中国经济同沿线国家的利益更加紧密起来，从而增强了参与国家的经济实力和发展后劲。三是在文化价值上，有助于相关参与国家展示其深厚的历史底蕴和人文实力，发挥各自优势，推进文化交流，厚植后发优势。尤其通过各国深化政治互信、促进经济一体化、推进基础产业合作、加强互联互通、密切人文交流和加强海上安全合作等，从而构建起全方位、多层次、宽领域的合作网络。

---

① 《国际货币基金组织和世界银行秋季年会看好中国经济增长前景，中国仍是世界经济的重要推动力》，《人民日报》2015 年 10 月 11 日。

可以说，“一带一路”是一条合作共赢、惠及各方之路，是我国实现国家间战略协作的有效平台，能够最大限度实现欧亚非各国经济发展战略的有效对接，逐步形成亚欧非区域一体化大合作的新格局。这是一个站在全球高度、盘活区域内各种资源、推动周边国家深度合作、增进各国人民友谊，实现人类和平发展的重大战略构想和操作性极强的实践方案。

中国特色社会主义道路将越走越宽广。习近平总书记强调，“过去，我们照搬过本本，也模仿过别人，有过迷茫，也有过挫折，一次次碰壁、一次次觉醒，一次次实践、一次次突破，最终走出了一条中国特色社会主义成功之路。现在，有些人议论这个道路、那个道路，有的想拉回到老路上，有的想引到邪路上去；有的是思想认识误区，有的是别有用心。中国特色社会主义这条道路，我们看准了、认定了，必须坚定不移走好这条道路，与时俱进拓展这条道路”。① 从目前的情况看，中国特色社会主义已经获得了前所未有的成功。经过长期奋斗，中国特色社会主义进入了新时代。走上这条道路并取得成功的根本原因是中国共产党领导全国人民，既坚持了科学社会主义基本原则，又赋予了其鲜明的时代特色，从理论和实践的结合上科学回答了在中国这样一个人口多、发展不平衡、不充分的东方大国建设什么样的中国特色社会主义、怎样建设中国特色社会主义这个时代性的重大理论与实践问题。虽然中国道路还没有完全定型，探索的路途依然还很长，但终将取得成功。“只有社会主义才能救中国，只有坚持和发展中国特色社会主义才能实现中华民族伟大复兴，这既是历史的结论，也是未来的昭示。”② 只要坚定不移走中国道路，中国就一定能走在世界的前列，对人类文明发展做出新的更大的贡献。

---

① 中共中央宣传部：《习近平新时代中国特色社会主义思想三十讲》，学习出版社 2018 年版，第 27—28 页。

② 同上书，第 22 页。

第十八章　中国道路基本经验的主要内容和具体表征

中国道路的基本经验来自中国发展的具体实践，它不是单一的，也不是固定不变的，而是有着十分丰富的内容，并在发展的实践中需要不断总结和完善。解决当代中国一切问题的关键在党。中国共产党领导是中国特色社会主义最本质的特征，是中国特色社会主义制度的最大优势，也是总结中国道路基本经验的关键所在。中国共产党作为当代中国唯一的执政党，这是历史的抉择、人民的选择。中国共产党长期执政的理念就是立党为公、执政为民；就是要为中国人民谋幸福、为中华民族谋复兴；就是要带领人民把国家建设得更好，让人民生活得更好。中国有 960 万平方公里土地、56 个民族、13 亿多人口，要建设社会主义现代化强国，就必须由中国共产党这个坚强领导核心来确定发展方向，引领发展道路，提供理论指导，凝聚各方力量。如果离开党的领导，就会出现一盘散沙甚至分崩离析的局面，中华民族伟大复兴的中国梦就将化为泡影。中国共产党坚强、正确的领导，是中国道路取得成功的根本原因。总结中国道路的基本经验，需要围绕中国共产党的执政实践来展开、围绕坚持和发展中国特色社会主义来进行。

一　中国道路基本经验的主要内容

中国特色社会主义是改革开放以来党的全部理论和实践的主题，中国道路之所以能够取得巨大成功，是与中国道路的基本经验息息相关的。中国道路的基本经验不只是历史发展的理性总结，更是科学实践的高度概括。阐明中国道路基本经验，就是要对我们党领导中国道路取得成功的本质规定性进行系统归纳，准确理解和把握中国道路成功实践的特质所在、意义所在、价值所在。

1. 高举实事求是旗帜是中国道路的精髓要义

马克思列宁主义的精髓是实事求是，马克思主义中国化两大理论成果——毛泽东思想和中国特色社会主义理论体系的精髓也是实事求是，这是开辟和走好中国道路最本质的东西。我们党就是靠实事求是起家和兴旺发展起来的。一个国家的革命和建设取得成功的最重要的原因在于走自己的路，而一个国家搞改革、求发展取得成功最关键的因素也在于走自己的路。实现一个民族、一个国家的长远发展，就必须知道自己是谁，是从哪里来的，要到哪里去，想明白了、想对了、想通了，就要理直气壮朝着自己选定的目标坚定不移地走下去。不论过去、现在还是将来，我们都必须高举实事求是的旗帜，这是中国共产党人开辟中国道路并不断取得成功的奥秘所在。

一切从实际出发、理论联系实际、实事求是、在实践中检验和发展真理的思想路线，是我们党经过实践检验的唯一正确的思想路线，也是中国道路取得成功最根本的理论依据和实践遵循。中国的现代化，必须从中国的具体国情出发，探索具有适合本国特点的发展道路。邓小平强调指出："我们的现代化建设，必须从中国的实际出发。无论是革命还是建设，都要注意学习和借鉴外国经验。但是，照抄照搬别国经验、别国模式，从来不能得到成功，这方面我们有过不少教训。把马克思主义的普遍真理同我国的具体实际结合起来，走自己的道路，建设有中国特色的社会主义，这就是我们总结长期历史经验得出的基本结论。"① 当代中国，正昂首阔步走在新时代中国特色社会主义道路上。中国道路的核心是既不照搬别国的发展模式，也不照抄别人的发展经验，而是从自己的实际出发，从中国的基本国情出发，走出一条符合中国实际、时代要求、人民期盼的发展道路。

马克思主义是我们党的指导思想，是引领当代中国发展的行动指南。高举实事求是的旗帜，坚持一切从实际出发，就是要将马克思主义基本原理与当代中国具体实际相结合，就是要将科学社会主义一般原则与时代发展特征、

① 《邓小平文选》第3卷，人民出版社1993年版，第2—3页。

中国具体国情和民族文化传统相结合。只有坚持实事求是的根本原则，才能走出一条民族化、本土化、具体化的社会主义发展道路。党的十一届三中全会的基本精神是解放思想，独立思考，从自己的实际出发来制定党的路线、方针和政策。“因为在中国建设社会主义这样的事，马克思的本本上找不出来，列宁的本本上也找不出来，每个国家都有自己的情况，各自的经历也不同，所以要独立思考。”① 坚持实事求是，就是坚持一切从实际出发来研究和解决当代中国发展中所面临的问题，坚持理论联系实际来制定指导当代中国新的实践的路线、方针和政策，坚持在实践中检验真理和发展真理就是要不断总结随着实践的发展而形成新的理论成果，而不能简单照搬照抄别国的发展模式和实践做法，这是中国道路最重要的基本经验。

坚持和发展新时代中国特色社会主义，是习近平新时代中国特色社会主义思想的核心要义。在决胜全面建成小康社会的关键时刻，更要重视一切从实际出发，坚持以经济建设为中心，创新和完善宏观调控方式，实现从高速增长到高质量发展的转变，建设现代化经济体系，推动实现更高质量、更有效率、更加公平、更可持续的发展。习近平总书记明确指出：“坚持实事求是，最基础的工作在于真正摸清楚本地区本部门本单位的实际情况，真正摸清楚影响改革发展稳定的突出问题，真正及时了解人民群众的所思所盼，这样才能真正掌握客观实际，真正做到耳聪目明、心中有数。”② 坚持一切从实际出发，最基础的、也是最重要的工作是搞好调查研究。“调查研究是做好一切工作的基础，是我们党在长期实践中形成的好传统。越是环境复杂、任务艰巨，越要大兴调查研究之风。面对难事、大事、复杂事，各级领导干部要到基层摸实情、知真情，所到之处、所见之事、所问之人，应当是‘原生态’。要让基层一线的干部群众畅所欲言，正面的要听、反面的也要听，顺耳的要听、刺耳的也要听。不能听过算数，要分析研究，回应群众诉求，梳理基层意见，采纳有益建议，拿出举措办法，让大家看到实效。为政之道，贵在落实。”③

---

① 《邓小平文选》第3卷，人民出版社1993年版，第260页。

② 《中共中央党校举行春季学期第二批学员开学典礼 习近平出席并讲话》，《人民日报》，2012年5月17日。

③ 韩正：《必须保持一股冲劲》，《人民日报》2015年7月24日。

当代中国一切从实际出发，就是既要看到我国社会主要矛盾已经从人民群众日益增长的物质文化需要与落后的社会生产之间的矛盾转变为人民群众日益增长的美好生活需要与发展不平衡、不充分之间的矛盾，又要看到我国正处于并将长期处于社会主义初级阶段的基本国情没有变，中国是一个发展中大国的国际地位没有变。从变与不变的辩证法中更好地把握我国的基本国情，这是我们认识和处理当代中国一切问题的基本立足点，是走好中国道路的关键所在。中国特色社会主义道路“既没有继续采用‘苏联模式’，又成功地避开了‘依附论’、‘中心—外围论’、‘西化论’等以资本主义模式为中心的理论的影响，而是立足自身实际，面向世界、面向未来，逐步探索出了一条既切合中国实际，又顺应世界历史潮流的有中国特色的社会主义现代化道路”。[①] 德国杜伊斯堡大学东亚研究所所长托马斯·海贝勒认为，打破照搬照抄的冲动，从实际出发探寻自己的道路，这是智者的选择。

2. 坚持社会主义方向是中国道路的制度优势

中国道路的成功归根到底是社会主义的成功，是坚持和发展社会主义制度优势的结果。邓小平指出：“中国的社会主义是变不了的。中国肯定要沿着自己选择的社会主义道路走到底。谁也压不垮我们。只要中国不垮，世界上就有五分之一的人口在坚持社会主义。我们对社会主义的前途充满信心。”[②] 他还强调：“我们中国要用本世纪末期的二十年，再加上下个世纪的五十年，共七十年的时间，努力向世界证明社会主义优于资本主义。我们要用发展生产力和科学技术的实践，用精神文明、物质文明建设的实践，证明社会主义制度优于资本主义制度，让发达资本主义国家的人民认识到社会主义确实比资本主义好。”[③] 中国用短短几十年的时间就走完了西方国家一二百年才走完的发展历程，消灭了贫穷落后，实现了神州巨变，其难度之大超乎想象，究其根源就在于中国道路既坚持了社会主义制度，又发展了社会主义制度。在当代中国，坚持中国特色社会主义道路，就是真正坚持社会主义；发展中国特色社会主义道路，就是真正发展社会主义。

---

① 沈云锁、陈先奎主编：《中国模式论》，人民出版社 2007 年版，第 418 页。

② 《邓小平文选》第 3 卷，人民出版社 1993 年版，第 320—321 页。

③ 《邓小平年谱（1975—1997）》（下），中央文献出版社 2004 年版，第 1255 页。

在改革开放过程中，尽管面临着许多新情况、新问题、新变化，但我国的社会主义性质和方向始终没有变，人民群众在我国的主人翁地位始终没有变，党的根本宗旨和最高理想始终没有变，马克思主义的指导地位也始终没有变。我国的改革是社会主义制度的自我完善和发展，正是凭借社会主义制度优势，整合社会各阶层、各方面的不同利益，强调权利与义务的平衡和不同权利之间的平衡，形成最广泛的社会发展共识，调动了一切积极因素，实现了社会良性运行，才保证了中国道路能够取得成功。“道路和制度紧密相连，道路的成功离不开制度的保障。中国选择自己独具特色的制度，是大浪淘沙的结果。近代以来，中国试穿了各种各样的‘鞋子’，甚至想照搬西方制度的‘飞来峰’，但最终都没有成功。”[①] 任何一种社会制度的建立都不是一劳永逸的，都要随着时间的推移、时代的变迁、实践的发展而不断对它进行改革和完善。对社会主义社会来说，也是如此。社会主义社会绝不是一成不变的，而是经常变化的社会，是需要改革与全面深化改革的社会。当然在推进改革与深化全面改革的过程中必须始终坚持社会主义方向。我们党带领人民通过艰苦奋斗，在探索中找到了中国特色社会主义道路，形成了中国特色社会主义理论体系，确立了中国特色社会主义制度，发展了中国特色社会主义文化。而我国基本政治制度的核心在于始终坚持和加强党的全面领导，处理好党的领导、人民当家作主和依法治国之间的关系，在党的领导下深化改革、扩大开放、保持稳定，对出现的挑战和面临的机遇能够做出及时而有效的回应，这是中国道路取得成功的根本政治保证。与其他社会制度相比，中国特色社会主义基本制度在许多方面都具有明显的优势，体现了一种独具特色和综合优势的制度文明。苏联、东欧国家在进行改革时，背离了社会主义方向，搞多党制而放弃党的领导，取消了马克思主义在意识形态领域的指导地位等，最终导致执政的共产党垮台、改旗易帜，国家发生剧变、解体与分裂，这种亡党亡国的惨痛教训是令人震惊的，也是发人深省的。

社会主义的制度优势在于集中力量办大事。“中国特色社会主义制度的重要优势就是能够集中力量办大事，这种制度是为大多数人谋利益的制度，因

---

① 刘奇葆：《我们走在正确的道路上——关于中国特色社会主义道路的几点认识》，《求是》2014年第20期。

而能够充分调动广大人民群众的积极性，形成整体的力量；这种制度是摆脱了利益集团和党派纠葛的制度，能够形成全国一盘棋。利用这一优势，改革开放以来，我们先后建成了三峡工程、青藏铁路、京沪高铁、京广高铁、西气东输、西电东送以及世界上最大的电信网络等举世瞩目的建设项目。"① 我国之所以在短短几十年能够实现经济的跨越式发展，取得举世瞩目的巨大成就，一个十分重要的原因是高度重视科学技术的发展。我们发挥社会主义制度优越性，集中力量办大事，走自主创新之路，抓重大项目、抓尖端科技、抓基础研究，增强原始创新、集成创新和引进消化吸收再创新能力，不断取得基础性、战略性、原创性的重大成果，使我国的科技事业日新月异、突飞猛进。一个国家的决策能力和执行效率，是衡量其制度优劣的重要尺度。朝令夕改，什么事也干不成；办事推诿，什么事也做不好。改革开放以来，中国高速有效的动员能力和坚强有力的执行能力，震撼全球，各方羡慕，充分显示了中国特色社会主义的体制效率和组织优势。中国特色社会主义制度，既能够着眼于人民的整体利益和国家的长远发展，科学及时决策，高效有力执行，又能够把持续性与开拓性有效地结合起来。尤其是我国经济社会各个"五年发展规划"的制定，都是在各方充分发表意见、进行民主协商基础上，形成共识，最后再做出决定的。这种规划制定和实施过程，都集中体现了我国社会主义制度的优越性和执行力。美国学者斯蒂芬·李柏在《红色警报》一书中指出："中国领导层能够制定长远的国家发展规划，并按部就班地把计划付诸实施，这是西方国家做不到的。"②

社会主义的制度优势在于能够使社会主义与市场经济结合起来，既注重发挥市场的决定性作用，又注重发挥政府的宏观调控作用，使"看不见的手"与"看得见的手"相得益彰。也就是市场和政府"两只手"相互协调，相辅相成，协同发力，既充分激发和释放市场经济的活力，又通过发挥制度的优势来弥补市场的失灵，防止与遏制市场本身所出现的种种弊端。这一制度安排，既遵循了市场经济的一般规律，又弥补了市场调节的自发性、盲目性和滞后性等缺陷，能够把市场作用和政府作用很好地结合起来，奠定当代中国

① 辛向阳：《中国特色社会主义自信源于制度优越性》，《中国社会科学报》2014年4月23日。

② 引自国纪平《中国道路的世界意义》，《人民日报》2014年9月30日。

经济发展的重要基础。依靠社会主义市场经济体制的改革创新，我们拿出了令世人惊叹的“社会主义市场经济成绩单”。而世界上一些国家，脱离本国实际，套用新自由主义开出的药方，实行完全放任的自由化、私有化和市场化，结果跌入发展“陷阱”而难以自拔。根据实践的拓展和认识的深化，党的十八届三中全会做出了“使市场在资源配置中起决定性作用和更好发挥政府作用”的重大决策，对市场和政府的关系给予了新的定位，这有助于推动我国经济体制改革的深化和创新，能够把社会主义市场经济体制的优势进一步发挥出来。中国社会主义市场经济的制度安排吸收了西方现代市场经济的有效做法，包括现代企业制度、现代贸易制度、现代银行制度、现代融资体系等，使得中国成为世界上最具竞争力的国家之一。但我国的市场经济又不同于西方国家，它十分强调政府的宏观调控作用，这种制度安排实际上是一整套宏观调控的思路、方法、举措，是对国家战略资源的优化配置、对大型国企的优势拓展、对政府战略规划能力及执行能力的优先提升，因而在实践中能够促使社会主义市场经济的强大生命力与核心竞争力日益显现。

当然，要看到我国目前在制度建设上仍然存在一些不够成熟、不够健全、不够完善的方面，但大的方向是正确的。中国共产党是国家最高政治领导力量，是中国特色社会主义事业的坚强领导核心，坚持和加强党的全面领导是发展中国道路的根本保障。面对复杂多变的国际形势和艰巨繁重的国内改革发展任务，实现党的十九大确定的各项目标任务，进行伟大斗争、建设伟大工程、推进伟大事业、实现伟大梦想，走好中国道路，关键在党。在长期革命、建设、改革的实践中，党形成了独特的理论优势、政治优势、组织优势、制度优势和密切联系群众的优势，使我们党具有了其他任何政治力量都无法比拟的领导力、组织力和执行力，为带领人民走好中国道路提供了坚强可靠的保证。“中国道路是一条光明的路，也是一条坎坷的路。在各种风险挑战中，最大的考验来自我们党内部。我们党清醒地认识到，‘中国要出问题，还是出在共产党内部’。解决党内存在的问题，最根本的要靠我们党自己，靠广大人民群众。”① 通过全面从严治党，提高党把方向、谋大局、定政策、促改革的能力和定力，确保党始终总揽全局、协调各方，使党能够担负起新时代

① 虞云耀：《中国道路与中国共产党》，《求是》2014 年第 1 期。

中国特色社会主义事业发展的新使命，发展和完善中国特色社会主义制度，推进国家治理体系和治理能力现代化。

3. 坚持以人民为中心的发展是中国道路的力量源泉

建设中国特色社会主义，必须始终坚持以人民为中心的思想，这是中国道路的内生动力和核心竞争力所在。人民是历史的创造者，党和国家事业发展的一切成就，归功于人民。人民是中国共产党执政的最大底气，是决定党和国家前途命运的根本力量。只要我们紧紧依靠人民，就没有战胜不了的艰难险阻，就没有成就不了的宏图大业。习近平总书记指出："必须坚持人民主体地位，坚持立党为公、执政为民，践行全心全意为人民服务的根本宗旨，把党的群众路线贯彻到治国理政全部活动之中，把人民对美好生活的向往作为奋斗目标，依靠人民创造历史伟业。"① 坚持以人民为中心的发展，集中体现了中国特色社会主义的本质要求、发展内涵和力量所在，是汇聚 13 亿多中国人民团结奋斗的"最大公约数"。中国道路最核心的价值理念就是坚持以人民为中心的发展思想和治国理念，坚持一切为了人民，一切依靠人民，发展成果由人民共享。中国共产党长期执政的根本问题，就是要坚持领导和支持人民当家作主，最广泛地动员和组织人民群众依法管理国家和社会事务，管理经济和文化事业，维护和实现最广大人民群众的根本利益。

中国共产党是中华民族和中国人民根本利益的最忠实代表。中国共产党之所以能够领导人民群众，正因为，而且仅仅因为，它是人民群众的全心全意的服务者，它反映着人民群众的利益、意志和愿望，并努力帮助人民群众组织起来，为实现自己的利益和意志而斗争。中国共产党执政的基础在于人民拥护，必须时刻保持同人民群众的血肉联系。坚持从群众中来、到群众中去、一切为了群众、一切依靠群众，始终把人民的利益放在第一位，始终保持同人民群众的血肉联系，这是中国道路取得成功的力量源泉。习近平强调指出："必须牢记我们的共和国是中华人民共和国，始终要把人民放在心中最高的位置，始终全心全意为人民服务，始终为人民利益和幸

① 习近平：《决胜全面建成小康社会　夺取新时代中国特色社会主义伟大胜利》，人民出版社 2017 年版，第 21 页。

福而努力工作。”① 中国道路是创造人民幸福生活、实现民族伟大复兴的政治前提和基本条件，是我们前进的方向和路径选择。“政之所兴在顺民心，政之所废在逆民心。” 当代中国坚持以人民为中心的发展思想的价值引领，依靠人民创造历史伟业，极大激发了全体人民的积极性、主动性和创造性，凝聚起实现中华民族伟大复兴中国梦的强大力量。人民在整个现代化过程中的主人翁地位得到确立，人民群众在现代化建设中的首创精神得到焕发，这是中国现代化道路越走越宽广、越来越成功的根本原因。巴西中国问题研究中心主任罗尼·林斯解读中国共产党成功的秘诀：“最重要的是中国共产党与人民之间的关系，时刻将人民利益放在首位，明白人民真正的需求是什么，这样才能制定正确的、有利于人民的政策，才能取得真正的成果。”②

中国道路是人民的选择、人民的创造，是党领导人民干出来、走出来的。习近平指出：“我们的人民热爱生活，期盼有更好的教育、更稳定的工作、更满意的收入、更可靠的社会保障、更高水平的医疗卫生服务、更舒适的居住条件、更优美的环境，期盼着孩子们能成长得更好、工作得更好、生活得更好。”③ 人民是国家的主人，国家的自由和解放最终必须落实到每个人的自由和解放上。每个中国人都全面、充分地行使各项权利，创造属于自己的幸福生活，就一定能为国家、为民族创造出无比光明灿烂的未来。中国道路体现了以人民为中心的价值理念，最基本的要求就是要构建社会和谐，注重权利公平、机会公平、规则公平，保障和改善民生，创造幸福美好生活，实现全体人民共同迈入全面小康社会。在党的领导下，全国各族人民同心同德，牢记使命，心往一处想，劲往一处使，用13亿多人的智慧和力量汇聚起决胜全面建成小康社会、实现中华民族伟大复兴中国梦不可战胜的磅礴力量。

4. 重视和善于学习是中国道路的光荣传统

我们党历来重视抓全党特别是领导干部的学习，这是推动党和人民事业发展的一条重要的成功经验。习近平总书记指出：“回顾党的奋斗历程可以发

---

① 中共中央宣传部：《习近平新时代中国特色社会主义思想三十讲》，学习出版社2018年版，第85页。

② 《坚持以人民为中心》，《人民日报》2017年10月24日。

③ 《习近平谈治国理政》，外文出版社2014年版，第4页。

现，我们党之所以能够不断历经艰难困苦创造新的辉煌，很重要的一条就是我们党始终重视思想建党、理论强党，坚持用科学理论武装广大党员、干部的头脑，使全党始终保持统一的思想、坚定的意志、强大的战斗力。”① 中国道路并非是一条天然的发展捷径，也非一条顺理成章的坦途，她是中国共产党人善于学习、勇于实践的智慧结晶。重视和善于学习既是中华民族的优良传统，也是中国共产党人的本分与天职。马克思主义之所以能在中国大地得以迅速传播，使中国人民能够找到一条通往胜利的道路，就在于中国共产党人能够认真学习、善于学习、自觉学习。

习近平总书记强调指出：“我们党是用马克思主义武装起来的政党，马克思主义是我们共产党人理想信念的灵魂。发展 21 世纪马克思主义、当代中国马克思主义，必须立足中国、放眼世界，保持与时俱进的理论品格，深刻认识马克思主义的时代意义和现实意义，锲而不舍推进马克思主义中国化、时代化、大众化，使马克思主义放射出更加灿烂的真理光芒。”② 中国道路以马克思主义中国化的新发展为逻辑起点，特指中国人民在马克思主义的指导下，探索、选择中国特色社会主义发展道路并为开辟新时代中国特色社会主义新征程而不懈努力的过程。中国共产党人的一个很大优势就是善于学习，学好了，再加上吸收外国的优秀文化，我们就会更加从容，更加自信，就更有担当，更有作为。坚持学习，自觉学习，是共产党人增强党性、提高本领、做好工作的前提和基础。在改革开放之初，中国的发展还比较落后，但我们不甘落后，开始派员向南斯拉夫、匈牙利等社会主义国家学习；后来又向亚洲“四小龙”学习；向欧、美等发达资本主义国家学习；并且还向第三世界发展中国家学习，就是虚心学习其他国家的先进技术、先进管理方式和经营方式，大胆借鉴其他国家的一切先进经验，大力吸收人类文明的优秀成果，充实自我，发展自我，超越自我，为人类实现现代化注入新的智慧和力量，增添新的更加丰富多彩的中国元素和中国成果。

中国共产党历来重视马克思主义理论学习，是一个勤于学习、善于学习

① 习近平：《深刻认识马克思主义时代意义和现实意义 继续推进马克思主义中国化时代化大众化》，《人民日报》2017 年 9 月 30 日。

② 同上。

的马克思主义政党。在高度重视自身学习过程中，党中央一再强调，要建设一个马克思主义学习型政党。对于如何建设马克思主义学习型政党，抓好领导干部这个“关键少数”的学习是重中之重。习近平总书记指出：“马克思主义经典作家眼界广阔、知识丰富，马克思主义理论体系和知识体系博大精深，涉及自然界、人类社会、人类思维各个领域，涉及历史、经济、政治、文化、社会、生态、科技、军事、党建等各个方面，不下大气力、不下苦功夫是难以掌握真谛、融会贯通的。”① 学习首先要认真学习马克思主义理论，这是我们做好一切工作的看家本领，也是领导干部必须普遍掌握的工作制胜的看家本领。习近平总书记强调：“领导干部要发扬理论联系实际的马克思主义学风，带着问题学，拜人民为师，做到干中学、学中干，学以致用、用以促学、学用相长。”② 领导干部特别是高级干部要带头学习，原原本本学习和研读马克思主义经典著作，学习毛泽东思想、邓小平理论、“三个代表”重要思想、科学发展观，深刻理解习近平新时代中国特色社会主义思想，要深入学、持久学、刻苦学，带着问题学、联系实际学，把科学思想理论转化为认识世界、改造世界的强大物质力量，以更好坚持和发展新时代中国特色社会主义。

学习不仅要学习马克思主义理论，还要学习其他各方面的知识。我们的学习应该是全面的、系统的、富有探索精神的，既要抓住学习重点，也要注意拓展学习领域；既要向书本学习，也要向实践学习；既要向人民群众学习，向专家学者学习，也要向国外有益经验学习。只有加强学习，自觉学习，才能不断增强工作的科学性、预见性、主动性和灵活性，才能使领导和决策体现时代性、把握规律性、富于创造性，避免陷入少知而迷、不知而盲、无知而乱的困境，才能克服本领不足、本领恐慌、本领落后的问题。

“当前，全党面临的一个重要课题，就是如何正确认识和妥善处理我国发展起来后不断出现的新情况新问题。”③ 要认识好、处理好、解决好当代中国发展中出现的各种新情况、新问题，唯一的途径就是增强执政能力，提高执政本领。增强执政本领首先必须重视加强学习，既把学到的知识运用于实践，

---

① 《习近平在哲学社会科学工作者座谈会上的讲话》，《人民日报》2015 年 5 月 19 日。

② 《习近平谈治国理政》，外文出版社 2014 年版，第 406 页。

③ 同上书，第 401 页。

又在实践中增长解决问题的新本领。要看到，由于时代的变迁、任务的艰巨、实践的需要，与过去相比，我们今天学习的任务不是轻了，而是更重了。在全面深化改革和发展社会主义市场经济的新形势下，中国共产党人把马克思主义与时代特征和中国实际相结合，既坚持了科学社会主义基本原则，又赋予其鲜明的中国特色，形成了既不照搬书本又不照抄外国模式的中国特色社会主义理论体系特别是习近平新时代中国特色社会主义思想，这是扎根于当代中国大地的科学社会主义。中国共产党人在执政过程中，有一个显著特点，就是在虚心学习其他国家一切文明的优点和长处，以弥补自身发展中的不足的同时，紧紧抓住当代中国正在做的事进行学习，并在不断学习和总结经验的基础上，促进新的实践和新的发展。美国学者库恩指出："有人说，一个基于 19 世纪政治哲学形成的政党是不现代化的，这是因为他们没有了解到中国共产党的'学习型'特质。中国共产党是一个鼓励其成员扩展包括科学、经济和文化在内各领域知识的'学习型'政党。中国共产党中央政治局便是很好的例证，其学习内容包括信息技术、电子商务、农业、金融、环境、法律、全球贸易、宗教、国际关系及领导力建设等。通过塑造'学习型'政党，中国共产党为当代执政党提供了示范。"① 党的十八大以来，自 2012 年 11 月 17 日至 2017 年 9 月 30 日，在不到 5 年的时间里，中共中央政治局进行了 43 次集体学习。党的十九大刚闭幕，中共中央政治局又在第一时间进行了集体学习，要求全党围绕落实党的十九大精神，在新时代坚持和发展中国特色社会主义来一个大学习，为全党和全国人民的学习做出了表率、树立了榜样。中国共产党人依靠学习走到今天，也必然要依靠学习走向未来。

5. 勇于改革创新是中国道路的时代精神

坚定不移地坚持解放思想、实事求是、与时俱进，就要勇于突破陈规，坚持改革创新。推进中国特色社会主义事业，必须始终坚持社会主义改革方向不动摇，大力弘扬改革创新的时代精神，以敢闯敢试的劲头、敢为人先的勇气推进全面深化改革。中国共产党成立近百年来，中国共产党执政 70 年来，一条重要的经验就是始终走在时代前列，勇于并善于不断自我革命、自

① 罗伯特·劳伦斯·库恩：《理解中国共产党才能真正理解中国》，《人民日报》2015 年 7 月 1 日。

我反思、自我更新、自我超越。只有改革开放才能发展中国、发展社会主义、发展马克思主义、发展中国共产党，这是中国道路的最显著特征，中国道路本身就是一条改革创新之路。

中国道路的开辟和坚持，是弘扬改革创新时代精神的结果。当前，中国的改革开放已经进入攻坚期、深水区，面对日益凸显的发展瓶颈和深层次矛盾，我们只有发扬改革创新精神，迎难而上、攻坚克难，才能夺取全面深化改革的新胜利，开创新时代中国特色社会主义现代化建设的新局面。当代中国的改革需要将对国内的改革与对外的开放结合起来，既立足于本国的国情，全面而系统地深化改革，又积极主动地融入全球化进程，将世界各国现代化发展的有益经验学过来，而在学的过程中又不妄自菲薄、迷失自我。改革创新必须始终保持自己的特色和自主性，根据中国发展的实际情况来解决现阶段出现的新矛盾和新问题，这是坚持中国道路的特色所在。尤其是在深化政治体制改革过程中，既要积极进取，又要稳步推进，也就是既要始终坚持在改革实践中形成的党的领导、人民当家作主、依法治国有机统一的民主政治发展道路，始终坚持我们独创的人民代表大会制度、中国共产党领导的多党合作和政治协商制度、民族区域自治制度、基层群众自治制度，同时，又要全面深化一切不适应社会主义民主政治建设的僵化的体制机制改革。中国的改革虽是渐进性的改革，但不能停滞不前。开弓没有回头箭，改革只有进行时，而没有完成时。改革创新精神不仅要在经济社会发展中得到大力弘扬，而且要在党的自身建设中得到充分体现。从用习近平新时代中国特色社会主义思想的理论成果武装全党到全面推进党和国家机构改革、深化干部人事制度改革，从以各种新的举措全面加强党的自身建设到创新反腐败斗争“不敢腐、不能腐、不愿腐”的常态化、长效化体制机制，从全面提高党的建设科学化水平到建设始终走在时代前列、人民衷心拥护、勇于自我革命、经得起各种风浪考验、朝气蓬勃的马克思主义执政党，无不彰显着改革创新精神的巨大威力。“正是改革创新精神，极大地激发了党的创造力、凝聚力、战斗力，保证我们党始终走在时代前列。”

创新是引领发展的第一动力。党的十八届五中全会提出新发展理念，排在首位的就是“创新发展”，强调必须把创新摆在党和国家发展全局的核心位置，围绕实施创新驱动发展战略，加快推进以科技创新为核心的全面创新。习近平总书记指出："只有把核心技术掌握在自己手中，才能真正掌握竞争和发展的主动权，才能从根本上保障国家经济安全、国防安全和其他安全。不能总是用别人的昨天来装扮自己的明天。不能总是指望依赖他人的科技成果来提高自己的科技水平，更不能做其他国家的技术附庸，永远跟在别人的后面亦步亦趋。我们没有别的选择，非走自主创新道路不可。"① 只有改革创新，才能增强国家的综合国力，使国家发展步入良性循环的轨道，才能创造人世间一切美好的东西，实现人的自由全面发展。然而，我们的奋斗之路是十分艰巨的。中国道路要求我们知难而进、厚积薄发，在实践中不断地发现问题、分析问题和解决问题，发扬逢山开路、遇水搭桥的精神，积极进取，大胆探索，一步一步地推进新时代中国特色社会主义的新发展，厚植人民福祉，创造美好生活，最终实现中华民族伟大复兴的中国梦。可以说，改革创新已经造就了一个充满生机活力的中国，改革创新正在开辟着新时代的中国走向社会主义现代化的无比光明的前景。

6. 坚持共同富裕是中国道路的根本方向

坚持共同富裕是中国特色社会主义的根本政治原则，是创造人民群众幸福生活的基本条件和发展目标。从具体国情来看，中国地域辽阔，人口众多，发展不平衡、不充分，不能照搬任何别国的办法，只能走共同富裕的发展道路。我们追求的发展是造福人民的发展，我们追求的富裕是全体人民共同富裕。人民对美好生活的向往，就是我们党的奋斗目标。实现共同富裕必须坚持人民主体地位，坚持社会公平正义，各尽其能，各得其所，又和谐相处，努力建设社会主义和谐社会。俄罗斯科学院远东研究所首席研究员嵇辽拉认为，"中国正走在正确的道路上，正在迈向共同富裕"②。

中国人民热爱生活、富有梦想，期盼有更好的教育、更稳定的工作、更舒适的居住条件，追求尊严的保证、事业的成功、价值的实现。改革开放40年来，这些朴实的梦想逐步成真，并正在向更高发展的水平迈进。当代中国在社会发展中对民生投入的决心大、力度大，从人民群众最现实、最普遍、

---

① 《习近平谈治国理政》，外文出版社2014年版，第122页。

② 《中国的发展 世界的机遇》，《人民日报》2012年11月21日。

最迫切需要解决的问题入手，切实保障和改善民生，取得了举世瞩目的重大成就。“截至2016年底，我国基本养老、失业、工伤、生育保险参保人数已分别达到8.88亿人、1.81亿人、2.19亿人、1.85亿人，比2012年底分别增加了9980万人、2864万人、2879万人、3022万人；基本医疗保险覆盖人数超过13亿人，基本覆盖全民。”① 党的十八大以来，随着户籍制度改革、考试招生制度改革、计划生育政策调整、社会保障制度的改革等，一大批改善民生的政策密集出台，使发展成果更多更公平地惠及全体人民。

对人民好的政策才是好政策。我们党的各项政策都要围绕合民意、惠民生来制定，在制定前要认真听取民意，广泛集中民智，更好服务民生。习近平指出，政策如果对我们的百姓好，就是真正的好，我们就坚持这个政策。要看到，再好的政策，如果不落地就是空中楼阁，只有动真格、求实效，人民群众才能共享发展成果，享受到更多的政策红利。在新的发展实践中，中国按照人人参与、人人尽力、人人享有的要求，大力提高和改善民生，始终坚持共同富裕的发展方向。

共产党人在执政过程中必须坚守为民造福的情怀，牢记“善为国者，遇民如父母之爱子，兄之爱弟，闻其饥寒为之哀，见其劳苦为之悲”的古语，倾注自己的心血、精力和情感，把脱贫职责扛在肩上，把脱贫任务抓在手上。“2016年底发布的《中国扶贫开发报告2016》指出：1981—2016年，中国贫困人口减少了7亿多，中国减少的贫困人口占全球减少全部贫困人口的71.82%。中国成为世界上减贫人口最多的国家，也是世界上率先完成联合国千年发展目标的国家。近5年来，中国每年超过1000万人脱贫，成为推动落实联合国2030年可持续发展目标的最大贡献者。”② 贫困地区基本公共服务体系建设加快推进，城乡基本养老保险制度全面建立，截至2018年底，全国共有农村低保对象3519.7万人，农村低保标准达到4833元③。贫困地区儿童营养改善项目、片区农村学生中等职业教育免学费补助生活费等“特惠”政策

---

① 郑秉文：《我国社会保障改革成就卓著》，《人民日报》2017年10月23日。
② 卢泽华、韩维正：《十九大：贡献中国智慧》，《人民日报》（海外版）2017年10月23日。
③ 《截至2018年底，全国共有农村低保对象3519.7万人》，《农民日报》，2019年1月26日。

陆续实施，全力阻断贫困代际传递。①

当前，决胜全面建成小康社会已经进入收官阶段，时间紧，任务重，要求高，责任大。习近平总书记强调指出："我们不能一边宣布全面建成了小康社会，另一边还有几千万人口的人生活水平处在扶贫标准线以下，这既影响人民群众对全面建成小康社会的满意度，也影响国际社会对我国全面小康社会的认可度。"②"十三五"时期是我们确定的全面建成小康社会的时间节点，全面建成小康社会最艰巨最繁重的任务在农村，特别是在贫困地区。"小康不小康，关键看老乡""一个民族都不能少""不能丢了农村这一头""决不能让一个苏区老区掉队"。精准扶贫，精准脱贫，坚决打赢脱贫攻坚战，这是我们党对历史、对人民的承诺，是一场输不起的战争。到2020年我国现行标准下农村贫困人口全部脱贫，贫困县全部摘帽，区域性整体贫困全部解决，胜利实现第一个百年奋斗目标，中华民族将首次告别绝对贫困。

作为"实现中华民族伟大复兴中国梦的关键一步"，全面建成小康社会是民生兜底、保障全覆盖、改革发展成果真正实现人民共享的小康社会，是能够体现全社会共同富裕发展要求、朝着共同富裕方向稳步前进、找寻到最大公约数的小康社会，是实现经济稳健增长的同时，"望得见山、看得见水、记得住乡愁"的小康社会。中国用十多年时间实现了最低生活保障制度、城乡基本养老保险制度、基本医疗保障制度的全覆盖，构筑起一些西方国家近百年才完成的基本社会保障网络，在迈向共同富裕的道路上阔步前进。中国人民是中国道路开创和拓展的参与者，也是真正的受益者，他们亲身体会到中国道路的正确性，理性地认同这条道路，自觉地推动这条道路的发展。中国道路把实现人民幸福作为发展的根本目的和归宿，努力使发展成果更多更公平地惠及全体人民，不断朝着全体人民共同富裕的目标前进。

7. 坚持党对一切工作的领导是中国道路的根本保证

中国道路是一条党领导人民长期探索、接力奋斗开辟出来的伟大道路，

① 《让全体中国人民迈入全面小康——以习近平同志为总书记的党中央关心扶贫工作纪实》，《人民日报》2015年11月27日。

② 习近平：《关于〈中共中央关于制定国民经济和社会发展第十三个五年规划的建议〉的说明》，《人民日报》，2015年11月4日。

中国共产党作为中国特色社会主义事业的坚强领导核心，在开辟和发展这一伟大道路中发挥了中流砥柱的重大历史作用。中国特色社会主义道路是实现社会主义现代化、创造人民美好生活的必由之路，这条道路是中国共产党带领中国人民开辟的，也是中国共产党领导人民不断向前推进的。

有了中国共产党的领导，才有了中国道路的开辟。没有共产党，就没有新中国，就没有中国特色社会主义，这是历史的结论、人民的选择。为了实现中华民族伟大复兴的历史使命，中国共产党在领导全国各族人民进行革命、建设和改革发展的进程中，无论是弱小还是强大，无论是顺境还是逆境，都初心不改、矢志不渝，团结带领人民历经千难万险，付出巨大牺牲，敢于面对曲折，勇于修正错误，攻克了一个又一个看似不可攻克的难关，创造了一个又一个彪炳史册的人间奇迹。实现国家的繁荣富强，创造人民的幸福生活，实现中华民族的伟大复兴，都必须坚持和加强党的全面领导。习近平总书记指出："实现中华民族伟大复兴，必须合乎时代潮流、顺应人民意愿，勇于改革开放，让党和人民事业始终充满奋勇前进的强大动力。我们党团结带领人民进行改革开放新的伟大革命，破除阻碍国家和民族发展的一切思想和体制障碍，开辟了中国特色社会主义道路，使中国大踏步赶上时代。"① 历史已经证明并将继续证明，在中国共产党的正确领导下，中国道路是发展社会主义唯一正确的道路，是一条创造人民幸福生活的光明大道。

有了中国共产党的领导，才有了中国道路的未来。进入中国特色社会主义新时代，中国共产党"不忘初心，牢记使命，高举中国特色社会主义伟大旗帜，决胜全面建成小康社会，夺取新时代中国特色社会主义伟大胜利，为实现中华民族伟大复兴的中国梦不懈奋斗"!② 在新时代，全党要以习近平新时代中国特色社会主义思想为指导，增强"四个意识"、坚定"四个自信"、做到"两个维护"，自觉在思想上、政治上、行动上同党中央保持高度一致，坚持从严治党，勇于自我革命，处理好党的领导、人民当家作主和依法治国之间的关系，在党的领导下深化改革、扩大开放、保持稳定，完善坚持党的

---

① 习近平：《决胜全面建成小康社会　夺取新时代中国特色社会主义伟大胜利》，人民出版社2017年版，第14页。

② 同上书，第1页。

领导的体制机制，坚持稳中求进工作总基调，统筹推进“五位一体”总体布局，协调推进“四个全面”战略布局，提高党把方向、谋大局、定政策、促改革的能力和定力，确保党始终总揽全局、协调各方，真正成为中国道路取得伟大胜利的坚强政治保证。

中国共产党是中国特色社会主义事业的坚强领导核心，是中国社会发展的最高政治领导力量。党政军民学，东西南北中，党是领导一切的。党对一切工作的领导是坚持和发展中国特色社会主义的根本政治保证。历史和实践证明，事在四方，要在中央。中国共产党的领导是中国特色社会主义最本质的特征，是中国特色社会主义制度的最大优势。坚持和加强党的全面领导，是党和国家的根本所在、命脉所在，是全国各族人民利益所在、幸福所在。“强调中国共产党领导是中国特色社会主义最本质特征和最大制度优势，这是中国共产党、中国人民坚持和发展中国特色社会主义最重要的认识成果、最根本的规律总结。”① 坚持和加强中国共产党的全面领导，坚持党的“两个一百年”的奋斗目标，中华民族伟大复兴的中国梦就一定会实现！

二　中国道路基本经验的具体表征

1. 中国道路是适合国情发展的道路

在当代中国，要走好中国道路，就必须立足国情。中国的事只能按照中国的国情来办，只能依靠中国人民自己的力量来办。20 世纪八九十年代，先是东欧剧变，后是苏联解体，世界社会主义运动遭受了空前挫折，给我们党和国家造成了巨大压力。为应对国际风云突变的严峻挑战，党中央旗帜鲜明地提出要站稳脚跟，埋头苦干，立足于把中国自己的事做好。1992 年春，邓小平视察南方发表重要谈话，明确告诫党的第三代中央领导集体，“从现在起到下世纪中叶，将是很要紧的时期，我们要埋头苦干。我们肩膀上的担子重，责任大啊”！② 我们党韬光养晦，善于守拙，带领全国人民坚持党的基本路线不动摇，聚精会神搞建设，一心一意谋发展，坚定不移走中国特色社会主义

① 中共中央宣传部：《习近平新时代中国特色社会主义思想三十讲》，学习出版社 2018 年版，第 6 页。

② 《邓小平文选》第 3 卷，人民出版社 1993 年版，第 383 页。

道路，取得了举世瞩目的巨大成就。

走适合国情的路，需要坚持一切从实际出发，从变化了的实际出发，对的要坚持，不足的要加把劲，错了的赶快改，新问题冒出来时就抓紧解决。习近平强调指出："当前，全党面临的一个重要课题，就是如何正确认识和妥善处理我国发展起来后不断出现的新情况新问题。现在，我们遇到的问题中，有些是老问题，或者是我们长期努力解决但还没有解决好的问题，或者是有新的表现形式的老问题，但大量是新出现的问题。新问题每时每刻都在出现，而且多数又是我们过去不熟悉或者不太熟悉的。出现这样的状况，是由世情、国情、党情的发展变化引起的。"① 坚持中国道路，要贯穿实践理性的态度，坚持实事求是的原则，不断总结和汲取自己与别人的经验教训，一切为了实现人民根本利益的最大化和最优化。因而，在实践中始终坚持按客观规律办事，一切不符合社会主义市场经济规律的思想观念都坚决摒弃，一切制约发展的体制机制弊端都大胆革除，一切束缚创新创造创业手脚的政府管理方式都彻底改变，并且不断创造条件，让一切劳动、知识、技术、管理、资本的活力竞相迸发，让一切创造社会财富的源泉充分涌流，让改革发展成果更实在更多更公平地惠及全体人民。

2. 中国道路是坚定理想信念的道路

中国道路之所以越走越宽广，就在于她始终坚定远大理想信念。共产党人要实现共产主义的远大目标，就必须脚踏实地地为实现党在现阶段的基本纲领而不懈努力，扎扎实实地做好当前的每一项工作。毛泽东同志在领导中国革命的具体实践中，强调革命要分两步走，深刻阐明了新民主主义革命与社会主义革命之间的辩证关系，提出新民主主义革命是社会主义革命的必要准备，社会主义革命是新民主主义革命的必然趋势，并强调指出："关于社会制度的主张，共产党是有现在的纲领和将来的纲领，或最低纲领和最高纲领两部分的。在现在，新民主主义，在将来，社会主义，这是有机构成的两部分，而为整个共产主义思想体系所指导的。"② 毛泽东告诫全党同志，现在的努力是朝着将来的大目标的，失掉这个大目标，就不是共产党员了。然而放

① 《习近平谈治国理政》，外文出版社 2014 年版，第 401—402 页。

② 《毛泽东选集》第 2 卷，人民出版社 1991 年版，第 686 页。

松今日的努力，也就不是共产党员。

党的最终奋斗目标是需要通过完成各个发展阶段的具体目标来实现，必须经由一个一个最低纲领发展的实际步骤才能最终达到。习近平强调指出："实现共产主义是我们共产党人的最高理想，而这个最高理想是需要一代又一代人接力奋斗的。如果大家都觉得这是看不见摸不着的东西，没有必要为之奋斗和牺牲，那共产主义就真的永远实现不了了。我们现在坚持和发展中国特色社会主义，就是向着最高理想所进行的实实在在努力。"① 共产党人必须坚持最高纲领和最低纲领的统一，在当代中国就是要坚持共产主义最高理想和中国特色社会主义共同理想的统一，既要胸怀远大目标，又必须扎实做好当前工作，为共产主义远大理想和中国特色社会主义共同理想而不懈奋斗。

坚定的理想信念，是中国共产党人的鲜明政治品格，也是我们党的独特政治优势。习近平总书记指出："对马克思主义的信仰，对社会主义和共产主义的信念，是共产党人的政治灵魂，是共产党人经受住任何考验的精神支柱。形象地说，理想信念就是共产党人精神上的'钙'，没有理想信念，理想信念不坚定，精神上就会'缺钙'，就会得'软骨病'。"② 中国道路之所以取得巨大成功，是因为中国共产党人始终坚持远大理想信念，充满着对马克思主义的坚定信仰，充满着对共产主义、社会主义的坚定信念，充满着"革命理想高于天"的豪迈情怀。坚定的理想信念，体现了我们党在改革开放新时代继承优良传统、传承红色基因的高度自觉，体现了马克思主义的理论底色、共产党人的政治本色、中国道路的发展特色。

中国特色社会主义是中国共产党和中国人民团结的旗帜、奋斗的旗帜、胜利的旗帜。我们要全面建成小康社会、加快推进社会主义现代化、实现中华民族伟大复兴，必须始终高举中国特色社会主义伟大旗帜，矢志不渝为中国特色社会主义而奋斗。习近平总书记指出："无论过去、现在还是将来，对马克思主义的信仰，对中国特色社会主义的信念，对实现中华民族伟大复兴中国梦的信心，都是指引和支撑中国人民站起来、富起来、强起来的强大精

---

① 《习近平谈治国理政》第2卷，外文出版社2017年版，第142—143页。

② 《习近平谈治国理政》，外文出版社2014年版，第15页。

神力量。”① 正是坚持了中国特色社会主义，我们党才能带领人民在前进道路上，攻克了一个又一个看似不可攻克的难关，创造了人世间一个又一个彪炳史册的奇迹。共产党人坚定的理想信念，就是要做共产主义远大理想、中国特色社会主义伟大事业的坚定信仰者、忠诚践行者。

3. 中国道路是遵循科学发展的道路

中国道路发展经验的高度概括就是要遵循科学发展。科学发展的基本要求是全面、协调、可持续发展。当代中国的发展必须是全面的发展，而不是单一的发展。所谓全面发展就包括经济建设、政治建设、文化建设、社会建设、生态文明建设等中国特色社会主义“五位一体”总布局的各个方面，也包括这些发展过程的各个阶段、各个环节、各个方面都要得到全面发展。当代中国的发展必须是协调的发展，而不是顾此失彼的发展。所谓协调发展就包括城乡协调、区域协调、经济与社会协调、人与自然协调、国内发展与对外开放的协调，还包括要统筹中央和地方关系，统筹个人利益和集体利益、局部利益和整体利益、当前利益和长远利益，统筹国内国际两个大局。当代中国的发展必须是可持续的发展，而不是吃祖宗饭、断子孙路的发展。所谓可持续发展不仅包括建设资源节约型、环境友好型社会，立足中国实际加快生态文明建设，建设美丽中国，而且包括当代中国的发展不能损害子孙后代的发展，努力实现代内平等与代际平等的统一。最早提出生态文明概念的美国学者罗伊·莫里森指出，只有中国能够做得了这样大的决定，办得了这样的大事——引领世界走可持续发展道路。他说：“对于任何一个国家、一个政府、一个社会来说，这都是巨大的挑战，都需要超凡的智慧。它既考验一个政府的执政能力，也考验一种社会体制能否适应这样的挑战，同时还考验一个民族、一种文化能否在挑战面前团结一心、坚韧不拔、乐观向上。”② 中国的可持续发展不是在嘴上说说，也不是做做样子给人看的，而是采取了许多行之有效的措施。虽然目前我国的可持续发展仍存在不少问题与薄弱环节，但已经显示出引领未来发展的蓬勃生机。

遵循经济规律的科学发展，就是要遵循经济增长的一般规律，理性看待

---

① 《习近平在庆祝改革开放 40 周年大会上的讲话》，《人民日报》2018 年 12 月 19 日。

② 《世界看好中国生态文明建设》，《北京日报》2015 年 5 月 13 日。

经济发展新常态，重视经济高质量发展。需要站在新的历史方位看待今天的发展，发展依然是解决我国所有问题的关键和基础。中国经济的发展必须保持一定的增速，但也应看到，随着潜在增长率下降、资源环境压力加大，中国经济“做不到”也“受不了”像过去那样的高速增长，与此同时，随着人口结构变化、要素成本上升，倒逼经济结构优化升级、发展转向创新驱动。“认识新常态，适应新常态，引领新常态，是当前和今后一个时期我国经济发展的大逻辑。”[①] 中国经济需要自觉转入以更高质量发展的新阶段，这是经济发展规律作用的必然结果。遵循自然规律的可持续发展，要求中国下大力气改变原有的粗放式、消耗型、不可持续的发展方式，主动作为，奋发有为。为应对全球气候变化，中国提出到2020年，单位国内生产总值二氧化碳排放强度比2005年下降40%—45%；治理环境污染，中国政府提出要像“对贫困宣战”那样“对污染宣战”；为了可持续发展，中国努力调整经济结构、淘汰落后产能、改变社会经济发展方向；抵御土壤沙漠化侵袭，中国人在沙漠的边缘筑起“绿色长城”；保护野生动物，中国政府为被大象破坏的农田提供补偿；这一切都体现了人与自然的和谐，更好地推进绿色发展。世界上还没有哪一个国家的政府像中国那样把生态文明建设放在国家发展战略的高度。中国道路为发展中国家实现现代化提供了遵循社会规律的包容性发展，需要有效整合社会资源，调节社会治理结构，保障和改善民生，促使社会充满活力，保持社会总体秩序安定平稳、井然有序，大力推进社会治理体系和治理能力现代化。

坚持走科学发展道路，需要积极贯彻科教兴国战略、人才强国战略、乡村振兴战略、区域协调发展战略、可持续发展战略、军民融合发展战略、特别是创新驱动发展战略，坚定不移走科技强国之路。面对世界科技创新发展的大趋势和第四次工业革命的新态势，中国必须迎头赶上、奋起直追、力争超越。实施创新驱动发展战略，最根本的是要增强自主创新能力，最紧迫的是要破除体制机制障碍，最大限度解放和激发科技作为第一生产力所蕴藏的巨大潜能。必须立足社会主义初级阶段这个最大的实际，科学分析我国全面参与经济全球化的新机遇、新挑战，全面认识工业化、信息化、城镇化、市

---

① 《习近平谈治国理政》第2卷，外文出版社2017年版，第233页。

场化、国际化深入发展的新形势新任务，深刻把握我国发展面临的新课题、新矛盾，更加自觉地走科学发展道路，建设现代化经济体系，以供给侧结构性改革为主线，大力发展实体经济，提高全要素生产率，不断增强经济创新力和竞争力，推动经济发展质量变革、效率变革、动力变革，在继续推动经济发展的同时，更好解决我国社会出现的各种问题，更好实现各项事业的全面发展，奋力开拓中国特色社会主义更为广阔的发展前景。

4. 中国道路是深化全面改革的道路

改革是当代中国的一场深刻的伟大革命，是决定当代中国发展前途命运的关键抉择。习近平总书记强调指出："改革开放是决定当代中国命运的关键一招，也是决定实现'两个一百年'奋斗目标、实现中华民族伟大复兴的关键一招。"① 1978 年，以党的十一届三中全会为标志，中国开启了改革开放和社会主义现代化的新时期。从农村到城市，从试点到推广，从经济体制改革到全面深化改革，中国人民用双手书写了国家和民族发展的壮丽史诗。实践已经证明，改革开放是当代中国最鲜明的特色，也是中国共产党最鲜明的旗帜。习近平指出："改革开放极大改变了中国的面貌、中华民族的面貌、中国人民的面貌、中国共产党的面貌。中华民族迎来了从站起来、富起来到强起来的伟大飞跃！中国特色社会主义迎来了从创立、发展到完善的伟大飞跃！中国人民迎来了从温饱不足到小康富裕的伟大飞跃！中华民族正以崭新姿态屹立于世界的东方！"② 可以说，改革开放是中国人民和中华民族发展史上的一次伟大革命，正是这个伟大革命推动了中国特色社会主义事业的伟大飞跃！

全面深化改革必须坚持正确方向，沿着正确道路前进。我国改革开放历经 40 年的伟大实践，走到了一个新的历史关头。改革开放只有进行时，没有完成时。改革是由问题倒逼而产生，又在不断解决问题中得以深化。改革进程中的矛盾只能用全面深化改革的办法来解决。推进改革的目的是要不断推进我国社会主义制度的自我完善和自我发展，赋予社会主义新的生机活力。全面深化改革总目标是完善和发展中国特色社会主义制度、推进国家治理体系和治理能力现代化，着力增强改革系统性、整体性、协同性，着力抓好重

① 《习近平谈治国理政》，外文出版社 2014 年版，第 71 页。

② 《习近平在庆祝改革开放 40 周年大会上的讲话》，《人民日报》2018 年 12 月 19 日。

大制度创新。要立足改革全局，深入把握改革规律和特点，系统谋划全面深化改革的科学路径和有效方法，正确认识和处理改革发展中的重大关系问题。“新时代全面深化改革，必须自强不息、自我革新，逢山开路、遇水架桥，敢于啃硬骨头，敢于涉险滩，敢于向积存多年的顽瘴痼疾开刀，勇于突破利益固化的樊篱，将改革进行到底。”① 中国改革开放给党和人民提供了许多弥足珍贵的启示，其中最重要的一条就是，一个国家、一个民族要振兴，就必须在历史前进的逻辑中前进、在时代发展的潮流中发展。

5. 中国道路是促进社会和谐的道路

中国道路的一个重要特色在于实现社会和谐发展。从世界现代化的进程看，都反映了各国的发展态势与发展特点，都承载着各自的历史与文化传统。这种历史传统融入现代化、本国文化融入世界文明的过程，决定着一个国家发展的道路特色。中国道路的发展有着深厚的文化根基，这就是中华民族长期历史发展所形成的文明基因和文化特质，如中庸之道，厚德载物；和实生物，同则不继；己所不欲，勿施于人等。古代儒学思想的核心观念是“仁”与“和”。其中“仁”是人际关系的价值核心，“和”是社会和政治的价值核心。儒学经典《尚书》中就倡导：“百姓昭明，协和万邦”，其涵义是民众应明白事理，各国应和谐相处，达到天下太平。② 当代中国建设和谐社会，需要把民族传统文化的精华与人类文明和谐发展的价值理念相结合，这是中国经济社会发展到现阶段的必然要求，也是引领人类文明发展的重大使命担当。

凝聚社会共识，就必须培养和践行社会主义核心价值观。习近平总书记指出：“人类社会发展的历史表明，对一个民族、一个国家来说，最持久、最深层的力量是全社会共同认可的核心价值观。核心价值观，承载着一个民族、一个国家的精神追求，体现着一个社会评判是非曲直的价值标准。”③ 价值理念是发展道路的内核。解读中国道路，需要十分重视价值维度的选择与评判。对于一个民族、一个国家来说，最持久、最深层的力量是全社会共同认可的

---

① 中共中央宣传部：《习近平新时代中国特色社会主义思想三十讲》，学习出版社 2018 年版，第 95—96 页。

② 韩卫东：《儒家文化视域中的和谐社会》，《当代贵州》2007 年第 1 期。

③ 《习近平谈治国理政》，外文出版社 2014 年版，第 168 页。

核心价值观。有什么样的价值观，就会有什么样的国家、社会和公民，就会有什么样的取向、行动和路径。社会主义核心价值观，深刻回答了要建设一个什么样的国家、打造一个什么样的社会、培育一个什么样的公民的重大问题，是中国道路在精神和价值层面的集中表达。这一核心价值观，传承了中华优秀传统文化的价值内核，成为中国道路的内在优势和强大动力。

坚持走和谐发展道路，必然惠及全体中国人民。“和谐社会”的建构必须坚持以人为本，而当代中国是一个差异性社会。也就是说，随着改革开放和市场经济的快速发展，中国社会出现了不同地区、不同社会阶层、不同利益群体之间的收入差距拉大，形成并扩展了贫富分化，不可避免地产生大量的社会矛盾，包括各地区、各阶层、各集团、各方面的利益诉求矛盾。现实的状况是，中国社会最高政治力量——中国共产党有着强大的领导力、组织力、号召力和影响力。“在中国，资本力量总体上受到政治力量和社会力量的限制，资本力量不可能左右政治决策。虽然这些年来中国的贫富差距有所扩大，但中国政治力量总体上保证了低收入群体生活水平的不断提高，中国社会力量延续中国平民主义的传统，社会主流几乎也一直倾向于节制资本。三种力量的这种平衡格局，使中国得以避免美国式金融危机和债务危机，并使绝大多数人成为中国迅速发展的受益者。”① 要坚持社会公平正义，积极进行利益调节；切实搞好社会保障，大力扶助贫困群体；加强社会环境建设，确保百姓安居乐业；有效推进政务公开，实现公民有序参与。习近平强调指出：“在继续推动经济发展的同时，更好解决我国社会出现的各种问题，更好实现各项事业全面发展，更好发展中国特色社会主义事业，更好推动人的全面发展、社会全面进步。”②

6. 中国道路是实现人民幸福的道路

中国道路承载着广大人民群众的殷切期待。我们党领导人民坚持走中国道路，目的是让老百姓过上更加幸福的生活，这是中国道路在价值追求上的最大特色所在。道路是否正确，不仅看这条道路在理论上有多么丰富的思想内涵，更要看国家发展、民族振兴、社会进步和人民幸福在多大程度上得益

---

① 张维为：《从中美比较看中国道路的意义》，《求是》2015 年第 15 期。

② 《习近平谈治国理政》第 2 卷，外文出版社 2017 年版，第 62 页。

于这条道路。国是大的家，家是小的国。只有国家好、民族好，大家才会好。中国梦的最大特点，就是把国家利益、民族利益和每个人的具体利益紧紧联系在一起，体现了中华民族的“家国天下”情怀。人民是中国梦的建设主体和共享主体，是中国梦的创造者和享有者。实现共享发展，就是要着力解决群众最关心、最直接、最现实的利益问题，保障群众安居乐业，促进社会和谐有序，消除贫困、改善民生、创造条件来逐步实现共同富裕。中国道路最根本的目的就是要实现人民幸福，就是要让人民过上更安全、更自由、更幸福、更有尊严的美好生活。

贫穷不是社会主义，社会主义要消灭贫穷。在中国搞社会主义的真正目的，就是要让广大人民群众过上幸福的生活，实现人的自由全面发展。对于这一点，任何人都无法否认。即使是一些对中国道路充满疑虑的西方人士，也都承认中国道路已经给绝大多数中国人带来了福祉。经过改革开放40年的发展，绝大多数中国人过上了不愁吃、不愁穿的幸福生活。新时代属于每一个中国人。我们沿着这条道路走下去，就一定能实现中华民族伟大复兴的中国梦这个近代以来中国人民最伟大的梦想，也就一定会给广大人民群众带来更多更大的获得感和幸福感。习近平总书记指出：“中国梦是国家的、民族的，也是每一个中国人的。”① 人民群众是实现中国梦的实践主体和创造主体，是中国梦的追求者、创造者、享有者。中国梦必须紧紧依靠人民群众来实现，不断为人民群众增添福祉和带来利益，创造条件来实现人人都有出彩人生的机会。

在实现中华民族伟大复兴的历史进程中，党和政府通过以保障人民权利为重点内容的民主法治建设，使人民真正以主人翁姿态投身中国道路的探索，以实践主体的身份在社会发展进步中分担成本、分享成果，以此极大地增强人民对中国特色社会主义制度的归属感和身为中国人的自豪感，增强人民对改革的认同感和身为改革参与者的责任感，使人人都有获得感、幸福感、安全感。实践已经证明，中国道路是我国实现社会主义现代化的必由之路，是满足人民对美好生活向往的必由之路，它承载着、实现着人民对美好生活的新期待，当代中国绝大多数人已经成为中国道路发展的实际受益者。

---

① 《习近平谈治国理政》，外文出版社2014年版，第49页。

7. 中国道路是推进合作共赢的道路

中国道路不仅是中国的，也是属于整个世界的。习近平指出："越是民族的越是世界的。解决好民族性问题，就有更强能力去解决世界性问题；把中国实践总结好，就有更强能力为解决世界性问题提供思路和办法。这是由特殊性到普遍性的发展规律。"[①] 中国坚持互利互惠、合作共赢的发展理念，用和平发展的中国方案，打破了西方"国强必霸"的强权逻辑，彰显了现代化道路的中国逻辑的强大生命力和亲和力，必然惠及整个国际社会。要看到，当今世界不仅存在着各种复杂的利益冲突、价值冲突，而且存在着各种严峻的不同文明之间的冲突、不同种族之间的冲突，还存在着国与国之间的冲突，以及存在着许多不和谐的现象。"中国坚持走和平发展道路，积极促进中国与世界各国的互利共赢。这是对中国自身负责，也是对世界各国高度负责。中国倡导共赢理念，希望以实际行动破除国际社会中潜在的冲突风险，释放国际秩序中和平互动与协同发展的力量。在接受并尊重当前国际秩序的前提之下，变革其中的不合理因素，推动构建更加公正合理的国际秩序。"[②]

中国的发展理念是推进世界各国互利互惠、合作共赢，中国人民不仅希望自己过得好，也希望各国人民过得好。"在一个并不那么和谐的世界里倡导并致力于和谐，是因为我们坚信中国文化是世界文明的一部分，中华民族是人类社会的一部分，我们同处于一个地球家园中；是因为我们坚信在这个多样化的世界里，不同国家、不同民族、不同文明之间，可以相互沟通、相互理解、相互容忍、相互欣赏，可以取长补短，共臻佳境；是因为我们坚信人类有共同的未来，有共同的根本利益，有共同的终极关怀。"[③]中国作为世界和平的建设者、全球发展的贡献者、国际秩序的维护者，在促进世界各国互利互惠、合作共赢中发挥着越来越重要的建设性力量。世界经济论坛主席克劳斯·施瓦布指出："中国正在为全球治理发挥越来越重要的引领作用，国际社会应该欢迎中国提出的原则和倡议，中国梦与世界梦已日益联系在一起。"[④]

---

① 《习近平谈治国理政》第2卷，外文出版社2017年版，第340页。

② 毛维准：《共赢理念展现中国方案优势》，《人民日报》2017年11月5日。

③ 王荣华：《和谐与和平：中国发展的世界意义》，2007年第1期。

④ 引自郑汉根：《激荡世界中的中国道路》，《新华每日电读》，2017年3月4日。

中国好，世界才更好；世界好，中国会更好。中国以放眼全球的视野，心怀天下的胸襟，在国际社会推进互利互惠、合作共赢的发展。习近平总书记指出："当今世界总体和平稳定与局部冲突动荡并存、发展与安全的机遇和挑战同在，唯有同舟共济、合作共赢，才能逐步实现世界的普遍和平与安全，使21世纪成为各国共享和平安宁、共同发展繁荣的世纪。"① 中国的互利互惠、合作共赢的发展，是经得起时间和实践检验的发展，是可以留给子孙后代巨大物质和精神财富的发展，也是对人类文明发展负责任的发展。"中国探索自己的发展道路，取得巨大的发展成就。中国发展本身就是对世界的重大贡献。同时，中国也愿意为全球的和平、繁荣、美丽做出更大努力，将自身发展机遇同世界各国分享。在这个意义上说，共赢理念沟通了中国梦与世界梦。"②

① 《习近平出席"世界和平论坛"开幕式并致辞》，《人民日报》2012年7月8日。

② 毛维准：《共赢理念展现中国方案优势》，《人民日报》2017年11月5日。

第十九章　中国道路的深远意义

中国道路作为人类社会发展的重大成果，已经历史地镌刻在中华大地上，也载入了人类文明进步的伟大史册中。总结中国道路的基本经验，不仅需要对中国道路取得的巨大成就给予充分的肯定，以增强中国人民发展中国特色社会主义的道路自信、理论自信、制度自信、文化自信，而且需要清醒地看到为目前中国正致力于解决许多重大的现实问题，有些问题不只是中国遇到的难题，也是世界各国共同面临的难题，我们更需要总结中国道路的重大实践价值，科学把握中国未来发展的大趋势。中国道路的开辟，不仅深刻改变了党的面貌、国家的面貌、人民的面貌，而且实际地改变了当今世界发展的治理格局。中国道路的发展将进一步表明，中国作为世界上最大的社会主义国家愿意为世界的持久和平与永续发展承担应尽的责任，并在此基础上为人类现代化发展做出自己更大的贡献。正如习近平总书记所说："中国特色社会主义进入新时代，在中华人民共和国发展史上、中华民族发展史上具有重大意义，在世界社会主义发展史上、人类社会发展史上也具有重大意义。"①

一　中国道路开辟了人类现代化发展的新道路

1. 中国道路体现着人类实现现代化的新选择

实现现代化，是当今世界各国发展的必经之路，是人类文明发展的不懈追求。中国实现现代化，需要建立在人类现代化发展的基础上，但又不能简

① 习近平：《决胜全面建成小康社会　夺取新时代中国特色社会主义伟大胜利》，人民出版社 2017 年版，第 12 页。

单地照搬照抄其他国家现代化的发展模式。中国的现代化只能根据中国的实际情况来推进，只能依靠中国人民自己的力量走出一条新的发展道路。“中国走社会主义道路，是中国人民在时代巨变中做出的郑重选择，也是在旧中国半殖民地半封建社会条件下逐步走上现代化道路的唯一正确选择。不同国家有不同国情，只有适合本国国情的道路才是唯一正确的道路；一旦选择了正确道路，就要坚定不移走下去，不徘徊、不折腾，一代代人接力奋斗。”① 历史和现实一再证明，没有一个民族和国家可以通过依赖外部力量、跟在他人后面亦步亦趋去实现强大和振兴。当代中国要搞的现代化，不是西方化，更不是资本主义的现代化。中国的现代化只能另辟蹊径，为世界拓展出一条全然不同的“中国道路”，实际上是要守正创新，既要坚持中国道路产生的历史进程，更要创新中国道路发展的现实进程。中国实现的现代化，只能是中国特色社会主义的现代化，只能是马克思主义基本原理与中国具体实际相结合的现代化，只能是与实现中华民族伟大复兴中国梦的历史任务相联系的现代化。

中国一旦进入发达国家行列，就意味着世界发达国家的总人口规模增长了一倍。这是一个非常了不起的事业，但实现它又是要付出异常艰苦的努力。改革开放以来，中国作为世界上最大的社会主义国家，已经按照中国的历史逻辑和现实条件，走出了一条具有中国特色的社会主义现代化发展道路，这是一条独特的追求内生发展的道路。中国道路本身既是对人类现代化发展道路做出的新探索，同时也为其他国家探索现代化道路提供了有益经验。中国仅用短短 40 年时间成功探索出了一条社会主义现代化发展的新路，极大地提高了广大人民的生活水平，以不到世界 10% 的耕地解决了占世界近 22% 人口的吃饭问题，创造了前所未有的人间奇迹，为世界减除贫困难题做出了历史性的贡献，为世界和平与发展提供了稳定性、建设性和开拓性因素。

中国作为世界最大的发展中国家，在人类现代化发展中拥有特殊的条件，也有着独特的发展优势。中国已经成为世界第二大经济体，是世界五大资本输出国之一，对世界经济增长的年均贡献率达到 30%，超过了美国、欧盟、日本的总和，而中国经济每增长 1 个百分点就会拉动亚洲地区经济增长

① 胡鞍钢、杨竺松：《发展中国家走向现代化的中国启示》，《人民日报》2017 年 12 月 4 日。

0.3%。习近平总书记在党的十九大报告中指出："我国经济已由高速增长阶段转向高质量发展阶段，正处在转变发展方式、优化经济结构、转换增长动力的攻关期，建设现代化经济体系是跨越关口的迫切要求和我国发展的战略目标。"① 当代中国正处在推进转型升级、提高发展质量的历史阶段，既要正视中国经济中高速增长阶段的增速回落，需要以创新驱动、结构优化来寻找内生动力，提高发展的质量和效益；又要正视社会政治生态中的"陈腐与淤泥"，以实际行动取信于民、置信于党、立信于世；更要认识、适应、引领中国经济发展新常态，建立现代化经济新体系，积极回应世界新期待！在现代化建设复杂多变的新形势下，我们要看到，中国经济长期向好的基本面没有变，韧性好、潜力足、回旋余地大的特征没有变，持续增长的良好支撑基础和发展条件没有变，结构调整优化的前进态势与发展动力也没有变。中国有信心、有能力、有条件在保持经济高速增长的同时实现高质量发展，推动产业迈向中高端水平。这份信心来自全面深化改革、建立开放型经济新体制的决心和行动，来自中国经济强劲内生动力和中国政府坚强有力的政策引导。为探索人类现代化发展新路，中国将更加注重效益质量，推动信息化和工业化深度融合、工业化和城镇化良性互动、城镇化和农业现代化互促互进；注重创新驱动，发挥创新刺激经济增长的乘数效应；注重公平公正，构建共建共治共享的社会治理包容性发展新机制；注重绿色低碳，建设天蓝、地绿、水清的美丽中国；注重对外开放，实行更加积极主动的开放战略，不断培育发展新动力，厚植发展新优势，创造发展新机遇，大力提升新时代中国特色社会主义现代化的程度和水平。

2. 中国道路凸显了人类实现现代化的新亮点

中国的现代化是当代中国根据具体国情而走出的一条新路，它独树一帜，全面推进中国经济、政治、文化、社会、生态文明和党的建设现代化，具有许多其他国家建设现代化所不具有的特点，凸显了人类实现现代化的新亮点。在中国共产党领导下，创造的中国特色社会主义道路，以"中国新现代性"为标杆，创造着"新型工业化""新型市场化""新型城镇化""新型民主化"

① 习近平：《决胜全面建成小康社会 夺取新时代中国特色社会主义伟大胜利——中国共产党第十九次全国代表大会上的报告》，人民出版社2017年版，第30页。

“新型国家治理”和先进文化建设、美丽中国发展、全面从严治党的中国道路，从而在世界复杂现代性语境中实现着现代性的重写，为人类现代化的发展提供了中国智慧、贡献了中国方案、打造了中国样本。

中国道路在经济现代化建设上，实行社会主义制度与市场经济的有机结合。社会主义市场经济本质上是一种高质量发展的混合经济，它是“看不见的手”与“看得见的手”的混合；是市场力量与政府力量的混合；是公有制经济与非公有制经济的混合，是实体经济与虚拟经济的混合。社会主义市场经济体制，既发挥市场经济支配资源的高效，也确保社会主义宏观整合的长处，同时拒绝市场原教旨主义。在经济建设上，“必须坚持质量第一、效益优先，以供给侧结构性改革为主线，推动经济发展质量变革、效率变革、动力变革，提高全要素生产率，着力加快建设实体经济、科技创新、现代金融、人力资源协同发展的产业体系，着力构建市场机制有效、微观主体有活力、宏观调控有度的经济体制，不断增强我国经济创新力和竞争力”。[①] 要坚持稳中求进总基调，把经济发展的着力点转到提高质量、效益和优化产业结构上，把发挥市场在资源配置中的决定性作用与更好发挥政府作用结合起来，大力实施创新驱动发展战略，把科技创新摆在国家发展全局的核心位置，从而不断增强社会主义国家经济现代化的物质基础。

中国道路在政治现代化建设上，实行党的领导、人民当家作主与依法治国的统一。中国共产党是中国唯一的执政党，是人民当家作主和依法治国的根本保证。中国共产党设计的政治架构和打造的政治发展格局，就是要充分保证人民当家作主，体现人民的利益、意志和愿望，充分发挥人民代表大会制度这一根本政治制度的作用，保障人民知情权、参与权、表达权和监督权，推进人民有序的政治参与，促进协商民主广泛多层制度化发展，用制度体系保证人民当家作主；就是要倡导全面依法治国，深化依法治国实践，推进科学立法、严格执法、公正司法、全民守法，强化对权力运行的制约和监督，开创社会主义法治国家建设的新局面，从而不断筑牢社会主义国家政治现代化的制度基础。

---

① 习近平：《决胜全面建成小康社会 夺取新时代中国特色社会主义伟大胜利——中国共产党第十九次全国代表大会上的报告》，人民出版社2017年版，第30页。

中国道路在文化现代化建设上，代表中国先进文化的前进方向。坚持马克思主义在当代中国的指导地位，要积极推进马克思主义的中国化时代化大众化，注重实践创新基础上的理论创新，坚持不懈用习近平新时代中国特色社会主义思想武装全党、教育人民、推进实践、推进工作；建设社会主义意识形态，要巩固马克思主义在意识形态领域的指导地位，巩固党和人民团结奋斗的共同思想基础；坚持正确导向，提高引导能力，牢牢掌握意识形态工作的领导权、管理权和话语权；提高国家文化软实力，要积极培育和践行社会主义核心价值观，弘扬中华民族优秀传统文化，用先进文化引领社会思潮，丰富人民精神文化生活，形成社会发展共识，从而不断增强社会主义文化现代化的思想基础。

中国道路在社会现代化建设上，切实搞好社会治理和民生改善。要从维护最广大人民根本利益的高度，抓住人民最关心、最直接、最现实的利益问题，多做和做好得人心、稳人心、暖人心的工作；要加快健全基本公共服务体系，加强和创新社会治理体制，改进社会治理方式，处理好维稳和维权的关系，积极化解社会矛盾，大力提升社会治理科学化水平；要着力保障和改善民生，切实搞好精准扶贫、精准脱贫，着力扶助困难群体，彻底消除贫困落后面貌，努力让人民过上更加美好的幸福生活，从而不断增强社会主义国家治理体系和治理能力现代化的社会基础。

中国道路在生态文明现代化建设上，引领人类生态文明建设。建设美丽中国，要把生态文明建设放在更加突出的战略地位，建立更加严格的生态环境保护制度，完善体现生态文明要求的经济社会发展考核评价体系；要加大自然环境系统和环境保护力度，从源头上治理生态环境，彻底扭转生态环境恶化的趋势，努力建设资源节约型、环境友好型社会；要强化生态文明责任意识，增强全民节约意识、环境保护意识、生态文明意识，倡导科学、理性和合理的消费方式，营造爱护生态环境的良好风气，努力实现中华民族永续发展，从而为社会主义国家现代化发展奠定牢固的生态文明基础。

中国道路在党的建设上，要全面提高党的建设现代化水平。中国现代化的一个基本特点是坚持党要管党，全面从严治党，立党为公，执政为民。习近平总书记在党的自身建设上，特别强调建设伟大工程要把党的政治建设摆在首位，打铁必须自身硬、革命理想高于天、补足共产党人精神上的“钙”，按照“信念坚定、为民服务、勤政务实、敢于担当、清正廉洁”的标准选拔领导干部，坚持作风建设从领导干部这个“关键少数”抓起，以零容忍、高遏制、全覆盖的态度惩治腐败；要经受执政考验、改革开放考验、市场经济考验、外部环境考验，不断提高党的领导水平和执政水平、提高拒腐防变和抵御风险能力；要以改革创新的精神加强党的自身建设，增强自我净化、自我完善、自我革新、自我提高的能力，努力“把党建设成为始终走在时代前列、人民衷心拥护、勇于自我革命、经得起各种风浪考验、朝气蓬勃的马克思主义执政党”①。要以党的政治建设为统领，大力提升党建工作质量，塑造党的执政为民形象，树立党中央的权威，维护党的集中统一领导，确保党真正成为新时代中国特色社会主义事业的领导核心，从而为社会主义国家现代化提供党的建设的根本保证。

中国道路是一条全新的发展道路，是一条追求卓越、亮点纷呈的发展社会主义现代化的道路。当前，我国全面深化改革把完善和发展中国特色社会主义制度、推进国家治理体系和治理能力现代化作为总目标，把促进社会公平正义、增进人民福祉作为出发点和落脚点，强调把握改革的社会主义方向，这对新时代中国特色社会主义现代化建设将起到积极的引领作用。当代中国开辟新时代中国特色社会主义新征程，生产力水平迅速提高，综合国力大幅提升，国际地位显著增强，人民生活极大改善，迎来了中华民族伟大复兴前所未有的光明前景。美国有线电视新闻网前驻华首席记者齐迈克说，中国只用了30年的时间就把英国和美国在工业革命时期需要100年才能完成的使命完成了，极大地改善了中国人民的生活，仅凭这一点就应当“给中国共产党打一个高分”。②

3. 中国道路展示了人类实现现代化的新优势

中国是一个后发的社会主义国家，是一个发展中的现代化国家，中国道路有着很强的后发优势。在借鉴人类现代化发展经验的基础上，中国走出的

① 习近平：《决胜全面建成小康社会 夺取新时代中国特色社会主义伟大胜利——中国共产党第十九次全国代表大会上的报告》，人民出版社2017年版，第62页。

② 引自国纪平《中国道路的世界意义》，《人民日报》2014年9月30日。

现代化新路具有鲜明的时代特点与后发优势。思想是行动的先导，理论是实践的指南。在理论创新、制度创新、科技创新、文化创新、管理创新、服务创新等一系列社会创新格局中，理论创新是首要的，也是根本的。中国共产党是一个富于在实践基础上进行理论创新的党。在领导中国现代化建设进程中，以习近平同志为核心的党中央总揽全局、审时度势，直面党和国家经济社会发展的重大理论与现实问题，提出了治国理政的一系列新思想、新观点、新论断，形成了实现中华民族伟大复兴中国梦、"五位一体"总体布局、"四个全面"战略布局、新发展理念、"四个伟大"历史使命、构建人类命运共同体等一系列原创性的重大理论成果，创立了习近平新时代中国特色社会主义思想，为全面建设新时代中国特色社会主义现代化强国奠定了强大的理论优势。

2012 年 11 月，习近平总书记上任伊始就提出了实现中华民族伟大复兴中国梦的思想。中国梦展示了人民群众对民族伟大复兴的美好憧憬，表达了全中国人民对幸福生活的追求与期盼，是国家的富强梦，民族的振兴梦，也是每一个人的幸福梦。当代中国已进入全面建成小康社会的决胜阶段，圆满完成这一重大历史任务是实现中华民族伟大复兴中国梦的关键一步。再没有什么使命，比引领一个民族走向伟大复兴更光荣；再没有什么事业，比团结十几亿人民共筑共圆中国梦更崇高。习近平提出，实现中国梦的主题是国家富强、民族振兴、人民幸福。实现中国梦，必须走中国道路，弘扬中国精神，凝聚中国力量。

在决胜全面建成小康社会的关键时刻，习近平总书记提出了"四个全面"战略布局。其中，全面建成小康社会是实现社会主义现代化和中华民族伟大复兴中国梦的阶段性战略目标，是现阶段党和国家事业发展的战略统领；全面深化改革是实现战略目标的关键一招，是推动当代中国发展的强大动力；全面依法治国是实现战略目标的基本方式，为国家治理体系和治理能力现代化提供制度保障；全面从严治党是发挥党在中国特色社会主义事业中的坚强领导核心作用，为实现战略目标提供坚强的组织保障和根本的政治保证。"四个全面"战略布局是我们党坚持中国道路、回应时代关切、增进人民福祉、实现民族复兴的基本方略，是实现"两个一百年"奋斗目标、走向中华民族伟大复兴中国梦的“路线图”。“四个全面”战略布局相互联系、相互促进、相辅相成、相得益彰，是我们党治国理政的总方略、与时俱进的新创造、马克思主义与当代中国实践相结合的新飞跃。

在2015年党的十八届五中全会上，习近平总书记提出了“十三五”时期和今后一个发展时期我国经济社会发展的新理念（即创新发展、协调发展、绿色发展、开放发展和共享发展的五大理念）。创新发展强调必须把创新作为引领发展的第一动力，不断推进理论创新、制度创新、科技创新、文化创新、管理创新、服务创新等各方面创新；协调发展强调必须牢牢把握中国特色社会主义事业总体布局，正确处理发展中的各种重大关系，不断增强发展的全面性、整体性和协调性；绿色发展强调必须突出美丽中国建设，坚持节约资源和保护环境的基本国策，坚定走生产发展、生活富裕、生态良好的文明发展道路；开放发展强调必须坚持对外开放的基本国策，以扩大开放带动创新、推动改革、促进发展；共享发展强调必须坚持发展为了人民、发展依靠人民、发展成果由人民共享。新发展理念是我们党在深刻剖析国际国内发展大势、总结经验教训的基础上形成的，它立足国家整体利益、根本利益和长远利益，从实现中国特色社会主义现代化全局发展的高度为如何破解发展难题、补上发展短板、增强发展动力、厚植发展优势做出的新解答。这五大发展理念是我国发展思路、发展方向、发展着力点的集中体现，集中反映了我们党对经济社会发展规律认识的不断深化，彰显了我国在经济新常态下开拓发展方式新革命、提升发展水平新境界的决心与信心。

这些新思想、新论断、新部署、新举措，既汲取改革开放前历史时期的经验，又总结改革开放后历史时期的经验；既坚持以经济建设为中心，又全面推进经济、政治、文化、社会、生态文明建设和党的建设；既坚持四项基本原则，又坚持改革开放；既不断解放和发展生产力，又坚持共同富裕的前进方向；既坚持科学社会主义的基本原则，又根据新时代条件和新形势发展赋予其中国特色。由于有这些理论优势引领实践发展，正确认识和处理当代中国经济社会发展中各个方面、各个环节、各种要素之间的内在关系，昭示着一个充满生机活力、不断发展进步的中国，必将为当今世界复杂问题的解决奉献更多更好的中国智慧，提供更多更好的中国方案，传递更多更好的中国信心。新时代中国道路正在原先成功开辟的基础上充满活力、充满希望、一往无前地继续向前发展。习近平总书记强调指出："最重要的，还是要集中精力办好自己的事情，不断壮大我们的综合国力，不断改善我们人民的生活，不断建设对资本主义具有优越性的社会主义，不断为我们赢得主动、赢得优势、赢得未来打下更加坚实的基础。"① 习近平新时代中国特色社会主义思想是马克思主义中国化的最新理论成果，是我们建设新时代中国特色社会主义现代化的理论优势、政治优势、发展优势，它预示着当代中国对人类现代化发展道路进行的新拓展，正在对人类现代化发展道路做出新贡献，它标志着我们党对共产党执政规律、社会主义建设规律、人类社会发展规律的认识又大大推进了一步，必将谱写出新时代中国特色社会主义现代化发展的新篇章。

二　中国道路改变了西方主导全球现代化发展的垄断局面

1. 中国道路是适合自身现代化发展的成功之路

中国道路体现了中国与世界新的交往关系，不仅具有重要的中国意义，而且具有深远的全球价值，本质上是人类社会发展到一定阶段后的必然结果。中国的现代化道路正在影响和改变世界发展的大格局，正在打破西方的一条定律，也就是除了西方现代化之路以外，其他现代化道路都是不可能取得成功的。张异宾教授指出："在很长时间里，有不少人认为，只有西方道路才能使国家走向现代化。但是，中国取得的历史性成就、发生的历史性变革，是通过走中国特色社会主义道路实现的。"② 2013 年至 2016 年，我国 GDP 年均增长 7. 2%，高于同期世界 2. 5% 和发展中经济体 4% 的平均水平，在世界主要国家中名列前茅；国内生产总值从 54 万亿元增长到 80 万亿元，经济总量稳居世界第二，对世界经济增长贡献率超过 30%；连续多年保持第一制造大国地位，220 多种主要工业品产量居世界首位。今天的中国正从过往"力求抓住世界机遇"的国家向"主动为世界创造机遇"的国家的方向发展。事实已经证明并将继续证明，中国现代化发展是一条走向成功的发展道路。正如新加坡著名政治家李光耀所说，中国想按照自己的方式被世界接受，而非作

---

① 习近平：《关于坚持和发展中国特色社会主义的几个问题》，《求是》2019 年第 7 期。

② 引自郑汉根、闫亮《十九大的世界意义》，《光明日报》，2017 年 10 月 24 日。

为西方社会的荣誉成员[①]。这种接受本身就为我们这个世界求同存异、共同发展提供了一个成功范例。

中国道路摒弃了传统大国崛起的发展模式，既通过争取和平的国际环境来发展自己，又通过自己的发展来促进世界和平。中国道路的成功实践昭示世人，通向现代化的道路不止一条，只要找准正确方向、驰而不息，就一定能实现符合本国实际的现代化。发展中的中国选择了一条与20世纪大国争霸截然不同的和平发展道路，开创了人类现代化发展的新道路。中国倡导共商共建共享的全球治理理念，得到了联合国和国际社会的广泛认可，并被写进了联合国的决议中。共商共建共享不仅有国家层面、国际组织层面的，有领域、产业层面的，有中观（包括地方政府）、微观层面的，也有民间组织层面的，遵循的根本原则就是国际社会的事，是世界各国人民的事，必须坚持互利互惠、合作共赢。美国学者罗伯特·吉尔平指出："国际体系的历史就是这样一些帝国和居支配地位的国家的兴衰史"；"……一场霸权战争的结束是另一次成长、扩张、直至最终衰落周期的开端。不平衡发展规律继续重新分配权力，从而破坏着上一次霸权争斗建立起来的现状。不平衡代替平衡，世界走向新一轮霸权冲突，这种周期已经并且还将继续下去，直至人类或者毁灭自己，或者学会开辟一种有效的和平变革机制"[②]。中国的现代化，就是超越传统现代化发展的路径，按照中国的实际与基本国情，走出一条中国特色社会主义现代化发展道路。"在中国道路上，面对世界范围内各种思想文化相互激荡、交流交融交锋更加频繁，我们大力建设社会主义核心价值体系，积极培育和践行社会主义核心价值观，在多元中立主导、在多样中谋共识，有效整合了社会思想意识和价值取向。坚持和拓展中国道路，要进一步增强价值观自信，决不能盲目地成为西方价值观念的附和者，决不能丧失自己的精神独立性。"[③]

---

① 《李光耀论中国与世界》，中信出版社2013年版，第5页。

② ［美］罗伯特·吉尔平：《世界政治中的战争与变革》，宋新宁、杜建平译，上海人民出版社2007年版，第49、213页。

③ 刘奇葆：《我们走在正确的道路上——关于中国特色社会主义道路的几点认识》，《求是》2014年第20期。

2. 中国道路打破了西方国家传统现代化的发展模式

不同的民族国家由于不同的历史条件，处在不同的发展阶段，也必然会走上不同的发展道路和形成不同的现代化发展模式。世界各国现代化发展道路具有民族特点和发展路径的差异性。习近平总书记指出："我们始终认为，各国的发展道路应由各国人民选择。所谓的'中国模式'是中国人民在自己的奋斗实践中创造的中国特色社会主义道路。我们坚信，随着中国特色社会主义不断发展，我们的制度必将越来越成熟，我国社会主义制度的优越性必将进一步显现，我们的道路必将越走越宽广，我国发展道路对世界的影响必将越来越大。"[①] 中国式现代化道路着重阐明，既不能照搬照抄别国的经验或模式，照搬照抄的结果只能是走上改旗易帜的"邪路"；又不能固守一成不变、一劳永逸的守旧模式和封闭体系，自我封闭、因循守旧的结果只能走上封闭僵化的"老路"。中国的现代化道路既是在对传统社会主义发展模式，如"苏联模式"的深刻反思中走出来的，又是在对"西方模式"的批判性借鉴、超越性吸收中闯出来的。中国现代化道路的推进，拓展了社会主义理论与实践的世界影响力，并且正在重构全球两制关系，即将历史上社会主义与资本主义之间你死我活的对抗关系，变为以谋求和平发展、互利互惠、合作共赢为特征的新型国际关系。必须看到，在如何发挥对当今世界的影响力及促进人类现代化发展的作用力方面，中国与美国是有着原则区别的。美国要以军事霸权、文化霸权维护其强权政治，而中国则是努力以自身的经济发展、文化繁荣来惠及中国人民和世界各国人民。捷克议会众议院副主席菲利普指出："在中国共产党领导下，中国人民成功地建设中国特色社会主义的幸福未来。"他认为，习近平总书记提出的中国梦不仅为中国人民创造财富，也有利于全世界。菲利普还强调："没有中国的参与，几乎不可能解决任何重大的全球性问题。中国的崛起不是威胁，而是机遇。中国将是多极世界的重要一极。"[②]

中国的现代化道路，超越了传统资本主义与社会主义的关系框架，建立了资本主义与社会主义现代关系的新架构，成为打破西方国家传统现代化发

---

① 习近平：《关于坚持和发展中国特色社会主义的几个问题》，《求是》2019 年第 7 期。

② 引自张贺：《中国梦有利于全世界——捷克政要热议〈习近平谈治国理政〉》，《人民日报》，2016 年 3 月 28 日。

展模式的新标识，能够为推动人类现代化进入文明发展新时代树立新榜样、发挥新作用。“从经济上看，中国道路具有独特的价值。第一，与西方经济学仅仅把人看作一种普通的生产要素不同，中国的发展真正坚持了以人为本，很好地发挥了全体国民的经济潜能，实现了发展动力源的最优化；第二，与西方自由决策与自发调节的经济模式不同，中国实现了社会有机体的协调一致，尽可能减少了发展成本，避免了自由主义模式的弊端，形成了整体发展合力；第三，与西方经济学对制度的机械理解与制度成长上主张的激进方式不同，中国以马克思主义实践论为基础，‘摸着石头过河’，走出了改革、发展、稳定相互协调的制度成长之路，保证了发展动力激励机制的高效性。这三点是中国发展的内在动因和强大优势。”①

中国的现代化道路不仅反映在经济发展的独特性上，而且体现在政治发展的优越性上。“从政治上看，中国道路具有独特的优势。在西方，影响领导人选举的因素很多，如宗教信仰、性别、种族、形象、是否有足够的金钱等，而最重要的能力却被边缘化。而且由于不同政党的相互攻讦，整个国家的政治人才被切割成几个部分，并随政党共进退。这既造成了人才的短缺，又造成了人才的浪费，更带来政策的非连续性。……中国政治制度的一个优势是，以能力为基础的全国性选拔、长期有意识的培养和历练、年龄的限制、定期的更替、行政和立法机构的差额选举，等等。从政治实践看，这种机制要胜过西方模式。随着中国治理体系和治理能力现代化的推进，其政治制度会更加完善。”② 美国斯坦福大学教授福山认为：“中国模式具有西方民主制度不具备的重要优势。在过去10年中，中国人民享有较大的思想和言论自由，政府治理方式不断改进，纠错机制发挥了明显作用。”③ 可以说，中国的现代政治发展道路有着与西方现代化所不同的政治架构和制度优势。

与西方现代化发展模式完全不同，中国道路的优势地位和特殊价值还直接体现在文化传承与创新上。“从文化上看，中国道路具有独特的基因。任何发展道路都不是凭空产生的，从根源看都是自身文化系统的延续。中华民族

---

① 郭万超：《中国道路的世界历史意义》，《光明日报》2014年7月30日。

② 同上。

③ 同上。

具有5000多年连绵不断的文明历史，创造了博大精深的中华文化，具有独特的优势：其一，正如习近平总书记所言，中华民族的血液中没有侵略他人、称霸世界的基因。西方文明是一种竞争性文明，国家之间的利益冲突与实力竞争构成了西方世界体系的基本模式。其二，中华文化的整体思维方式源远流长，影响深远。它不仅表现在考察和分析自然现象方面，也体现在工程、建筑、医学、艺术等社会实践中，对推动现代科学技术的整体化、综合化发展，都将产生深远的影响。正如季羡林先生所指出：以分析为基础的西方文化将随之衰微，代之而起的必然是以综合为基础的东方文化。其三，中国的人学思想丰富。中华文化强调人的自我修为、自我提升，注重人的道德自律与自觉，明‘人伦’、讲‘中和’，求‘致和’，蕴含着协调人际关系、讲究心态平衡的深刻思想。随着西方宗教社会功能的下降，更加凸显中国人学思想的价值。其四，中华文化具有高度的包容性，既崇尚‘和为贵’，又主张‘和而不同’，其他文化的种子都可以在中华文化的母体内找到自己发展的土壤。其五，中华文化具有丰富的人文精神，比如，爱国主义、君子文化、礼仪文化、尚贤文化、忠孝文化以及人道主义精神等。这些都将为中国道路和人类文明进步提供宝贵的精神资源。”①

我们既要看到，中国道路对国际社会现代化发展已经带来的很大影响，并正在改变世界现代化发展的格局与走势。美国学者福山在《出乎意料》一书中指出：“人们将许多不平等现象归咎于美国式的资本主义，全世界对这些不平等现象的不满，可能会将人们的注意力更多地转向像中国这样的社会主义模式，从而结束美国的霸权地位。”② 捷克议会参议院副主席什克罗马赫指出，当前在资本主义和新自由主义政策环境下，欧洲福利国家的运作出现了问题，其基本思路可谓陷入了僵局③。可以说，随着中国现代化发展道路的欣欣向荣，必将引发人们更多地对西方现代化发展道路进行深刻反思。

我们还要看到，中国的现代化道路打破了西方世界传统现代化的发展模

---

① 郭万超：《中国道路的世界历史意义》，《光明日报》2014年7月30日。

② 《本刊记者：〈世界聚焦中国特色社会主义——徐觉哉研究员访谈〉》，《国外理论动态》2008年第10期。

③ 《中国梦有利于全世界——捷克政要热议〈习近平谈治国理政〉》，《人民日报》2016年3月28日。

式和固有格局，使西方现代化发展模式走下了神坛，这并不是要否定人类现代化发展的文明成果，而是要丰富人类现代化发展的道路，更好地推进人类现代化发展的进程。中国道路与西方现代化发展道路不同，并不意味着中国现代化道路必然要与美国为主要代表的西方国家抗衡，相反，中国的现代化发展道路需要学习、借鉴西方国家推进现代化的一切有益做法和先进经验，从而更好地推进中国道路的创新发展。“中国道路将给世界带来巨大的示范效应，更多的具有自身特色的发展道路将会出现，一个多元竞争的时代已经到来。”①

我们更要看到，中国超越西方现代化发展道路的关键在于，中国现代化必须坚定不移地走社会主义道路。邓小平指出：“坚持社会主义，是中国一个很重要的问题。如果十亿人的中国走资本主义道路，对世界是个灾难，是把历史拉向后退……”② 只有中国特色社会主义道路而没有别的道路，能够引领当代中国社会文明进步、实现人民幸福。美国学者奈斯比特夫妇在《中国大趋势》一书中写道，中国在创造一个崭新的社会、经济和政治体制，它的新型经济模式已经把中国提升到了世界经济的领导地位；而它的政治模式也许可以证明资本主义这一所谓的“历史之终结”只不过是人类历史道路的一个阶段而已。英国伦敦政治经济学院客座研究员马丁·雅克预感到“中国的不断崛起将大大影响国际版图，很可能是自英国工业革命后对当今时代的最大影响”。法国学者高大伟曾这样劝诫西方世界：在中国面前，西方要学会谦虚；在中国漫长的历史中，至少有七个朝代的历史比整个美利坚合众国的历史都长，再加上长期精英政治文化的传统，很难想象中国会完全跟着西方模式走；中国一定是我们新世界的一个共同设计师③。

3. 中国道路为推进人类现代化发展注入了强劲动力

人类已经进入现代化发展的关键时期，迫切需要构建新型大国关系和国际关系。中国是现行国际关系体系的参与者、建设者、贡献者。中国道路十分强调构建新型国际关系，维护和发展多边主义，不断拓展全球伙伴关系网

---

① 郭万超：《中国道路的世界历史意义》，《光明日报》2014 年 7 月 30 日。

② 《邓小平文选》第 3 卷，人民出版社 1993 年版，第 158 页。

③ 国纪平：《中国道路的世界意义》，《人民日报》2014 年 9 月 30 日。

络，积极倡导打造“人类命运共同体”，致力于维护世界和平，促进共同发展，建设一个持久和平的世界、一个普遍安全的世界、一个共同繁荣的世界、一个开放包容的世界、一个清洁美丽的世界，大大丰富和发展人类现代化发展模式，为全球现代化发展注入了强劲动力，必将以其独创性为人类现代化发展作出新的历史贡献，并有力地推动中国与世界各国新型合作关系的发展。

中国的现代化推动着人类现代化发展的进程。中国是首个将合作共赢作为处理国与国关系整体目标的大国，这既是中国自身发展实践的经验总结，凝聚着中华民族传统思想的精华，同时也彰显了当代中国忠实于世界和平与发展伟大事业的担当意识和合作精神。我国推动成立亚洲基础设施投资银行、丝路基金、金砖国家新开发银行，积极参与制定海洋、极地、网络、外空、核安全、反腐败、气候变化等新兴领域治理规则，让中国与世界深度交融、同频共振、合作共赢。联合国原秘书长潘基文表示，在习近平总书记出席联合国成立70周年系列峰会的一周，“中国的全球领导力清晰地展现出来”①。中国积极倡导建设丝绸之路经济带、21世纪海上丝绸之路的战略构想，设立亚洲基础设施投资银行，打造中国－东盟自贸区升级版、确立中国－东盟关系新方向，金砖国家开发银行落户中国，这一系列重大合作倡议的部署和实施，展示着中国同世界携手共创繁荣的新的美好景象。“有西方学者做过计算，2011年，中国为世界贡献了1.3万亿美元的经济增长，相当于每12周半创造出一个希腊的经济总量，每一年创造出一个西班牙的经济总量。2013年，中国进出口总值达4.16万亿美元，成为全球货物贸易进出口第一大国，为全球贸易伙伴创造了大量就业岗位和投资机会。”②

中国的现代化道路已经深深地影响着人类现代化的发展格局。中国制定了国家中长期发展规划，保持了政策的连续性、稳定性、创新性，从而不断把实现民族伟大复兴从远景变为现实，对世界各国推进现代化发展起着重要而积极的影响。国家发展和改革委员会张燕生认为，中国对当今世界的影响，越来越真实、全面、立体，并成为国际社会关注的焦点：“第一，扩大内需的对外影响。研究预测，到2020年中国中等收入人群规模将超过6亿。经济学

---

① 《创造合作共赢的国际关系新气象》，《人民日报》2015年10月7日。

② 纪国平：《中国道路的世界意义》，《人民日报》2014年9月30日。

家研究表明，2014—2020 年间，中国累计将为世界提供超过 17 万亿美元的进口商机，对外直接投资存量超过 1.2 万亿美元，为世界其他国家贡献 700 万个新增就业岗位，对世界经济增长的平均贡献达到 27%。第二，改革将促进中国经济和世界经济间深度融合。中国政府推动'一带一路'重要战略，将进一步增进中国与沿线国家基础设施互联互通，让各国共享新的发展机会和发展成果。第三，创新驱动将使世界受益。2012 年以来，中国正在进入改革促进创新驱动时期，下一步将为世界提供更高品质的产品和服务，将为世界人民创造更多消费福利。中国将通过创新展开全方位的国际合作，更好保护知识产权，更加促进中国与世界在创新方面的交流与合作。第四，中国将遵循自然规律，实现可持续发展。第五，中国将遵循社会规律，实现包容性发展。下一阶段的中国，将更加努力实现包容性发展。中国将与世界各国合作，实现包容性发展，为穷国、穷地区、穷人创造机会，共享发展成果。第六，中国改革将积极推动经济全球化发展。中国将形成以周边为基础、面向全球的高标准的自由贸易网络，中国将坚持世界贸易组织规则，积极参与和推动国际治理体系改革。"① 可以说，中国积极参与全球治理进程，已经成为拉动世界经济增长的最大引擎，正在从"中国之中国"进入"亚洲之中国"，走向"世界之中国"，从世界大国向世界强国迈进。

在推进人类现代化发展中，中国顺应世界多极化、经济全球化、文化多样化、社会信息化的发展潮流，积极主张世界各国既是"利益共同体"，又是"责任共同体"；既通过维护世界和平发展自己，又通过自己的发展维护世界和平；在强调依靠自身力量和改革创新实现现代化目标的同时，又坚持学习世界一切先进文明成果、借鉴别国长处；既追求本民族复兴，又主动与国际社会一道努力，推动建设以持久和平、共同繁荣为特征的和谐世界。2017 年 1 月，习近平总书记在联合国日内瓦总部发表题为《共同构建人类命运共同体》的演讲，着眼人类命运的历史规律和世界文明的发展走向，系统阐述人类命运共同体理念，为人类实现更好发展绘制蓝图，为国际体系变革与完善指明方向。习近平总书记提出的"一带一路"倡议，弘扬和平合作、开放包容、互学互鉴、互利共赢的丝路精神，加强同沿线国家的政策沟通、设施联

① 《中国改革，领跑世界竞赛》，《人民日报》2014 年 9 月 22 日。

通、贸易畅通、资金融通、民心相通，把“一带一路”建成和平之路、繁荣之路、开放之路、创新之路、文明之路。“一带一路”倡议给参与各方带来实实在在的利益，为世界经济增长注入了新动力，为推进人类命运共同体的发展搭建了宽阔的平台。他说：“倡导构建人类命运共同体，促进全球治理体系变革。我国国际影响力、感召力、塑造力进一步提高，为世界和平与发展做出新的重大贡献。”① 历史昭示我们，弱肉强食永远不是人类共存之道，穷兵黩武绝无可能带来美好世界。要和平不要战争，要发展不要贫穷，要合作不要对抗，推动建设持久和平、共同繁荣的和谐世界，既是各国人民的共同愿望，更是中国道路的理性抉择。

三 中国道路为广大发展中国家实现现代化提供了示范样本

1. 中国道路为发展中国家实现现代化提供了很强的信心

当今世界实现现代化有两条道路，一条是资本主义现代化道路，一条是社会主义现代化道路。由于历史条件的差异性，决定了各国选择发展道路的多样性。中国独特的发展道路和发展模式显示了巨大优越性和强大生命力。中国道路的实践证明，一个国家要想成功，就一定要根据自己的具体国情来探索发展道路。习近平总书记指出：“我们中国共产党人干革命、搞建设、抓改革，从来都是为了解决中国的现实问题。可以说，改革是由问题倒逼而产生，又在不断解决问题中得以深化。”②十一届三中全会以来，我们党确立了“一个中心、两个基本点”为主要内容的基本路线，强调只要不发生外部世界大规模的战争，就要始终扭住经济建设为中心不放松。苏东剧变事件发生后，中国强调不扛旗、不当头、不讲过头话，埋头苦干，立足于做好自己的事。邓小平指出：“我们的改革不仅在中国，而且在国际范围内也是一种试验，我们相信会成功。如果成功了，可以对世界上的社会主义事业和不发达国家的发展提供某些经验。”③ 他还强调指出，到21世纪中叶，中国实现了基本现代

① 习近平：《决胜全面建成小康社会 夺取新时代中国特色社会主义伟大胜利》，人民出版社2017年版，第7页。

② 《习近平谈治国理政》，外文出版社2014年版，第74页。

③ 《邓小平文选》第3卷，人民出版社1993年版，第135页。

化，“到那时，社会主义中国的分量和作用就不同了，我们就可以对人类有较大的贡献。”① 当代中国进入了新时代，意味着中国特色社会主义道路、理论、制度、文化不断发展，打破了现代化复杂世界语境中的西方霸权，拓展了发展中国家走向现代化的途径，给世界上那些既希望加快发展又希望保持自身独立性的国家和民族提供了全新选择。

中国是世界上最大的发展中国家，中国与广大发展中国家过去有着相同的历史遭遇，现在又面临着发展本国经济、实现现代化相同的历史任务，而且在国际事务中有着广泛的共同利益诉求。中国根据自己的国情，坚持改革开放不动摇，将巨大的人口资源优势转化为发展优势和竞争优势，不仅走出了一条中国特色的社会主义现代化道路，而且坚定地站在发展中国家一边，维护发展中国家的利益，助推发展中国家经济社会发展，这就大大增强了亚非拉地区广大发展中国家建设现代化美好梦想的信心。“在社会主义制度下进行世界规模最大的现代化，中国开创了一个落后大国实现现代化的崭新模式，一举突破了西方对于现代道路解释权的垄断。”② 中国方案不以改变别国国内治理体系为目的，而是尊重各国人民自主选择发展道路的权利，维护发展中国家发展的公平正义性，反对把自己的意志强加于人，反对干涉别国内政，反对以强凌弱。美国学者阿里夫·德里克认为，中国特色社会主义的理论价值，不仅在于它目前在全球经济中的重要性，而且在于它为广大发展中国家发展提供了一种“替代经验”③。

在亚洲，中国提出我们有责任为本地区人民创造和实现亚太梦想。2014 年 11 月 9 日，国家主席习近平出席在北京举行的 2014 年亚太经合组织（APEC）工商领导人峰会并作主旨演讲，首次提出“亚太梦想”的概念，引发与会国家领导人的共鸣。为推进亚洲国家现代化发展，中国奉行与邻为善、以邻为伴的周边外交方针和睦邻、富邻、安邻的周边外交政策，贯彻亲、诚、惠、容的周边外交理念，愿意同所有邻国和睦相处。中国通过倡导推进“一带一路”建设、成立亚洲基础设施投资银行、设立丝路基

① 《邓小平文选》第 3 卷，人民出版社 1993 年版，第 143 页。

② 《“中国奇迹”背后的必然逻辑》，《新华每日电讯》2017 年 10 月 13 日。

③ 引自郑汉根、闫亮《十九大的世界意义》，《光明日报》，2017 年 10 月 24 日。

金，打造亚洲特色的合作平台，塑造更加开放的亚洲经济格局，并通过亚洲互联互通建设，拉近亚洲各国人民思想交流、文明互鉴的距离，让各国人民相逢相知、互信互敬，创造和享受和谐安宁的生活，共同编织和平、富强、进步的亚洲梦。

在非洲，中国重视同所有非洲国家发展友好关系。中国与非洲，一个是最大的发展中国家，一个是发展中国家最集中的大陆；中国人民正致力于实现中华民族伟大复兴的中国梦，非洲人民正致力于实现联合自强、发展振兴的非洲梦。任凭国际格局调整演变，中非平等互信、相互支持的兄弟情谊不会改变；任凭经济形势起伏跌宕，中非合作共赢、共同发展的根本宗旨不会改变；任凭时代社会发展变迁，中非相互理解、共同进步的协作精神不会改变；任凭出现各种威胁挑战，中非风雨同舟、患难与共的坚定意志不会改变。中非人民要开展更大范围、更广领域、更高层次的互利合作，加强相互支持和帮助，努力实现中非各自的梦想，并同国际社会一道，推动实现持久和平、共同繁荣的世界梦，为人类和平与发展做出新的更大的贡献。

在拉丁美洲，中国强调中国梦和拉美梦息息相通，中拉双方要勇于追梦、共同圆梦。拉美是全球繁荣与增长的重要力量，并已成为全球格局中不断崛起的“新高地”。中拉构建命运共同体，坚持的是合作共赢的原则，秉承的是开放包容的精神，不仅实现中拉互利互惠、双赢共赢，更有利于世界经济复苏发展。实现中国梦和拉美梦，这意味着约占全球 1/3 人口的国家和地区进一步得到发展繁荣，无疑是对全球的一大贡献。而由此体现的中拉合作模式和精神，也将大幅带动南南合作。中国是世界上最大的发展中国家，也是当今世界第二大经济体。作为亚非拉国家全天候的朋友，中国道路的成功为广大发展中国家探索符合自身实际的现代化道路增强了很大的信心。

2. 中国道路为发展中国家实现现代化提供了很好的思路

人类要实现现代化，由于各国的历史条件、天然禀赋、现实状况不同，不可能用一个模式来解决问题。各个国家尤其是发展中国家，要根据本国的实际情况，走出一条具有本国特点的现代化道路。邓小平指出：“任何一个国家要发展，孤立起来，闭关自守是不可能的，不加强国际交往，不引进发达国家的先进经验、先进科学技术和资金，是不可能的。”[①] 他特别强调：“建设一个国家，不要把自己置于封闭状态和孤立地位。要重视广泛的国际交往，同什么人都可以打交道，在打交道的过程中趋利避害。”[②] 发展中国家实现现代化，不仅要学习借鉴发达国家的一切先进经验和有益成果，而且更要依靠自己的辛勤劳动。1981 年 2 月，邓小平在为英国培格曼出版公司编辑出版的《邓小平副主席文集》写的序言中指出，中国人民将通过自己的创造性劳动从根本上改变自己国家的落后面貌，以崭新的面貌，自立于世界的先进行列，并且同各国人民一道，共同推进人类进步的正义事业。这一真知灼见是中国改革开放总设计师邓小平几十年丰富阅历的积淀，对发展中国家实现现代化极具启发意义。

当苏东剧变和拉美陷阱发生后，许多后发展国家走向现代化的试验遭遇“中等收入陷阱”“塔西佗陷阱”和“修昔底德陷阱”等多重困境而停滞不前。世界后发国家将成功探索一条新现代性道路的希望赋予中国。正是在中国特色社会主义事业中，中国共产党人带领中国人民开辟出了一条新现代性道路。习近平总书记指出：中国道路“拓展了发展中国家走向现代化的途径，给世界上那些既希望加快发展又希望保持自身独立性的国家和民族提供了全新选择，为解决人类问题贡献了中国智慧和中国方案”[③]。可以说，中国道路打破了发展中国家对西方现代化的思维定式和路径依赖，对世界上那些正在寻找一条既能发展自身，又能保持本国特色和政治选择的发展道路的广大发展中国家来说，提供了一种创新的思路和全新的选择。

由于中国道路极大地超越了西方的发展理论，更适合发展中国家独立自主地走向现代化。“西方‘发展学’的核心就是坚持个人中心主义的‘去国家化’方案，但发展中国家最稀缺的资源就是把国家有效地组织起来的制度能力，‘去国家化’的‘发展学’无疑使发展中国家雪上加霜。基于中国经验的中国理论，强调‘政治领导的决定性作用’，并把‘国家’重新带回引领发展的中心位置，为现代化提供了另一种可能性，越来越受到国际

---

① 《邓小平文选》第 3 卷，人民出版社 1993 年版，第 117 页。

② 同上书，第 260 页。

③ 习近平：《决胜全面建成小康社会 夺取新时代中国特色社会主义伟大胜利——中国共产党第十九次全国代表大会上的报告》，人民出版社 2017 年版，第 10 页。

社会的认同。"[①] 许多非洲国家在实现现代化的道路上，正在重新定位如何改变自己、如何发展自己，中国将自身40年改革开放和实现经济快速发展的重要经验毫无保留地带给非洲，帮助非洲开展基础设施建设，尤其是维护非洲国家在国际事务中的正当合法权益。中国外交有个很好的传统，中国外长每年首次外访都选择到非洲来，这一做法已持续20多年，今后还会坚持下去。这不是简单的礼宾安排，而是要持续不断地向世界发出信号，就是中国高度重视非洲的地位和作用，始终把发展中国家作为中国外交的基础，而非洲则是基础中的基础。不管中国变得多么强大，我们将始终与非洲国家站在一起，维护好发展中国家的正当合法权益。乍得总统代比认为，"中非关系建立在平等基础上。中国从来不会好为人师，从来不会向我们说教。这些对非洲而言非常重要"[②]。加纳前总统罗林斯指出："西方人总是给你规定一个模式，只能照搬；但你们的邓小平说，千万不要照搬我们的模式，而是要实事求是。有几千年文明史的国家才能讲出这样的话，这是一种西方永远不及的智慧。"[③]

抓住与中国携手发展的历史机遇，是许多发展中国家推进现代化建设的主旋律。津巴布韦前总统穆加贝指出："中国曾经历贫困，但从来没有在非洲搞过殖民主义。过去殖民者给非洲带来灾难，现在中国给非洲带来了新生。"[④] 人类历史上，没有一个民族、没有一个国家可以通过依赖外部力量、跟在他人后面亦步亦趋实现强大和振兴。中国作为一个后发的发展中大国，在推进现代化的过程中采取了一些好做法、提出了一些好政策、创造了一些好经验。坦桑尼亚学者汉弗莱·摩西指出："中国经济快速、可持续发展向世界展示了支撑经济增长的诸多因素，包括强调人力资源开发、农业和制造业间的平衡增长和开展基础设施建设等。这些因素向其他发展中国家提供了重要的经验。中国通过自身努力，主动创新、大胆实践，摸索出适合本国国情的发展模式。中国的发展模式清楚表明，抛开'华盛顿共识'追

① 杨光斌：《二〇一七年：文明进程的中国时刻》，《人民日报》2017年12月28日。

② 《24亿人的梦想——记国家主席习近平非洲之行》，《人民日报》2015年12月7日。

③ 国纪平：《中国道路的世界意义》，《人民日报》2014年9月30日。

④ 《24亿人的梦想——记国家主席习近平非洲之行》，《人民日报》2015年12月7日。

赶发达国家是可以实现的。”① 中国现代化发展的一些做法、政策、经验可以参考，也值得参考，但广大发展中国家必须按照自己的国情，走出一条符合本国国情的现代化道路，这是中国道路对发展中国家实现现代化提供的最重要的启发与思路。

3. 中国道路给发展中国家实现现代化提供了参考路径

“鞋子合不合脚，只有自己才知道。”同样，道路好不好，只有走在这条路上的人才清楚，也最有发言权。在推进现代化的过程中，中国采取了一系列适合自己国情的做法，在实践中取得了好的效果，这是一条有别于西方国家现代化的发展道路。中国人民深深感到，只有这条道路才能引领中国发展进步，实现中华民族的伟大复兴。中国道路，既坚持了科学社会主义的基本原则，又符合我国社会实际和时代特征。坚持中国道路，就是遵循中国社会发展规律去实现和维护中国人民的根本利益。世界银行顾问、巴西圣保罗州立大学路易斯·安东尼奥·保利诺教授认为，中国从实践中得出的发展经验具有普遍性意义，值得每一个想学习中国经验的发展中国家了解。他比较全面地阐述了中国道路发展的重要经验：第一，有坚强有力的领导。强有力的中央政府，以及强大的宏观调控职责和能力至关重要。历史证明，没有稳定、强有力的政府，很难有国家长期稳定的发展。在改革中重视并加强执政党的政治领导力，将引领并保持国家的长期发展进程。中国共产党特别是其最高领导人的领导，是中国成功的决定性因素。第二，稳步推进政治和经济体制改革。改革中总会有不可避免的风险，通过放慢脚步，这些风险可能被降至最低，从而促成改革。第三，重视政府在国家金融体系中的控制作用，采取一系列有关外汇和资本流动的举措，降低金融风险发生的几率。第四，重视民生，使经济发展成果惠及每个人。改革措施若想取得成功，一定要找到“最大公约数”，在各阶层人群中凝聚共识、形成合力。第五，重视制定针对科技、研发、管理人才的教育政策。国家的发展靠的是成千上万的科学家、工程师等高学历人才，一个国家如果没有优质的教育，将很难取得大的发展。第六，重视建立涉及企业、大学和研究机构等领域的国家科技创新体系，提

① ［坦桑尼亚］汉弗莱·摩西：《从中国的改革中寻求启示》《人民日报》2015 年 7 月 28 日。

升科技竞争力。对于像中国这样巨大的经济体，自主研发能力非常重要。与发达国家相比，中国有特殊的经济需求、地理条件，需要有针对性地进行科技研发①。

中国道路开辟了人类实现现代化的新路，其实质是要在自己站起来、富起来、实现强起来的同时，又尽可能地帮助那些需要帮助的国家和地区，为人类破解现代化发展难题提供鲜活的经验。历史上有哪个人口大国，像中国这样迅速改变了自己的命运，给全世界各国，尤其是给那些曾经惨遭帝国主义、殖民主义掠夺的亚非拉发展中国家的普通民众，带来如此丰厚的发展红利呢？中国依靠自己的力量，在推进人类现代化发展中做出了力所能及的贡献。学者韩振峰指出："中国作为最大的发展中国家和最大的社会主义国家，走出了一条具有中国特色的社会主义现代化发展道路，这本身既是对世界共产主义运动做出的有益探索，同时也对其他发展中国家探索自己的道路提供了有益的经验借鉴。"② 应该看到，中国正在日益变化发展，而中国的变化发展，对国际社会带来的影响力将越来越大，而且越来越有利于世界各国的共同发展。中国道路已经成为推动全球治理格局向着人类文明进步方向发展最积极的动因和强大的正能量，中国已经成为重塑世界文明格局的重要力量。

4. 中国道路为发展中国家实现现代化提供了实际的帮助

中国对广大发展中国家实现现代化不仅有着深情的关怀，而且给予了许多实际的帮助，在国际交往的各个重要场合维护广大发展中国家的利益，致力于提高发展中国家的代表性和发言权，进一步深化了中国与广大发展中国家的合作基础，成为推动全球经济治理体系更积极、更公正、更合理的建设性力量，这是国际社会有目共睹的。

中非同为发展中国家，加强中非团结合作的意义超越了经济范畴，将使这个世界更加公平、更加均衡、更加和谐、更加全面地发展。"长期以来，中国帮助非洲建设了1046个成套项目，修建了2233公里铁路、3530公里公路，为改善非洲人民生产生活做出了实实在在的贡献。另外，中非贸易额去年突

---

① ［巴西］路易斯·安东尼奥·保利诺：《中国发展给世界的启示》，《人民日报》2015年1月14日。

② 《在放眼世界中增强道路自信》，《光明日报》2014年3月31日。

破2000亿美元，达到2200亿美元，中国对非投资快速增长，累计达300亿美元。”[①] 中国将继续为非洲发展提供应有的、不附加任何政治条件的帮助。目前，中国对非援助项目达900多个，为非洲培训各类人才达4万多名。2013年，中非贸易额达到2102亿美元，中国连续5年成为非洲第一大贸易伙伴国。中国对非直接投资从无到有，存量超过250亿美元，中非人员往来超过150万人次。世界上最大的发展中国家和发展中国家最多的大陆，心贴得更近，手握得更紧了[②]。

四　中国道路是对马克思主义人类发展道路理论的重大创新

1. 马克思主义人类发展道路理论对中国道路的科学引领

马克思主义对人类发展道路最大的历史贡献就是创立了唯物史观，揭示了人类发展的客观规律，也就是资本主义必然灭亡，社会主义必然胜利，最终实现共产主义的社会历史发展的总趋势。马克思主义人类文明发展道路理论，是建立在人类历史发展规律基础之上的，它阐明了人类社会的现代化是在“历史向世界历史转化”的时代场域中实现的，揭示了人类文明发展道路历史条件的多样性，决定了各国选择发展道路的多样性。随着资本主义的发展，民族历史已经实现了向世界历史的转化，而世界历史则构成了中国道路的时代场域和出场语境，决定了中国道路的历史方位和发展走向。认识和揭示中国发展道路的现实定位和未来趋势，需要放到马克思主义人类文明发展道路理论的视域中来认识，在走向世界的全球视野中开辟中国马克思主义引领人类社会发展的重大意义。

第一，马克思主义认为，在人类社会历史的发展道路上存在着多样化。马克思曾用“在现象上显示出无穷无尽的变异和色彩差异”[③] 来表达人类文明发展道路的多样性。由于各个国家的历史传统和现实条件的不同，各个国家的发展只能根据自己的实际条件。恩格斯明确指出：“想要使所有国家的运

① ［坦桑尼亚］汉弗莱·摩西：《从中国的改革中寻求启示》，《人民日报》2015年7月28日。

② 《中国梦共鸣世界梦》，《瞭望》2015年1月6日。

③ 《马克思恩格斯文集》第7卷，人民出版社2009年版，第894页。

动都采取统一的形式是荒谬的。"[①] 人类文明发展道路必然会在遵循一般规律发展的过程中，又表现出各自不同的特点。列宁深刻指出："一切民族都将走向社会主义，这是不可避免的，但是一切民族的走法却不会完全一样，……每个民族都会有自己的特点。"[②] 人类文明发展道路多样化的实质，就在于把马克思主义的基本原理与各国的具体实际相结合，探寻社会主义在世界各国的生长点和最适合自己国情的现代化发展道路。

第二，马克思主义认为，同一社会形态在不同的国家和地区也会表现出不同的形式与特点。由于各国各地区有着不同的发展程度，处于不同的历史阶段，因而，在发展中必然会有各自不同的特点。列宁指出，马克思主义理论"所提供的只是总的指导原理，而这些原理的运用具体地说，在英国不同于法国，在法国不同于德国，在德国又不同于俄国"[③]。在人类实现现代化的过程中，由于历史条件与现实基础的差异，不可能只采取一种模式，资本主义国家可以搞资本主义的现代化，而社会主义国家也可以搞社会主义的现代化。同样是搞社会主义现代化，由于各个国家的具体情况不同，也不能千篇一律。毛泽东指出："马克思活着的时候，不能将后来出现的所有的问题都看到，也就不能在那时把所有的这些问题都加以解决。俄国的问题只能由列宁解决，中国的问题只能由中国人解决。"[④]

第三，马克思主义认为，各个国家的发展特别要善于根据历史条件的变化与存在的实际差异自觉改变斗争的策略，而不能到处都采用相同的手段。要看到，各种文明只有相互借鉴、相互学习，才能共同提高。如果强求一律，只允许搞一种模式的现代化，势必会遏制现代化的创新发展，会导致人类文明失去活力与动力，最后必然会陷入僵化和衰落。马克思、恩格斯认为，未来的社会主义建设，将由那时取得政权的人根据当时、当地的具体情况而采取措施。特别要善于根据历史条件的变化改变斗争的策略，勇于放弃旧的已经过时的斗争策略。恩格斯特别强调："胜利了的无产阶级不能强迫他国人民

---

① 《马克思恩格斯全集》第35卷，人民出版社1971年版，第186页。

② 《列宁专题文集（论社会主义）》，人民出版社2009年版，第398页。

③ 《列宁专题文集》（论马克思主义），人民出版社2009年版，第96页。

④ 《毛泽东文集》第8卷，人民出版社1999年版，第5页。

接受任何替他们造福的办法，否则就会断送自己的胜利。”①

第四，马克思主义还认为，搞社会主义没有什么固定不变的发展道路和模式。社会主义国家要推进现代化发展，需要经常进行改革，否则就会缺乏生机与活力。马克思主义经典作家早就指出，所谓“社会主义社会”不是一种一成不变的东西，而应当和任何其他社会制度一样，把它看成是经常变化和改革的社会。社会主义国家通过改革，就是要充分调动全社会的积极性，激发起人民群众的无限创造性，推动生机勃勃的社会主义事业不断向前发展。

马克思主义人类发展道路理论是马克思主义科学理论体系的重要组成部分。它的理论价值就在于揭示了人类发展道路的一般规律，为各个国家的文明发展指明了前进方向。中国特色社会主义道路就是马克思主义人类发展道路理论与中国具体实际相结合的产物，就是在马克思主义人类发展道路理论指导下的实践成果。

从中国的历史情况看，中国从一个经济文化比较落后的国家走上了社会主义道路，中国要实现现代化，必须融入人类现代化发展的文明进程。由于民族历史走向世界历史，中国的发展被纳入世界现代化体系中，才成为人类现代化发展的一部分。与世界现代化的密切联系是中国现代化发展的历史机遇，也是中国人民推进现代化发展的重要选择。要看到，实现历史向世界历史转化的是资本主义，是资本主义所创造的世界历史时代，正是处在这样的时代境遇，中国的发展必须科学地处理和重构社会主义和资本主义的关系。中国是一个后发的现代化国家，而中国的原有基础又十分薄弱。经济文化落后国家的发展必然需要融入人类现代化的文明进程，成为世界现代化发展的一部分。而在这一过程中，落后国家可以并且应该充分利用资本主义现代化发展的一切先进成果，避开资本主义发展中所遇到的不可克服的矛盾、危机和弊端，相对顺利地实现现代化并缩短现代化的历史进程。马克思深刻地指出：“一个社会即使探索到了本身运动的自然规律……它还是既不能跳过也不能用法令取消自然的发展阶段。但是它能缩短和减轻分娩的痛苦。”② 中国只有借鉴发达国家现代化过程中的有益做法和先进技术、先进管理经验，才能

---

① 《马克思恩格斯选集》第 4 卷，人民出版社 1995 年版，第 649 页。

② 《马克思恩格斯文集》第 5 卷，人民出版社 2009 年版，第 9—10 页。

够缩短与发达国家现代化发展的时空差距，减少现代化发展中的曲折性。

从中国的现实条件看，中国先于发达国家进入了社会主义。马克思主义人类发展道路理论给中国道路的选择和发展带来的重大启示是，马克思主义绝不是束缚人的工具，而是给无产阶级和广大人民群众提供的伟大的认识工具，不是要把一个统一的社会主义模式强加于人，而是给人类指明正确的前进方向，使无产阶级和广大劳动人民探索与寻找符合本国国情的社会主义道路。恩格斯明确指出："我们对未来非资本主义社会区别于现代社会的特征的看法，是从历史事实和发展过程中得出的确切结论；不结合这些事实和过程去加以阐明，就没有任何理论价值和实际价值。"① 中国道路是中国人民慎重选择和自主探索的结果，是马克思主义基本原理和中国具体国情相结合的创举。习近平指出："我们要赢得优势、赢得主动、赢得未来，战胜前进道路上各种各样的拦路虎、绊脚石，必须把马克思主义作为看家本领，以更宽广的视野、更长远的眼光来思考把握未来发展面临的一系列重大问题，不断提高全党运用马克思主义分析和解决实际问题的能力，不断提高运用科学理论指导我们应对重大挑战、抵御重大风险、克服重大阻力、解决重大矛盾的能力。"② 中国社会主义之所以在世界社会主义低潮时期一枝独秀，高歌猛进，出现"风景这边独好"的景象，就在于把马克思主义与本国具体实际相结合，不仅采取措施防止与杜绝一切损害人民利益的行为发生，而且创造条件努力使人民群众摆脱贫困，过上幸福美好的生活，走出一条具有中国特色的社会主义现代化新路。

从中国的未来发展看，中国要继续推进人类命运共同体的伟大构想，努力承担起世界现代化的责任，做一个负责任的大国。中国共产党是为中国人民谋幸福的党，也是为人类进步事业而奋斗的党，始终把为人类做出新的更大贡献作为自己的使命。"社会主义中国应该用实践向世界表明，中国反对霸权主义、强权政治，永不称霸。中国是维护世界和平的坚定力量。"③ 中国走具有本国特色的社会主义发展道路，需要根据现实条件的变化，不断推进马

---

① 《马克思恩格斯文集》第 10 卷，人民出版社 2009 年版，第 548 页。

② 习近平：《深刻认识马克思主义时代意义和现实意义 继续推进马克思主义中国化时代化大众化》，《人民日报》2017 年 9 月 30 日。

③ 《邓小平文选》第 3 卷，人民出版社 1993 年版，第 383 页。

克思主义与中国具体实际相结合的历史进程，对人类现代化发展道路进行新的探索、做出新的贡献。这在很大程度上就成为人类现代化发展的典型样本，就会实际地构成人类现代化发展所遵循的大原则和总方向，也就把马克思主义人类发展道路理论推向了新的阶段。

2. 中国道路是对马克思主义人类发展道路理论的实践创举

中国共产党是富于理论创新与实践创新的党。中国共产党人的一个历史性伟大创造，就是将马克思主义人类发展道路理论与中国具体实际相结合，把当代中国在社会主义道路上建设现代化的积极探索和宝贵经验，加以理论化、系统化，构建了坚持马克思主义原则、体现独特文明特征，独立于西方模式和西方话语的思想体系、价值体系、制度体系、目标体系、战略体系，走出一条中国特色社会主义现代化道路，不仅丰富了马克思主义关于人类历史发展道路普遍性和多样性的理论，而且给予马克思主义人类发展道路理论以新的拓展。江泽民指出："马克思主义是科学，它始终严格地以客观事实为根据，而实际生活总是在不停的变动中，这种变动的剧烈和深刻，近一百多年来达到了前人难以想象的程度。因此，马克思主义必定随着时代、实践和科学的发展而不断发展，不可能一成不变。"① 中国道路的开辟既是坚持以马克思主义人类发展道路理论为指导的结果，又是在实践创新的基础上不断推进理论创新的产物。

推进人类实现现代化的发展道路不是轻而易举的，建设社会主义现代化更不是一帆风顺的。20 世纪八九十年代，苏联解体、东欧剧变，人类社会主义事业遭受了空前挫折，国际社会主义运动迅速转入低潮。就在这时，邓小平坚定地指出："不要惊慌失措，不要认为马克思主义就消失了，没用了，失败了。哪有这回事！"② 只要中国还在搞中国特色社会主义，那么世界上就有 1/5 的人在坚持社会主义。"只要中国社会主义不倒，社会主义在世界将始终站得住。"③ 中国用自己的发展实践有力地证明社会主义是一定会成功的，并将以铁的事实充分证明社会主义优于资本主义。只要社会主义中国存在，世

---

① 《江泽民文选》第 2 卷，人民出版社 2006 年版，第 12 页。

② 《邓小平文选》第 3 卷，人民出版社 1993 年版，第 383 页。

③ 同上书，第 346 页。

界社会主义就存在走向复兴的希望。随着社会主义中国的蓬勃发展，人们正在见证“历史终结论”的终结，“中国崩溃论”的崩溃，“社会主义失败论”的失败。中国现代化的发展经验表明，只有充分尊重、允许和保持各民族国家在它们的历史进程中所形成的一切独特性，才能推进人类现代化的发展道路，而正是这些独特性构成了人类现代化发展大河的源泉，而且需要引起后发现代化国家的高度重视并加以借鉴。

中国道路形成的时间还不算长，有些事情还有待实践的检验，但是毕竟中国道路已经走过了 40 多年，进入新时代意味着科学社会主义在 21 世纪的中国焕发出强大生机活力，在世界上高高举起了中国特色社会主义伟大旗帜，中国特色社会主义事业在世界社会主义事业中的领跑地位和引领作用已经得到确立，现在可以对这条道路进行一些带有规律性的总结和提炼。实践证明，中国道路走得对、行得通，不是哪个人的主观判断，而是历史的选择、人民的创造，是在发展实践对比中得出的科学结论。中国特色社会主义道路，没有走封闭僵化的老路，也没有走改旗易帜的邪路，而是走出了一条符合中国基本国情、符合人类发展规律的新路。正是这条新路，突破了改革瓶颈，化解了改革难题，不断推进国家治理体系和治理能力现代化，给当代中国带来了天翻地覆的变化，也正是这条道路昭示着中华民族无比灿烂的前景。“中国特色社会主义道路是实现国家富强、民族振兴、人民幸福的正确道路，是创造人民美好生活的复兴之路。始终不渝地坚持党的领导，毫不动摇地走中国特色社会主义道路，中国就有无限美好的未来，中国人民就有无比光明的前途，中华民族就有充满希望的明天。”①

随着中国道路在 21 世纪持续向前发展，昭示人类现代化发展可以而且应该将中国道路作为发展的参照系。历史条件的多样性与统一性，决定了各国选择发展道路的多样性与统一性。人类现代化的发展实践已经证明，只要走自己的路，各国都能找到适合本国实际的现代化发展道路；人类现代化的发展实践还将证明，世界上任何一个国家只要根据自己的实际发展都能取得最终的成功，因为一切民族都将走向社会主义。肯尼亚执政党民族团结党首席组织秘书约翰斯顿·穆萨马说：“中国正迎来发展的最好历史机遇，而有力把

---

① 虞云耀：《中国道路与中国共产党》，《求是》2014 年第 1 期。

握这一机遇需要政府拥有强有力的经济发展干预能力，帮助经济发展掌握正确的政策方向。正在经历的 21 世纪是属于中国的。”① 中国道路对世界现代化发展的影响，就在于帮助一些后发国家走出困境，向着健康方向发展；就在于重新认识社会主义，既坚持科学社会主义理论原则，又克服传统社会主义的弊端，显示了社会主义自我革新、自我完善的巨大能量。中国特色社会主义道路在世界社会主义遭受严重挫折的背景下走出了一条新路，给世界社会主义运动注入了新的生机和活力，也给一些国家总结历史经验、探索和反思新的发展道路提供了可资借鉴的经验与成功的范例。中国道路实际上代表着人类现代化发展的方向，从中国道路上看到了世界社会主义的希望。现在，国际上愈来愈多的国家看到，中国给予世界的是正能量，中国道路是人类社会发展史上的一条正路、一条好路、一条新路。委内瑞拉总统查韦斯生前曾说过：“中国人民告诉我们，成为一个强国，未必要通过霸权。中国从不侵犯任何国家，展现的是一个向世界开放的强国形象。”② 中国道路有着社会主义的本质特征和使命担当，广大发展中国家对中国道路的发展不仅可以充满信心，而且在实践中可以并且需要借鉴。

中国道路前景光明，中国发展势不可挡。美国知名时政评论家弗里德曼预言，在世界变得更平坦的未来 30 年之内，世界将从“卖给中国”变成“中国制造”，再到“中国设计”甚至“中国所梦想出来”③。如今，中国道路在社会主义创新发展中走上了全面建成小康社会、实现中华民族伟大复兴的康庄大道。2012 年 11 月，习近平在参观国家博物馆《复兴之路》展览时，第一次提出了实现“中国梦”的思想。他说：“现在，大家都在讨论中国梦，我以为，实现中华民族伟大复兴，就是中华民族近代以来最伟大的梦想。”④ 实现中国梦，就是要使中国人民“共同享有人生出彩的机会，共同享有梦想成真的机会，共同享有同祖国和时代一起成长与进步的机会。”⑤ 中国道路的成

---

① 杨爱国、赵焱：《中国道路 中国奇迹 中国影响——国际社会盛赞中国共产党成立 90 年取得巨大成就》，《党的生活（青海）》，2011 年第 7 期。

② 引自李强《影响世界的中国力量》，《人民日报》，2012 年 11 月 6 日。

③ 引自李斌《在获得感中感受“创新浪潮”》，《人民日报》，2017 年 10 月 13 日

④ 《习近平谈治国理政》，外文出版社 2014 年版，第 36 页。

⑤ 同上书，第 40 页。

功就是中国特色社会主义的成功，中国道路在发展的实践中必将产生更大的示范效应。经过党和人民的长期奋斗，中国特色社会主义进入了新时代。我们党把习近平新时代中国特色社会主义思想写在了党的旗帜上，实现了马克思主义中国化的又一次历史性飞跃，实现了我们党的指导思想的又一次与时俱进。习近平新时代中国特色社会主义思想从继承和创新马克思主义人类文明发展道路理论的角度看，是引领当今时代发展潮流的新思想、新观点、新论断，是决胜全面建成小康社会、加快推进新时代中国特色社会主义现代化建设的行动指南。中国道路将按照 2020、2035、2050 三个时间节点决胜全面建成小康社会、基本实现现代化和全面建成社会主义现代化强国，“这不但是给占世界总人口 3/4 的第三世界走出了一条路，更重要的是向人类表明，社会主义是必由之路，社会主义优于资本主义”。[①] 我们完全有理由相信，在全面建成小康社会的基础上，再经过 30 年的不懈奋斗，到 21 世纪中叶，把我国建成富强民主文明和谐美丽的社会主义现代化强国，中华民族一定会以更加昂扬的姿态屹立于世界民族之林。

① 《邓小平文选》第 3 卷，人民出版社 1993 年版，第 225 页。

参考文献

《马克思恩格斯文集》（1—10 卷），人民出版社 2009 年版。

《列宁专题文集》（全 5 卷），人民出版社 2009 年版。

《斯大林选集》（上、下卷），人民出版社 1979 年版。

《毛泽东选集》（1—4 卷），人民出版社 1991 年版。

《毛泽东文集》（1—10 卷），人民出版社 1993—1999 年版。

《邓小平文选》（1—3 卷），人民出版社 1983、1989、1993 年版。

《周恩来选集》（上、下卷），人民出版社 1980、1984 年版。

《刘少奇选集》（上、下卷），人民出版社 1981、1985 年版。

《江泽民文选》（1—3 卷），人民出版社 2006 年版。

《胡锦涛文选》（1—3 卷），人民出版社 2016 年版。

《习近平谈治国理政》，《习近平谈治国理政》第二卷，外文出版社 2014 年版、2017 年版。

习近平：《决胜全面建成小康社会 夺取新时代中国特色社会主义伟大胜利——中国共产党第十九次全国代表大会上的报告》，人民出版社 2017 年版。

本书编写组：《党的十九大报告辅导读本》，人民出版社 2017 年版。

中共中央宣传部：《中国特色社会主义学习读本》，学习出版社 2013 年版。

中共中央宣传部：《习近平总书记系列重要讲话读本》，人民出版社 2014 年版。

中共中央宣传部：《习近平总书记系列重要讲话读本》，学习出版社、人民出版社 2016 年版。

中共中央宣传部：《习近平新时代中国特色社会主义思想三十讲》，学习出版社 2018 年版。

中共中央宣传部：《习近平新时代中国特色社会主义思想学习纲要》，学习出版社、人民出版社 2019 年版。

中共中央宣传部：《新中国发展面对面》，学习出版社、人民出版社 2019 年版。

中共中央文献研究室：《习近平关于社会主义经济建设论述摘编》，中央文献出版社 2017 年版。

中共中央文献研究室：《习近平关于社会主义政治建设论述摘编》，中央文献出版社 2017 年版。

中共中央文献研究室：《习近平关于社会主义文化建设论述摘编》，中央文献出版社 2017 年版。

中共中央文献研究室：《习近平关于社会主义社会建设论述摘编》，中央文献出版社 2017 年版。

中共中央文献研究室：《习近平关于社会主义生态文明建设论述摘编》，中央文献出版社 2017 年版。

中央文献研究室：《习近平关于实行中华民族伟大复兴的中国梦论述摘编》，中央文献出版社 2013 年版。

中共中央文献研究室：《习近平关于协调推进“四个全面”战略布局论述摘编》，中央文献出版社 2015 年版。

中共中央文献研究室：《习近平关于全面建成小康社会论述摘编》，中央文献出版社 2016 年版。

中共中央文献研究室：《习近平关于全面深化改革论述摘编》，中央文献出版社 2014 年版。

中共中央文献研究室：《习近平关于全面依法治国论述摘编》，中央文献出版社 2015 年版。

中共中央文献研究室：《习近平关于全面从严治党论述摘编》，中央文献出版社 2016 年版。

中共中央文献研究室：《十八大以来重要文献选编》（上、中、下卷），中央文献出版社 2014、2016、2018 年版。

中共中央文献研究室：《毛泽东传》（1—6 卷），中央文献出版社 2011 年版。

中共中央文献研究室：《周恩来传》，人民出版社、中央文献出版社 1989 年版。

中共中央文献研究室：《邓小平传》（上、下卷），中央文献出版社 2014 年版。

中共中央文献研究室：《毛泽东年谱》（1—6 卷），中央文献出版社 2013 年版。

中共中央文献研究室：《周恩来年谱（1949—1976）》（上、中、下卷），中央文献出版社 1997 年版。

中共中央文献研究室：《刘少奇年谱》（上、下卷），中央文献出版社 1996 年版。

中共中央文献研究室：《邓小平年谱》（上、下卷），中央文献出版社 2004 年版。

中共中央文献研究室：《建国以来重要文献选编》（1—20 卷），中央文献出版社 2011 年版。

中共中央档案馆 · 中共中央文献研究室：《中共中央文件选集》（1—50 卷），人民出版社 2013 年版。

中共中央党史研究室：《中国共产党的九十年》（新民主主义革命时期、社会主义革命和建设时期、改革开放和社会主义现代化建设时期），中共党史出版社、党建读物出版社 2016 年版。

当代中国研究所：《中华人民共和国史稿》（序卷、第 1—4 卷），人民出版社、当代中国出版社 2012 年版。

李维汉：《回忆与研究》（上、下卷），人民出版社 1981 年版。

胡乔木：《胡乔木文集》（1—3 卷），人民出版社 1992、1993、1994 年版。

薄一波：《关于若干重大决策与事件的回顾》（上、下卷），中共中央党校出版社1991、1993年版。

师哲：《在历史巨人身边》（修订本），中央文献出版社1995年版。

吴冷西：《十年冷战：中苏关系回忆录》，中央文献出版社2014年版。

胡绳主编：《中国共产党的七十年》，中共党史出版社2011年版。

陈先达：《马克思主义基础理论若干重大问题研究》，经济科学出版社2009年版。

靳辉明、李崇富：《马克思主义若干重大问题研究》，中国社会科学出版社2011年版。

沙健孙：《毛泽东思想通论》，人民出版社2013年版。

金冲及：《生死关头：中国共产党的道路抉择》，生活·读书·新知三联书社2016年版。

王伟光：《中国道路与马克思主义中国化》，合肥工业大学出版社、人民出版社2012年版。

李慎明：《全球化背景下的中国大党建》，人民出版社2010年版。

石仲泉：《我观党史二集》，中共党史出版社2008年版。

李捷：《毛泽东对新中国的历史贡献》，社会科学文献出版社2015年版。

龚育之、石仲泉：《马克思主义中国化研究》（上、下卷），北京出版集团公司、人民出版社2009年版。

梅荣政：《马克思主义中国化史》，中国社会科学出版社2010年版。

秦刚：《中国特色社会主义理论体系研究》，中共中央党校出版社2014年版。

李君如：《中国特色社会主义道路研究》，人民出版社2012年版。

罗文东、陈建波：《中国特色社会主义道路》，中共中央党校出版社2013年版。

李忠杰：《走向未来的中国与世界》，中共党史出版社2012年版。

潘维主编：《中国模式：解读人民共和国的60年》，中央编译出版社2009年版。

陈学明：《中国正道》，人民出版社2015年版。

朱云汉：《高思在云：中国兴起与全球秩序重组》，中国人民大学出版社 2016 年版。

郑永年：《中国模式：经验与挑战》，中信出版社 2016 年版。

玛雅：《中国为什么能》，北京联合出版公司 2013 年版。

韩保江：《中国奇迹与中国发展模式》，四川出版集团、四川人民出版社 2008 年版。

张维为：《中国震撼》《中国触动》《中国超越》，世纪出版集团、上海人民出版社 2011、2012、2014 年版。

刘建武：《中国特色与中国模式》，人民出版社 2006 年版。

章传家主编：《真理之光：马克思主义时代化》，解放军出版社 2013 年版；侯少文：《中国特色社会主义理论体系精读》，红旗出版社 2013 年版。

辛向阳：《治国理政新布局》，中国人民大学出版社 2016 年版。

辛鸣：《道理：中国道路中国说》，中共中央党校出版社 2011 年版。

［美］基辛格：《论中国》，胡利平等译，中信出版社 2012 年版。

［美］傅高义：《邓小平时代》，冯克里译，生活·读书·新知三联书店 2013 年版。

［法］伊兹拉莱维奇：《当中国改变世界》，姚海星等译，中信出版社 2005 年版。

［美］罗伯特·劳伦斯·库恩：《中国 30 年：人类社会的一次伟大变迁》，上海人民出版社 2008 年版。

［德］卡尔·皮尔尼：《印度中国如何改变世界》，陈黎译，国际文化出版公司 2008 年版。

［美］约翰·奈斯比特、［德］多丽丝·奈斯比特吕鹏译：《中国大趋势：新社会的八大支柱》，魏平译，中华工商联合出版社 2009 年版。

［美］劳伦·勃兰特、托马斯·罗斯基编：《伟大的中国经济转型》，方颖、赵扬等译，格致出版社、上海人民出版社 2009 年版。

［英］马丁·雅克：《当中国统治世界：中国的崛起和西方世界的衰落》，张莉、刘曲译，中信出版社 2010 年版。

［法］托马斯·皮凯蒂：《21 世纪资本论》，陈剑、余江等译，中信出版社 2014 年版。

［美］熊玠：《大国复兴：中国道路为什么如此成功》，李芳译，长江出版传媒集团、湖北教育出版社 2016 年版。

后　记

在庆祝中华人民共和国成立70周年之际，我们将《中国道路研究》一书奉献给读者。该书是国家社科基金重大项目“‘四个全面’战略布局研究”的阶段性成果、国家社科基金重点项目“中国道路研究”的最终成果。

“中国道路”这一概念陈述着中国人民和中华民族探索人类发展之路的智慧和贡献，也是民族自豪感和自信心的体现。我们坚信，随着中国特色社会主义的不断发展，我们的制度必将越来越成熟，我国社会主义制度的优越性必将进一步显现，中国道路将来越宽广，对世界的影响和贡献将越来越大。本书以中国道路为研究对象，综述中国道路产生的历史前提、中国道路的历史进程和理论形态，中国道路的拓展和布局，以及中国道路的特色、经验和价值。从历史和现实、理论和实践、抽象和具体等各个方面归纳了中国道路的基本内涵和发展规律，是一本系统和全面介绍中国道路的学术著作。

本书是课题组全体成员的研究成果，朱炳元作为课题组首席专家，对书稿进行了具体规划、设计和指导。本书各部分的具体分工如下：朱炳元撰写序论、第一篇；朱蓉蓉撰写第二篇；张建英撰写第三篇；陆树程、陆佳妮撰写第四篇；席富群撰写第五篇；姜建成、姜颖鹏撰写第六篇。全书由朱炳元进行了统改。

当本书出版的时候，《求是》杂志2019年第7期重新发表了习近平总书记在2013年1月5日在新进中央委员会的委员、候补委员学习贯彻党的十八大精神研讨班上的讲话《关于坚持和发展中国特色社会主义的几个问题》。习近平总书记在文章中指出："道路问题是关系党的事业兴衰成败第一位的问题，道路就是党的生命。……中国特色社会主义，是科学社会主义理论逻辑和中国社会发展历史逻辑的辩证统一，是根植中国大地、反映中国人民意愿、适应中国和时代发展进步要求的科学社会主义，是全面建成小康社会、加快推进社会主义现代化、实现中华民族伟大复兴的必由之路。"回想当时我们申报该课题时，就是在学习党的十八大精神和习近平这次重要讲话精神的激励下、按照习近平总书记的重要讲话精神组织材料而申报成功的，没有想到书稿出版时，这篇重要讲话又再次发表了。这不是巧合，而是说明我们的这个选题符合国家的重大战略需求，具有重要的理论意义和现实意义。我们希望本书的出版对理论工作者和广大群众学习研究习近平新时代中国特色社会主义思想有所启发和帮助。

在本书的出版过程中，中共中央宣传部对书稿进行了审阅，中国社会科学院学部委员靳辉明教授对书稿的修改提出了建设性的意见，中国社会科学出版社领导及其杨晓芳副编审对书稿的修改和完善提出了许多具体意见和建议，对此，我们一并表示衷心的感谢！

研究并撰写这样一部专题性的学术著作，需要具有扎实的理论功底、宽广的历史视野、高度的抽象概括能力和细致的材料分析能力，由于我们的学术水平的局限性，在理论表述和原理提炼上还有许多不足之处，我们欢迎大家给予批评指正，以便把中国道路这一重大理论的现实问题的研究提高到一个新的水平。